Olaf Hartung, Alexandra Krebs, Johannes Meyer-Hamme (Hg.)

Geschichtskulturen im digitalen Wandel?

FORUM HISTORISCHES LERNEN

Olaf Hartung, Alexandra Krebs, Johannes Meyer-Hamme (Hg.)

Geschichtskulturen im digitalen Wandel?

Bibliografische Information der Deutschen Nationalbibliothek
Die Deutsche Nationalbibliothek verzeichnet diese Publikation in der Deutschen Nationalbibliografie;
detaillierte bibliografische Daten sind im Internet unter http://dnb.d-nb.de abrufbar.

Die Reihe „Forum historisches Lernen"
wird herausgegeben von
Michele Barricelli
Peter Gautschi
Christine Gundermann
Vadim Oswalt
Astrid Schwabe

Die Reihe wurde gegründet von Klaus Bergmann, Ulrich Mayer,
Hans-Jürgen Pandel und Gerhard Schneider

© WOCHENSCHAU Verlag,
   Dr. Kurt Debus GmbH
   Frankfurt/M. 2024
www.wochenschau-verlag.de

Alle Rechte vorbehalten. Kein Teil dieses Buches darf in irgendeiner Form (Druck, Fotokopie oder einem anderen Verfahren) ohne schriftliche Genehmigung des Verlages reproduziert oder unter Verwendung elektronischer Systeme verarbeitet werden.

Umschlaggestaltung: Ohl Design
Gesamtherstellung: Wochenschau Verlag
Gedruckt auf chlorfrei gebleichtem Papier
Print-ISBN 978-3-7344-1629-3
PDF-ISBN 978-3-7566-1629-9
ISSN 1435-7658
eISSN 2749-1374
https://doi.org/10.46499/2169

Inhalt

Vorwort der Herausgeberin und Herausgeber. 7

OLAF HARTUNG, ALEXANDRA KREBS, JOHANNES MEYER-HAMME unter Mitarbeit von Isabel Elsner, Daniel Fastlabend-Vargas und Jana Völkel
Geschichtskulturen im digitalen Wandel? – Zu den Gründen und Zielen dieses Bandes. 9

Gastbeitrag aus soziologischer Sicht

DIRK BAECKER
Geschichtskultur der Komplexität. 35

Methoden geschichtsdidaktischer Forschung im digitalen Wandel?

CHRISTOPH KÜHBERGER
Data Mining in historischen Narrationen. Zugänge einer digital forschenden Geschichtsdidaktik 59

ALEXANDRA KREBS
Minimalist*innen und Engagierte, Planer*innen und Journalists. Einblicke in KI-basierte Forschungsmethoden aus geschichtsdidaktischer Perspektive. 80

MIA BERG, ANDREA LORENZ
#BigDataHistory. Forschungspragmatische Überlegungen zu Geschichte in sozialen Medien 104

Historisches Lernen im digitalen Wandel?

OLAF HARTUNG
Historisches Lernen in einer ‚(Geschichts-)Kultur der Digitalität'? 131

MARCEL MIERWALD
Historisches Denken 2.0. Benötigen wir neue (digitale) historische (Methoden-)Kompetenzen? 147

SABRINA SCHMITZ-ZERRES
„So groß war das?". Nutzen (und Grenzen) der Digitalität in schulischen Lernarrangements zur Kompetenzförderung am Beispiel des Herrscherporträts Ludwigs XIV.. 169

Geschichtskulturelle Praktiken im digitalen Wandel?

ANDREA BRAIT, HEIKE KRÖSCHE
Erklärvideos als geschichtskulturelles Phänomen und die Notwendigkeit von Erklärvideos 2.0 am Beispiel des Themas Menschenrechte 189

HANNES BURKHARDT
Historisches Lernen mit Sozialen Medien. Historische Gedenktage und Jubiläen auf TikTok, Instagram und Twitter im Geschichtsunterricht am Beispiel der (Berliner) Märzrevolution von 1848 206

ELENA LEWERS
„So n bisschen als wenn man vor Ort wäre". Empirische Annäherung an Virtual Reality als Erfahrungsraum für Geschichte 225

Historische Lern- und Lehrmittel im digitalen Wandel?

RAINER LUPSCHINA
Änderungen in der Praxis der Materialentwicklung. Die Nutzung der digitalen Plattform Bedrohte-Ordnungen-lernen.de zur Prüfung fachdidaktischer Konzepte 247

MARCUS VENTZKE
Unterrichtliche Kommunikation mithilfe digitaler Lehr- und Lernmittel. Auf dem Weg vom multimedialen Contentmangement zu adaptiven Lehr- und Lernsystemen.. 266

LENA LIEBERN
„Was hältst du von diesem Denkmal?" „Steuergeldverschwendung!". Lernen mit segu als Möglichkeit der Hinwendung zur digitalen Geschichtskultur.. 293

WOLFGANG BUCHBERGER, CHRISTOPH KÜHBERGER
Eine digitale Brücke für Zeiten des Wandels. Die Salzburger MuseumsApp zwischen historischem Lernen im Sachunterricht und ausgewählten Regionalmuseen im Bundesland Salzburg............... 310

MONIKA FENN, JAKOB ARLT
Professionalisierung digital. Gesprächsführungskompetenzen von Geschichtslehramtsstudierenden unter Nutzung von virtueller Realität fördern... 334

Autorinnen und Autoren... 368

Vorwort der Herausgeberin und Herausgeber

Der vorliegende Band *Geschichtskulturen im digitalen Wandel?* dokumentiert wesentliche Ergebnisse der ähnlich lautenden Fachkonferenz, die vom Arbeitsbereich *Theorie und Didaktik der Geschichte* der Universität Paderborn in Zusammenarbeit mit dem *Heinz Nixdorf MuseumsForum*, dem *L.I.S.A. Wissenschaftsportal der Gerda Henkel Stiftung*, der *Körber Stiftung*, der Arbeitsgemeinschaft *Digitaler Wandel und Geschichtsdidaktik der Konferenz für Geschichtsdidaktik* sowie dem Arbeitskreis *Digitale Geschichtswissenschaft im Verband der Historiker und Historikerinnen Deutschlands e. V.* im Juni 2022 in den Räumen des *Heinz Nixdorf MuseumsForum* in Paderborn veranstaltet wurde. Wie die Konferenz verfolgt auch diese Publikation das Ziel, die bisherigen und aktuellen wechselseitigen Einflüsse von Gesellschaft, Geschichtskultur, Digitalisierung und Digitalität hinsichtlich ihrer theoretischen, empirischen, pragmatischen und normativen Implikationen genauer unter die Lupe zu nehmen und interessierten Leserinnen und Lesern vertiefte Einsichten in das Verhältnis von Geschichtskultur, Digitalisierung und Digitalität zu eröffnen.

An der Entstehung dieses Bandes haben viele mitgewirkt, denen es zu danken gilt: Den Organisatoren und Mitwirkenden der Fachkonferenz, die nicht mit eigenen Beiträgen in diesem Band versammelt sind. Dies waren vor allen anderen das stets engagierte Organisationsteam bestehend aus Isabel Elsner, Daniel Fastlabend-Vargas, Jana Völkel und Franziska Pilz, Nassim Imoullas und Fabian Grauthoff sowie die Referenten und Kommentatoren Roberto Simanowski, Wulf Kansteiner, Christian Höschler, Andreas Körber und Martin Dröge. Sie alle haben durch ihr Engagement, ihre Kreativität und Begeisterung einen maßgeblichen Anteil zum guten Gelingen der Konferenz beigetragen. Der *Kommission für Forschung und wissenschaftlichen Nachwuchs* der Universität Paderborn danken wir sehr herzlich für den gewährten Tagungs- und Druckkostenzuschuss. Auch der *Universitätsgesellschaft Paderborn – Verein der Freunde und Förderer der Universität Paderborn e. V.* sind wir für die finanzielle Unterstützung und die erhaltene Anerkennung äußerst dankbar. Ferner danken wir stellvertretend für das *L.I.S.A. Wissenschaftsportal der Gerda Henkel Stiftung* Herrn Georgios Chatzoudis, der dankenswerterweise auch die Podiumsdiskussion zum Auftakt der Konferenz professionell moderiert hat. Die meisten Vorträge der Konferenz sind zudem auf dem *Wissenschaftsportal* als Videomitschnitte abrufbar. Unser Dank gilt schließlich ebenso dem *Wochenschau Verlag* und den Herausgeberinnen und -gebern der Reihe *Forum Historisches Lernen* für das ausdrückliche Interesse an dem Buchprojekt und die Inverlagnahme, die erfreulich unkompliziert und mit großer Zuverlässigkeit bewerkstelligt wurde. Schließlich danken wir allen Autorinnen und Autoren des Bandes und wünschen unseren Leserinnen und Lesern eine anregende Lektüre.

Paderborn, im Frühjahr 2024
Olaf Hartung
Alexandra Krebs
Johannes Meyer-Hamme

OLAF HARTUNG, ALEXANDRA KREBS,
JOHANNES MEYER-HAMME unter Mitarbeit von
Isabel Elsner, Daniel Fastlabend-Vargas und Jana Völkel

Geschichtskulturen im digitalen Wandel? – Zu den Gründen und Zielen dieses Bandes

1. Ausgangsbeobachtungen: Historischer Wandel durch was?

Die Rede vom digitalen Wandel, Medienwandel, Technikwandel, Kulturwandel oder gesellschaftlichen Wandel ist heute ein gängiger Topos. Glaubt man den vielen Zeitdiagnosen in Politik, Wirtschaft, Wissenschaft und Feuilleton, dann sind wir gerade Zeugen besonders disruptiver Entwicklungen, die das Leben vieler Menschen in etwas zuvor nicht Dagewesenes verändern. Andererseits stellt sich die Frage, ob diese Diagnose überhaupt zutrifft. Entwicklungen und Veränderungen sind schließlich ein schon länger bestehendes Wesensmerkmal von Geschichte und Gesellschaft und deren Folgen eigentlich erst retrospektiv wahrnehmbar. Einem Gedanken Vilém Flussers zufolge „gibt [es] nichts Neues vor der Katastrophe, erst nach ihr." (Flusser 1997) Lebten wir also tatsächlich in den allerorts beschworenen epochemachenden Zeiten, würden wir es vermutlich gar nicht bemerken. Das Neue der digitalen oder digitalisierten Gesellschaft zu erkennen, würde bedeuten, wir lebten bereits in einer Art Postdigitalismus und der Wandel wäre somit eigentlich schon vollzogen.[1]

Doch wie dem auch sei, auf jeden Fall ist die Rede vom digitalen Medien- und Epochenwandel beinahe ubiquitär geworden (vgl. Baecker 2018, 61). Und wen die neuen Möglichkeiten des *web 4.0*, des weltumspannenden Plattformkapitalismus, der Social Media sowie Cyberwars-Attacken und digital gesteuerter Drohnenkriege als Belege für die Disruptionsthese noch nicht überzeugt ha-

---

1 Zur Diskussion z. B. über die Konzepte Digitalisierung, Digitalität sowie Post-Digitalität vgl. weiterführend u. a. Grünberger 2021: „Mit der Betonung des Post-Digitalen gerät in den Blick, dass Praktiken und Strukturen, die sich in digitalen Kontexten entwickelt haben, nunmehr auch in anderen Kontexten und Materialitäten zu finden sind. Der Post-Digitalitätsbegriff verweist kritisch darauf, dass sich die Digitalität mit ihren Eigenschaften in unterschiedlichste Lebenskontexte, Praktiken, Institutionen und Artefakte eingeschrieben hat und zwar in der Form, dass die Digitalität als solches nicht mehr zwingend wahrgenommen wird." (Grünberger 2021, 216–217).

ben, bekommt es nun – quasi als zurzeit neuesten Beleg – mit frei zugänglicher Künstlicher Intelligenz (KI) zu tun. *Natural Language Processing Modelle* (NLP) in sogenannten *Generative Pre-Trained Transformer* (GPT) können jetzt ähnlich ansehnliche Textprodukte generieren, wie sie einst nur bewusstseinsfähige Menschen herstellen konnten. Die These jedoch, dass wir es im Kontext der Digitalisierung mit soziotechnischen Systemen zu tun haben und gesellschaftliche Probleme meist bereits in technologischen Systemen eingelagert sind, erscheint weiterhin plausibel. Vielleicht löst die Digitalisierung am Ende nur solche Probleme, die wir Menschen womöglich selbst erst geschaffen haben (vgl. Nassehi 2019; Baecker i. d. Bd.).

Historikerinnen und Historiker wollen historische Entwicklungen zumeist nicht nur beschreiben, sondern möglichst auch gleich erklären. Das gelingt ihnen in der Retrospektion oft gar nicht mal schlecht. Die Gegenwart richtig zu interpretieren und die Zukunft angemessen zu extrapolieren, sind jedoch Ansinnen, die kaum zu bewerkstelligen sind. Die Zukunft aus den Entwicklungen der Vergangenheit ableiten zu wollen, gelingt in der Regel nicht. Das betrifft jedoch nicht allein die Zunft der Geschichtsschreibenden. Auch Soziologie, Medienwissenschaften und Philosophie können während des Verlaufs der Geschichte (noch) nicht wissen, wie diese am Ende ausgehen wird. Wie gesagt, die Tatsache, dass sich Gesellschaften und ihre kulturellen Praktiken (strukturell) wandeln, ist im Prinzip keine neue Erscheinung. Dem Phänomen der Digitalisierung wird jedoch ein Veränderungspotenzial zugesprochen, das sich auf sämtliche individuelle und gesellschaftliche Bereiche erstreckt: Kommunikation, Bildung, Wissenschaft, Warenproduktion, Dienstleistungen, Haushalt, Kultur, Unterhaltung, Freundschaft, Liebe, Einkaufen, Reisen und auch Kriminalität …, – nichts ist mehr so, wie es vorher war (vgl. Simanowski 2017). Die Durchdringung aller Lebensbereiche mit digitalen Informations- und Kommunikationstechnologien (IKT) verändert das ökonomische, soziale, politische und kulturelle Leben mit einer Intensität und Geschwindigkeit, die im historischen Vergleich – etwa mit der Verbreitung typografischer Schriftlichkeit und/oder der Geschichte der Industrialisierung – als revolutionär bezeichnet wird (Stichwort ‚vierte industrielle Revolution', vgl. u. a. Floridi 2015; Schwab 2016). Das Digitale eröffnet als neues Leitmedium einen neuen kulturellen Möglichkeitsraum (eine „Kultur der Digitalität", Stalder 2016), der die vormals dominante „Buch- und Industriekultur" (Giesecke 2002) zunehmend überformt. Andererseits war die moderne Gesellschaft in ihrer Grundstruktur auch schon vor der allgemeinen Ausbreitung von IKT digital, binär codiert und datenbasiert; die neuen Techniken der Datenverarbeitung führen jedoch

zu einer Art Verdoppelung der Gesellschaft, was sich auch auf ihre Sinnverarbeitungsregeln auszuwirken scheint (vgl. Nassehi 2019).
Was also meint Digitalisierung? – Der Begriff der Digitalisierung adressiert nach gängigen Definitionen vornehmlich den Prozess der Überführung von vormals analogen Verfahren in digitale Sachverhalte. Was zuvor gedruckt und auf Papier oder Film vorlag, ist jetzt elektronisch gespeichert, abruf- und veränderbar. Demgegenüber gibt es aber auch ein Konzept der „Kultur der Digitalität", das verstärkt die sich wandelnden kulturellen Prozesse der Sozialität, Kommunikation, Interaktion, Kollaboration und Partizipation in den Fokus nimmt. Die einst für den kulturellen Raum dominante Bedingung druckgrafischer Schriftlichkeit wird demnach abgelöst durch die neue Bedingung der Digitalität, die geprägt ist durch verschiedene Grundmuster der Generierung von Kultur als geteilte Bedeutung bzw. Ordnung (vgl. Stalder 2016, 95–202; siehe auch Hartung i. d. Bd.): (1.) Die durch die Digitalisierung vergrößerte Vielfalt der (z. T. auch immersiv) verfügbaren Referenzen macht es nicht nur möglich, sondern auch notwendig, dass die ‚Userinnen' und ‚User' ihr jeweils eigenes Bezugssystem erstellen, um die vielen auf sie einströmenden Zeichen, Texte, Bilder und Videos in einen konkreten Bedeutungszusammenhang zu stellen (*Referenzialität*). Dieser Referenzrahmen bestimmt wiederum das jeweils eigene Verhältnis zur Welt und die subjektive Position in ihr mit. (2.) Referenzialität ist dabei stets als produktive Leistung („Produsing", Bird 2011) anzusehen, die nur in Gemeinschaft mit anderen vollbracht werden kann (*Gemeinschaftlichkeit*). Häufig vollzieht sie sich in den Sozialen Medien, mit denen sich die Nutzerinnen und Nutzer (z. B. durch likes oder feeds) ihre durch Auswahl bestimmter Arte- und Mentefakte generierten Bedeutungszuschreibungen gegenseitig validieren. (3.) Dabei werden die Nutzerinnen und Nutzer nicht nur von anderen ‚Userinnen' und ‚Usern', sondern auch von maschinellen bzw. automatisierten Entscheidungsprozeduren geleitet, die das Nutzerverhalten systematisch auswerten und auf Basis der Auswertungsergebnisse Vorschläge für weitere Auswahlprozesse und damit zugleich für neue Bedeutungszuschreibungen unterbreiten (*Algorithmizität*).

Die Feststellung des außergewöhnlichen Wandlungspotenzials durch die Digitalisierung über eine neue Kultur der Digitalität bis hin zu einem „Digitalismus" als Ideologie (vgl. Rhode-Jüchtern 2020) impliziert allerdings nicht, dass die Ankunft von etwas Neuem an sich bereits gesellschaftlichen Fortschritt garantiert (vgl. Blumenberg 1967/2009). Vielmehr geht mit der digitalen Technikentwicklung auch ein gewisses Unbehagen einher, das als Teil einer seit der Industrialisierung bestehenden Kultur- und Zivilisationskritik verstanden werden kann und bisweilen in einer dystopischen Dämonisierung des ‚zweiten Maschinenzeitalters' mündet (vgl. Soltau 2017). Der digitale Wandel sollte jedoch nicht missverstanden werden als etwas, das ‚von außen' wie eine Naturgewalt auf die Gesellschaft einwirkt. Schließlich sind es weiterhin Menschen, die handeln. Die Digitalisierung ist nicht nur Triebkraft, sondern auch ein noch evolutionär offenes Produkt kapitalistischen Wirtschaftens; sie ist sozusagen eine rekursive Produktivkraft, die zugleich auf die sie hervorbringenden Gesellschaften und deren Teilsysteme mit immenser Dynamik zurückwirkt. Oder, um es in kulturwissenschaftlicher Begrifflichkeit zu sagen: Sie ist Produkt und Agens zugleich. Die ‚Digitalisierung' ist zwar kein autonomes Subjekt, aber doch angesichts ihres instrumentellen Doppelcharakters eine Kreativität fördernde Antriebskraft gegenüber den Trägheitsmomenten bestehender sozio-kultureller Strukturen. Kurzum: Digitalisierung und Digitalität sind weder ein Naturphänomen oder ein reines Technikproblem noch folgen sie irgendwelchen Naturgesetzen; eher sind sie „ein intrinsisches Problem" menschlicher Rationalitätsstrukturen (Müller 2008, 99), das den nicht erst seit der Etablierung der sogenannten klassischen Massenmedien andauernden Mediatisierungsprozess kommunikativen Handelns von Gesellschaften noch einmal mehr beschleunigt (vgl. Krotz 2007; 2012; 2017).

2. Geschichtskulturen als analytisches Leitkonzept

Das durch die Digitalisierung neu gebildete Set an Möglichkeiten einer Kultur der Digitalität betrifft auch die bisher gängigen Praktiken in und von Geschichtskulturen. Die in diesem Band im Zentrum stehende Leitfrage lautet daher, wie sich digitaler Wandel, Digitalität und Geschichtskulturen zueinander verhalten bzw. miteinander interagieren. Schon jetzt lässt sich beobachten, dass die neuen Grundmuster der Digitalität die etablierten Institutionen der Geschichtskultur, wie Schulen und Hochschulen, Museen, Archive und Bibliotheken sowie auch die Massenmedien wie Fernsehen, Zeitungen und Zeitschriften, vor neue Herausforderungen stellen, die gelöst werden sollten, wenn diese Institutionen nicht irgendwann von den Menschen als überflüssig angesehen werden wollen. Das als (Forschungs-)Konzept nicht völlig verfestigte und hier in der Pluralform verwendete geschichtsdidaktische Leitkonzept *Geschichtskultur* adressiert allerdings nicht nur die konventionalisierten geschichtsbezogenen Praktiken der auf der dominanten Kulturtechnik der Schriftkultur aufruhenden Institutionen. In einem weiten Sinn umfasst der Terminus sämtliche praktisch wirksamen Manifestationen und Objektivationen von Geschichtsbewusstsein im Leben von Gesellschaften (vgl. Rüsen 2008 [erstmals 1994], 235) bzw. den individuellen, kollektiven und institutionellen Umgang mit Geschichte in der Öffentlichkeit (vgl. Schönemann 2000, 46 f.). Der Begriff ist zudem eng verwandt mit dem in der Fachwissenschaft häufig verwendeten Konzept der Erinnerungskulturen (vgl. Cornelißen 2012), aber auch mit dem im internationalen und anglo-amerikanischen Raum verbreiteten Terminus *Public History* (vgl. Demantowsky 2018; vgl. Lücke/Zündorf 2018).

Die drei Ansätze unterscheiden sich am deutlichsten in ihren unterschiedlichen Schwerpunktsetzungen im Hinblick auf die Reichweite individueller und kollektiver Erinnerungsleistungen und Bedeutung identitätsstiftender Diskurse in Gruppen bzw. Gesellschaften, die im Hinblick auf ihre individuelle und soziale Akzeptanz überaus konfliktreich ablaufen können (vgl. Demantowsky 2018, 26 f.). Verhältnismäßig nahe kommen sich die Konzepte in Christoph Cornelißens weit gefasster Definition von Erinnerungskulturen als einen formalen Oberbegriff für alle denkbaren Formen der bewussten Erinnerung an historische Ereignisse, Persönlichkeiten und Prozesse […], seien sie ästhetischer, politischer oder kognitiver Natur" (Cornelißen 2012). Einem solchen Konzept zufolge wäre im Kontext dieses Sammelbandes vor allem nach den Veränderungen zu fragen, die der digitale Wandel im öffentlichen Umgang und gesellschaftlichen Gebrauch von Geschichte mit sich bringt.

Das hier in der Pluralform verwendete Konzept Geschichtskulturen meint jedoch mehr als nur das erinnerte Wissen über die Vergangenheit und die gemeinsamen und/oder widerstreitenden Deutungen von Individuen und Kollektiven über die Bewertung vergangenen Geschehens. Im Prinzip zählen hierzu sämtliche innerhalb gesellschaftlicher Gruppen „wirksamen Vorstellungen und Konzepte von, Einstellungen und Haltungen zu und praktischen Formen des Umgangs mit Vergangenheit", einschließlich der Frage, „was überhaupt ‚Geschichte' beziehungsweise historische Narrative konstituiert und wozu sie jeweils gemacht sind" (Hinz/Körber 2020, 19). Holger Thünemann plädiert ebenfalls für ein Begriffsverständnis, wonach Geschichtskultur alle kulturellen Formen und Praktiken umfasst,

„mittels derer einzelne Akteurinnen und Akteure, soziale Gruppen oder ganze Gesellschaften Vergangenes, Gegenwärtiges und Zukünftiges in unterschiedlichen und teilweise miteinander konkurrierenden Konstruktionen aufeinander beziehen, um auf diese Weise insbesondere Bedürfnisse der Identitäts- und Sinnstiftung, der Bildung, aber auch der Unterhaltung durch den Umgang mit Historischem Rechnung tragen."
(Thünemann 2023, 48)

Geschichtsbezogene Vorstellungen und Konzepte sind wie die Prozesse der Digitalisierung stets sozio-kulturell bedingt, weshalb deren Analyse die Berücksichtigung der jeweils bestehenden gesellschaftlichen Rahmenbedingungen und der Herrschafts- und Wissensordnungen erfordert, in denen die Akteurinnen und Akteure sowie Trägerinnen und Träger (geschichts-)kultureller Bedeutung handeln. Im Hinblick auf die Produzentinnen und Produzenten sowie Trägerinnen und Träger von Kultur sind die jeweiligen Praktiken der Enkulturation und Akkulturation innerhalb und zwischen Geschichtskultur(en) sowie die Prozesse zur Herausbildung und Verfestigung kollektiver Identitäten und Deutungen von besonderem Interesse (vgl. Schönemann 2003, 17; Hasberg 2006, 50; Zülsdorf-Kersting 2008, 184–197; Lücke/Zündorf 2018, 32; Demantowsky 2018, 26 f.; Hinz/Körber 2020).

In Bezug auf die Frage nach der Bedeutung des digitalen Wandels für Geschichtskulturen in einer Kultur der Digitalität spielen die „Medialität und Performativität" geschichtskultureller Praktiken sowie die „Institutionalisierung von ‚Geschichtsproduktion'" (Hinz/Körber 2020, 14) eine wichtige Rolle. Hier interessieren vor allem die möglichen Wechselbeziehungen zwischen einer fortschreitenden Digitalisierung und den geschichtsbezogenen Arte- und Mentefakten in ihrem Doppelcharakter für die Kulturaneignung und -produktion. Dem Ansatz der Kultur der Digitalität ähnlich gelten hierbei sämtliche am geschichtskulturellen Diskurs Teilhabende als Aktanten kultureller Bedeutung, also nicht nur die professionellen Produzentinnen und Produzenten sowie Institutionen geschichtsbezogener Kommunikation, sondern auch deren Rezipientinnen und Rezipienten. Zugleich zeigen die zunehmend an Bedeutung gewinnenden informellen Verfahren zur gemeinschaftlichen und durch maschinelle Entscheidungsprozeduren (Algorithmen) unterstützten Bedeutungsgenerierung, dass neben den etablierten formalen Angeboten historischer Sinnvermittlung, wie schulischer Geschichtsunterricht und akademischer Geschichtsforschung, auch die non-formalen und informellen (Bildungs-)Angebote mit in den Blick zu nehmen sind, die stärker auf Freiwilligkeit, hoher Eigenmotivation und subjektiven Lebensweltbezug beruhen (vgl. Plessow 2014, 143 f.; vgl. Meyer-Hamme/Bischoff 2022). Der hohe Impakt der Digitalisierung auf geschichtskulturelle Praktiken lässt sich gerade im Hinblick auf den „strotzenden Freizeitmarkt" (von Borries 2008, 1) geschichtsbezogener Aktivitäten kaum überschätzen. Der digitale Wandel betrifft letztlich alle Dimensionen von Geschichtskulturen, wenn auch nicht immer in gleichem Maße: Den Bedingungen zunehmender Digitalisierung unterliegen sowohl die politische, ästhetische, wissenschaftliche und ökonomische Dimension. Selbst die Sphäre des Religiös-Spirituellen bleibt von den Einflüssen des digitalen Wandels nicht unberührt, wie die vielfältigen Angebote auf den einschlägigen Social Media-Kanälen eindrucksvoll demonstrieren.

Historische Sinnkonstitution hat stets eine Produktions- und eine Rezeptionsseite. Im Vergleich zu vielen traditionellen Formen medialer Kommunikation wirken die digitalen Medien auf den ersten Blick oft effektiver in der Verbreitung von Informationen. Zugleich verändern sich aber auch die Wahrnehmungsprozesse von Zeit und Raum (Virilio 1996), und zwar sowohl auf Seiten der Rezipientinnen und Rezipienten als auch bei den (professionellen) Anbieterinnen und Anbietern historischer Narrationen. Die zunehmende Datafizierung (Süssenguth 2015) aller gesellschaftlichen Bereiche und die in sozialer Interaktion und durch „Praktiken der Selbstdarstellung und Weltwahrnehmung" (Simanowski 2016, 15) in den Social Media produzierten Geschichtsdeutungen dürften jedenfalls auch das Geschichtsbewusstsein vieler Menschen (mit) beeinflussen. Eleni Apostolidou (2020) zufolge verstärken die digitalen Medien die Wirkung und das Rauschen der Strömungen und Trends in der Auseinandersetzung mit Geschichte um ein Vielfaches, wobei die digital verfügbaren Geschichtsdeutungen nicht immer auf Adressatinnen und Adressaten treffen, die diese in einen ausreichend sinnhaften Kontext stellen können.

Marco Demantowsky hat den neuen Geschichtsmarkt der Möglichkeiten treffend beschrieben: Die digital-medial vermittelte Welt ist voll mit „historischem Content voller verborgener oder offener Sinnstiftungsanmutungen, formatiert in sozialen Netzwerken und kommunikativ und partizipativ verführerisch aufbereitet" (Demantowsky 2015, 161). Den Überblick über die sich digital ausbreitenden geschichtskulturellen Angebote in „Form von Pressebeiträgen, Vereinshomepages, Gedenkstätten-Facebookseiten und vor allem der hoch segmentierten Blogosphere" (ebd., 160) haben allerdings selbst die ‚Userinnen' und ‚User' längst verloren. Ohne Unterstützung von Organisationen des Big Data und entsprechender Algorithmen (siehe hierzu auch die Beiträge im Abschnitt „Methoden geschichtsdidaktischer Forschung im digitalen Wandel?" i. d. Bd.), die das Netz systematisch nach Mustern des Umgangs mit Geschichte durchkämmen, ist eine analytische Gesamtschau des Phänomens kaum möglich. Über solche Mittel verfügen jedoch vor allem die großen kommerziellen Player des sog. „Plattformkapitalismus" (Seemann 2014; siehe u. a. Alphabet, Apple, Amazon, Facebook, Alibaba) sowie (vermutlich) staatliche Militär- und Geheimdienste.

Prinzipiell ist von einem Paradoxon auszugehen, das sowohl die Kultur der Digitalität als solche als auch besonders – aber nicht nur – die politische Dimension von Geschichtskultur betrifft: Zum einen eröffnen die digitalen Infrastrukturen neue Möglichkeiten der demokratischen Teilhabe und Transparenz, und zwar nicht zuletzt durch einen allgemeinen und unmittelbaren Zugang zum geschichtswissenschaftlichen Wissen und den zugrundliegenden Quellenmaterialien, mit dem sich dominante oder auch weniger dominante historische Narrationen de-konstruieren oder eigene Narrationen konstruieren und verbreiten lassen. Das in seinem Wesen eigentlich kollaborative und interaktive *World Wide Web* hat zumindest das Potenzial, nicht nur staatliche Grenzen zu überwinden, sondern auch eine zunehmende Demokratisierung öffentlicher Geschichtskulturen zu befördern, indem dort Wissen und Informationen über die Vergangenheit in einem bisher nicht dagewesenen räumlichen und quantitativen Ausmaß Verbreitung finden (können). Auf der Negativseite lauern demgegenüber nicht nur latente, sondern auch ganz manifeste Gefahren neuer Kontroll- und Überwachungstechniken sowie die Verbreitung von Fehlinformationen sowie epistemologischer und ideologischer Desorientierung bis hin zu Hasskommentaren und Gewaltandrohungen. Dabei verfestigen sich gegebene Ungleichheiten im Hinblick auf geschichtskulturelle Diskurse durch ungleichmäßig verteilte Verfügbarkeiten, oder werden neue Ungleichheiten zwischen Gruppen innerhalb einer Gesellschaft, aber auch zwischen Individuen und den datensammelnden Organisationen und transnationalen Konzernen geschaffen.

Selbst die vermeintlich ‚reinen' Daten sind am Ende keine neutralen, objektiven Entitäten, die unabhängig vom Wissen und den Ideen, Instrumenten, Praktiken und Kontexten bestehen können, innerhalb derer sie generiert, verarbeitet und analysiert werden. Eine am narrativistischen Paradigma orientierte Geschichtswissenschaft wusste schon vor der Digitalisierung, dass jede Darstellung von Geschichte das verändert, was sie darzustellen meint (vgl. Borsche 2005, 47). Historische Fakten liegen – gedruckt und/oder digital – nicht einfach in der Realität da und müssen dann nur noch aufgefunden und bezeichnet werden, sondern werden durch das Ereignis ihrer Einbindung in einen retrospektiven Erzählzusammenhang überhaupt erst zu einer Art Gegenstand, der an verschiedenen Orten gegenwärtig und/oder zukünftig wirksam werden kann (vgl. Hartung 2013, 58). Das Wissen um die Standortgebundenheit von Autorinnen und Autoren scheint jedoch im ‚Netz' ebenso wenig ausgeprägt wie der Sinn für die Selektivität, Partialität und Perspektivität historischer Darstellungen. Hier scheint ein gesteigertes Problembewusstsein angebracht, wie nicht zuletzt die regelmäßig vorgetragenen Kritiken an den als unwissenschaftlich, banalisierend, emotionalisierend, überwältigend oder gar verfälschend gescholtenen Vergangenheitsdarstellungen in den Medien zeigen.

Weitere mögliche Herausforderungen dürften schließlich auch die neuen synthetischen Kommunikationsformen durch skopische Medien (Knorr-Cetina/ Reichman 2016) für Geschichtskulturen mit sich bringen. Wenn bisherige face-to-face-Situationen – wie etwa durch den Corona bedingten ‚lockdown' forciert geschehen – zunehmend in synthetische Situationen an Computerbildschirmen überführt werden, verändern sich auch die für die Kommunikation über Geschichte wichtigen sozialen Dynamiken, wie z. B. die Verfahren zur Authentifizierung und Autorisierung von Informations- und Geschichtsquellen. Dieses Problem dürfte umso größer werden, je mehr sich das Internet zu einem virtuellen Gedächtnisraum bzw. virtuellen Erinnerungsort (A. Assmann 1999) entwickelt.

Das dem vorliegenden Band zugrundeliegende plurale Verständnis von Geschichtskulturen integriert die Historizität des kommunikativ handelnden Umgangs mit Geschichte in das geschichtskulturelle Forschungsfeld. Demnach sind sowohl die geistigen als auch die physischen Manifestationen von Geschichtskulturen in ihrer jeweiligen Entwicklung zu historisieren. Heutige Gesellschaftsformationen verfügen über andere funktionale und soziale Differenzierungen als frühere, weshalb sich die spezifischen ontologischen Annahmen der eigenen Geschichtskultur nicht eins zu eins für die Erforschung anderer Geschichtskulturen übertragen lassen. Eine geschichtsmethodisch reflexive Gegenstandskonstitution sollte daher die jeweils spezifischen Entwicklungslagen von Gesellschaftsformationen und ihrer Teilsysteme mitberücksichtigen. Karl-Ernst Jeismann (1977; 1988), Jörn Rüsen (1994) und Bernd Schönemann (2000) haben die für die Beschäftigung mit Geschichtskultur(en) notwendigen sozialen und funktionalen Differenzierungen zwar unterschiedlich, aber heuristisch durchaus zweckmäßig als das Geschichtsbewusstsein in der Gesellschaft, als Kategorien historischen Denkens und als in Institutionen verankerte Wiederholungsstrukturen beschrieben. Durch Jan Assmann (1997) kennen wir zudem die Übergänge und Verschiebungen vom kommunikativen zum kulturellen Gedächtnis im gesellschaftlichen Umgang mit Geschichte. Auch Hans-Jürgen Pandel, der eigentlich jedwede Historisierung von Geschichtskultur ablehnt, stellt im Widerspruch zu seiner eigenen Auffassung fest, dass „Geschichtskultur […] auf der medialen Refiguration des historischen Wissens" beruhe und einer ihrer Mechanismen die „Veränderung von ‚Geschichte' durch Intermedialität" sei (Pandel 2013, 171). Ein wichtiges Anliegen des vorliegenden Bandes ist daher, den geschichtskulturellen Blick zu weiten für die „verschiedenen Konzepte von Zeit, Geschichte und historischem Denken", um genauer untersuchen zu können, „wie sich das Verhältnis zwischen Geschichtsbewusstsein und Geschichtskultur im Zeitalter der Digitalisierung und partizipativer Medienkulturen" in synchroner, diachroner oder anachroner Perspektive verändert (Thünemann 2018, 149).

3. Zu den Erträgen und Limitierungen des Sammelbandes

Die hier nur angerissenen Herausforderungen im Forschungsfeld digitaler geschichtskultureller Theorie und Praxeologie lassen es u. E. notwendig erscheinen, die bisherigen und aktuellen wechselseitigen Einflüsse von Digitalisierung, Digitalität und Geschichtskulturen hinsichtlich ihrer theoretischen, empirischen, pragmatischen und normativen Implikationen genauer unter die Lupe zu nehmen. Der vorliegende Band umfasst sowohl weiterführende Überlegungen zur Systematisierung des Forschungsfeldes als auch deskriptiv-analytische Beschreibungen des Phänomenbestands digitaler geschichtskultureller Praktiken, und zwar vor allem aus geschichtsdidaktischer Perspektive. Auch empirisch fundierte Beschreibungen von sich in einer Kultur der Digitalität wandelnden geschichtskulturellen Objektivationen sind enthalten. Zugleich möchten die Herausgeberin und Herausgeber aber auch auf die Limitierungen dieses Bandes hinweisen, die nicht zuletzt aus seinem Entstehungskontext resultieren. Die Beiträge und Diskussionen der im Juni 2022 in Paderborn veranstalteten Fachkonferenz „Geschichte im digitalen Wandel?", die dieser Band dokumentiert, können das Forschungsfeld weder umfassend repräsentieren noch vollständig abdecken. Allein schon die rasante Entwicklung digitaler Transformationsprozesse macht es kaum möglich, den zum Zeitpunkt der Drucklegung neuesten Stand der Forschungen wiederzugeben. Die hier versammelten Beiträge können auch keinen vollständigen Überblick über sämtliche Aspekte des Verhältnisses zwischen digitalem Wandel und ‚der' Geschichtsdidaktik geben. Was dieser Band vor allem leistet, ist die Dokumentation ausgewählter Forschungserträge der zur Konferenz beitragenden Geschichtsdidaktikerinnen und -didaktiker, um diese den Leserinnen und Lesern dauerhaft zugänglich zu machen.

Die genannten Ziele des Bandes sind weder allein mit den Mitteln der Geschichtswissenschaften noch mit den Kategorien der Geschichtsdidaktik zu bewältigen. Die Geschichtsdidaktik soll und darf aber Probleme formulieren, die sie bewusst an ihre disziplinären Grenzen führen, um nicht zuletzt den fächerübergreifenden Austausch vorzubereiten. Schließlich liegt die Vermutung nahe, dass die Untersuchung möglicher Interdependenzen im Verhältnis von Digitalisierung, Digitalität und Geschichtskulturen eines umfassenden Zugriffs auch auf philosophisches, soziologisches, informationstechnologisches sowie medien- und kommunikationswissenschaftliches Wissen bedarf. Eine tendenziell transdisziplinäre Erweiterung des Forschungsansatzes, wie es in diesem Band u. a. durch den Beitrag des Soziologen Dirk Baecker geschieht, erfordert zudem ein Nachdenken über neue Formen der Transdisziplinarität, die die Kritiken und Reflexionen der jeweiligen methodologischen Selbstverständnisse der beteiligten Disziplinen mit einbeziehen.

Die Beschäftigung mit digital bedingten Veränderungsprozessen erfordert eine Unterscheidung zwischen einer Geschichte *im* Digitalen und einer Geschichte *des* Digitalen. Aus der Perspektive von Geschichtskulturen *im* Digitalen stellen sich vornehmlich Fragen nach dem Wandel digitaler Formationen und Formen geschichtskultureller Praktiken (z. B. Raum-Zeit-Rhythmen oder Methoden digitaler Bedeutungskonstruktion), wohingegen die Perspektive von Geschichtskulturen *des* Digitalen vor allem Fragen in den Fokus rückt, die die (menschlichen und nichtmenschlichen) Akteurinnen und Akteure bzw. Aktantinnen und Aktanten digitaler Geschichtskulturen in den Mittelpunkt stellen. Beides zusammengenommen führt schließlich zum Problem einer angemessenen Relationierung von Ursache und Wirkung: In welchem Verhältnis stehen die Produktion, Rezeption und Transformation von Geschichtskulturen in einem möglichen Zeitalter der Digitalität und einer Geschichtskultur zunehmender Komplexität (vgl. Baecker i. d. Bd.)?

Im Hinblick auf die Forschungsinteressen der Geschichtswissenschaften und Geschichtsdidaktik ist das Verhältnis zwischen Digitalisierung und Geschichtskulturen mindestens in dreifacher Hinsicht von Bedeutung: (1.) als Forschungsobjekt, (2.) als Ermöglichung neuer (digitaler) Forschungsmethoden und (3.) als neue (digitale) Plattformen für die Kommunikation von geschichtswissenschaftlichem und -didaktischem Wissen. Es geht nicht allein um die Untersuchung von geschichtskulturellen Phänomenen in einer digitalen Welt, sondern auch um die Frage nach dem Verhältnis von Medientechnologie und den Konstruktionsprinzipien historischer Wirklichkeit und wie Wissen darüber erlangt werden kann. Dabei erweitert der Prozess der zunehmenden Digitalisierung auch die Möglichkeiten zur Konzeption neuer Forschungsdesigns im Sinne sog. „digital ways of knowing society" (Marres 2017, 101), indem z. B. die Forschungsteilnehmenden interaktiv direktes Feedback geben oder aktiv über digitale Kanäle in den Forschungsprozess eingebunden werden (vgl. z. B. Krebs i. d. Bd.). Infrage kommen hierfür sog. „digital methods" (Rogers 2013), die die Prozesse der Datenerhebung, Interpretation und Kommunikation gemeinsam mit digitalen Praktiken entwickeln und dafür die spezifischen Eigenschaften von digitalen Infrastrukturen, Geräten oder Praktiken nutzen.

4. Heuristische Überlegungen zum geschichtskulturellen Forschungsfeld

Die bisherigen Forschungen zu Geschichtskulturen und die Kategorien der Geschichtsdidaktik bieten bereits vielversprechende Ansatzpunkte zur weiteren Systematisierung des Forschungsfeldes. Dem weitgefassten Ansatz des hier vertretenen Konzepts entsprechend findet das ganze Spektrum zwischen den spezifisch individuellen geschichtskulturellen Praktiken einerseits und dem ‚großen Ganzen' der gesellschaftlichen Entwicklung andererseits Berücksichtigung. Um hierbei möglichst viele Ebenen im Blick zu behalten, wird das Feld für die entwickelten Untersuchungsfragen mithilfe einer zweidimensionalen Matrix ausgemessen: Die erste Dimensionierung folgt dem sozialwissenschaftlichen Mehrebenensystem aus Makro-, Meso- und Mikroebene, die zweite Dimensionierung berücksichtigt die unterschiedlichen Ausprägungen des Institutionalisierungs- und Formalisierungsgrades geschichtskultureller Objektivationen als formale, non-formale und informelle (Bildungs-)Angebote. Die Unterscheidung zwischen formalen, non-formalen und informellen kommunikativen Handlungen und Manifestationen auf der Meso- und Mikroebene soll gewährleisten, dass auch und gerade die privaten und kommerziellen geschichtskulturellen Unternehmungen mit Angebotscharakter entsprechend ihrer Bedeutung in einer Kultur der Digitalität genügend Berücksichtigung in der Untersuchung finden.

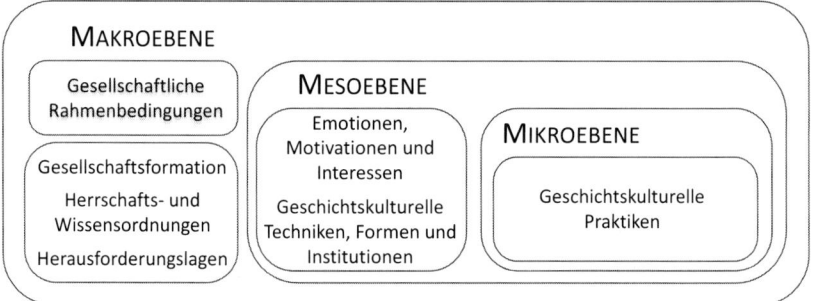

Strukturelle Merkmale des gesellschaftlichen Systems Geschichtskultur(en) (eigene Darstellung)

Auf der **Makroebene** schafft eine Differenzierung nach formalen, non-formalen und informellen geschichtskulturellen Praktiken aufgrund des hohen Allgemeinheitsanspruchs noch keinen heuristischen Mehrwert. Dies liegt vor allem daran, dass die Makroebene primär die lange währenden bzw. sich nur langsam wandelnden gesellschaftlichen Rahmenbedingungen des gesellschaftli-

chen Umgangs mit Geschichte adressiert. Hierzu zählen u. a. die grundsätzliche Verfasstheit einer Gesellschaft und ihrer Herrschafts- und Wissensordnungen einschließlich des vorherrschenden Zeitbewusstseins sowie die durch die Rahmenbedingungen gesetzten Notwendigkeiten einer Gemeinschaft, sich mit Vergangenem zu beschäftigen. Mögliche Fragestellungen auf dieser Ebene sind:
- Welcher Entwicklungslogik unterliegen geschichtskulturelle Phänomene allgemein, und welche Entwicklungen stehen möglicherweise in Zusammenhang mit der Digitalisierung?
- Geht mit der Digitalisierung eine Veränderung der Verfasstheit von Gesellschaften und ihrer Herrschafts- und Wissensordnungen einher, einschließlich des vorherrschenden Zeitbewusstseins sowie die durch die Rahmenbedingungen gesetzten Notwendigkeiten von Gemeinschaften, sich mit Vergangenem zu beschäftigen?
- Bedeuten die Digitalisierung und Digitalität etwas qualitativ Neues in der Entwicklung von Geschichtskultur(en), oder ist sie nur ein weiterer Schritt auf dem Weg der voranschreitenden Mediatisierung von Gesellschaft und Kultur?
- Inwiefern führt der digitale Wandel dazu, dass Geschichtskulturen globaler/hybrider werden bzw. nationale Rahmungen erkennbar und z.T. auch perforiert werden?
- Wie ist die These zu bewerten, dass sich Zeit und Ort im Internet zunehmend auflösen, da das ‚Netz' einen ortsunabhängigen, virtuellen dritten Ort außerhalb der Zeitdimension bildet (vgl. Koller 2016)?
- Welche Wirkungen entfalten digitale geschichtskulturelle Sinnbildungsangebote in den Bereichen Macht (Politik und Ökonomie), Wahrheit (Wissenschaft), Gestaltung (Ästhetik) und Kritik (Ethik)?
- …

Auf der **Mesoebene** werden die digitalen Formen und Muster kollektiver Beschäftigung mit vergangenem Geschehen untersucht. Hierzu gehören vor allem die Motivationen und Interessen von Akteurinnen und Akteuren sowie die im und für den Umgang mit Geschichte entwickelten Techniken, Medien, Typen und Formen (Genres oder Gattungen). Für die Analyse geschichtskultureller Techniken und Medien findet sich bereits eine große Anzahl fruchtbarer Untersuchungsansätze, aber auch die Emotionen, Motivationen und Interessen für die Auseinandersetzung mit Geschichtlichem rücken zunehmend stärker ins Blickfeld der Forschung. Vor allem die Entwicklung der verschiedenen digitalen Kommunikationsmuster ist auf dieser Ebene angesiedelt, d. h. die Analyse von Mechanismen medialer Refiguration von geschichtlichem Wissen durch die Prozesse der Digitalisierung.

Formale Mesoebene (institutionalisiert)
- Wie verändert die Digitalisierung das Professionsverständnis und das Kommunikationsverhalten in geschichtskulturellen Institutionen? Welche Orientierungen leitet die Arbeit von Professionellen in Geschichtsbildungskontexten?
- Wie verändert die Digitalisierung die kommunikativen Formate geschichtskultureller Bildungsinstitutionen; wie werden im Zeitalter der Digitalität z. b. Ausstellungen von Museen und Gedenkstätten sowie die Präsentationen von Mahnmalen, Denkmälern und Archivmaterialien gestaltet?
- Welche Anforderungen stellt der digitale Wandel an einen geschichtsdidaktischen Medienbegriff (vgl. Pallaske 2015; vgl. Rosa 2015), oder – sofern es denn bisher überhaupt einen gemeinsamen ‚alten' Medienbegriff ‚der' Geschichtsdidaktik gegeben haben sollte – benötigt die Geschichtsdidaktik angesichts der Digitalisierung einen neuen Medienbegriff? (dem widersprechend: vgl. Günther-Arndt 2015)
- Welche Veränderungen bringt die Digitalisierung in den bildungspolitischen und bildungsadministrativen Vorgaben im Hinblick auf geschichtskulturelle Lernangebote?
- Bedeutet der digitale Wandel für die Geschichtsdidaktik und ihre bisherigen Modelle und Kategorien eine grundlegende Herausforderung ‚an sich' oder nur für einzelne Teilbereiche? (vgl. Bernsen 2015)
- Welche Auswirkungen hat der digitale Wandel auf die formalen Angebote des Geschichtslernens wie den Geschichtsunterricht und das Geschichtsstudium?
- Welchen Niederschlag finden digitale geschichtskulturelle Angebote in den offiziellen Bildungsplänen und Kernlehrplänen?
- Inwiefern wandeln sich die geschichtsdidaktischen Bildungs-, Lern- und Kompetenzbegriffe und welche Auswirkungen hat die Digitalisierung auf die Prozesse der historischen Identitätsbildung?
- …

Non-formale Mesoebene (private und kommerzielle Unternehmungen, Veranstaltungen mit Angebotscharakter, Weiterbildung)
- Inwiefern verändert Digitalisierung die Funktionen und die Nutzungen von Geschichte sowie den Bezug auf Vergangenes? Gibt es eine Verschiebung hin zu einer stärker unterhaltenden und wirtschaftlichen Nutzung von geschichtskulturellen Angeboten (Ökonomisierung)?
- Inwieweit besteht bei den neuen digitalen Angeboten die Problematik des Outsourcings historischen Denkens? Oder etwas polemisch ausgedrückt:

Müssen z. B. Geschichtsforschende keine relevanten Stellen in Quellen mehr suchen, da dies bereits von den Accountinhaberinnen und -inhabern selbst geleistet wird. Braucht man sich nicht mehr mit verschiedenen Deutungen auseinandersetzen, da dies z. B. bereits von *Mr. Wissen To Go* geleistet wird? Müssen die ‚Userinnen' und ‚User' keine narrativen Leerstellen mehr in der Darstellung von Vergangenheit füllen, da dies bereits die Entwickler von *Augmented Reality* (AR) und/oder Virtual Reality (VR) übernehmen?
- Inwiefern lässt sich für den Umgang mit Geschichte im digitalen Raum dasselbe Phänomen wie für die Musikstreaming- und Zeitungsbranche erkennen (z. B. werden Lieder durch die Ausrichtung auf Streaming kürzer, sodass mehr Angebote konsumiert werden und Künstlerinnen und Künstler über mehr Klicks mehr Einkommen generieren können; der erste Schritt in Redaktionssitzungen ist Auswertung der Klickzahlen für Berichte, viele Klicks = Story wird weiterverfolgt). Werden historische Narrative im digitalen Raum auch kürzer, plakativer, skandalisierender …?
- …

Informelle Mesoebene (nicht/nur wenig institutionalisiert)
- Verändert die Digitalisierung die Motivationen und Interessen sowie die dazu entwickelten Techniken, Medien, Typen und Gattungen im alltäglichen Umgang mit Geschichte, und wenn ja, wie verändern sich diese?
- Bilden sich im ‚Netz' bestimmte identitätsbildende ‚Filterblasen', die bestimmten politischen Ausrichtungen folgen, und wenn ja, wie sind diese zu analysieren und zu bewerten?
- Inwieweit entstehen und vollziehen sich durch die Übertragung von sozialen Beziehungen ins Internet Geschichte(n) im Internet (vgl. Koller 2016), und wenn dies passiert, wie sollen diese erforscht und vermittelt werden?
- Inwieweit formen die „digitalen Medien die historische[n] Erkenntnisse wesentlich mit", inwieweit werden „die Zugänge zum historischen Lernen informeller und unberechenbarer"? (Alavi 2010)
- …

Die **Mikroebene** schließlich umfasst die digitalen geschichtskulturellen Praktiken, wie die konkrete Produktion und Rezeption geschichtskultureller Objektivationen und die mit der Vergangenheit gemachten oder auch nicht gemachten Erfahrungen.

Formale Mikroebene (institutionalisiert)
- Wie verändern Geschichtslehrkräfte in Schulen und Hochschulen unter den Bedingungen der Digitalisierung ihr Lehrhandeln?

- Welche digitalen Angebote der Geschichtskultur finden in der Schule und in der Universität aus welchen Gründen bevorzugt Verwendung?
- Was ist angesichts der Vielfalt und leichten Zugänglichkeit zu digitalen Geschichtslernangeboten bei der Analyse der Lernvoraussetzungen und der Diagnose der Lernfähigkeiten von Schülerinnen und Schülern bzw. Studierenden zu beachten?
- Welche Veränderungen unterliegen die Lehrmittel/-medien des Geschichtslernens angesichts zunehmender Digitalisierung?
- …

Non-formale Mikroebene (private und kommerzielle Unternehmungen, Veranstaltungen mit Angebotscharakter, Weiterbildung)
- Könnte eine Kultur der Digitalität der „Gefahr der einen einzigen Geschichte" (Adichie 2009) eher entgegenwirken als eine Kultur, die auf der Dominanz der Schriftlichkeit aufruht?
- Inwiefern verändern digitale Angebote mit geschichtlichen Inhalten nicht nur das Medium der Informationsquelle u. ä., sondern auch die Bedeutung und den Umgang damit? Konkret gefragt: Wo liegt das Neue von Twistory o. ä. im Vergleich z. B. zum Umgang mit den Tagebüchern von Anne Frank.
- Wer sind die Nutzer von z. B. Twistory? Welches Alter, welches Geschlecht, was reizt die ‚Userinnen' und ‚User' an solchen Angeboten: Ist es eher die Technik, die Kommunikationsform oder der historische ‚Content'?
- Als paradigmatisch für etwas, das den gesellschaftlichen Umgang mit Geschichte in der alten Bundesrepublik stark verändert hat, gilt die Fernsehserie Holocaust. Findet sich ein solches Beispiel auch im Bereich der digitalen geschichtskulturellen Produkte? Oder bietet die digitale ‚Netzwelt' eher viele kleine Beispiele dieser Art, was wiederum für die These von einer zunehmenden Zersplitterung und Diversifizierung von Geschichtskultur spräche?
- Werden geschichtliche Ereignisse – wie schon im Unterhaltungsfernsehen – im ‚Netz' zunehmend in Banales verwandelt und Gewalt in der Geschichte zum „folgenlosen konformistischen Genuss", wodurch ein Bedürfnis nach immer mehr Gewalt und Genuss erzeugt wird? (Claussen 1995, 14). Wird Geschichte dadurch zum „geschichtskulturellen Zuliefererbetrieb" und zur „ereignisfixierten Event-Geschichte", die allein den Gesetzen der medialen Nachfrage folgt? (Sabrow 2009, 25)
- Betonen digitale geschichtskulturelle Praktiken eher die Gegenwärtigkeit von Geschichte im Sinne einer stärkeren emotionalen Verbindung

zwischen Vergangenheit und Gegenwart in einer digital ‚gemachten Geschichte' (doing history)?

Informelle Mikroebene (nicht/nur wenig institutionalisiert)
- Verändert die Digitalisierung die alltäglichen geschichtskulturellen Praktiken, wie die konkrete Produktion und Rezeption geschichtskultureller Angebote und die mit der Vergangenheit gemachten oder auch nicht gemachten Erfahrungen, und wenn ja, wie?
- Inwiefern werden Geschichtskulturen durch neue Möglichkeiten der Kommunikation/Teilhabe diverser und auch inklusiver? Oder ist vielleicht eher eine Gegentendenz durch Voreinstellungen, Filter und Algorithmen zu beobachten, die exklusive Resonanzräume und digitale Erinnerungsmilieus schaffen?
- Erweitert sich das Spektrum geschichtskultureller Objektivationen durch neue digitale oder zumindest hybride Angebote und wenn ja, welche Erweiterungen sind das?
- Befördert die Digitalisierung eine „Entgrenzung von Denk- und Lernräumen" durch das Internet und eine verstärkte Hinwendung zu Aspekten der Geschichtskultur? (Pallaske 2015a, 137)
- …

Der hier vorgestellte Fragenkatalog hat vor allem eine explorativ-heuristische und beispielgebende Funktion. Der vorliegende Band soll und kann die aufgeworfenen Fragen oder weitere Problemstellungen nicht mit einzelnen Beiträgen ‚abarbeiten'. Auch können nicht sämtliche Bereiche bzw. Ebenen der hier vorgeschlagenen Fragestellungen im gleichen Umfang behandelt werden. Vielmehr geht es um die Erweiterung und Weiterentwicklung des geschichtskulturellen Forschungsfeldes und des dazu notwendigen begrifflichen Instrumentariums in Form transdisziplinär-kreativer Ansätze und Beiträge. Die hier versammelten Texte führen zum Teil mehrere der hier genannten Ebenen und Aspekte zusammen oder differenzieren einzelne Teilgebiete weiter vertiefend aus. Die einzelnen Beobachtungen und Analysen werden zudem nicht selten an konkreten Beispielen aus der geschichtskulturellen Praxis exemplifiziert. Die Herausgeberin und -geber meinen, dass die Beiträge des Bandes eine Reihe kreativer und konstruktiver Überlegungen und Ideen bereithalten, die in der Lage sind, das Forschungsfeld Geschichtskulturen, Digitalisierung und Digitalität weiter auszumessen und auszuschärfen, um so zu neuen relevanten und Ertrag versprechende Untersuchungsfragen zu gelangen.

5. Zum Aufbau und zu den einzelnen Beiträgen des Bandes

Die oben beschriebene These der Medienbrüche und daraus ableitbaren Epochen ist nicht neu und hat auch in der Geschichtsdidaktik ihren Niederschlag gefunden. Der grundlegende Debattenbeitrag des Soziologen und Gesellschaftstheoretikers **Dirk Baecker** erkennt einen wesentlichen Unterschied zwischen Moderne und einer von elektronischen Medien dominierten „nächsten Gesellschaft" vor allem in der *Reflexion auf Komplexität*, weshalb er vorschlägt, auch von einer *Geschichtskultur der Komplexität* zu sprechen. In dieser werde die Beobachtung von Kontingenz ergänzt durch die Beobachtung von Komplexität, die einerseits die Beobachtenden überfordere, andererseits jedoch mit Potenzialen der Selbstorganisation überrasche. Ereignisse treten hier mehr oder minder zufällig auf, werden mehr oder minder wahrscheinlich aufgegriffen und entweder verstärkt oder abgeschwächt und haben anschließend eine mehr oder minder große Bedeutung für weitere Ereignisse und deren Zusammenhang (Baecker i. d. Bd.). Dies bedeutet nicht nur, dass sich in der nächsten Gesellschaft Geschichte von jedem Standpunkt und Zeitpunkt der Beobachtung aus neu schreibe. Zudem verlören ‚klassische' geschichtskulturelle Institutionen zugunsten einer sich „im Feld" realisierenden Praxis an Bedeutung, deren Kennzeichen u. a. der Entwurf Daten sammelnder Algorithmen oder ethnografische Studien sei.

Die Beiträge des ersten Bandabschnitts zu den „Methoden geschichtsdidaktischer Forschung im digitalen Wandel?" widmen sich den Fragen, welche (digitalen) Forschungsdaten für geschichtsdidaktische Studien nützlich sind und welche Auswertungs- und Analysemethoden hierfür eingesetzt werden können. **Christoph Kühberger** stellt zunächst eine Studie zur Demokratiegeschichte in Österreich vor, u. a. auf der Basis von Essays, welche 123 Lehramtsstudierende der Fächer Geschichte und Sozialkunde/Politische Bildung der Universität Salzburg verfassten. Um zu untersuchen, „welche Geschichten sich die Menschen in Österreich über die Demokratie erzählen", erprobte er hierfür Methoden des *Text Minings* bzw. *Distant Readings* sowie der qualitativen Inhaltsanalyse und reflektiert an den verschiedenen Ergebnissen deren Nutzungsmöglichkeiten für geschichtsdidaktische Forschungszwecke. Im darauffolgenden Beitrag präsentiert **Alexandra Krebs** einen Ausschnitt aus ihrer empirischen Studie über die Nutzung der *App in die Geschichte* mit 168 Lernenden in 48 Gruppen der Jahrgangsstufen neun bis 12 verschiedener Schulen. Hierbei erläutert sie die Erhebung von Logfile-Daten und deren Auswertung mithilfe von *Machine Learning* Algorithmen (*Unsupervised Learning*) als innovative Möglichkeit geschichtsdidaktischer Digitalforschung, um Nutzungsverhalten in digitalen Lernangeboten zu untersuchen, diskutiert dabei jedoch auch damit verbundene Herausforderungen und methodische Einschränkungen. Unter dem Titel #*BigDataHistory* beschreiben **Mia Berg** und **Andrea Lorenz** forschungspraktische Hürden für Untersuchungen, welche Geschichtspräsentationen in sozialen Medien im Fokus haben. Sie binden u. a. technische, rechtliche bzw. datenschutzrechtliche, ethische sowie forschungsmethodische Perspektiven mit ein, die sie exemplarisch am Beispiel ihrer Untersuchung über das Instagram-Projekt *@ichbinsophiescholl* konkretisieren. Hieraus lassen sich schließlich weiterführende Überlegungen zur geschichtswissenschaftlichen bzw. -didaktischen Social-Media-Forschungen anstellen.

Der zweite Bandabschnitt widmet sich in diskursiver Absicht den Fragen nach einem möglichen Wandel des Geschichtslernbegriffs und der Beschreibung historischer Kompetenzen, die Lernende für einen kritisch-reflektierten Umgang mit Quellen bzw. Darstellungen im digitalen Raum benötigen. In Anlehnung an Felix Stalders „Kultur der Digitalität" untersucht **Olaf Hartung** die Fragen, inwieweit sich mit den identifizierten „Grundformen" *Referentialität, Gemeinschaftlichkeit* und *Algorithmizität* mögliche Veränderungen in einer *(Geschichts-)Kultur der Digitalität* beschreiben lassen und welche Schlussfolgerungen sich daraus für das historische Lehren und Lernen ergeben. Aufbauend auf ausgewählten empirischen Studien diskutiert **Marcel Mierwald** die Notwendigkeit neuer digitaler (Methoden-)Kompetenzen, die er am Beispiel des digitalen Lernangebots *Menschen im Bergbau* (MiB-Labor) konkretisiert und bei dem Lernende v. a. mit *Oral History* Interviews arbeiten. **Sabrina Schmitz-Zerres** nähert sich der Thematik hinsichtlich der Frage, welche Potenziale digitale Medien zur Förderung historischer Kompetenzen grundsätzlich bergen können. Sie reflektiert dies exemplarisch anhand eines Erfahrungsberichts über ein von ihr selbst als Lehrperson eingesetztes Lernarrangement zum Herrscherbild Ludwig XIV. aus dem Jahre 1701, welches die Lernenden u. a. mithilfe von Google-Street-View während einer digitalen Erkundung des Schlosses von Versailles analysierten.

Der dritte Abschnitt des Bandes stellt Beiträge in den Mittelpunkt, die nach den erinnerungs- und geschichtskulturellen Praktiken im digitalen Wandel fragen. **Andrea Brait** und **Heike Krösche** sehen einen Bedarf an einer neuen Generation von Erklärvideos 2.0, die sich nicht nur als Lernobjekte zur De-Konstruktion eignen, sondern die Förderung historischer Kompetenzen unterstützen. Der Beitrag untersucht die didaktischen Möglichkeiten solcher im Rahmen des Projekts *INNALP Education Hub* entwickelter Erklärvideos, die der Förderung fachspezifischer Kompetenzen dienen, wie sie in den österreichischen Lehrplänen verankert sind, und somit in formale Bildungsprozesse integriert werden können. **Hannes Burkhardt** eruiert am Beispiel der (Berliner) Märzrevolution von 1848 die Potenziale Sozialer Medien für historisches Lernen mittels historischer Gedenktage und Jubiläen auf *TikTok*, *Instagram* und *Twitter* (jetzt ‚X' benannt). Nach grundlegenden Überlegungen über die geschichtsdidaktischen Potenziale von historischen Gedenktagen und Jubiläen und Social Media für historisches Lernen untersucht Burkhardt exemplarisch medienspezifische Erzählungen und Deutungen des historischen Ereignisses auf Social Media-Kanälen, die sich für die Analyse und Beurteilung im Geschichtsunterricht eignen. Der erinnerungskulturelle Überblick im Medium von Social Media dient nicht zuletzt dazu, verschiedene historische und teils konkurrierende diskursive Deutungsstränge offenzulegen, die in Teilen bis heute in medienspezifischen Narrationen erscheinen. Am Beispiel von digitalen Rekonstruktionen historischer Orte untersucht **Elena Lewers** im letzten Beitrag dieses Abschnitts die Frage, welche Auswirkungen der Transfer (oder die Transformation?) des historischen Ortes in den digitalen Raum sowohl auf Geschichts- bzw. Erinnerungskulturen im Allgemeinen als auch auf die Produktion und Rezeption solcher digitalen Angebote haben kann.

Den Auftakt zum vierten und letzten Abschnitt dieses Bandes, der u. a. den technisch bedingten neuen Möglichkeiten digitaler Lehr- und Lernmittel nachspürt, bildet der Beitrag von **Rainer Lupschina**. Dieser geht am Beispiel der digitalen Lernplattform *Bedrohte Ordnungen* der Fragestellung nach, inwiefern eine Digitalisierung von Lernmaterial nicht nur historisches Lernen verändern, sondern auch der damit mögliche direkte Datenaustausch im Feld von Anwendungsforschung und Materialentwicklung zur Etablierung neuer Lehr-Lernkonzepte führen kann. Ebenfalls ausgehend von den Änderungen in der digitalen Gegenwart untersucht **Marcus Ventzke** Medien, Lernende, Unterricht und Schule als Bestimmungsfaktoren einer zukünftigen Schule in einer ‚(Geschichts-)Kultur der Digitalität'. Am Beispiel des *mBooks* untersucht er die Frage, inwiefern neuere digitale Unterrichtsmedien für das Fach Geschichte die Paradigmen aktueller normativer Anforderungen in der Bildung mit digitalen Mitteln umsetzen. Dies umfasst auch die Frage, inwieweit diese orientierend für die Produktion von Unterrichtsmedien wirken und die weiteren Entwicklungen in den kommenden Jahren beeinflussen. **Wolfgang Buchberger** und **Christoph Kühberger** verstehen ihren Beitrag vor allem als deskriptiv-analytische Beschreibung eines digitalen Produkts, namentlich der von ihnen (mit-)entwickelten *Salzburger MuseumsApp*, für die geschichtskulturelle Praxis. Vorgestellt werden nicht nur die Ziele der App, sondern auch das darin eingebettete konzeptuelle historische Lernen und die eingesetzten Maßnahmen zur Qualitätssicherung. Der Beitrag von **Monika Fenn** und **Jakob Arlt** widmet sich schließlich der Herausforderung und dem Potenzial von Lehr-Lern-Gesprächen im Geschichtsunterricht sowie den darauf bezogenen Lösungsmöglichkeiten, die ein virtuelles Klassenzimmer bietet. Vorgestellt werden Befunde einer Interventionsstudie, die auf die kompetente Führung eines Reflexions- und Sinnbildungsgesprächs im Geschichtsunterricht zielt. Die Ergebnisse der Studie bilden die Grundlage für die Diskussion des Entwicklungspotenzials unterrichtspraxisnaher Immersion in virtuellen Klassenzimmern für das Professionshandeln von Lehrkräften.

Literatur

ADICHIE, Chimamanda Ngozi (2009): The danger of a single story. Video aufgerufen am 11.12.2020.

ALAVI, Bettina (2010): Einführung in die Sektion 4: Zeitgeschichte im Internet. In: Popp, Susanne (Hg.), Zeitgeschichte – Medien – Historische Bildung. Göttingen, S. 257–259.

APOSTOLIDOU, Eleni (2020): Είδη Δημόσιας Ιστορίας, Ψηφιακά Μέσα και το Διαδίκτυο (Types of Public History, Digital Media and the Web; Typen von Public History, digitale Medien und das Web), in: Public History Weekly 8 (4), DOI: dx.doi.org/10.1515/phw-2020-15691.

ASSMANN, Aleida (1999): Erinnerungsräume. Formen und Wandlungen des kulturellen Gedächtnisses. München.

ASSMANN, Jan (1997): Das kulturelle Gedächtnis. Schrift, Erinnerung und politische Identität in frühen Hochkulturen. München.

BAECKER, Dirk (2018): 4.0 oder Die Lücke die der Rechner lässt. Leipzig.

BERNSEN, Daniel (2015): Hype oder Herausforderung? Digitale Medien, Geschichtsunterricht und dessen Didaktik – ein Zwischenruf anno 2014. In: Lernen aus der Geschichte Magazin 6, H. 12, S. 1–9.

BERNSEN, Daniel/Spahn, Thomas (2015): Medien und historisches Lernen. Herausforderungen und Hypes im digitalen Wandel. In: Zeitschrift für Geschichtsdidaktik 14, S. 191–203.

BLUMENBERG, Hans (1967/2009): Radiovortrag „Die Maschinen und der Fortschritt" (Compact-Disc). In: Der: Geistesgeschichte der Technik. Frankfurt/M.

BORRIES, Bodo von (2008): Historisch Denken Lernen – Welterschließung statt Epochenüberblick. Geschichte als Unterrichtsfach und Bildungsaufgabe. Opladen/Farmington Hill

BORSCHE, Tilmann (2005): Die Fakten der Geschichte. Geschichtsphilosophische Überlegungen im Anschluß an Friedrich Nietzsche. In: Trabant, Jürgen (Hg.): Sprache der Geschichte. München, S. 43–54.

CLAUSSEN, Detlev (1995): Die Banalisierung des Bösen. In: Werz, Michael (Hg.): Antisemitismus und Gesellschaft. Zur Diskussion um Auschwitz, Kulturindustrie und Gewalt. Frankfurt/M.

CORNELISSEN, Christoph (2012): Erinnerungskulturen, Version: 2.0. In: Docupedia-Zeitgeschichte, 22.10.2012, http://docupedia.de/zg/cornelissen_erinnerungskulturen_ v2_de_2012, DOI: http://dx.doi.org/10.14765/zzf.dok.2.265.v2

DANIELS, Jessie/Gregory, Karen/McMillan Cottom, Tressie (Hg.) (2017): Digital Sociologies. Bristol.

DEMANTOWSKY, Marko (2005): Geschichtskultur und Erinnerungskultur – zwei Konzeptionen des einen Gegenstandes. Historischer Hintergrund und exemplarischer Vergleich. In: Geschichte, Politik und ihre Didaktik 33, S. 11–20.

DEMANTOWSKY, Marko (2015): Die Geschichtsdidaktik und die digitale Welt. Eine Perspektive auf spezifische Chancen und Probleme. In: Der/Pallaske, Christoph (Hg.): Geschichte lernen im digitalen Wandel. München, S. 149–161.

DEMANTOWSKY, Marko (Hg.) (2018): Public History and School. International Perspectives, Berlin/Boston.

DEMANTOWSKY, Marko/Lauer, Gerhard/Schmidt, Robin/Wildt, Bert te (2020): Was macht die Digitalisierung mit den Hochschulen? Einwürfe und Provokationen. Boston/Berlin.

DEMANTOWSKY, Marko/Pallaske, Christoph (Hg.) (2015): Geschichte lernen im digitalen Wandel. München.

EISENEGGER, Mark/Udris, Linards (2019): Eine öffentlichkeitssoziologische Theorie des sozialen Wandels in der digitalen Gesellschaft. In: Eisenegger, Mark/Udris, Linards/Ettinger, Patrik (Hg.): Wandel der Öffentlichkeit und der Gesellschaft: Gedenkschrift für Kurt Imhof. Wiesbaden, S. 3–28.

FLORIDI, Luciano (2015): Die 4. Revolution: Wie die Infosphäre unser Leben verändert. Berlin.

FLUSSER, Vilém (1997): Medienkultur, Frankfurt/M.

GIESECKE, Michael (2002): Von den Mythen der Buchkultur zu den Visionen der Informationsgesellschaft. Frankfurt/M.

GÜNTHER-ARNDT, Hilke (2015): Ein neuer geschichtsdidaktischer Medienbegriff angesichts des digitalen Wandels? In: Pallaske, Christoph (Hg.): Medien machen Geschichte. Neue Anforderungen an den geschichtsdidaktischen Medienbegriff im digitalen Wandel. Berlin, S. 17–36.

GRÜNBERGER, Nina (2021): Postkolonial post-digital. Forschungsfelder und Anschlussstellen für die Medienpädagogik durch eine postkoloniale Perspektive auf eine Post-Digitalität. In: MedienPädagogik, S. 211–229. DOI: 10.21240/mpaed/jb16/2021.02.25.

HARTUNG, Olaf (2013): Geschichte – Schreiben – Lernen. Empirische Erkundungen zum konzeptionellen Schreibhandeln im Geschichtsunterricht. Münster.

HASBERG, Wolfgang (2006): Erinnerungs- oder Geschichtskultur? Überlegungen zu zwei (un-)vereinbaren Konzeptionen zum Umgang mit Gedächtnis und Geschichte. In: Hartung, Olaf (Hg.): Museum und Geschichtskultur. Ästhetik – Politik – Wissenschaft (Sonderveröffentlichungen der Gesellschaft für Kieler Stadtgeschichte, Bd. 52). Bielfeld, S. 32–58.

HINZ, Felix/Körber, Andreas (Hg.) (2020): Geschichtskultur – Public History – Angewandte Geschichte. Geschichte lernen in der Gesellschaft: Medien, Praxen, Funktionen. Göttingen.

JEISMANN, Karl-Ernst (1977): Didaktik der Geschichte. Die Wissenschaft von Zustand, Funktion und Veränderung geschichtlicher Vorstellungen im Selbstverständnis der Gegenwart. In: Kosthorst, Erich (Hg.): Geschichtswissenschaft. Didaktik – Forschung – Theorie. Göttingen, S. 9–33.

JEISMANN, Karl-Ernst (1988): Geschichtsbewußtsein als zentrale Kategorie der Geschichtsdidaktik. In: Schneider, Gerhard (Hg.): Geschichtsbewußtsein und historisches Lernen. Jahrbuch für Geschichtsdidaktik 1. Pfaffenweiler, S. 1–24.

KOLLER, Guido (2016): Geschichte digital. Historische Welten neu vermessen. Stuttgart.

KROTZ, Friedrich (2007): Mediatisierung. Fallstudien zum Wandel von Kommunikation. Wiesbaden.

KROTZ, Friedrich (2012): Mediatisierung als Metaprozess. In: Hagenah, Jörg/Meulemann, Heiner (Hg.): Mediatisierung der Gesellschaft? Münster, S. 19–41.

KROTZ, Friedrich (2017): Mediatisierung – ein Forschungskonzept. In: Krotz, Friedrich/Despotović, Cathrin/Kruse, Merle-Marie (Hg.): Mediatisierung als Metaprozess. Transformationen, Formen der Entwicklung und die Generierung von Neuem. Wiesbaden, S. 13–32.

LÜCKE, Martin/Zündorf, Irmgard (2018): Einführung in die Public History. Göttingen.

MARRES, Noortje (2017): Digital Sociology. The Reinvention of Social Research. Malden, MA.

MEYER-HAMME, Johannes/Bischoff, Sebastian (2022): Geschichtskultureller Wandel aus der Perspektive von Akteur:innen non-formaler Bildung. In: Georgi, Viola B./Lücke, Martin/Meyer-Hamme, Johannes/Spielhaus, Riem (Hg.): Geschichten im Wandel. Neue Perspektiven für die Erinnerungskultur in der Migrationsgesellschaft. Bielefeld, S. 177–225.

MÜLLER, Oliver (2008): Natur und Technik als falsche Antithese. Die Technikphilosophie Hans Blumenbergs und die Struktur der Technisierung. In: Philosophisches Jahrbuch 115, S. 99–124.

NASSEHI, Armin (2019): Muster. Theorie der digitalen Gesellschaft. München.

PALLASKE, Christoph (2015a): Die Vermessung der (digitalen) Welt. Geschichtslernen mit digitalen Medien. In: Demantowsky, Marko/Pallaske, Christoph (Hg.): Geschichte lernen im digitalen Wandel. München, S. 135–147.

PALLASKE, Christoph (Hg.) (2015b): Medien machen Geschichte. Neue Anforderungen an den geschichtsdidaktischen Medienbegriff im digitalen Wandel. Berlin.

PANDEL, Hans-Jürgen (2013): Geschichtsdidaktik. Eine Theorie für die Praxis, Schwalbach/Ts.

PLESSOW, Oliver (2014): Vom Rand in die Mitte der Disziplin: historisches Lernen in der non-formalen beziehungsweise „außerschulischen" Bildungsarbeit und sein Stellenwert in der Geschichtsdidaktik. In: Arand, Tobias/Seidenfuß, Manfred (Hg.): Neue Wege – neue Themen – neue Methoden? Ein Querschnitt aus der geschichtsdidaktischen Forschung des wissenschaftlichen Nachwuchses. Göttingen, S. 135–153.

POPP, Susanne (Hg.) (2010), Zeitgeschichte – Medien – Historische Bildung. Göttingen.

RHODE-JÜCHTERN, Tilman (2020): Digitalisierung, Digitalität, Digitalismu In: Zeitschrift für Didaktik der Gesellschaftswissenschaften 1, S. 9–22.

ROGERS, Richard (2013): Digital Method Cambridge, Mass.

ROSA, Lisa (2015): Medienbegriff, Lernbegriff und Geschichtslernen im digitalen Zeitalter. In: Pallaske, Christoph (Hg.): Medien machen Geschichte. Neue Anforderungen an den geschichtsdidaktischen Medienbegriff im digitalen Wandel. Berlin, S. 53–66.

RÜSEN, Jörn (1994): Was ist Geschichtskultur? Überlegungen zu einer neuen Art, über Geschichte nachzudenken. In: Füßmann, Klaus/Grütter, Theo/Rüsen, Jörn (Hg.): Historische Faszination. Geschichtskultur heute. Köln u. a., S. 3–26. Nachdruck in: Rüsen Jörn (2008): Historische Orientierung. Über die Arbeit des Geschichtsbewußtseins, sich in der Zeit zurechtzufinden. Köln u. a., S. 211–234.

SABROW, Martin (2009): Das Unbehagen an der Aufarbeitung. In: Frankfurter Allgemeine Zeitung (FAZ) vom 12.1.2009.

SCHWAB, Klaus (2016): Die Vierte Industrielle Revolution. München.

SCHÖNEMANN, Bernd (2000): Geschichtsdidaktik und Geschichtskultur. In: Mütter, Bernd/ Schönemann, Bernd/Uffelmann, Uwe (Hg.): Geschichtskultur. Theorie – Empirie – Pragmatik. Weinheim, S. 26–58.

SCHÖNEMANN, Bernd (2003): Geschichtsdidaktik, Geschichtskultur, Geschichtswissenschaft. In: Günther-Arndt, Hilke (Hg.): Geschichts-Didaktik. Praxishandbuch für die Sekundarstufe I und II. Berlin, S. 11–22.

SIMANOWSKI, Roberto (2016): Facebook-Gesellschaft. Berlin.

SIMANOWSKI, Roberto (2017): Abfall. Das alternative ABC der neuen Medien. Berlin.

SOLTAU, Hannes (2017): Roboter. Die Utopie in der Maschine. In: Der Tagesspiegel v. 9.10.2017.

STALDER, Felix (2016): Kultur der Digitalität. Berlin.

SÜSSENGUTH Florian (Hg.) (2015): Die Gesellschaft der Daten. Über die digitale Transformation der sozialen Ordnung. Bielefeld.

THÜNEMANN, Holger (2018): Geschichtskultur revisited. Versuch einer Bilanz nach drei Jahrzehnten. In: Sandkühler, Thomas/Blanke, Horst Walter (Hg.): Historisierung der Historik. Jörn Rüsen zum 80. Geburtstag. Köln u. a., S. 127–149.

THÜNEMANN, Holger (2023): Geschichtskultur in der Pluralität der Zeiten. In: Zeitschrift für Geschichtsdidaktik 22, S. 41–55.

VIRILIO, Paul (1996): Fluchtgeschwindigkeit. München/Wien.

ZÜLSDORF-KERSTING, Meik (2007): Sechzig Jahre danach: Jugendliche und Holocaust. Eine Studie zur geschichtskulturellen Sozialisation. Berlin.

Gastbeitrag aus soziologischer Sicht

DIRK BAECKER

Geschichtskultur der Komplexität[1]

1.

Die nächste Gesellschaft der elektronischen Medien lässt sich historisch ableiten, aber nicht mehr historisch erzählen. Die nächste Gesellschaft beendet die Fortschrittsgeschichte der modernen Buchdruckgesellschaft und öffnet den historischen Raum für eine Vielzahl durcheinanderlaufender Geschichten. An die Stelle der offenen Zukunft einer unendlichen Modernisierung treten chaotische Netzwerkereignisse und apokalyptische Vorstellungen. Der Klimawandel und die Möglichkeit atomarer Kriege bedrohen das menschliche Leben auf der Erde und die menschliche Gesellschaft. Allenfalls statistisch, anhand von Wahrscheinlichkeit, Unwahrscheinlichkeit, Überraschung und Extremfällen, kann geordnet werden, was in der Moderne trotz aller Brüche und Sonderwege Gegenstand linear-kausaler Vorstellungen war. Das Wünschenswerte lässt sich nicht bewirken, das zu Vermeidende nicht verhindern; an deren Stelle treten sensible Konstellationen, deren Druckpunkte vielfach unbekannt sind.

Wie konnte es so weit kommen? Eine Möglichkeit, diese Frage zu beantworten, besteht darin, die Geschichte der menschlichen Gesellschaft als eine Geschichte der Medienepochen zu erzählen. Das ist historiographisch riskant, weil ein Nachweis geführt werden müsste, spezifische Ereignisse der Einführung von Verbreitungsmedien der Kommunikation gegenüber anderen einschneidenden Ereignissen der Geschichte der menschlichen Gesellschaft zu priorisieren, das heißt die Einführung und Durchsetzung von Sprache, Schrift, Buchdruck und elektronischen Medien für prägender zu halten als, etwa, die Sesshaftigkeit, das Schwarzpulver, den Kompass, die Dampfmaschine oder die Emanzipation der Frau. Hinzu kommt, dass die Einführung von Verbreitungsmedien in technischer Hinsicht datiert werden kann, die Auswirkung dieser Einführung in der Gesellschaft und die Umstellung von Struktur und Kultur der Gesellschaft jedoch ein langwieriger und schwer zu datierender Prozess ist. Man kann die Er-

---

1 Key Note zur Tagung „Geschichte im digitalen Wandel? Geschichtskultur – Erinnerungspraktiken – Historisches Lernen", Universität Paderborn, Heinz Nixdorf MuseumsForum, 2.–4.6.2022, mit Dank an Olaf Hartung, Johannes Meyer-Hamme, Christoph Kühberger und Georgios Chatzoudis für eine hilfreiche Diskussion.

findung der Schrift, des Alphabets, der Buchdruckmaschine und der ersten elektronischen Medien Telegraph, Telefon, Rundfunk, Fernsehen, Computer und Internet datieren, aber daraus ergeben sich keine eindeutigen Epochenschnitte für die antike Schriftgesellschaft, die moderne Buchdruckgesellschaft und die nächste Gesellschaft der elektronischen Medien, ganz zu schweigen davon, dass diese Medienepochen einander nicht ablösen, sondern überlagern. Wir haben es noch heute mit den medialen Folgen der Einführung und Durchsetzung der Sprache, der Schrift, des Buchdrucks zu tun, auch wenn die elektronischen Medien zunehmend in den Vordergrund drängen. Wir haben es noch heute mit der spezifischen Struktur und Kultur der oralen Gesellschaft, der literalen Gesellschaft und der Buchdruckgesellschaft zu tun, auch wenn wir uns zunehmend mit der Frage einer Struktur und Kultur der Gesellschaft befassen, die auf die Einführung und Durchsetzung der elektronischen Medien reagieren.

Welchen historischen Stellenwert hat unter diesen Bedingungen die Rede von einer „nächsten" Gesellschaft?[2] Es geht in erster Linie um eine Gegenwartsdiagnostik, in zweiter Linie um die Erprobung einer These und erst in dritter Linie um die Chance, das historische Material der Menschheitsgeschichte unter einem neuen Gesichtspunkt zu sichten und neu zu erzählen. Die Gegenwartsdiagnostik beschäftigt sich mit einer Unruhe, die die aktuelle Gesellschaft erfasst hat und die mit klassischen Konzepten der Vernunft, des Fortschritts und der Hoffnung auf Konsens (und sei es durch Abfindung) nicht mehr beantwortet werden kann. Man benötigt neue Begriffe, um einzufangen, anhand welcher Orientierungsmuster Handeln und Erleben in der aktuellen Gesellschaft sortiert werden.

Die These, die mit der Rede von der nächsten Gesellschaft erprobt wird, ist bereits ein erster dieser Begriffe. Die von Niklas Luhmann formulierte These lautet, dass die Einführung der elektronischen Medien ähnlich wie die Einführung früherer dominanter Verbreitungsmedien der Kommunikation die Struktur und Kultur der Gesellschaft überfordert, weil Verweisungsüberschüsse des Sinns und damit Möglichkeiten des Handelns und Erlebens auftreten, mit denen man in früheren Gesellschaften nicht zu rechnen brauchte (vgl. Luhmann 1997, 405 ff.; vgl. Baecker 2001).[3] Die These ist ein Beitrag zur Diagnose – die aktuelle Gesellschaft kämpft primär mit den Folgen und Möglichkeiten der elektronischen Medien – und zugleich eine Erprobung dieser These, indem

---

2 Der Titel einer „next society" stammt von Peter F. Drucker (2001), vgl. Baecker (2007; 2018).
3 Zu einem „Überschuss an Sinn", der sich aus einem Überfluss an Signifikanten im Verhältnis zu Signifikaten ergibt, siehe Lévi-Strauss (1978, 39).

die elektronischen Medien nur der aktuelle Fall einer historischen Entwicklung sind, die man an drei anderen Beispielen, Sprache, Schrift und Buchdruck, ebenfalls und historisch abgesichert beobachten und beschreiben kann.[4] Zugespitzt formuliert, geht es darum, die orale Gesellschaft als die strukturelle und kulturelle Antwort auf den mit der Einführung der Sprache einhergehenden *Referenzüberschuss* (Bezeichnung von Abwesendem, Möglichkeit der Lüge, explizites Nein), die antike Hochkultur als strukturelle und kulturelle Form der Bewältigung des *Symbolüberschusses* der Schrift (stillstehender Fluss der Rede, Substantivierung, Ausgriffe in die Vergangenheit und Zukunft), die moderne Gesellschaft als strukturelle und kulturelle Form der Auseinandersetzung mit dem *Kritiküberschuss* des Buchdrucks (Alphabetisierung der Gesellschaft, massenhafte Verbreitung von Flugschriften, Büchern, Banknoten, Zeugnissen, Akten, Dynamisierung der Kommunikation) und die nächste Gesellschaft als strukturelle und kulturelle Form der Auseinandersetzung mit dem *Kontrollüberschuss* der elektronischen Medien (instantane Konnektivität, wachsende Gedächtnisleistung, Protokollierung alltäglicher, beruflicher und sonstiger Kommunikation, begrenzt lernfähige Algorithmen, Beteiligung der Maschinen an der Kommunikation) zu beschreiben.

Jeder dieser Verweisungsüberschüsse kann nur aufgefangen werden, indem die Gesellschaft eine neue Strukturform findet, in der der Sinn auf eine Art und Weise *verteilt* werden kann, die von Handeln und Erleben nachvollzogen werden kann, so in Stämmen (mit ihrer Ordnung des Verbalen) in der tribalen Gesellschaft, in sozialen Schichten (mit ihrer unterschiedlichen Inanspruchnahme von Schrift, Vergangenheit und Zukunft) in der antiken Hochkultur, in Funktionssystemen und diesen zugeordneten Organisationen (mit ihrer jeweiligen „Rationalität") in der Buchdruckgesellschaft und in Netzwerken (mit ihren Inklusions- und Exklusionseffekten) in der nächsten Gesellschaft. Und zugleich muss der Sinn zu einer Form der Kultur neu *verdichtet* werden, um trotz seiner situativ unterschiedlichen Verwendung wiedererkennbar zu bleiben, durch Grenzziehungen (zwischen Stämmen, aber auch zwischen Geschlechtern und Generationen) in der oralen Gesellschaft, durch teleologische Vorstellungen (über die zeitlich stabile Ordnung von Kosmos, Polis, Oikos und Psyche, so der griechische Fall und ähnlich in Asien, Afrika, den beiden Amerika) in der

---

4 Zu verdanken ist diese These der Toronto School der Kommunikationstheorie, also vor allem Innis (1986; 1951 [1991]); Barck (1997); McLuhan (1968; 1994); Havelock (1982); Goody u. a. (1981); Ong (1971; 1967; 1977) und umfangreiche Anschlussliteratur, siehe kritisch dazu z. B. Jäger (2004).

antiken Hochkultur, durch Vorstellungen eines unruhigen Gleichgewichts (des Individuums, aber auch der politischen Kräfte, der Märkte, der Konfessionen usw.) und möglicherweise, darauf komme ich zurück, der Komplexität menschlicher Verhältnisse in der nächsten Gesellschaft.

Und drittens – nach Gegenwartsdiagnostik und These der Medienbrüche – ist die Rede von der nächsten Gesellschaft dadurch begründet, dass sie das historische Material neu zu sichten und zu verstehen erlaubt. Eine Theorie der modernen Buchdruckgesellschaft, wie Luhmann sie ausgearbeitet hat (Luhmann 1997; 1992), ist nur möglich, wenn man mit dem Auftauchen des Buchdrucks sowohl ihren Anfang als auch mit dem Auftauchen der elektronischen Medien ihr Ende bestimmen kann. Jedes dominante Verbreitungsmedium der Kommunikation, so der soziologische Zugang zum historischen Material, setzt jede denkbare Institution der Gesellschaft unter einen neuen Vergleichsdruck. Man hat es in jeder Gesellschaft mit Arbeit, Familie, Religion, einer Form von Wissenschaft, Organisation, Politik und so weiter zu tun – dem Sinn, wenn auch nicht dem Wort nach kann man im Anschluss an Bronisław Malinowski von *Einmalerfindungen* der menschlichen Gesellschaft sprechen (vgl. Malinowski 2005; vgl. auch Parsons 1964)[5] –, auch wenn die konkrete Gestalt dieser Institutionen sich je nach der Form ändert, die ihr Sinn in den Mustern der Verteilung und Verdichtung der jeweiligen Medienepoche annimmt (Beispiele dazu in Baecker 2007). Man gewinnt einen Vergleichsgesichtspunkt, der für das Vergleichbare ebenso wie das Unvergleichbare theoretisch abgeleitete Referenzen (auf die eine menschliche Gesellschaft zum einen und ihre verschiedenen Medienkulturen zum anderen) angeben kann und so abhängig von der verwendeten Theorie variationsfähig bleibt. Nicht zuletzt gewinnt man Fallstudien zu historischen Phänomenen, in denen das *Erleben* gesellschaftlichen Sinns einen ebenso großen Unterschied macht wie die Strukturierung und Kultivierung von Möglichkeiten des *Handelns*.[6] Beides, Handeln und Erleben, prägt die Kommunikation einer Gesellschaft, die nicht nur als Vernetzung von Handlungen und Handlungsfolgen, sondern auch der Beobachtung von Beobachtern und somit der Imagination ihrer eigenen Zustände zu denken ist.

---

5 Die Beobachtung Malinowskis ist auch dann zu würdigen, wenn man seine funktionalistische Erklärung der Institutionen mit dem biologischen Überleben der Menschheit nicht teilt (vgl. dazu Parsons 1977).
6 Siehe zur Unterscheidung von Handeln und Erleben: Luhmann (1984, 124f.).

2.

Gegenwärtig haben wir es mit der historischen Medienepoche der elektronischen Medien zu tun. Sie setzt ein mit der Erfindung von Telegraf und Telefon, erreicht mit Rundfunk und Fernsehen ihre ersten Höhepunkte und ist aktuell durch die Dominanz von Computer, Internet und Künstlicher Intelligenz gekennzeichnet. „Dominanz" soll heißen, dass mit den elektronischen Medien Möglichkeiten der Kommunikation in Reichweite rücken, die mit der Struktur und Kultur der modernen Gesellschaft nicht aufgefangen werden können. Die moderne Gesellschaft hat es mit dem Kritiküberschuss des Buchdrucks und in der Folge mit Humanismus, Aufklärung und funktionaler Differenzierung zu tun, die nächste Gesellschaft mit dem Kontrollüberschuss der elektronischen Medien und in der Folge mit einer Diskussion der Frage, ob Rechner, Algorithmen und Social Media uns oder wir sie kontrollieren (vgl. u. a. Esposito 2022). Dieser Kontrollüberschuss wird bereits mit den ersten elektronischen Medien spürbar, da bereits mit dem Telegraf und dem Telefon jene Instantaneität kommunikativer Verbindungen möglich wird, die für McLuhan den Bruch zwischen Gutenberg-Galaxis und dem, was Wolfgang Coy später Turing-Galaxis nennen wird, zunächst aber als Tesla-Galaxis (nach dem Erfinder des Radios, nicht nach dem Entwickler des Elektroautos) auftritt, kennzeichnet (vgl. McLuhan 1994, 18; Coy 1995; 1994).

Wenn man die nächste Gesellschaft datieren will, muss man mit den 1870er Jahren der Elektrifizierung der Gesellschaft beginnen und darf vermutlich nicht zögern, bereits 100 Jahre früher Überlegungen zur Kenntnis zu nehmen, die eine Herausforderung darin sehen, dass mit der Elektrizität Theoriekonzepte erforderlich werden, die Naturphänomene beschreiben können, die in der Gleichzeitigkeit und Wechselseitigkeit einer positiven und einer negativen Spannung konstituiert sind (vgl. Kant 1968 [1763]). Was man als Anfang zählen will, hängt allerdings davon ab, was man beginnen sieht. Die philosophische Nervosität um Theoriefiguren des Deutschen Idealismus ist vielleicht ebenso signifikant wie die gesellschaftliche Nervosität des danach benannten „Zeitalters der Nervosität" zwischen Bismarck und Hitler (Radkau 1998), doch erst in den Jahrzehnten nach 1880 tritt vermehrt ein gesellschaftliches Bewusstsein auf, in dem die körperlose Elektrizität, ihre Schwingungen, Wellen, Spannungen, Ströme, Blitze, Auren und ihre „Allgegenwart" (Paul Valéry), zum Paradigma der Beschreibungen neuartiger gesellschaftlicher Phänomene und menschlicher Befindlichkeit werden (Asendorf 1989, Zitat: 164 f.). Im Verhältnis dazu sind das Fernsehen mit seiner Leistung, die Welt als Bewegtbild ins Wohnzimmer zu bringen (vgl. Meyrowitz

1987), und die Computer mit ihrer Leistung, Daten berechenbar zu machen, schon fast als Formen der Zähmung dieser nächsten Gesellschaft zu betrachten. Ebenso unklar wie der Beginn der nächsten Gesellschaft ist das Ende der modernen Gesellschaft (vgl. dazu Lehmann 2015). Nach wie vor glaubt man an die Möglichkeit einer Vernunft der Verhältnisse. Nach wie vor ist die Gesellschaft funktional differenziert. Und nach wie vor haben wir es auch aktuell mit der Struktur und Kultur der antiken Hochkultur, ja sogar der tribalen Gesellschaft zu tun, wenn man an die Differenzierung von Ethnien und sozialen Schichten denkt, so „überlebt" sie auch scheinen, oder an die Sehnsucht nach Grenzen und Teleologien, so chancenlos sie gegenwärtig auch sind. Ich habe manchmal den Eindruck, dass die Konstitution des Menschen in allen vier Medienpochen verankert ist: Praktisch handeln wir nach den Vorgaben der elektronischen Medien, mental sind wir auf der Höhe der Begriffe der Moderne, emotional suchen wir mit Aristoteles für unser Leben nach angemessenen Plätzen (*teloi*) und instinktiv sind wir immer noch Stammesmenschen. Das historiographische Stichwort der Gleichzeitigkeit des Ungleichzeitigen hat hier jedes denkbare Recht auf seiner Seite. Es lohnt sich, das Schema der Medienepochen zur Hand zu haben, wenn man aktuelle Phänomene und die Verwirrung um sie besser verstehen will.

Und doch ist die Rede von der nächsten Gesellschaft gerechtfertigt. Phänomene der elektronischen Medien, der Automatisierung und Digitalisierung, der Sozialen Medien, des Auftretens einer Künstlichen Intelligenz dominieren die aktuelle Gesellschaft. Das Stichwort der *Instantaneität* mit seiner enormen Beschleunigung kommunikativer Effekte ist bereits gefallen. Eng damit zusammen hängt das Stichwort der *Konnektivität*, das darauf hinausläuft, Orte, Personen, Sachverhalte und Situationen nach „Mustern" miteinander verbunden zu sehen, die einer anderen Logik als der einer sachlichen Rationalität folgen (vgl. Schmidt/Cohen 2013; vgl. Nassehi 2019). Viel eher, so hat man den Eindruck, geht es darum, Infektionen aufzufangen und Immunreaktionen zu stärken, indem man grundsätzlich mit allen Bereichen der Gesellschaft einen wie auch immer selektiven Kontakt hält. Auch das Stichwort der *Granularität* markiert etwas Neues, indem es die Möglichkeit einer tiefenscharfen Erhebung und Auswertung von Daten bezeichnet, für deren Beschreibung uns die aus der Moderne gewohnte Begrifflichkeit keine Handhabe gibt (vgl. Kucklick 2014; dazu Pentland 2014). In unserer Fitness, unseren Krankheiten, unseren Gewohnheiten und Verhaltensweisen, in unserer Sprache und unseren Bildern treten wir uns fremd in genau dem Moment gegenüber, in dem das Marketing der sozialen Netzwerke uns weismachen will, wie vorhersehbar wir sind.

Ein weiteres Stichwort dieser nächsten Gesellschaft, *Agilität*, haben wir noch gar nicht recht verstanden. Folgt man dem Blick, den Herbert A. Simon bereits in den 1960er Jahren auf Architekturen der Komplexität im Allgemeinen und betrieblicher und behördlicher Strukturen im Besonderen geworfen hat (vgl. Simon 1976), dann handelt es sich in der Visualisierung von Gesellschaft und Organisation um nichts Geringeres als die Umstellung von eher vertikalen Silostrukturen auf eher horizontale Netzwerkstrukturen. Diese Umstellung hat eine dramatische Konsequenz, die darin besteht, dass die vertikale Silostruktur hierarchisch gedacht werden konnte, mit einem *summum bonum* an der Spitze, die horizontale Netzwerkstruktur jedoch heterarchisch gedacht werden muss, mit einer Fülle verwickelter und überraschender zirkulärer Verknüpfungen, die keine ausgezeichnete Spitze oder Mitte mehr kennen, sondern nur noch mehr oder minder produktive und destruktive Nachbarschaften.[7] Eine immer ungewisse Rangordnung von Innen und Außen tritt an die Stelle einer jahrhundertelang bespielten Rangordnung von Oben und Unten, die sowohl als eindeutig beschrieben werden konnte, als auch vielfältig manipulierbar war. In der Hierarchie kennt man sich intuitiv aus, an die Heterarchie muss man sich erst noch gewöhnen, zumal nicht nur die Positionen laufend wechseln, sondern auch die Sachfragen zu Projekten und die Zeithorizonte unzuverlässig werden (man muss kurzfristig dafür sorgen, dass man langfristig adressierbar bleibt und mittelfristig etwaige Fehler korrigiert werden können).

3.

Welche Geschichtskultur, das ist unsere Ausgangsfrage, wird sich in dieser nächsten Gesellschaft bewähren? In Frage steht nicht nur das Ende der großen Erzählungen (Lyotard 2005), sondern die Erzählbarkeit überhaupt.[8] Verlangt das historische Erzählen eine Minimalvorstellung von Kausalität, um Ereignisse miteinander in Beziehung setzen zu können, vielleicht sogar einen Anfang und ein Ende für bestimmte Ereignissequenzen benennen zu können, so bekommt man es jetzt mit Kontingenzen zu tun, die nur noch evolutionstheoretisch gewürdigt

---

[7] Burns/Stalker (1961) unterschieden organische von mechanischen Managementsystemen. Verschiedene Wellen von Managementphilosophiemoden buchstabieren das seither immer wieder neu.
[8] Koschorke (2012, 40) plädiert dafür, die Systeme hinter sich zu lassen und „semiotische Felder" im Hinblick auf ihre Formen der Differenzierung und Entdifferenzierung zu erkunden. Siehe auch Rustemeyer (2003).

werden können (vgl. Luhmann 1976; vgl. Baecker 1992): Ereignisse treten mehr oder minder zufällig auf (Variation), werden mehr oder minder wahrscheinlich aufgegriffen und entweder verstärkt oder abgeschwächt (Selektion) und haben anschließend eine mehr oder minder große Bedeutung für weitere Ereignisse und deren Zusammenhang (Retention) (vgl. auch Campbell 1969). Die Geschichte schreibt sich von jedem Standpunkt und Zeitpunkt der Beobachtung aus neu. Jede Geschichte ist das Ergebnis einer Intrige, eines Plots im doppelten Sinne des Wortes, sie so und nicht anders zu schreiben (vgl. Ricœur 1991, 55 ff.; vgl. Veyne 1978). Man kann nicht die Geschichte, sondern muss verschiedene Geschichtskonstruktionen als Gegenstandsreferenz nehmen, wenn es darum geht, die Möglichkeit von Geschichtsschreibung nach wie vor ernst zu nehmen.

Zu diesen Geschichtskonstruktionen gehört die Geschichte selbst. Es fiele nicht schwer, jeder der Medienepochen ihre eigene Auffassung von Geschichte zuzuordnen. In der oralen Gesellschaft – Geschichte 1.0 – ging (und geht) es zum einen um die jahreszeitliche, vom Wechsel der Generationen bestätigte und vom Mythos immer wieder neu erzählte Wiederkehr Desselben, zum anderen jedoch um eine variable Geschichtsschreibung, die zwischen den letzten drei, vier Generationen und den Ahnen mithilfe einer „strukturellen Amnesie" eine unbestimmte Mitte lässt, die von der Politik, als „Kunst des Möglichen", erst dann bestimmt wird, wenn man nach Koalitionen im Streit und Kampf zwischen Clans und Stämmen sucht (Thompson 2021, 96 ff., Zitat: 100). Das Geschichtsverständnis der antiken Hochkultur (Geschichte 2.0) sucht einen strategischen Umgang mit dem Schicksal; chinesische Weisheitslehren gehen davon aus, dass jede Situation hochgradig determiniert dennoch Momente aufweist, in denen ihr eine andere Wendung gegeben werden kann (vgl. von Senger 1999). In der Moderne entsteht ein Geschichtsverständnis (Geschichte 3.0), das die Kontingenz durch Vernunft und Fortschritt bändigt und das kulturkritische Gegenbild der Dekadenz komplementär in Kauf nimmt.[9] Die nächste Gesellschaft schließlich verabschiedet sich von der Vorstellung eines zwangsläufigen – in der Ausbeutung fossiler Energien zwangsläufig (Stichwort: *runaway system*) mitangelegten – Fortschritts und sucht nach einem Geschichtsverständnis (Geschichte 4.0), das die elektronischen Medien sowohl als Störgröße als auch als Kontrollfigur ernst zu nehmen beginnt (vgl. u. a. Lovelock 2020). Die Beobachtung von Kontingenz wird ergänzt durch die Beobachtung von Komplexität, die einerseits den Beobachter überfordert (vgl. Weaver 1948; Morin 2008),

---

9   Die Einheit der Differenz findet sich bei Comte (1933, 87), der von einer „Ordnung gemäß ihrer unvermeidlichen und zunehmenden Unvollkommenheit" spricht.

andererseits jedoch mit Potentialen der Selbstorganisation überrascht (vgl. den Überblick bei Jantsch 1982). Es entsteht eine Geschichtskultur der Komplexität. Aber was heißt das?

Ludolf Herbst plädiert mit Blick auf evolutionäre, aber auch auf chaotische und katastrophale Prozesse in der Geschichte für eine Komplexitätslehre der Geschichte, für eine historische Theorie der Katastrophe (und Katastrophen im 20. Jahrhundert) im Anschluss an die Chaostheorie (vgl. Herbst 2004). Die Chaostheorie ist eine Art verschärfter Variante der Evolutionstheorie. Sie geht davon aus, dass minimale Ereignisse maximale Konsequenzen haben können, sodass es wichtig ist, ein Gefühl für die Selektions- und Retentionsmechanismen zu entwickeln, die für diese Verstärkung verantwortlich sind, während gleichzeitig massenhaft Ereignisse auftauchen, deren Konsequenz minimal, wenn nicht gleich null ist. Eine Chaostheorie ist nur möglich, wenn man von zugrundeliegenden Systemdynamiken ausgeht, die gestört werden, aber auch verantwortlich sein können für robuste Prozesse der Selbstorganisation. Für einen ersten Begriff der Komplexität heißt das, dass Komplexität als Einheit der Differenz von Störung und Selbstorganisation zu begreifen ist (ebd., 211 ff.).

Doch welche Systemdynamiken können sowohl für Prozesse der Zerstörung wie der Selbstorganisation verantwortlich gemacht werden? Und in welcher Beziehung steht eine Komplexitätslehre der Geschichtsschreibung zur nächsten Gesellschaft elektronischer Medien? Kann man sich nicht die gesamte Menschheitsgeschichte, wenn nicht sogar die Geschichte des Kosmos als Gegenstand einer Chaostheorie vorstellen? Eine erste Antwort auf diese Fragen fällt leicht. Erst in der nächsten Gesellschaft wird ein Geschichtsbild fragwürdig, das in der Moderne von Kausalität und Sequentialität ausgegangen war, durchsetzt mit glücklichen und unglücklichen Zufällen, in dieser Gestalt die tribalen Geschichtsbilder der ewigen Wiederkehr und die antiken Geschichtsbilder des sich erfüllenden Schicksals abgelöst hat und spätestens mit dem Auftreten von Evolutionstheorie, Relativitätstheorie und Quantenmechanik (Einführung des Beobachters) niemanden mehr überzeugt. Die nächste Gesellschaft sucht nach einem Geschichtsverständnis, das vom Durcheinander der vielen kleinen Geschichten ausgeht, ohne die Möglichkeit zu vernachlässigen, dass sich größere Geschichten, Bewegungen, entwickeln, die für eine Weile die zu ihnen passenden Ereignisse attrahieren und verstärken und mehr oder minder erklärbar wieder verschwinden. Spontaneität und Freiheit auf der einen Seite, Trägheit und Zwang auf der anderen Seite; und im Zentrum eine nicht nachlassende Bemühung um die Einschätzung von Situationen und ihres Bewegungsspielraums: Wenn das die Form des aktuellen Blicks auf die Geschichte ist, die für jede konkrete Entwicklung gleichermaßen gilt, so fragt sich, welche Variablen benannt werden können, die diese Komplexität strukturieren. Mein Vorschlag lautet, eine Komplexitätslehre der Geschichte an Variablen zu orientieren, die auf Differenzen zurückgeführt werden. Die Differenzen relationieren Systeme. Wenn Komplexität im Anschluss an die Mathematik komplexer Zahlen heißen darf, dass zwei aufeinander nicht reduzierbare Größen (wie +1 und -1) eine Einheit definieren (wie $i = \sqrt{-1}$), dann haben wir es mit imaginären Einheiten zu tun, die sowohl oszillieren als auch ein prekäres, weil jederzeit mit dem Gegensinn rechnendes Gedächtnis konstituieren.[10] Jede Differenz, die im Folgenden genannt wird, ist eine solche imaginäre Einheit.

Gleichzeitig geht es darum, den spezifischen Stellenwert elektronischer Medien zu würdigen. Die nächste Gesellschaft und ihre Geschichten stehen zu den elektronischen Medien wie die Moderne zum Buchdruck, die Antike zur Schrift und die orale Gesellschaft zur Sprache. Für diesen Ableitungszusammenhang gibt es zwar abgesehen von Luhmanns Theorem des durch Struktur und Kultur zu bewältigenden Überschusssinns noch keine brauchbare Theorie, doch kann man angelehnt an die Differential- und Integralrechnung, die auf dem Höhepunkt der Moderne entwickelt wurde, von einem doppelten funktionalen Zusammenhang zwischen dem jeweiligen Verbreitungsmedium der Kommunikation auf der einen Seite und der Struktur und Kultur der Gesellschaft auf der anderen Seite ausgehen. Das heißt, mit den Verbreitungsmedien liegen einerseits analoge Wirklichkeiten vor, die durch die gesellschaftliche Struktur und Kultur digitalisiert, in diskrete Unterscheidungen übersetzt werden müssen, um verarbeitet werden zu können, wie andererseits mit der Gesellschaft eine analoge Wirklichkeit vorliegt, die durch die Medien digitalisiert wird. Beide Formen der Digitalisierung reagieren nicht nur auf die analoge Wirklichkeit, sondern schaffen auch eine analoge Wirklichkeit, die wiederum zum Gegenstand von digitalen Zugriffen wird.[11] Diese doppelte funktionale Ableitung, die die Probleme schafft, die sie selbst löst (wenn auch auf der Ebene einer ungreifbar bleibenden/werdenden Realität), ist die Theoriefigur, die es erlaubt, von Komplexität zu reden.

---

10 Siehe zu komplexen Zahlen als „geordneten Paaren" Stillwell (2002, 383 f.); vgl. ein ähnliches Verständnis von kulturellen Tropen bei Lotman (2010, 53 ff.).
11 Siehe zu einem allgemeinen Verständnis der analog/digital-Unterscheidung im Rahmen menschlicher Kommunikation Watzlawick u.a. (1969, 61 ff.); Ein Versuch, zwischen den beiden Seiten der Unterscheidung eine Austauschrelation herzustellen, kommt dem nahe, was Bateson (1987) neben der analogen und digitalen Codierung als den dritten Fall einer Gestalt-Codierung beschrieben hat. Siehe auch Wilder (1998); vgl. zum Streit um die analog/digital-Unterscheidung Pias (2005).

Mit den elektronischen Medien ist ein Verständnis von Digitalisierung verbunden, das sich über den Fall der nächsten Gesellschaft hinaus für jede Gesellschaft verallgemeinern lässt,[12] die *mithilfe von Unterscheidungen* eine analog mitlaufende Wirklichkeit in diskrete semantische, institutionelle, strukturelle und kulturelle Einheiten übersetzt. Die analog mitlaufende, kontinuierliche Wirklichkeit ist der Widerstand, den die Unterscheidungen in Ja/Nein-Alternativen übersetzen. Das Resultat dieser Übersetzung ist Information und damit die Voraussetzung der Herstellung sowohl von Redundanz als auch von Varietät. Mit der nächsten Gesellschaft werden diese Prozesse dank der Informations- und Kommunikationstheorie, auch wenn diese zunächst als Signaltheorie konzipiert war (vgl. Shannon/Weaver 1963),[13] erstmals explizit. Dieselbe Sprache, mit der sich die nächste Gesellschaft reflektiert, steht nun auch für die Beschreibung früherer Gesellschaften zur Verfügung.

Ich beschränke mich jedoch hier auf den Fall der nächsten Gesellschaft. Ihre Kulturform ist die der Komplexität (vgl. auch Cilliers 1998). Insofern sich die nächste Gesellschaft in der Reflexion auf Komplexität von der Moderne unterscheidet, kann man auch von einer Geschichtskultur der Komplexität sprechen. Entscheidend für diese Geschichtskultur, das heißt für die Möglichkeit, verdichteten Sinn aus Erzählungen mit offenen Enden zu gewinnen, ist die Frage nach den imaginären Einheiten, aus denen die fragliche Komplexität besteht. Eine erste Antwort auf diese Frage ist das Wechselspiel zwischen analoger Kontinuität und digitaler Programmierung, die als Information rekursive Einheiten schafft. Eine zweite Antwort muss diese abstrakte erste Antwort konkretisieren, das heißt empirische Referenzen angeben. Für die analoge Kontinuität ist die passende empirische Referenz *die Welt*, für die digitalen Programme *das System*, oder alternativ: *Medium und Form*. Der Begriff des Mediums verweist auf jene Menge loser gekoppelter Elemente, die als Umgebendes und zugleich Prägendes (griech. *periechon*, lat. *medium*, dann *ambiance*, *milieu*, *environment*, Umgebung, Umwelt) von den Dingen oder Formen unterschieden wird, die aus diesem Medium gewonnen, in ihm geprägt werden können und als feste Kopplung der Elemente Gestalt annehmen (vgl. Heider 2005; vgl. Spitzer 1948; vgl. Hagen 2008). Formen sind Unterscheidungen, die von Beobachtern getroffen werden (vgl. Spencer-Brown 2008), und Beobachter reproduzieren sich als Systeme.

---

12 So die Anregung von Luhmann (1997, 101).
13 Für eine Verallgemeinerung der Theorie technischer Signale zu einer Theorie sozialer Information vgl. Baecker (2005).

Die imaginären Einheiten, nach denen wir suchen, sind Systeme-in-ihren-Umwelten beziehungsweise Formen-in-Medien. Ihre Komplexität ergibt sich daraus, dass Systeme nicht auf ihre Umwelt und Formen nicht auf ihre Medien reduziert werden können, geschweige denn umgekehrt. Jedes System oszilliert zwischen System und Umwelt, jede Form zwischen Form und Medium und daher auch jede digitale Unterscheidung zwischen der Unterscheidung und der analogen Wirklichkeit, auf die sie sich bezieht. Mit der Kulturform Komplexität werden zunächst diese Oszillation und die Wiedererkennbarkeit, die Wiederholbarkeit dieser Oszillation in einem Gedächtnis desselben festgehalten. Dies ist die Form, in der die nächste Gesellschaft ihre Intransparenz kontrolliert (vgl. Luhmann 2017, 96–120). Im denkbar allgemeinsten Fall bestätigt jedes System, dessen Reproduktion zu beobachten ist, diese Form. Jede Kommunikation, so schreibt Luhmann, kommuniziert die Differenz von Form und Medium (vgl. Luhmann 1997, 195), das heißt die jederzeitige Möglichkeit, im selben Medium andere Formen zu finden oder in einem anderen Medium andere Formen. Dieser allgemeinste Fall ist jedoch historisch nicht greifbar. Situationen, in denen Systeme allein auftreten, gibt es nicht. Die Mindestkonstellation ist die Reproduktion eines sozialen Systems in einer Umwelt psychischer Systeme. Nur diese Minimalkonstellation produziert Ereignisse, die historisch erzählbar sind. In der Regel sind jedoch mehrere soziale Systeme und möglicherweise zahlreiche psychische Systeme an einem Ereignis beteiligt, sodass das Ereignis als ein differenter Anhaltspunkt für die Reproduktion aller beteiligten Systeme beschrieben werden kann. Punktuell kommt es im Ereignis zu einer Synchronisation der beteiligten Systeme (vgl. Luhmann 1990), die gleich im Anschluss wieder auseinanderlaufen, wenn es nicht zu weiteren Ereignissen kommt, die ähnlich attraktiv für eine Synchronisation sind.

4.

Will man spezifische Konstellationen der nächsten Gesellschaft beobachten und beschreiben, sind an den zu betrachtenden Ereignissen elektronische Medien entweder beteiligt oder als Ausgeschlossene eingeschlossen. Das wäre zumindest die These. Natürlich gibt es nach wie vor elektronikfreie Kommunikation. Man spricht, schreibt, liest Bücher, Akten und Broschüren. Aber jeder dieser Zugriffe auf ein „altes" Medium steht unter dem Vergleichsdruck mit den neuen elektronischen Medien, mit Radio, Fernsehen, Computer, Internet und Künstlicher Intelligenz.

Für unsere Suche nach der Geschichtskultur der Komplexität heißt das, dass man es mit der Minimalkonstellation einer Synchronisation zwischen sozialem System, psychischen Systemen und elektronischen Medien zu tun hat. Und da wir wissen, dass psychische, also bewusste Systeme ihrerseits auf ein Gehirn und einen Körper angewiesen sind, können wir für jede historische Analyse eines Ereignisses davon ausgehen, dass mindestens fünf Systemreferenzen zu berücksichtigen sind: Organismus, Gehirn, Bewusstsein, Gesellschaft, Technik. Forschungen zur Selbstorganisation unterstellen den ersten vier Systemen die Fähigkeit zur Selbstreferenz und Selbstorganisation (vgl. von Foerster 1993; Maturana 1998; Varela 1994; Simon 1988; Luhmann u. a. 1990); im Fall der Technik ist dies noch offen beziehungsweise ist es sehr wahrscheinlich noch nicht gelungen, „intelligente" Systeme zu bauen, die selbstreferentiell operieren (vgl. zum Stand der Diskussion Smith 2019). Für die Minimalkonstellation eines historischen Ereignisses X kann man daher folgende Form der Synchronisation beteiligter Systemreferenzen und der elektronischen Medien anschreiben (vgl. Baecker 2019, 34 u. 128):[14]

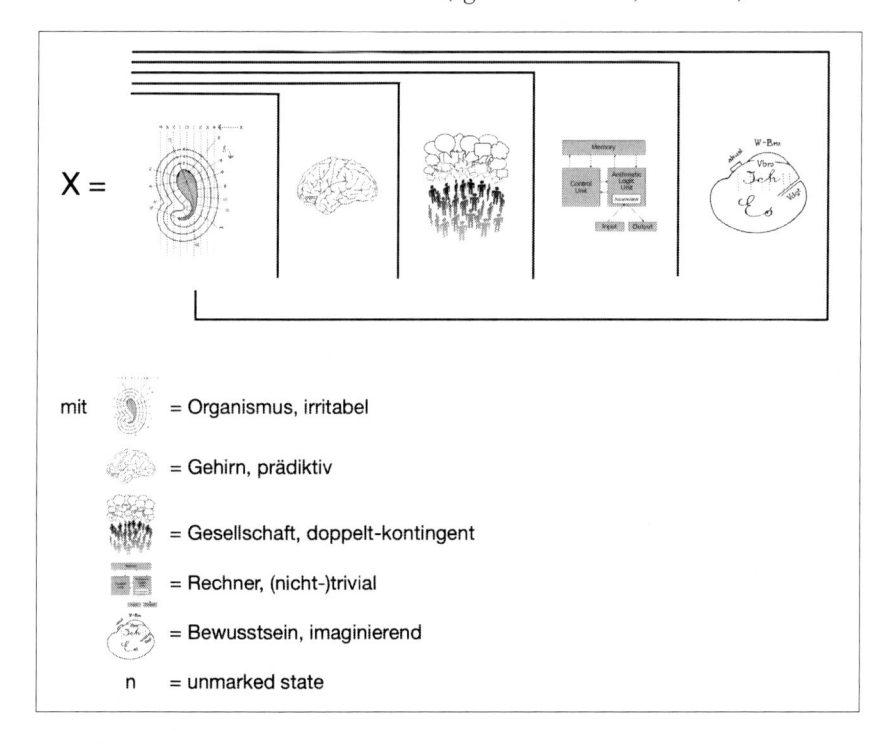

mit = Organismus, irritabel

 = Gehirn, prädiktiv

 = Gesellschaft, doppelt-kontingent

 = Rechner, (nicht-)trivial

 = Bewusstsein, imaginierend

n = unmarked state

---

14 Siehe zum neurophysiologischen Hintergrund auch Baecker (2014).

Es handelt sich um eine „idealtypische" Form, da zum einen auch eine andere Reihenfolge der Differenzen denkbar ist und zum anderen nichts garantiert, dass die Form wie angeschrieben ineinander verschachtelt ist. Es sind auch weniger geschlossene, unruhigere, in sich unvollkommenere Formen der Synchronisation denkbar.

In der angeschriebenen Form besagt die Formgleichung, dass jede Situation X das Ergebnis einer Synchronisation von Organismus, Gehirn, Gesellschaft, Rechner (stellvertretend für Technik) und Bewusstsein in einem offenen Raum unbestimmter weiterer Möglichkeiten, n, ist. Die Systemreferenzen sind das Ergebnis von Unterscheidungen, den *crosses* in Spencer-Browns Formkalkül, die grundsätzlich zwei Seiten im Zusammenhang einer wechselseitigen Negation und Implikation zu sehen erlauben und insgesamt einen komplexen Interdependenzzusammenhang konstituieren, der Kausalität nicht ausschließt, aber auf Kausalität nicht reduziert werden kann. Die Form ist determiniert, aber sie ist durch nichts anderes determiniert als das immer wieder neu zu entscheidende und immer wieder neu problematische Zusammenspiel der Systemreferenzen und der so oder anders funktionierenden Technik.

Innerhalb der Form der Synchronisation kann man ins Detail gehen und untersuchen, mit welchen Leistungen die einzelnen Systemreferenzen in Anspruch genommen werden. Im vorliegenden Fall habe ich mich an einen Stand der Forschung gehalten, der Organismen mit Irritabilität, das Gehirn mit *predictive coding*, die Gesellschaft mit einem Umgang mit doppelter Kontingenz, den Rechner mit Trivialität (analytisch determiniert, synthetisch – wenn auch kompliziert – determinierbar, historisch unabhängig und damit vorhersehbar) und das Bewusstsein mit der Fähigkeit zur Imagination gleichsetzt (vgl. Boschung 2005; Northoff 2013; Luhmann 1984, Kap. 3; Von Foerster 1993; Lacan 1978). Selbstverständlich sind andere Besetzungen der Variablen im Zusammenhang ihrer Differenzen möglich, je nachdem, mit welchem Stand im „Prozeß der Zivilisation" man es zu tun hat (vgl. Elias 1969; vgl. Foucault 1969; 1988; 1976; 1977 u. 1986). Auch die Außenseite der Form, n, ist je nach Beobachterinteresse für verschiedene Besetzungen offen. So kann man nach wie vor versuchen, Modalitäten der Synchronisation doch noch unter Gesichtspunkten der Modernisierung und Rationalisierung zu beobachten oder auf eine fortschreitende Dekadenz schließen; man kann religiöse, evolutionäre, pädagogische oder ästhetische Kriterien anlegen; und man kann schauen, unter welchen Bedingungen Katastrophen erwartbar werden, Resilienz eine Chance hat oder sogar Harmonie (unter einem geneigten Himmel, vgl. Zhao 2020) beobachtbar ist. Mit Resonanz hat man es immer zu tun, positiv wie negativ, andernfalls gäbe es keine Synchronisation. Und nicht zuletzt kann man untersuchen, wie Situationen eines Krieges, des Klimawandels, der Ungleichheit und Ungerechtigkeit die beteiligten Systemreferenzen unter welche Art des Drucks setzen. Situationen der nächsten Gesellschaft jedoch leben primär davon, ob und wie der von den elektronischen Medien generierte Überschusssinn, die Konfrontation mit den beschleunigten Formen einer wachsenden Konnektivität und eines immer tiefer reichenden Gedächtnisses vom Körper, vom Gehirn, von der Gesellschaft und vom Bewusstsein bewältigt werden. Im Kontext einer Geschichtskultur der Komplexität, das heißt eines Versuchs, den Rahmen abzustecken, innerhalb dessen in der nächsten Gesellschaft über diese Gesellschaft Geschichten erzählt werden können, haben wir es mit der Frage zu tun, wie ein Bewusstsein von den beteiligten Systemreferenzen geweckt und gefördert werden kann. Es geht nicht zuletzt um sprachliche Experimente. In welchen „Landschaften", um einen Ausdruck von Gerald Murnane zu verwenden (Murnane 2021), bewegt sich unser Bewusstsein, wenn es für seine Zustände in der Auseinandersetzung mit den Zuständen des Körpers, des Gehirns, der Gesellschaft und der Technik nach einem Ausdruck sucht?

5.

Eine Geschichtskultur der Komplexität ist eine Denkfigur, die dabei hilft, eine historiographische Arbeit auch dann zu unterstützen, wenn man es nicht mehr mit den großen Linien der Geschichte zu tun hat, sondern mit den vielen Konstellationen einer instabilen und nur in den Medien, auf die sie zugreift, zu stabilisierenden Gegenwart.[15] Als diese Denkfigur erfüllt sie einen heuristischen Zweck. Ein Hinweis steckt bereits im Kulturbegriff, wenn man diesen mit Malinowski, aber ohne dessen teleologische Orientierung am biologischen Überleben der Menschheit, als Begriff zur Beschreibung einer jeweils prekären Balance zwischen körperlichen, mentalen, sozialen und Umweltanforderungen an menschliche Gesellschaften definiert.[16] Spätestens für die nachwachsenden Generationen kann nicht ohne weiteres angenommen werden, dass sie sich den überlieferten Normen einer Gesellschaft unterwerfen.[17] Die prekäre Balance

---

[15] Siehe Luhmann (1997, 401) zur Stabilität der Medien im Unterschied zur Instabilität der in diesen Medien realisierten Formen.
[16] Vgl. Malinowski (2005, 74) zum „Tatbestand [...] der Bezogenheit".
[17] Malinowski bringt dies durch eine Bifurkation in seinem Schema der Verfassung einer Kultur (ebd., 90) zum Ausdruck; vgl. Baecker (2014, 62 ff.).

einer Kultur ist eher als ein durch Macht, Tradition und Indifferenz prekär aufrechterhaltenes Ungleichgewicht zu verstehen. Geschichtsschreibung wird zu einer Frage des Formats, das heißt der je spezifischen Konstellation neuronaler, mentaler, sozialer und technischer Zustände unter jenen, die geschichtlich forschen, lehren und lernen. Die Systemreferenzen auf Körper, Gehirn, Bewusstsein und Gesellschaft werden im Kontext elektronischer Medien und digitaler Programme und Apparate ihrerseits als Medien ausbuchstabiert. Welche Nervosität lässt man zu? Welche Vorstellungen, Vorurteile (im Sinne von Gadamer 1990, 271 ff.) und Weltbilder werden aufgerufen oder abgewiesen? Mit welchen Begriffen, Theorien, Methoden und anderen Usancen eines akademisch eingeführten Fachs wird gearbeitet? Und in welchem Umfang lässt man sich auf Methoden der Digital Humanities vom Data Mining über kollaboratives Schreiben und Videoprotokolle bis zur Appentwicklung ein? Jedes dieser beteiligten Medien liegt nur im Zustand der losen Kopplung vor (vgl. den Medienbegriff von Heider 2005), das heißt, die Medien sind untereinander variabel integrierbar und ihrerseits in grundsätzlich alternativen Zugriffen aufzurufen. Nichts versteht sich hier von selbst. Die „disziplinäre Matrix der Geschichtswissenschaft", um Jörn Rüsens Konzept aufzugreifen (Rüsen 1983, 30; 1991), garantiert ihren systematischen Zusammenhang nur insofern, als jedes ihrer Elemente immer wieder neu zu überprüfen, zu gewichten und zu variieren ist. Man hat es nicht nur mit einer Erweiterung analoger durch digitale Methoden zu tun, sondern zusätzlich mit einer Neuformatierung des Lesens und Schreibens, Beobachtens und Protokollierens, Lernen und Lehrens. Eine Geschichtskultur der Komplexität lässt sich nicht mehr auf Archivarbeit, Quellenstudium, Textarbeit und Seminardiskussion begrenzen, sondern realisiert sich im Feld, in Interviews, in der Arbeit an Modellen, in Überlegungen zu kontrafaktischen Verläufen (siehe exemplarisch Kansteiner (2007), im Entwurf von Daten sammelnden Algorithmen, in Ethnografien, Videografien und nicht zuletzt im Rahmen von Studien verschiedener Gemeinschaften, die sich eine Geschichte und Geschichten zurechtlegen, um ihre Identität zu überprüfen, handlungsfähig zu werden oder zu bleiben und politische, rechtliche, religiöse, ästhetische und sonstige Ansprüche zu formulieren.

Das ist im Grundsatz nicht neu. Neu ist, dass jede analoge Datenproduktion in Konkurrenz zu einer digitalen Datenproduktion gerät, die mit Fragen des Datenumfangs und der Datentiefe zugleich Fragen der Anschaulichkeit, der Verständlichkeit und der Brauchbarkeit aufwirft. Was erinnert und vergessen werden darf und kann, ist nicht nur wie immer schon eine Frage der Entscheidung in der Datenauswahl, sondern wird zusätzlich zum Gegenstand eines Automatismus von Algorithmen, die sich, einmal in Gang gesetzt, kaum wieder einfangen lassen. Hinzu kommt, dass hinfort eine Geschichte auch der Medien geschrieben werden muss, die an den Konstruktionen der Geschichte beteiligt sind. Eine Geschichte der Algorithmen ist umso weniger trivial, als sie zum großen Teil nicht zugänglich, und wenn, dann nicht lesbar sind. Eine Geschichte der Nervosität, der Weltbilder und der akademischen Theorien und Methoden wäre nichts Neues, aber wer schreibt, modelliert oder berechnet die Geschichte ihres Zusammenhangs, ihrer scheiternden und gelingenden Synchronisation, der Formate und derer Alternativen einer Ausbeutung ihrer Komplexität?

Luhmann hat die „Beschleunigung der Kontrolloperationen" als eins der wichtigsten Folgeprobleme der Einführung und Durchsetzung des Computers benannt (Luhmann 1997, 412). Auch die Geschichtsschreibung braucht in der Auseinandersetzung mit dem Computer beschleunigte Formen, einen schnelleren und vielleicht auch mutigeren Wechsel innerhalb der möglichen Formate historiographischer Arbeit. Das wird nichts daran ändern, dass auch eine Geschichtskultur der Komplexität wie jede bisherige Geschichtsschreibung auf den Gewinn und die Bindung von Zeit zielt, eine Zeit der Beschreibung und eine Zeit der Reflexion. Wenn es stimmt, dass die Komplexität im beschriebenen Sinn zum Zeichen der Zeit avanciert, wäre der Anforderung dieser Komplexität bereits dadurch Genüge getan, dass die Unruhe der Geschichte nicht nur auf der Ebene des Gegenstands, sondern auch auf der Ebene der Geschichtsschreibung in die Arbeit an der Geschichte eingeschlossen wird. Für die Didaktik der Geschichte bedeutet das, dass sie ihr Scheitern in den Blick nimmt, den Sieg der Gegenwart über die übrige Zeit, denn nur darin werden die Medien kenntlich, die an der Konstruktion jeder Geschichte zu beteiligen sind. Mit einer reibungslos gelungenen Synchronisation wäre paradoxerweise wenig gewonnen, weil der Beitrag der Medien zu einer ihrer selbst bewussten Geschichtsschreibung unbemerkt verklingen würde. Erst am Widerstand einer Anschaulichkeit suchenden Wahrnehmung, eines Übersicht verlangenden Bewusstseins und einer Verständlichkeit bietenden Kommunikation fällt auf, dass Geschichtsschreibung in analogen Medien stattfindet, die nicht umstandslos zu digitalisieren sind. Aus den Erfahrungen im Umgang mit der Methode ließe sich, das wäre die Pointe, auf den Widerstand des historischen Materials schließen. Aus einfacher Intentionalität wird gebrochene Reflexivität, die dann auch jene Anforderungen erfüllt, die unter dem Titel einer kollaborativen Arbeitsweise propagiert werden. Beschleunigte Formen der Geschichtsschreibung wären unter diesen Umständen rekursiv korrigierbare Formen. Jede Korrektur liefert eine neue Einsicht. Im Hintergrund laufen die digitalen Protokolle, das *backlog*, der immer neue Überschuss an unerledigter Arbeit, der jedoch letztlich identisch ist mit der Arbeit am historischen Material sowohl der Fragestellung (und der Fragesteller) als auch des Gegenstand

Literatur

ASENDORF, Christoph (1989): Ströme und Strahlen: Das langsame Verschwinden der Materie um 1900. Berlin.

BAECKER, Dirk (1992): Anfang und Ende in der Geschichtsschreibung. In: Dotzler, Bernhard (Hg.): Technopathologien. München, S. 59–86.

BAECKER, Dirk (2001): Niklas Luhmann in der Gesellschaft der Computer. In: Merkur 55, Heft 7 (Juli 2001), S. 597–609.

BAECKER, Dirk (2005): Form und Formen der Kommunikation. Frankfurt/M.

BAECKER, Dirk (2007): Studien zur nächsten Gesellschaft. Frankfurt/M.

BAECKER, Dirk (2014): Kulturkalkül. Berlin.

BAECKER, Dirk (2014): Neurosoziologie. Berlin.

BAECKER, Dirk (2018): 4.0 oder Die Lücke die der Rechner lässt. Leipzig.

BAECKER, Dirk (2019): Intelligenz, künstlich und komplex. Leipzig.

BARCK, Karlheinz (Hg.) (1997): Harold A. Innis – Kreuzwege der Kommunikation: Ausgewählte Texte. Wien.

BATESON, Gregory (1987): Information and Codification: A Philosophical Approach. In: Ruesch, Jurgen/Bateson (Hg.): Gregory, Communication: The Social Matix of Psychiatry. Reprint New York, S. 168–211.

BOSCHUNG, Urs (2005): Irritabilität, Reizbarkeit. In: Werner E. Gerabek, Bernhard D. Haage, Gundolf Keil und Wolfgang Wegner (Hg.): Enzyklopädie Medizingeschichte. Berlin, S. 681–682.

BURNS, Tom/Stalker, George M. (1961): The Management of Innovation. London.

CAMPBELL, Donald T. (1969): Variation and Selective Retention in Socio-Cultural Evolution. In: General Systems 14, S. 69–85.

CILLIERS, Paul (1998): Complexity and Postmodernism: Understanding Complex Systems. London.

COMTE, Auguste (1933): Die Soziologie: Die positive Philosophie im Auszug. Leipzig.

COY, Wolfgang (1994): Computer als Medien: Drei Aufsätze, Bremen: Bericht des Fachbereichs Mathematik/Informatik.

COY, Wolfgang (1995): Die Turing-Galaxis – Computer als Medien. In: Klaus Peter Dencker (Hg.): Interface 2: Weltbilder – Bildwelten: Computergestützte Visionen. Hamburg, S. 48–53.

DRUCKER, Peter F. (2001): The Next Society: A Survey of the Near Future. In: The Economist, 3. November.

ELIAS, Norbert (1969): Über den Prozeß der Zivilisation: Soziogenetische und psychogenetische Untersuchungen. Bern.

ESPOSITO, Elena (2022): Artificial Communication: How Algorithms Produce Social Intelligence. Cambridge, MA.

FOUCAULT, Michel (1969): Wahnsinn und Gesellschaft: Eine Geschichte des Wahns im Zeitalter der Vernunft. Frankfurt/M.

FOUCAULT, Michel (1976): Überwachen und Strafen: Die Geburt des Gefängnisses. Frankfurt/M.

FOUCAULT, Michel (1977 und 1986): Sexualität und Wahrheit, 3 Bde. Frankfurt/M.

FOUCAULT, Michel (1988): Die Geburt der Klinik: Eine Archäologie des ärztlichen Blicks. Frankfurt/M.

GADAMER, Hans-Georg (1990): Wahrheit und Methode: Grundzüge einer philosophischen Hermeneutik. Tübingen.

GOODY, Jack/Watt, Ian/Gough, Kathleen (1981): Entstehung und Folgen der Schriftkultur. Frankfurt/M.

HAGEN, Wolfgang (2008): Metaxy: Eine historiosemantische Fußnote zum Medienbegriff. In: Münker, Stefan/Roesler, Alexander (Hg.): Was ist ein Medium? Frankfurt/M., S. 13–29.

HAVELOCK, Eric A. (1963): Preface to Plato. Oxford.

HAVELOCK, Eric A. (1982): The Literate Revolution in Greece and ist Cultural Consequences. Princeton, NJ.

HEIDER, Fritz (2005): Ding und Medium, Nachdruck Berlin.

HERBST, Ludolf (2004): Komplexität und Chaos: Grundzüge einer Theorie der Geschichte. München.

HERBST, Philip G. (1976): Alternatives to Hierarchies. Leiden.

INNIS, Harold A. (1951 [Reprint 1991]): The Bias of Communication. Toronto.

INNIS, Harold A. (1986): Empire and Communications, Reprint hgg. von David Godfrey. Victoria, BC.

JÄGER, Ludwig (2004): Der Schriftmythos: Zu den Grenzen der Literalitätstheorie. In: der/Erika Linz (Hg.): Medialität und Mentalität: Theoretische und empirische Studien zum Verhältnis von Sprache, Subjektivität und Kognition. München, S. 324–342.

JANTSCH, Erich (1982): Die Selbstorganisation des Universums: Vom Urknall zum menschlichen Geist. München.

KANSTEINER, Wulf (2007): Alternate Worlds and Invented Communities: History and Historical Consciousness in the Age of Interactive Media. In: Jenkins, Keith/Morgan, Sue/Munslow, Alun (Hg.): Manifestos for History. Oxford, S. 131–148.

KANT, Immanuel (1968 [1763]): Versuch, den Begriff der negativen Größen in die Weltweisheit einzuführen. In: der: Werke II. Frankfurt/M., S. 775–819.

KOSCHORKE, Albrecht (2012): Wahrheit und Erfindung: Grundzüge einer allgemeinen Erzähltheorie. Frankfurt/M.

KUCKLICK, Christoph (2014): Die granulare Gesellschaft: Wie das Digitale unsere Wirklichkeit auflöst. Berlin.

LACAN, Jacques (1978): Psychoanalyse et cybernétique, ou de la nature du langage. In: Miller, Jacques-Alain (Hg.): Le Séminaire de Jacques Lacan, Livre II: Le moi dans la théorie de Freud et dans la technique de la psychoanalyse, 1954–1955. Paris, S. 339–354.

LEHMANN, Maren (2015): Das „Altwerden der funktionalen Differenzierung" und die „nächste Gesellschaft". In: Soziale Systeme 20, Heft 2 (2015), S. 308–336.

LÉVI-STRAUSS, Claude (1978): Einleitung in das Werk von Marcel Mauss. In: Mauss, Marcel (Hg.): Soziologie und Anthropologie, Bd I. Frankfurt/M., S. 7–41.

LOTMAN, Jurij M. (2010): Die Innenwelt des Denkens: Eine semiotische Theorie der Kultur. Frankfurt/M.

LOVELOCK, James (2020): Novozän: Das kommende Zeitalter der Hyperintelligenz. München.

LUHMANN, Niklas (1976): Evolution und Geschichte. In: Geschichte und Gesellschaft 2 (1976), S. 284–309.

LUHMANN, Niklas (1984): Soziale Systeme: Grundriß einer allgemeinen Theorie. Frankfurt/M.

LUHMANN, Niklas (1990): Gleichzeitigkeit und Synchronisation. In: ders. (Hg.): Soziologische Aufklärung 5: Konstruktivistische Perspektiven. Opladen, S. 95–130.

LUHMANN, Niklas (1992): Beobachtungen der Moderne. Opladen.

LUHMANN, Niklas (1997): Die Gesellschaft der Gesellschaft. Frankfurt/M.

LUHMANN, Niklas (2017): Die Kontrolle von Intransparenz. In: ders. (Hg.): Die Kontrolle von Intransparenz. Berlin, S. 96–120.

LUHMANN, Niklas/Maturana, Humberto R./Namiki, Mikio/Redder, Volker/Varela, Francisco J. (1990): Beobachter: Konvergenz der Erkenntnistheorien? München.

LYOTARD, Jean-François (2005): Das postmoderne Wissen, 5. Aufl., Wien.

MALINOWSKI, Bronisław (2005): Eine wissenschaftliche Theorie der Kultur und andere Aufsätze. Frankfurt/M.

MATURANA, Humberto R. (1998): Biologie der Realität. Frankfurt/M.

MCLUHAN, Marshall (1968): Die Gutenberg-Galaxis: Das Ende des Buchzeitalters. Düsseldorf.

MCLUHAN, Marshall (1994): Die magischen Kanäle: Understanding Media. Dresden.

MEYROWITZ, Joshua (1987): Die Fernseh-Gesellschaft: Wirklichkeit und Identität im Medienzeitalter. Weinheim.

MORIN, Edgar (2008): On Complexity. Creskill, NJ.

MURNANE, Gerald (2021): Last Letter to a Reader. Sheffield, UK.

NASSEHI, Armin (2019): Muster: Theorie der digitalen Gesellschaft. München.

NORTHOFF, Georg (2013): Unlocking the Brain, vol. 1: Coding. Oxford.

ONG, Walter J. (1967): The Presence of the Word: Some Prolegomena for Cultural and Religious History. New Haven, CN.

ONG, Walter J. (1971): Rhetoric, Romance, and Technology: Studies in the Interaction of Expression and Culture. Ithaca, NJ.

ONG, Walter J. (1977): Interfaces of the Word: Studies in the Evolution of Consciousness and Culture. Ithaca, NJ.

PARSONS, Talcott (1964): Evolutionary Universals in Society. In: American Sociological Review 29 (1964), S. 339–357.

PARSONS, Talcott (1977): Malinowski and the Theory of Social Systems. In: ders. (Hg.): Social Systems and the Evolution of Action Theory. New York, S. 82–99.

PENTLAND, Alex (2014): Social Physics: How Good Ideas Spread – The Lessons from a New Science. New York.

PIAS, Claus (2005): Analog, Digital, and the Cybernetic Illusion. In: Kybernetes 34, Heft 3/4 (2005), S. 543–550.

RADKAU, Joachim (1998): Zeitalter der Nervosität: Deutschland zwischen Bismarck und Hitler. München.

RICŒUR, Paul (1991): Temps et récit, Bd 1. Pari

RÜSEN, Jörn (1991): Die Entwicklung der disziplinären Matrix und des theoretisch- methodologischen Instrumentariums der Geschichtswissenschaft: Ein strukturgenetischer Ansatz. In: Hörz, Herbert (Hg.): Historiographiegeschichte als Methodologiegeschichte: Zum 80. Geburtstag von Ernst Engelberg. Berlin, S. 53–67.

RÜSEN, Jörn (2018 [1983]): Historische Vernunft. In: ders. (Hg.): Grundzüge einer Historik 1983, 1986, 1989. Bochum, S. 9–122.

RUSTEMEYER, Dirk (2003): Geschichtssemiotik. In: Relich, Franz-Josef/Goch, Stefan (Hg.): Geschichte als Last und Chance: Festschrift für Bernd Faulenbach. Essen, S. 27–43.

SCHMIDT, Eric/Cohen, Jared (2013): The New Digital Age: Reshaping the Future of People, Nations, and Businesses. London.

SHANNON, Claude E./Weaver, Warren (1963): The Mathematical Theory of Communication. Reprint Urbana, IL.

SIMON, Fritz B. (Hg.) (1988): Lebende Systeme: Wirklichkeitskonstruktionen in der systemischen Therapie. Heidelberg.

SIMON, Herbert A. (1996): The Architecture of Complexity. In: der, The Sciences of the Artificial. 3. Aufl., Cambridge, MA, S. 183–216.

SMITH, Brian Cantwell (2019): The Promise of Artificial Intelligence: Reckoning and Judgment. Cambridge, MA.

SPENCER-BROWN, George (2008): Laws of Form. 5., intern. Ausgabe. Leipzig.

SPITZER, Leo (1948): Milieu and Ambiance. In: ders., Essays in Historical Semantics. New York, S. 179–316.

STILLWELL, John (2002): Mathematics and Its History. New York.

THOMPSON, Michael (2021): Die Theorie des Abfalls: Über die Schaffung und Vernichtung von Werten. Neuausgabe Bielefeld.

VARELA, Francisco J. (1994): Ethisches Können. Frankfurt/M.

VEYNE, Paul (1978): Comment on écrit l'histoire: Essai d'épistemologie, augmentée de Foucault révolutionne l'histoire. Pari

VON FOERSTER, Heinz (1993): Prinzipien der Selbstorganisation im sozialen und betriebswirtschaftlichen Bereich. In: ders. (Hg.): Wissen und Gewissen Versuch einer Brücke. Frankfurt/M., S. 233–268.

VON FOERSTER, Heinz (1993): Wissen und Gewissen Versuch einer Brücke. Frankfurt/M.

VON SENGER, Harro (Hg.) (1999): Die List. Frankfurt/M.

WATZLAWICK, Paul/Beavin, Janet H./Jackson, Don D. (1969): Menschliche Kommunikation: Formen, Störungen, Paradoxien. Bern.

WEAVER, Warren (1948): Science and Complexity. In: American Scientist 36, Heft 4 (1948), S. 536–544.

WILDER, Carol (1998): Being Analog. In: A. Berger (Hg.), The Postmodern Presence. Walnutt Creek, S. 196–216.

ZHAO, Tingyang (2020): Alles unter dem Himmel: Vergangenheit und Zukunft der Weltordnung. Berlin.

Methoden geschichtsdidaktischer Forschung im digitalen Wandel?

CHRISTOPH KÜHBERGER

Data Mining in historischen Narrationen
Zugänge einer digital forschenden Geschichtsdidaktik[1]

1. Annäherung

Die hier vorgestellte Untersuchung trägt verschiedenen Diskursen in den Geschichtswissenschaften in Verbindung mit den *Digital Humanities* Rechnung, vor allem aber spiegelt sie meine persönliche Neugier darauf wider, wie die Geschichtsdidaktik Methoden des *data mining* oder *text mining* für eigene Fragestellungen nutzen kann. In Ermangelung von Vorarbeiten aus dem Bereich der Geschichtsdidaktik habe ich gespannt auf die Zugänge aus den Philologien geschaut und versucht, deren Werkzeuge für einen geschichtsdidaktischen Kontext nutzbar zu machen.

Es ist jedoch nicht meine erste dichte Begegnung mit *big data*. In einem Beitrag über „task complexity" habe ich gemeinsam mit Christoph Bramann, Detmar Meuers und Zarah Weiß erste geschichtsdidaktische Massenauswertungen vorgenommen und publiziert, dies jedoch zu Arbeitsaufträgen in Schulbüchern (Kühberger u. a. 2019). Damals wie heute interessiert mich die Spannung zwischen konventionellen etablierten Methoden und neuen digitalen Optionen.

Das Beispiel, das ich für diesen Beitrag heranziehe, beschäftigt sich mit Essays zur Demokratiegeschichte in Österreich. Versucht man zu verstehen, welchen Stellenwert Demokratie in Österreich besitzt, kann man sich die Frage stellen, welche Geschichten sich die Menschen in Österreich über die Demokratie erzählen.

---

[1] Der vorliegende Beitrag wurde in einer ähnlichen Fassung zuerst veröffentlicht als: Christoph Kühberger, Demokratiegeschichte als *big data* und *codes*. Historische Narrationen von Lehramtsstudierenden in Österreich, in: Ders./Reinhard Heinisch/Reinhard Klaushofer/Margit Reiter (Hg.): Demokratie nach 1945. Perspektiven auf Geschichte, Politik und Recht in Österreich. Wien 2022, 99–119. Den Vandenhoeck & Ruprecht Verlagen, namentlich dem Böhlau Verlag, ist an dieser Stelle für die Möglichkeit der Wiederveröffentlichung zu danken.

In Demokratien tritt uns Geschichte immer im Plural entgegen, in Form unterschiedlicher Interpretationen von zeitlichen Verläufen. Aus der Perspektive einer narrativistischen Geschichtstheorie handelt es sich dabei um Produkte von Orientierungsleistungen in einer Gesellschaft für die Gegenwart oder eine erwartete Zukunft.

So könnte man etwa danach fragen, welche herrschaftlichen oder gesellschaftlichen Strukturen von Geschichte als stabilisierend dargestellt oder welche Sichtweisen hinsichtlich etablierter Traditionen mit einer Geschichte legitimiert oder kritisiert werden. Die Geschichtswissenschaft untersucht dies entlang von bestimmten methodischen Standards und liefert so Erkenntnisse. Diese Deutungen gehen „damit in die kognitive Landschaft der menschlichen Welt ein und steh[en] für Orientierungszwecke zur Verfügung" (Rüsen 2013, 41). In einer postmodernen und demokratischen Gesellschaft ist von einer Vielzahl von Interpretinnen und Interpreten der Demokratiegeschichte auszugehen. Die Geschichtswissenschaft spielt dabei oft nur noch die zweite Geige. Es ist die Geschichtskultur, die uns umgibt, die mit verschiedenen Narrativen auf uns mannigfach einwirkt. Die Geschichtskultur wird dabei vor allem durch die zur Verfügung stehenden geschichtlichen Manifestationen konstituiert. Diese Manifestationen stehen bereit, damit wir uns mit ihnen kognitiv beschäftigen (Schulbücher, Computerspiele, Spielfilme, Denkmäler, Zeitungsberichte, Internetblogs etc.). Dies kann auf eine sehr intensive Weise erfolgen, wie etwa bei einem mehrstündigen Museumsbesuch, oder auch nur auf eine oberflächliche Art, etwa bei der Rezeption eines kurzen TV-Features. Welche Aspekte davon bei den Menschen ankommen, ist oft unklar, da der potenzielle Pluralismus in demokratischen Gesellschaften nahezu unüberschaubar ist.

Im Rahmen dieses Beitrages wird danach gefragt, wie Studierende als exemplarische Vertreterinnen und Vertreter der Gesellschaft damit umgehen. Wie beschreiben sie die Entwicklung der Demokratie in Österreich? Welche Geschichte erzählen sie? Am Beginn des Wintersemesters 2020/21 wurden 123 Lehramtsstudierende des Fachs „Geschichte und Sozialkunde/Politische Bildung" an der Universität Salzburg aus verschiedenen Semestern anonym und schriftlich befragt.[2] Im Anschluss an die Erhebung von soziographischen Daten

---

2 Es waren dabei 58,5 % Frauen und 41,5 % Männer im Alter von 18 bis 46 Jahren (Ø 23 Jahre); bei 23,6 % der Studierenden wurde mindestens ein Elternteil im Ausland geboren; 93,5 % haben in Österreich maturiert; 31,7 % waren Studienanfängerinnen und -anfänger im ersten Semester.

wurden die Studierenden dazu aufgefordert, einen Essay[3] über die Entwicklung der Demokratie in Österreich zu schreiben.[4] Darüber hinaus wurde nach Abgabe der Essays ein zweiter Befragungsbogen mit geschlossenen Items ausgeteilt, der *epistemic beliefs*, Haltungen und Einstellungen zu Demokratie, Politik und Geschichte abfragte. Ziel war es dabei nicht, methodische Fähigkeiten im Umgang mit historischen Quellen oder Interpretationen der Vergangenheit zu überprüfen, wie dies durchaus auch im Bereich der Geschichtsdidaktik vorgenommen wird (vgl. Kühberger 2013; Trautwein u. a. 2017; Karl/Kühberger 2020), sondern es sollten in den Beschreibungen jene Entwicklungen in Erscheinung treten, die die Studierenden in der Erhebungssituation ad hoc abrufen konnten. Von Beginn an stand dazu die Hypothese im Raum, dass die befragten Studierenden eine ganz ähnliche Geschichte erzählen werden. Dies referiert auf das Konzept von *master narratives*. Als Master-Narrativ kann man eine historische Erzählung verstehen, eine „kohärente, mit einer eindeutigen Perspektive ausgestattete und in der Regel auf den Nationalstaat ausgerichtete Geschichtsdarstellung, deren Prägekraft nicht nur innerfachlich schulbildend wirkt, sondern öffentliche Dominanz erlangt" (Jarausch/Sabrow 2002, 16).

Es kann an dieser Stelle bereits vorweggenommen werden, dass bei der quantitativen Auswertung der Befragung zu den politischen Einstellungen und epistemischen *beliefs* keine ausreichend differenzierenden Ergebnisse geliefert wurden.[5] Die befragte Gruppe der Lehramtsstudierenden für „Geschichte und Sozialkunde/Politische Bildung" ist sich hinsichtlich ihrer Positionierung gegenüber Fragen der Demokratie, der politischen Partizipation(sbereitschaft) und der Gewichtung von historisch-politischen Inhalten zu ähnlich, um diese Ergebnisse bereits als Beleg für eine (relative) Homogenität werten zu können. Festgehalten werden kann jedoch: 97,5 % lehnen einen starken Führer, der sich nicht um Parlament und Wahlen kümmern muss, (eher) ab.

---

3 Mit der Handlungsaufforderung, eine Beschreibung anzufertigen (Operator „beschreibe"), sollte den Studierenden mitgeteilt werden, dass nicht eine Analyse oder eine Interpretation der Demokratieentwicklung in Österreich erwartet wird, sondern eine Wiedergabe dessen, was sie wissen, Das Ziel war es also, eine Beschreibung der Geschichte zu erhalten, die ad hoc abgerufen werden kann – und bei der man davon ausgehen kann, dass es sich um jenes Narrativ handelt, das gesichert verfügbar ist.
4 Die Aufgabe lautete: „Beschreiben Sie möglichst detailliert, wie sich die Demokratie in Österreich entwickelt hat. Binden Sie dazu möglichst viel Wissen ein, das Sie dazu besitzen! Schreiben Sie den Text in ganzen Sätzen!"
5 Es wurde eine ganze Reihe an statistischen Berechnungen angestellt (u. a. konfirmatorische und explorative Clusteranalysen, multivariate und invariante Varianzanalysen, Faktorenanalysen, verteilungsfreie Analysen).

2. Auswertungsstrategien

Es standen nun immer noch die qualitativen Daten in Form der Essays zur Verfügung, auch wenn sie nicht mit statistischen Werten aus der quantitativen Befragung in Verbindung gebracht werden konnten. Für die Auswertung wurden im Sinn einer Methodentriangulation verschiedene Strategien zum Einsatz gebracht und teilweise auch miteinander kombiniert. So wurden die Essays nicht nur mithilfe von Tools der *digital humanities* verschiedenen Formen des *distant reading* unterzogen und in Prozessen des *data mining* befragt, um über Zugänge der Stilometrie quantifizierende Einsichten zu deren gemeinsamer Struktur zu erlangen (Dröge 2020; Schöch 2017), sondern es wurde auch eine kategoriale qualitative Inhaltsanalyse vorgenommen. Die im Rahmen der Inhaltsanalyse herangezogenen Kategorien waren einerseits deduktiver Natur – folgten also theoretischen Setzungen –, wurden aber andererseits auch hinsichtlich bestimmter Bereiche induktiv aus den Essays selbst abgeleitet, um damit Strukturmerkmale der historischen Narrationen herauszuarbeiten, die dazu imstande sind, Auskünfte über dominante Momente, Vernachlässigtes oder Unberücksichtigtes zu geben. Um die Qualität der Codierungen abzusichern, wurde die Intercoder-Reliabilität festgestellt. Zwei Geschichtsdidaktiker haben in zwei voneinander unabhängigen Durchgängen den Essays Codes zugeordnet. Auf dieser Grundlage wurde die Übereinstimmung mithilfe von Cohens Kappa-Wert (κ) berechnet. Alle hier präsentierten Daten aus der qualitativen Inhaltsanalyse besitzen einen Kappa-Wert von $\geq 0{,}71$, was als eine gute bis sehr gute Interrater-Reliabilität eingestuft werden kann (Kuckatz 2016, 210).

3. Data Mining mit *Voyant*

Wertet man das Korpus mit dem digitalen Analysetool *Voyant* aus, so können über ein *data mining* erste Ergebnisse sichtbar werden, die sich auf der Wortebene zeigen. Betrachtet man die 100 MFW (*most frequent words*) ohne Funktionswörter und bereinigt man sie zudem um jene Wörter, die wenig sinngebend sind („z. B.", „Jahr" o. Ä.), und um jene, die eigentlich zum gleichen Lexem gehören, aber als Flexion vorliegen (etwa: „demokratische", „demokratischen"), ergibt sich eine Liste mit 78 Wörtern (Tab. 1)[6]:

---

[6] Durch die Einstellung der „Stoppwortliste" – gemeint sind damit jene Wörter, die bei der digitalen Analyse nicht berücksichtigt werden sollen – auf „Deutsch" konnten Funktionswörter wie Artikel, Präpositionen und Konjunktionen herausgefiltert werden, vgl. etwa auch Kühner 2017.

Österreich	312	1938	22	Jahrhunderts	13
Demokratie	293	Dollfuß	22	Meinung	13
Republik	137	System	22	Politik	13
Partei/en	89	Land	21	Ständestaat	13
Weltkrieg/s	86	eingeführt	20	1920	12
Monarchie	67	Parteien	20	Habsburg	12
demokratisch/e/n	80	Reich	20	Karl	12
Wahl/en	44	20	19	Renner	12
Volk	39	Männer	19	1919	11
Wahlrecht	39	1955	18	Alliierten	11
Deutschland	38	Entwicklung	18	Bürger	11
wählen	35	gewählt	18	EU	11
1945	31	Jahrhunderts	18	Habsburgermonarchie	11
Anschluss	31	Kaiser	18	herrschte	11
1918	30	Regierung	18	Parlament/s	21
ausgerufen	29	Staat	17	Recht	11
Bevölkerung	28	entwickelte	17	Ungarn	11
Frauen	28	Hitler	16	16	10
politische	26	Österreichischen	16	christlich-soziale/n	19
Verfassung	26	19	16	Frauenwahlrecht	10
SPÖ	25	Menschen	15	gegründet	10
Österreichs	24	Beginn	15	mitbestimmt	10
Austrofaschismus	23	Deutsche	14	verändert	10
Diktatur	23	entwickelt	14	entstanden	9
österreichische	23	Nationalsozialismus	14	FPÖ	9
ÖVP	23	entstand	13	Nationalsozialisten	9

Tab. 1: Most frequent words (Voyant)[7] (eigene Darstellung)

Hier kann man bereits erkennen, dass die Geschichte der Demokratie in Österreich vor allem mit der Republikwerdung nach der Monarchie in Zusammenhang gebracht wird.

Zwar verwundert das Ergebnis der häufigsten zehn Wörter angesichts der Aufgabenstellung nicht sonderlich, da damit Momente der geographischen Verortung und demokratische Aspekte angesprochen werden, die dort bereits grundgelegt sind, gleichzeitig wird mit den 10 MFW aber auch der Kern ganz vieler „Geschichten" offengelegt, wodurch grundlegende konzeptionelle Bausteine eines *master narrative* sichtbar werden. Folgt man den MFW und fragt nach den sich ergebenden kategorialen Tendenzen, die davon ableitbar sind, so

---

[7] Bereinigte Liste nach Sinclair/Rockwell 2020.

zeigt sich, dass ...
- die Demokratie vor allem mit der Republikwerdung und dem Wahlrecht in Verbindung gebracht wird;
- die Monarchie und die Zeit des Nationalsozialismus als konstituierende Momente und – wie wir wissen – als Negativfolien wahrgenommen werden;
- vor allem politische Strukturen dargestellt werden und weniger handelnde Menschen. *Engelbert Dollfuß* kommt mit 22 Identifizierungen auf den 28. Platz dieser Aufstellung. *Karl Renner* schafft es auf den 59. Platz (mit 12 Identifizierungen).

Betrachtet man die am häufigsten verwendeten Verben (Abb. 1), so wird nochmals deutlich, dass es sich bei den Beschreibungen des Geschehens um dynamische Momente handelt, also um Darstellungen der Geschichte, die mit einem genetischen Sinnbildungsmodus in Verbindung zu bringen sind.

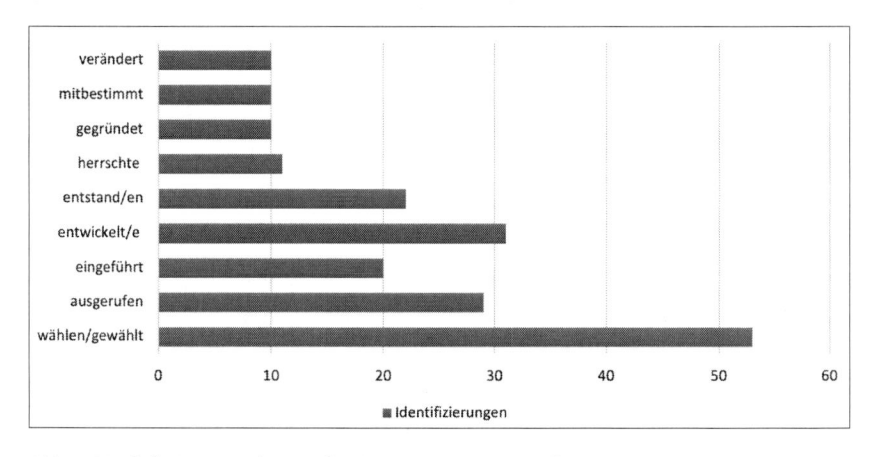

Abb. 1: Häufigkeit von Verben in den Essays (eigene Darstellung)

4. Principal Component Analysis

Um im Sinne der Stilometrie ein *distant reading* der Essays umzusetzen, das Aufschluss über mögliche Cluster auf der Ebene der *most frequent words* (MFW) gibt,[8] wurden die Textdateien mit *R-Studio* analysiert und dargestellt. Dabei konzentrierte man sich vor allem auf eine *Principal Component Analysis* (PCA) in einer Korrelationsmatrix. Der *PCA-plot* verwandelt dabei vorhandene bzw. nicht vorhandene Korrelationen zwischen den Texten auf der Grundlage

---

8 Pronomina werden dabei nicht berücksichtigt.

der MFW in ein zweidimensionales Diagramm mit Koordinatenachsen. Der Nullpunkt (Koordinatenursprung) entspricht dabei der abstrakten Positionierung eines durchschnittlichen Essays, der in dieser Form jedoch – wie die Darstellungen zeigen – nicht existiert. In der Darstellung als *scree plot* werden jene Texte, die als hoch korrelativ angesehen werden, eng zusammengeclustert. Die *principal component 1* (PC1) und *principal component 2* (PC2), die auf der x- und y-Achse dargestellt werden, geben die Größenordnung der „Ähnlichkeitsabstände" im Verhältnis zum Koordinatenursprung an.

Betrachtet man die Zahlen bei nur drei Durchgängen mit je unterschiedlichen Setzungen der Variablen (hier: MFW), zeigt sich, dass aufgrund der vielen sprachlichen Möglichkeiten nur ein sehr geringer Umfang (hier: max. 34,7 % der Variation bei 10 MFW) erreicht werden konnte. Auch weitere Reduzierungen oder Erhöhungen der MFW führten zu keinen eindeutigeren Clustermustern (Tab. 2). Damit konnte mit diesem Verfahren keine ausreichend genaue Repräsentation der Daten erreicht werden.[9] Dennoch können die Daten auf dieser Grundlage interpretiert werden.

	PC1	PC2	Summe
1.500 MFW	1,7 %	1,6 %	3,3 %
100 MFW	6,5 %	5 %	11,5 %
10 MFW	18,2 %	16,5 %	34,7 %

Tab. 2: PCA – *total variation* von PC1 und PC2 (*correlation matrix*) (eigene Darstellung)

Blickt man vor dem Hintergrund der Fragestellung (i. e. Beschreibung der Entwicklung der Demokratie in Österreich) auf die Positionierung der Essays im *scree plot*, kann angenommen werden, dass diese eine große Ähnlichkeit hinsichtlich der am häufigsten verwendeten Wörter aufweisen und in der dementsprechenden linguistischen Struktur relativ nahe beieinander liegen. Damit kann festgehalten werden, dass Texte mit ähnlich oft genutzten Wörtern eng beieinander positioniert wurden, was hier durchaus als Hinweis auf ein *master narrative* zu lesen ist, da in bestimmte Lexeme ja auch bestimmte konzeptionelle Vorstellungen eingeschrieben sind oder mit narrativen Abbreviationen des Historischen in Verbindung stehen (z. B. „Alliierte", „Frauenwahlrecht").

---

9 Auch bei einer farblichen Kennzeichnung (a) von Studienanfängerinnen, -anfängern und fortgeschrittenen Studierenden sowie (b) nach Semestern bildeten sich keine erkennbaren Muster ab.

Gleichzeitig ermöglichen es die PCA-Darstellungen, jene Essays näher zu untersuchen, die in den drei hier herangezogenen *scree plots* exponierte Lagen einnehmen. Dazu wurden 22 Essays (17,9 %) identifiziert, die in erkennbaren Randlagen des zentralen Großclusters angesiedelt sind, und hermeneutisch hinsichtlich ihrer Besonderheiten befragt. Auffällig ist – vor allem auch bei Betrachtung aller Essays aus dem Korpus –, dass damit jene Darstellungen (a) identifiziert wurden, die einen massiven Gegenwartsbezug aufweisen[10] und aktuelle tagespolitische Themen ansprechen (z. B. COVID-19, Flüchtlinge).[11] Auf diese Weise unterscheiden sie sich nämlich von anderen Essays, die oftmals mit einem alleinigen Fokus auf längerfristige Entwicklungen in der Vergangenheit angelegt sind und die Gegenwart in vielen Fällen zur Gänze aussparen oder nur andeuten. Andere derartige Texte (b) sind dadurch gekennzeichnet, dass sie verstärkt zeitgeschichtliche Entwicklungen aufgreifen, diese jedoch nicht mit fachsprachlichen Begrifflichkeiten präsentieren, weshalb sich im Rahmen der hier vorgenommenen Untersuchung auch keine Ähnlichkeiten zu anderen Essays zeigen.[12] Aber auch eine Betonung von zeitgeschichtlichen Momenten ab dem letzten Drittel des 20. Jahrhunderts (z. B. Hainburger Au, Großparteien, NEOS) führt offenbar zu einem Ausscheren aus dem ansonsten sehr geschlossenen Ähnlichkeitsblock.[13] Ein Essay (c) fällt dadurch auf, dass er überhaupt keine Beschreibung bietet, sondern über das eigene Unwissen berichtet.[14] Nur vier weitere Essays (d) zeugen von einer abweichenden Einschätzung der demokratischen Entwicklungen, indem eine sehr detaillierte Beschreibung der Geschehnisse rund um die Etablierung des Austrofaschismus[15] bzw. des Nationalsozialismus[16] in den Mittelpunkt gestellt wird und die Essays sich auf diese Weise im Verhältnis zu den anderen Texten exponieren.

Einige Texte fielen vermutlich aufgrund ihres knappen Umfangs in den exponierten Bereich[17], weil sie sich einer tendenziell theoretisch-abstrakten Sprache bedienen, ohne dabei ausreichende Verknüpfungen mit konkreten historischen Momenten herzustellen,[18] oder weil der Text aufgrund einer fehlenden

---

10 DG_7 beschreibt keine längerfristige historische Entwicklung, sondern eine Gegenwartsgeschichte der letzten Jahrzehnte und verweist auf die eigene Positionierung zu Mitbestimmung und Solidarität.
11 DG_100 etwa ad extremer Rechtsruck und COVID; DG_42 ad Flüchtlinge.
12 DG_32; DG_46.
13 DG_40; DG_56.
14 DG_116.
15 DG_58; DG_71.
16 DG_36; DG_53 betont zusätzlich den Austrofaschismus.
17 DG_61; DG_117; DG_8.
18 DG_103.

Prosastruktur nur mit Stichwörtern agiert, was zu einer strukturellen Auffälligkeit führt.[19] Bei fünf Texten kann man selbst nach kritischer Sichtung ihrer Struktur und ihrer Inhalte keine Besonderheiten erkennen.[20]

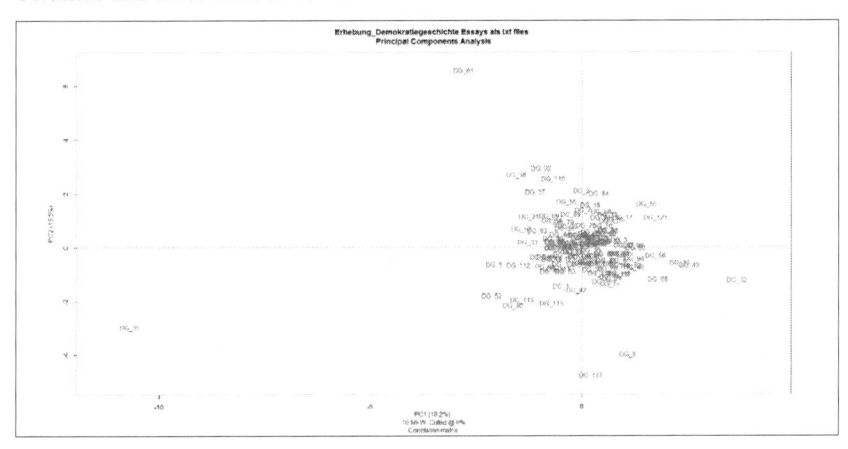

Abb. 2: PCA bei 10 MFW (eigene Darstellung)

Darüber hinaus kann festgehalten werden, dass sich Essays von Studienanfängerinnen und -anfängern bei einer stilometrischen Bewertung nicht von den Essays der übrigen Studierenden unterscheiden lassen. Sie streuen in ähnlicher Weise und lassen keinen besonderen Cluster erkennen (Abb. 3).

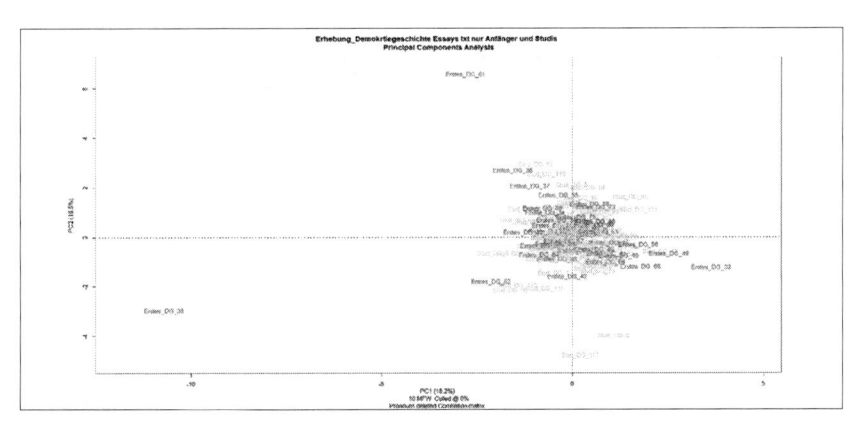

Abb. 3: Vergleich der Positionierungen von Studienanfängerinnen, -anfängern und anderen Studierenden (PCA mit 100 MFW) (eigene Darstellung)

---

19 DG_35.
20 DG_34; DG5; DG_256; DG_37; DG_11.

Damit kann hinsichtlich der stilometrischen Analyse zu *Principal Component Analysis* (PCA) festgehalten werden, dass im Rahmen der vorgenommenen Dimensionsreduktion die gewonnenen Einsichten – vor allem, was die Nähe der Beiträge zueinander und die damit festgestellte relative Ähnlichkeit angeht – einen ersten statistischen Hinweis darauf geben, dass die Essays mit ähnlichen Wortkombinationen auf ähnliche Inhalte verweisen. Dies wäre zunächst eine erste Bewährungsprobe, ob es sich um ein *master narrative* handeln könnte. Dieser Frage wird im Rahmen der kategorialen Inhaltsanalyse – nun jedoch unter verstärkt geschichtstheoretischer Ausrichtung – nachgegangen.

5. Qualitative Inhaltsanalyse

Während bereits die Möglichkeiten der *Big Data Analysis* wichtige Hinweise liefern, so kann man mithilfe einer an der Geschichtstheorie orientierten deduktiven Herangehensweise noch stärker in die Tiefenstruktur der Essays eindringen und diese auf unterschiedlichen Ebenen erfassen, um so eine noch dichtere „Vermessung" des Samples zu erzielen. Einige Aspekte der kategorialen Erfassung wurden bei der Umsetzung dieser Strategie induktiv erweitert. Im Folgenden wird daher versucht, anhand der Codierungen der qualitativen Inhaltsanalyse (a) narrative, (b) konzeptuelle, (c) räumliche, (d) temporale Merkmale der Darstellung der Entwicklung der Demokratie in Österreich vorzustellen sowie (e) die dabei involvierten menschlichen Kräfte (Einzelpersonen, Gruppen), die als Handelnde in der jeweils präsentierten Geschichte auftreten.

(a) Narrative Merkmale

Um narrative Muster herauszuarbeiten, kann im Zusammenhang mit den hier analysierten Darstellungen von Studierenden festgehalten werden, dass es sich nicht um *genuines historisches Erzählen* handelt, bei dem Zusammenhänge und Erkenntnisse das erste Mal (anhand der Auswertung von Fachliteratur und historischen Quellen) in Form eines Essays präsentiert werden. Vielmehr handelt es sich um *Nacherzählungen* von Zusammenhängen, die in den Probandinnen und Probanden bereits angelagert sind. Gleichwohl hätten die Probandinnen und Probanden die Möglichkeit, mit den ihnen bekannten Erzählungen oder auch nur mit einzelnen Versatzstücken daraus auf unterschiedliche Art umzugehen. In der vorliegenden Untersuchung findet man – neben den Textprodukten eines kleinen Teils von Studierenden, der sich dem intendierten Modus der Aufgabe entzogen hat (ca. 9 %) – vor allem Nacherzählungen. Für *Hans-Jürgen*

Pandel stellen diese einen reproduktiven Sinngebrauch dar, indem bekannte Erzählungen entweder kondensiert oder extendiert bzw. elaboriert werden. Dieser Art des historischen Erzählens fällt – gerade etwa im schulischen Kontext – eine stabilisierende Rolle für das kulturelle und kommunikative Gedächtnis einer Gemeinschaft zu (Pandel 2010, 154). In derartigen Erzählungen lagern damit aber auch jene gesellschaftlich breit verfügbaren Erzählmuster, denen hier eben nachgegangen wird.

Andere Formen des historischen Erzählens, wie etwa das *Umerzählen*, bei dem eine bekannte Darstellung der Vergangenheit umperspektiviert oder mit neuen, bisher vernachlässigten inhaltlichen, konzeptionellen oder normativen Versatzstücken versehen wird, oder das *De-Konstruieren* („rezensierendes Erzählen", „Metanarration"), bei dem ein kritisches Hinterfragen von Erzählungen über die Vergangenheit einsetzt, konnten im Sample nicht beobachtet werden (Pandel 2010, 156–159).

Betrachtet man zunächst die Strukturen der performten Sinnbildungsmuster, wie sie in der Geschichtstheorie bei *Jörn Rüsen* systematisiert wurden (Rüsen 2013, 209–215), um entlang von abstrahierten Idealtypen erkennen zu können, welche Sinnstrukturen die Studierenden ihren Darstellungen der Demokratie eingeschrieben haben, kann gezeigt werden, dass die „genetische Sinnbildung" mit 77,2 % (κ=0,93) in den Essays eindeutig dominiert (Abb. 4). Diese Essays erzählen damit eine Geschichte der Demokratie in Österreich, die eine „zeitliche Dynamik der Veränderung" in den Mittelpunkt stellt und damit die Entwicklungen rund um die Demokratie als einen Prozess des ständigen „Anderswerdens" adressiert (Rüsen 2013, 212–213). *Jörn Rüsen* impliziert in seiner „genetischen Sinnbildung" auch den Zukunftsbezug, der jedoch in der Darstellung der Studierenden so schwach ausgeprägt ist, dass er überhaupt nur in 4,1 % (κ=0,93) der Essays auffindbar war. Dieser Aspekt wurde daher in der hier verwendeten Kategorie „genetisches Erzählen" unberücksichtigt gelassen.

Daneben tritt vor allem die „traditionelle Sinnbildung" in 11,4 % (κ=0,93) der Essays hervor. Mit ihrer Hilfe werden Geschichten über die Entwicklung der Demokratie in Österreich erzählt, die eine stabile Kontinuität bekräftigen, in der kein Wandel existiert (Rüsen 2013, 2010–211). Während eine „kritische Sinnbildung", also ein Modus, der vorhandene Erzählungen destruiert oder dekonstruiert, um eine neue Darstellung einzuführen, im Sample nicht nachweisbar ist, konnte in zwei Essays (2,4 %; κ=0,93) eine „exemplarische Sinnbildung" aufgefunden werden. Bei der exemplarischen Sinnbildung werden mindestens zwei Fälle miteinander verglichen, um „allgemeine Handlungsregeln mit

Sinnbildungsmuster nach Jörn Rüsen

Sinnbildungstyp	%
Genetische Sinnbildung	77,2
Kritische Sinnbildung	0
Exemplarische Sinnbildung	2,4
Traditionale Sinnbildung	11,4
Keine dieser Sinnbildungen erkennbar	8,9

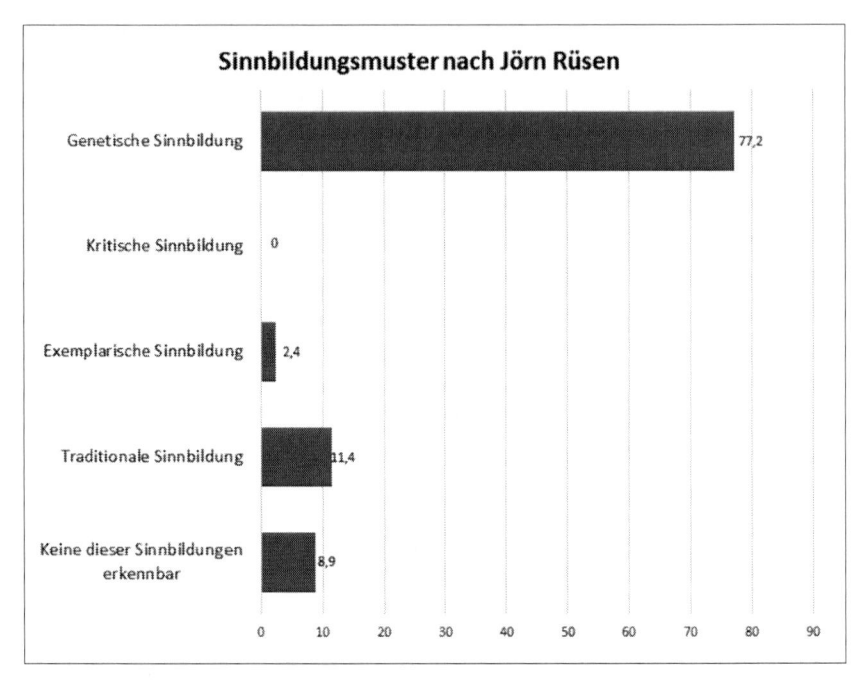

Abb. 4: Sinnbildungsmuster nach Jörn Rüsen in den Essays in % (κ=0,93) (eigene Darstellung)

überzeitlicher Geltung" abzuleiten (Rüsen 2013, 211). Die 8,9 % der Essays, die keinem dieser Sinnbildungsmuster zuzurechnen sind, entziehen sich stark dem Modus des historischen Erzählens, indem sie etwa nur Gegenwartsphänomene thematisieren bzw. in einer Analyse der Gegenwart steckenbleiben.

Stellt man sich die Frage, ob nicht die an Rüsen angelehnten Kategorien zu grob sind, und codiert die Essays mittels der theoretisch verfeinerten Systematik von *Andreas Körber (2013)*, so zeigen sich nur marginale Abweichungen, indem zwei Essays, die zuvor als genetische Sinnbildung erkannt wurden, in diesem System als genesekritisch eingestuft werden.

(b) Konzeptuelle Merkmale

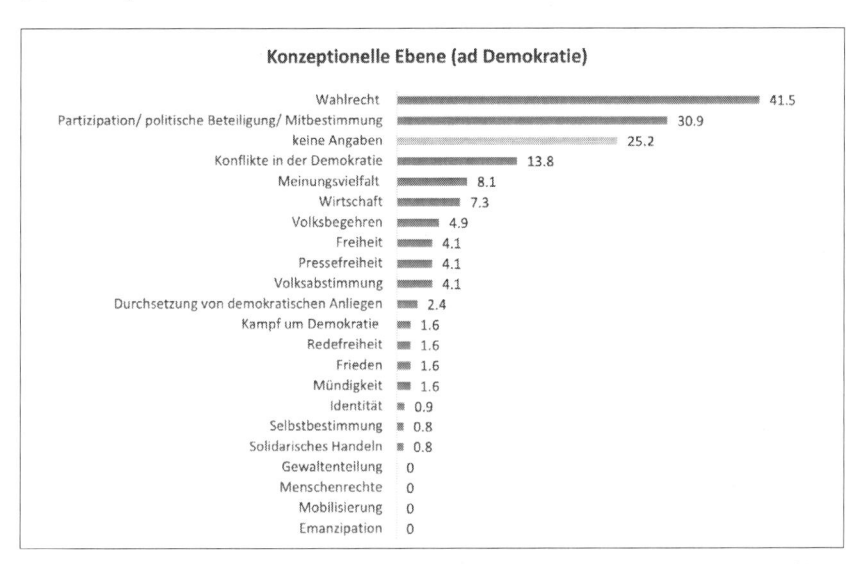

Konzeptionelle Ebene (ad Demokratie)

Konzept	%
Wahlrecht	41.5
Partizipation/ politische Beteiligung/ Mitbestimmung	30.9
keine Angaben	25.2
Konflikte in der Demokratie	13.8
Meinungsvielfalt	8.1
Wirtschaft	7.3
Volksbegehren	4.9
Freiheit	4.1
Pressefreiheit	4.1
Volksabstimmung	4.1
Durchsetzung von demokratischen Anliegen	2.4
Kampf um Demokratie	1.6
Redefreiheit	1.6
Frieden	1.6
Mündigkeit	1.6
Identität	0.9
Selbstbestimmung	0.8
Solidarisches Handeln	0.8
Gewaltenteilung	0
Menschenrechte	0
Mobilisierung	0
Emanzipation	0

Abb. 5: Aktivierung von Konzepten zur Ausdeutung der Demokratie in den Essays in %[21] (eigene Darstellung)

Einen anderen Aspekt der Geschichte der Demokratie stellen Konzepte dar, die für die Darstellung der Vergangenheit aktiviert werden. Bei der Codierung wurde dazu auf in der Geschichtswissenschaft gängige konzeptuelle Zugriffe (Wahlrecht, Partizipation, Emanzipation, Mobilisierung, Durchsetzung etc.) zurückgegriffen (vgl. Barricelli 2018, 32), aber auch Konzepte aus den Essays wurden in Form einer induktiven Erweiterung des Kategoriensets aufgenommen (z. B. Volksabstimmung, Redefreiheit). Dabei war maßgebend, dass diese Konzepte entweder benannt oder auch nur umschrieben werden konnten. So zeigt sich (Abb. 5), dass ein Viertel der Probandinnen und Probanden auf keines der hier angeführten Konzepte zur Beschreibung der Demokratie zurückgreift, während ansonsten Demokratieentwicklung in Österreich über das „Wahlrecht" (41,5 %; κ=1) und Formen der politischen „Partizipation" (30,9 %; κ=0,86) beschrieben wird.

---

21 Die Kappa-Werte für die einzelnen Kategorien dieser Aufstellung variieren zwischen 0,79 und 1.

Jene 13,8 % der Essays, die Konflikte in der Demokratie thematisieren, tun dies, indem sie auf die Auseinandersetzungen zwischen *Republikanischem Schutzbund* und *Heimwehr* in der Ersten Republik verweisen.[22] Nur ganz wenige verweisen im Zusammenhang mit der Entwicklung der Demokratie in Österreich auf Kampf (1,6 %; κ=0,9).

Gerade im Zusammenhang mit dem Wahlrecht, das von 38,7 % (κ=0,9) aller Essays berücksichtigt wurde, zeigt sich eine durchaus differenzierte Wahrnehmung der historischen Entwicklungen seit dem 19. Jahrhundert, die jedoch selbst in Anbetracht der damaligen Regierungsform der Monarchie als Schritte hin zur Demokratie interpretiert werden. Denn während 22,7 % (κ=0,71) auf das Wahlrecht im Allgemeinen eingehen, spezifizieren andere Essays einzelne Etappen seiner Entwicklung. Das Frauenwahlrecht kann dabei mit 26,1 % (κ=1) als am besten eingebunden betrachtet werden (Abb. 6).

Wahlrechtsentwicklung

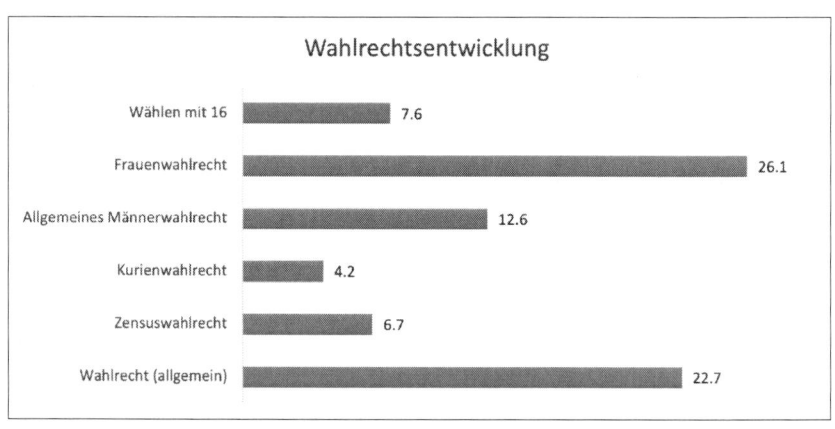

Wählen mit 16	7.6
Frauenwahlrecht	26.1
Allgemeines Männerwahlrecht	12.6
Kurienwahlrecht	4.2
Zensuswahlrecht	6.7
Wahlrecht (allgemein)	22.7

Abb. 6: Einzelnennung des (jeweiligen) Wahlrechts als Konzept in den Essays in %[23] (eigene Darstellung)

---

22 Hierzu gibt es keinen Kappa-Wert, da dieser Bereich induktiv abgeleitet wurde und bei der Kappa-Berechnung nicht zur Verfügung stand. Es gibt jedoch im Rahmen dieser Kategorien keinen Wert, der unter 0,86 liegt.

23 Der Durchschnittskappawert für alle Codes beträgt hier 0,9005 (und reicht von 0,71–1). Hierbei wurden all jene Nennungen berücksichtigt, die sich auf das Konzept des jeweiligen Wahlrechts bezogen. So erklärt sich auch die Abweichung gegenüber den niedrigeren Zahlen zu den verschiedenen Wahlrechtsreformen in der zeitlichen Nennung, da dies seltener stattfand.

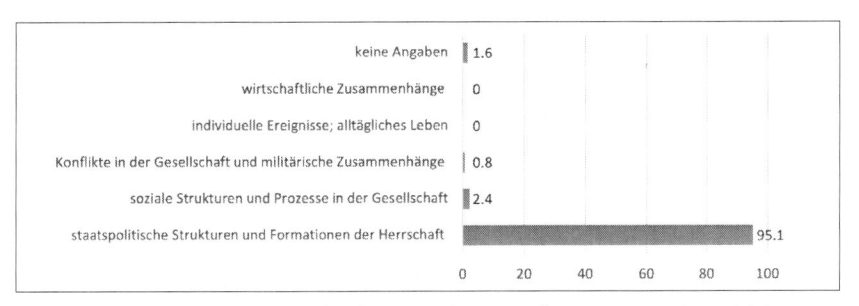

keine Angaben	1.6
wirtschaftliche Zusammenhänge	0
individuelle Ereignisse; alltägliches Leben	0
Konflikte in der Gesellschaft und militärische Zusammenhänge	0.8
soziale Strukturen und Prozesse in der Gesellschaft	2.4
staatspolitische Strukturen und Formationen der Herrschaft	95.1

Abb. 7: Dominanz der historiographischen Ausrichtung in den Essays in % (κ=0,9) (eigene Darstellung)

Auf einer generalisierenden Ebene wurde auch codiert, inwieweit im gesamten Essay eine bestimmte historiographische Ausrichtung dominiert, also inwiefern dieser einer Sozialgeschichte, Kulturgeschichte, Wirtschaftsgeschichte, Konfliktgeschichte oder Staats- und Herrschaftsgeschichte zuzurechnen ist. Dabei zeigte sich ein eindeutiges Bild, wonach staatspolitische Strukturen und Formationen in 95,1 % (κ=0,9) der Essays dominieren (Abb. 7).

(c) Räumliche Merkmale

Wenn auch die Aufgabe darin bestand, die Entwicklung der Demokratie in Österreich darzustellen, so wäre es durchaus möglich gewesen, über strukturelle Vergleiche oder über parallele Entwicklungen auch andere Räume miteinzubeziehen. Dies wurde – bis auf einige wenige Verweise – unterlassen. Österreich und seine Vorgängerstaaten standen ganz zentral im Mittelpunkt der Essays (Abb. 8).

Welche Räume werden herangezogen, um die Entwicklung zu beschreiben?

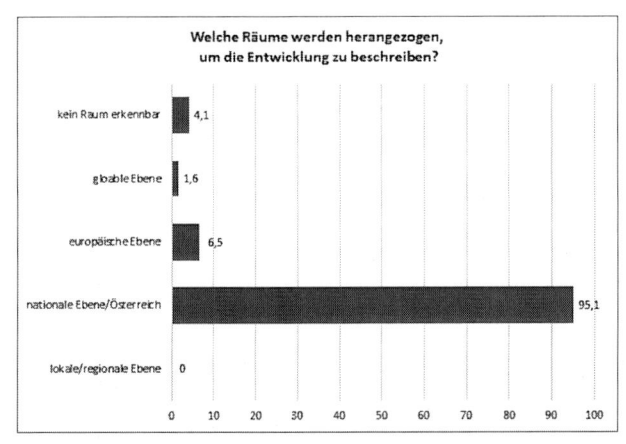

kein Raum erkennbar	4,1
globale Ebene	1,6
europäische Ebene	6,5
nationale Ebene/Österreich	95,1
lokale/regionale Ebene	0

Abb. 8: Prozentanteil der räumlichen Verortung in den Essays (Mehrfachnennungen möglich; κ=0,9) (eigene Darstellung)

(d) Temporale Merkmale

Wie nicht anders erwartet, streut die Darstellung der Geschichte der Demokratie in Österreich durchaus, abhängig davon, ob die griechische Antike als klassisches Modell des ersten dokumentierten demokratischen Systems herangezogen wird, ob und inwieweit verschiedene Herrschaftsformen (auch etwa des Mittelalters) in Abgrenzung zur zeithistorischen Demokratie herangezogen bzw. gesellschaftliche und/oder philosophische Entwicklungsstränge als wirkmächtig in die Darstellung eingewoben werden (z.b. die Aufklärung). Es muss jedoch festgehalten werden, dass in den Essays oftmals explizite Nennungen von historischen Versatzstücken (z.b. Babenberger), deren Zusammenhang jedoch im Unklaren bleibt, oder auch Generalisierungen (z. B. „in der Monarchie"), deren zeitliche Tiefenstruktur und inhaltliche Bedeutung nahezu nicht eingrenzbar sind, das hier vorgestellte Ergebnis mitbestimmen. Nichtsdestotrotz zeugen diese Verweise von kognitiven Verbindungen, die in der Erhebungssituation hergestellt wurden. Für die meisten (37,4 %) beginnt die Demokratiegeschichte in Österreich jedoch mit dem Ende des Ersten Weltkriegs (1918) (Abb. 9). 80,5 % der Essays binden die erste Hälfte des 20. Jahrhunderts, insbesondere die Zeit nach dem Ersten Weltkrieg (ab 1918), in ihre Beschreibungen der Demokratie ein. Die Habsburgerzeit bzw. insbesondere auch das lange 19. Jahrhundert werden dennoch von 23,6 % als Vorgeschichte herangezogen, wobei die Geschichte des Wahlrechtes eine besondere Position einnimmt. Die wachsende Spannung zwischen Neoabsolutismus und demokratischen Elementen im späten Habsburgerreich wird jedoch nicht aufgegriffen, sondern unhinterfragt hingenommen. In Summe kann man jedoch erkennen, dass die Geschichte der Demokratie von den Befragten hauptsächlich im 20. Jahrhundert angesiedelt wird, ergänzt durch Bezüge bis zur Gegenwart herauf (Abb. 10).

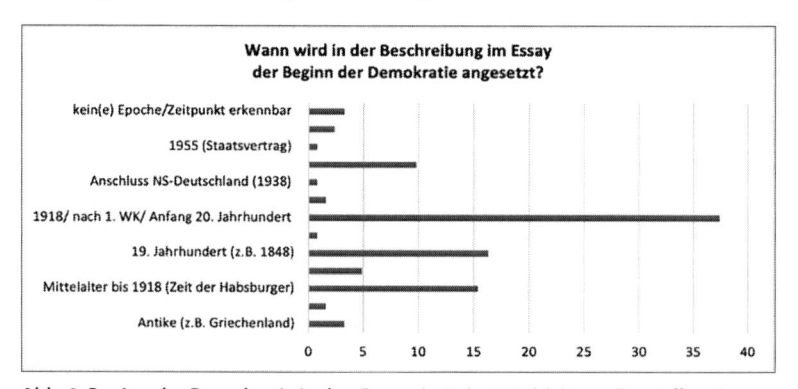

Abb. 9: Beginn der Demokratie in den Essays in % (κ=0,79) (eigene Darstellung)

75

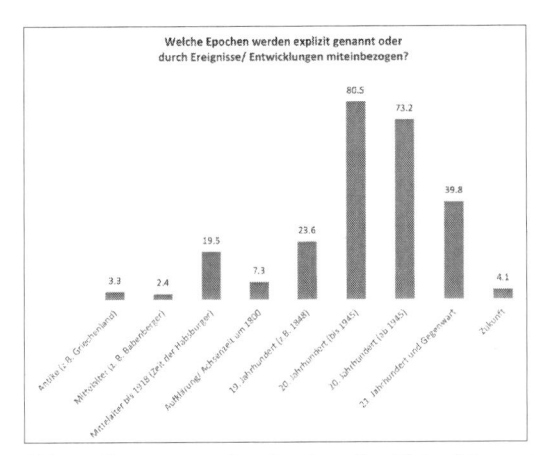

[Bar chart: Welche Epochen werden explizit genannt oder durch Ereignisse/ Entwicklungen miteinbezogen?]

- Antike (z. B. Griechenland): 3,3
- Mittelalter (z. B. Babenberger): 2,4
- Mittelalter bis 1918 (Zeit der Habsburger): 19,5
- Aufklärung/ Absolutismus um 1800: 7,3
- 19. Jahrhundert (z. B. 1848): 23,6
- 20. Jahrhundert (bis 1945): 80,5
- 20. Jahrhundert (ab 1945): 73,2
- 21. Jahrhundert und Gegenwart: 39,8
- Zukunft: 4,1

Abb. 10: Nennung von Epochen bzw. ihre Einbeziehung durch Ereignisse/Entwicklungen in % (Mehrfachnennungen möglich; Durchschnittskappawert für alle Kategorien lag bei κ=0,89 (mit Varianz von 0,72 bis 1) (eigene Darstellung)

[Bar chart: Welche handelnden Menschen oder Gruppierungen treten in der Beschreibung auf?]

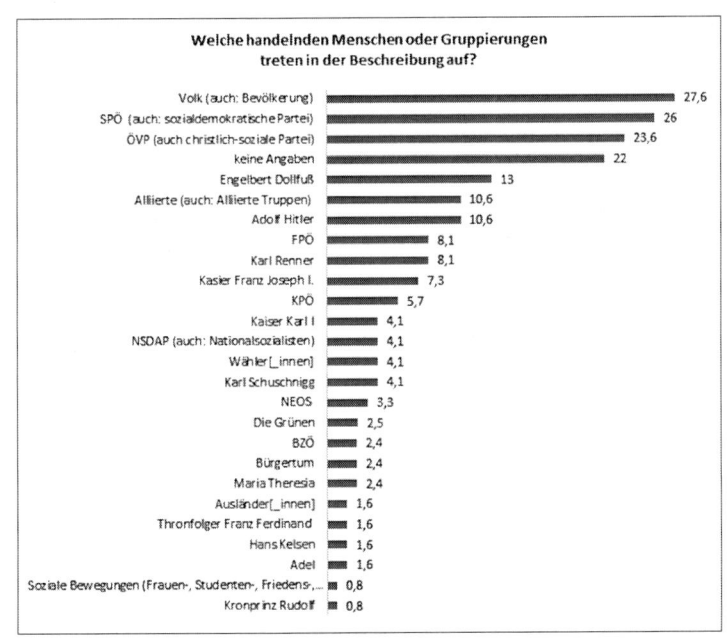

- Volk (auch: Bevölkerung): 27,6
- SPÖ (auch: sozialdemokratische Partei): 26
- ÖVP (auch christlich-soziale Partei): 23,6
- keine Angaben: 22
- Engelbert Dollfuß: 13
- Alliierte (auch: Alliierte Truppen): 10,6
- Adolf Hitler: 10,6
- FPÖ: 8,1
- Karl Renner: 8,1
- Kaiser Franz Joseph I.: 7,3
- KPÖ: 5,7
- Kaiser Karl I: 4,1
- NSDAP (auch: Nationalsozialisten): 4,1
- Wähler[_innen]: 4,1
- Karl Schuschnigg: 4,1
- NEOS: 3,3
- Die Grünen: 2,5
- BZÖ: 2,4
- Bürgertum: 2,4
- Maria Theresia: 2,4
- Ausländer[_innen]: 1,6
- Thronfolger Franz Ferdinand: 1,6
- Hans Kelsen: 1,6
- Adel: 1,6
- Soziale Bewegungen (Frauen-, Studenten-, Friedens-,...): 0,8
- Kronprinz Rudolf: 0,8

Abb. 11: Handelnde in den Essays in %[24] (eigene Darstellung)

---

24 Diese Aufstellung beruht auf einer induktiven Auszählung ohne die Berechnung des Kappa-Werts.

(e) Involvierte menschliche Kräfte

Da die Entwicklung der Demokratie in Österreich in 95,1 % der Essays mit einem eindeutigen Hauptfokus auf staatspolitische Strukturen bzw. Formationen der Herrschaft dargestellt wird,[25] die Darstellungen also einer alten Herrschaftsgeschichtsschreibung folgen, verwundert es kaum, dass damit konkrete Menschen oder andere potenziell handelnde Gruppierungen in den Hintergrund treten. 22 % der Essays verzichten in ihren Darstellungen überhaupt auf Handelnde. Dem älteren Paradigma einer Herrschaftsgeschichte folgend treten neben dem „Volk" vor allem Parteien („SPÖ", „ÖVP") in circa je einem Viertel der Essays als Handelnde auf. Alle anderen Gruppen oder Personen liegen jeweils nahezu unter 10 %. Außer *Maria Theresia* ist zudem keine einzige weibliche Herrschaftsfigur bzw. Politikerin auszumachen. Es sind vielmehr die negativen Folien der Demokratie, die über konkrete Personen wie *Dollfuß* oder *Hitler* aktiviert werden (Abb. 11).

6. Systemische Einordnung und Ausblick

Wie sich bei den Analysen der Essays zeigte, werden keine konkurrierenden Geschichten über die Entwicklung der Demokratie in Österreich erzählt. Es hat vielmehr den Anschein, dass ad hoc verfügbare Vorstellungen von zeitlichen Verläufen und Entwicklungen ganz grundlegend von einem engen herrschaftsgeschichtlichen Narrativ geprägt sind, welches staatliche Strukturen, gesetzliche Normen und Formen der Machtausübung in den Mittelpunkt stellt. Demokratie erscheint darin einerseits als Herrschaftsform, die es von anderen abzugrenzen gilt (Monarchie, Diktatur), und andererseits als nahezu menschenleeres Gebilde, wenn Wandel hauptsächlich über Abstrakta (Rechte, Reformen, Strukturen) erzählt wird. Was dazu vorliegt, sind sachlich gehaltene Rückschauen auf Entwicklungen, die aus dem Heute heraus konstatiert werden und nur allzu oft unsere Gegenwart in der Darstellung gar nicht erreichen.

Warum die Entwicklungen auf diese Art erzählt werden, kann auf ein ziemlich dominantes *master narrative* zurückgeführt werden, das in der Schule positioniert wird und auch von der Geschichtswissenschaft – insbesondere in Österreich – nicht grundlegend infrage gestellt oder aktualisiert wird. Demokratie

---

[25] Daneben konnte eine Sozial- oder Strukturgeschichte (2,4 %) sowie eine Konflikt-/Militärgeschichte (0,8 %) codiert werden. Eine Wirtschaftsgeschichte oder Kulturgeschichte (individuelle Ereignisse; alltägliches Leben) konnten nicht identifiziert werden. 1,6 % der Essays waren nicht zuordenbar.

verkommt in dieser Erzählung, die vor allem die Abfolge von Herrschaftsformen behandelt, tendenziell zu einer wenig eindeutigen Nebensache. Damit ist es also angezeigt, dass sich der Geschichtsunterricht und auch die Geschichtswissenschaft in Österreich um eine differenziertere Entwicklungsgeschichte der Demokratie bemühen (Parlamentsdirektion 2019; Häusler 2017; Rathkolb 2017). Dabei sollte man durchaus mit Anerkennung auf den bundesdeutschen Diskurs schauen, da es in Deutschland eine weit differenziertere Aufarbeitung der Entwicklungen gibt als in Österreich (vgl. Richter 2020; Daniel 2020; Raphael 2013; Kämper/Haslinger 2014; Nolte 2012). Es geht in Zukunft um eine konzeptuelle Schärfung des Demokratiebegriffs (Gleichheit, Freiheit, Gerechtigkeit usw.), aber vor allem auch um soziale Praktiken der Demokratie, über die Menschen zurück in die abstrakten, oft menschenleeren Strukturen geholt werden können (Meinungsaustausch, Parteischulen, Vereine, Stammtische, Formen des Meinungsausgleiches, des Kompromisses, der Provokation etc.), wodurch sich das politische Projekt der Demokratie von einer sperrigen und blutleeren Herrschaftsgeschichte befreien könnte zugunsten einer stärkeren Hinwendung zu einer Kulturgeschichte der Emotionen, der Symbole, der Aufmerksamkeitsregime, der Praktiken, der Diversität etc. Dass die Demokratiegeschichte dabei nach wie vor als nationale Nabelschau ohne transkulturelle, internationale oder globale Vernetzung erzählt wird, deutet zudem darauf hin, dass trotz der Diskussionen über einen kritischen Ethnozentrismus in der Geschichtswissenschaft die Wahrnehmung der Demokratie in einem nationalen Container gefangen ist, wobei auch die lokale und die regionale Ebene ignoriert werden, die ebenso wie unterschiedliche im Diskurs unterrepräsentierte Gruppen (Frauen, Jugendliche, Menschen mit Behinderung, Menschen mit Migrationshintergrund etc.) verstärkt in die Erzählungen zu integrieren wären (Richter 2020, 10–16).

Aus der Perspektive der *Digital Humanities* kann der hier unternommene Versuch, einer geschichtsdidaktischen Fragestellung mit gängigen Programmen des *data mining* nachzugehen, als durchaus brauchbar eingestuft werden. Es könnten jedoch noch weit breitere Datenmengen befragt werden und mit unterschiedlichsten Essays – etwa von Historikerinnen und Historikern oder anderen gesellschaftlichen Gruppen – leicht verglichen werden, um so *big data* zu berücksichtigen. Gleichwohl wird man damit die feinschnittigeren inhaltsanalytischen Zugänge nicht *ad acta* legen können, durch die wichtige Erkenntnisse gewonnen werden können, die gängige Programme noch nicht darstellen können. Spekuliert man über die Zukunft derartiger Programme oder spezifischer Modellierungen, wird es wohl darauf ankommen, nicht einzelne Programme für bestimmte Forschungsfragen als Insellösungen zu entwickeln, sondern

Programme, die ähnliche Herausforderungen für vergleichbare Fragestellungen aus unterschiedlichsten Fachrichtungen automatisiert und analytisch meistern. Es sind aber sicherlich noch weit mehr experimentelle Untersuchungen in der Geschichtsdidaktik und in den Nachbarwissenschaften der Geistes- und Kulturwissenschaften notwendig, um gemeinsam dorthin zu gelangen und dafür notwendige Bedarfe zu kennen.

Literatur

BARRICELLI, Michele (2018): Demokratiegeschichte als Lerngeschichte. Zu einem vernachlässigten Zweig der historisch-politischen Bildung. In: Parak, Michael (Hg.); Demokratiegeschichte als Beitrag zur Demokratiestärkung. Berlin, S. 29–41.

DANIEL, Ute (2020): Postheroische Demokratiegeschichte. Hamburg.

DRÖGE, Martin (2020): Text Mining im Fach Geschichte in der Hochschullehre. Frankfurt/M.

HÄUSLER, Wolfgang (2017): Ideen können nicht erschossen werden. Revolution und Demokratie 1789 – 1848 – 1918. Wien.

JARAUSCH, Konrad H./Sabrow, Martin (2002): „Meistererzählung". Zur Karriere eines Begriff In: Die (Hg.): Die historische Meistererzählung. Deutungslinien der deutschen Nationalgeschichte nach 1945. Göttingen, S. 9–31.

KÄMPER, Heidrun/Haslinger, Peter (Hg.) (2014): Demokratiegeschichte als Zäsurgeschichte. Diskurse der frühen Weimarer Republik. Göttingen.

KARL, Kristina/Kühberger, Christoph (2020): Perspektivische Einseitigkeit. Zu Wahrnehmung und Versprachlichung in historischen Darstellungen von Studienanfänger/innen. In: Sandkühler, Thomas/Bernhard, Bernhard (Hg.): Sprache(n) des Geschichtsunterrichts. Sprachliche Vielfalt und Historisches Lernen (Beihefte zur Zeitschrift für Geschichtsdidaktik, Bd. 21). Göttingen, S. 297–310.

KÖRBER, Andreas (2013): Historische Sinnbildungstypen. Weitere Differenzierung. – URL: https://www.pedocde/volltexte/2013/7264/pdf/Koerber_2013_Sinnbildungen_Differenzierung.pdf (aufgerufen am 25.8.2022).

KUCKATZ, Udo (2016) Qualitative Inhaltsanalyse. Methoden, Praxis, Computerunterstützung. Weinheim.

KÜHBERGER, Christoph (Hg.) (2013): Geschichte denken. Zum Umgang mit Geschichte und Vergangenheit von Schüler/innen der Sekundarstufe I am Beispiel „Spielfilm". Empirische Befunde – Diagnostische Tools – Methodische Hinweise. Innsbruck.

KÜHBERGER, Christoph/Bramann, Christoph/Meuers, Detmar/Weiß, Zarah (2019): Task Complexity in History Textbooks. A multidisciplinary Case Study on Triangulation in History Education Research. In: History Education Research Journal (HERJ), 1/2019/16 (=Mixed Methods and Triangulation in History Education Research), S. 140–157.

KÜHNER, Janina (2017): Fachdidaktisches Essay. Beispielhafte Konzeption einer Literaturunterrichtseinheit mit Voyant. In: Skriptum 6 (2017) 1, S. 41–57, 50. URL: http://www.skriptumgeschichte.de/fileadmin/user_upload/Ausgaben/2017/Heft_1 (aufgerufen am 27.11.2020).

NOLTE, Paul (2012): Was ist Demokratie? Geschichte und Gegenwart. München.

PANDEL, Hans-Jürgen (2010): Historisches Erzählen. Narrativität im Geschichtsunterricht. Schwalbach/Ts.

PARLAMENTSDIREKTION (Hg.) (2019): Umbruch und Aufbruch. Parlamentarische Demokratie in Österreich. Wien.

RAPHAEL, Lutz (2013): Demokratiegeschichte als Problemgeschichte und Gegenwartsanalyse. Das Werk Pierre Rosanvallons. In: Neue Politische Literatur 58 (2013), S. 7–20.

RATHKOLB, Oliver (22017) Demokratiegeschichte Österreichs im europäischen Kontext. In: Helms, Ludger/Wineroither, David M. (Hg.): Die österreichische Demokratie im Vergleich. Baden-Baden, S. 71–103.

RICHTER, Hedwig (22020): Demokratie. Eine deutsche Affäre. Vom 18. Jahrhundert bis zur Gegenwart. München.

RÜSEN, Jörn (2013): Historik. Theorie der Geschichtswissenschaft. Köln.

SCHÖCH, Christoph (2017): Qualitative Analyse. In: Jannidis, Fotis u. a. (Hg.): Digital Humanities. Eine Einführung, Stuttgart, S. 279–298.

SINCLAIR, Stéfan/Rockwell, Geoffrey (2020): Terms. Voyant Tools 2020, URL: https://voyant-toolorg/?corpus=381a0f3490f3e6bfef21fe5563d4329f&view=CorpusTerms (aufgerufen am 18.11.2020).

TRAUTWEIN, Ulrich u. a. (2017): Kompetenzen historischen Denkens erfassen. Konzeption, Operationalisierung und Befunde des Projektes „Historical Thinking in History" (HiTCH). Münster.

Bildnachweis:

Alle Tabellen und Abbildungen sind eigene Darstellungen des Autors, basierend auf Daten aus der im Text erwähnten anonymen schriftlichen Befragung von Lehramtsstudierenden des Fachs „Geschichte und Sozialkunde/Politische Bildung" an der Universität Salzburg vom Wintersemester 2020/21.

ALEXANDRA KREBS

Minimalist*innen und Engagierte, Planer*innen und Journalists

Einblicke in KI-basierte Forschungsmethoden aus geschichtsdidaktischer Perspektive

1. Einleitung

„Während sich [im Zeitalter der Digitalität, A. K.] die Forschungsfelder und damit auch die methodischen Herausforderungen massiv erhöht haben, erscheint die Entwicklung im Bereich der digitalen Methoden in der Wissenschaft deutlich schwerfälliger. Zumeist werden klassische sozialwissenschaftliche Methoden auf die digitalen Umwelten appliziert, häufig aber können diese den digitalen Phänomenen entweder nicht gerecht werden, oder werden von den technisch-medialen Entwicklungen eingeholt" (Thimm/Nehls 2019, 973–974).

Diese von Thimm und Nehls bereits 2019 beschriebene, grundsätzliche Herausforderung, in Zeiten des digitalen Wandels geeignete digitale Forschungsmethoden zu entwickeln und anzuwenden, um selbigen überhaupt untersuchen zu können, lässt sich gleichfalls für die geschichtsdidaktische Forschung über digitale Lernsettings konstatieren. Die einzelnen Beiträge dieses Bandes zeigen exemplarisch sowohl die Notwendigkeit als auch die Potenziale und Herausforderungen digitalen historischen Lernens, sie machen zugleich aber ein Forschungsdesiderat sichtbar, nämlich, dass wir noch viel zu wenig darüber wissen, wie digitale Angebote genutzt werden und historische Lernprozesse dabei ablaufen. Es ist daher notwendig zu diskutieren, welche Forschungsmethoden hierfür geeignet sind und inwieweit diese durch Methoden der ‚Digitalforschung' – auch aus anderen Disziplinen – erweitert werden können bzw. müssen, um den digitalen Wandlungsprozessen und Gegenständen gerecht zu werden. Ebenso zeigt sich in diesem Band, dass teilweise durchaus auf ‚klassische Methoden', wie z. B. Interviews und Videographie, zurückgegriffen werden kann, die sich in der Geschichtsdidaktik weitgehende etabliert haben. Darüber hinaus liegen bereits einige Studien vor (siehe z. B. Kühberger i. d. Bd.), die etwa Textmining einsetzen und zeigen, inwieweit solche Verfahrung auch für die Geschichtsdidaktik hilfreich sein können, bzw. worin die Grenzen dieses Ansatzes liegen können. Neue, digitale und daher vermeintlich ‚innovative' Methoden, führen nämlich nicht zwangsläufig zu neuen Erkenntnissen. Es gilt vielmehr stets abzuwägen, inwieweit diese digitalen Methoden für die jeweilige Forschungsfrage und den Forschungsgegenstand bzw. die erhobenen Daten angemessen sind und inwieweit sie sich ggf. mit weiteren, eher ‚klassischen' Methoden kombinieren und ergänzen lassen.

Dieser Beitrag stellt daher am Beispiel eines kleinen Ausschnittes aus der empirischen Studie zur Nutzung *App in die Geschichte* die Analyse von Logfiles mithilfe von Machine Learning Algorithmen (genauer: *k-Means Clustering*) zur Diskussion. Dieses Vorgehen stellt gewissermaßen eine „relativ neuartige Methode der Datengewinnung und Datenanalyse" dar (Schmitz/Yanenko 2019, 991).

Im Folgenden wird zunächst ein kurzer Überblick zum Forschungsstand geliefert, danach werden zentrale Begriffe, wie Logfiles, Machine Learning, Unsupervised Learning und Clustering erläutert und im Hinblick auf die App-Studie ausdifferenziert. Ein abschließender Einblick in einen Teil der Forschungsergebnisse ermöglicht, Chancen und Herausforderungen des angewandten Clustering-Verfahrens zu reflektieren und hierdurch grundsätzliche Rückschlüsse auch für weitere Studien zu ziehen.

2. Logfiles

Wie lassen sich historische Lernprozesse in digitalen Settings überhaupt untersuchen? Manche Studien nutzen z. B. Fragebögen oder Interviews, in denen die Teilnehmenden von ihren Erfahrungen und den Lernprozessen berichten. Beispiele hierfür sind u. a. die Studien von Bettina Alavi und Marcel Schäfer (2010) oder auch Sam Wineburg (2019), genauso wie von Elena Levers in diesem Band. Darüber hinaus kann die Nutzung digitaler Angebote auch mittels Videographie dokumentiert und danach analysiert werden. Ein solches Vorgehen wendet z. B. auch Lena Liebern in ihrer Studie an, die ebenfalls in diesem Band vorgestellt wird.

Nachteile dieser Vorgehensweisen der Datenerhebung sind vor allem, dass sie entweder erst im Nachhinein über die Erinnerung der Probandinnen und Probanden entstehen und dass eine künstliche Laborsituation geschaffen werden muss, durch welche die Teilnehmenden ggf. beeinflusst werden können (man spricht hier von der sogenannten Reaktivität[1]). Dabei bieten jedoch gerade digitale Lernsettings die Möglichkeit, Daten zu erheben, die bereits während der Nutzung – oftmals automatisiert – entstehen und nicht einmal eine physische Anwesenheit der Forschenden benötigen. In der App-Studie sind dies sowohl Logfiles als auch die digitalen Produkte, welche die Lernende als (Teil-)Ergebnisse in der App gemeinsam entwickeln (s.u.).

Logfiles sind eine Art Protokoll, welches über ein Tracking automatisiert das Nutzungsverhalten z. B. auf Webseiten dokumentiert:

„Die Aktivitäten der Nutzer lassen sich dabei mit relativ einfachen Mitteln nachverfolgen („tracken"), da beim Anklicken von Links Log-Files [...] entstehen, die vom Seitenbetreiber ausgelesen werden können. [...] Diese auf Datenanalysen basierenden Prozesse werden von allen professionellen Seitenbetreibern genutzt, um u. a. die Verweildauer und das Nutzungsverhalten der Seitenbesucher zu erheben. Daraus lassen sich sowohl Nutzungsmuster erstellen, die für Marktforschungszwecke relevant sind, als auch Frequenzanalysen, die für die Platzierung von Werbung ausschlaggebend sind. Ohne gesicherte Daten, welche die Attraktivität einer Seite belegen, lässt sich keine Werbestrategie für eine Website entwickeln" (Thimm/Nehls 2019, 980).

Marktforschung bzw. Platzierung von Werbung sind zwar für die Geschichtsdidaktik nicht von Interesse, dennoch lassen sich solche Daten und Analysemethoden durchaus adaptieren, da z.B. bestimmte Nutzungsmuster digitaler, geschichtsdidaktischer Angebote, Aussagen über historisches Lernen ermöglichen können, wie im Folgenden am Beispiel der App-Studie noch gezeigt wird.

Vorteile dieser Form der Datenerhebung als auch der Datentypen sind, dass diese weniger reaktiv bzw. nicht-obstrusiv sind, da nicht eigens eine Laborsituation geschaffen werden muss (Schmitz/Yanenko 2019, 996). Zudem ist aufgrund „der starken Automatisierbarkeit des Datenerhebungsprozesses [...] die Reliabilität der Daten im Vergleich zu Befragungen höher einzustufen" und zugleich kostengünstig und effizient, „da bei minimalem Personal- und Zeitaufwand massenhaft Daten aufgezeichnet werden können" (ebd.).

---

[1] Darunter versteht man oftmals eine Änderung oder Anpassung des Verhaltens durch das Wissen, beobachtet zu werden: Reaktivität „besteht darin, dass der Befragte unzutreffende Angaben macht, weil er nicht zugeben möchte, dass er etwas nicht weiß oder dass er keine Meinung hat (z. B. bei der Beurteilung eines Politikers). Auch durch Tendenzen der sozialen Erwünschtheit können unwahre Daten entstehen (z. B. bei der Beantwortung von Verhaltensfragen wie zu Mülltrennung oder Fernsehkonsum)" (Lück/Landrock 2019, 404).

Problematisch für geschichtsdidaktische Studien kann jedoch sein, dass Logfile-Daten nicht unbedingt jene Variablen umfassen, die für die Fragestellungen relevant bzw. nicht spezifisch daran ausgerichtet sind. Oder grundsätzlicher formuliert: Solche Daten „entstammen […] nicht-operationalisierten Konstrukten und decken damit nicht automatisch diejenigen Bereiche ab, die von theoretischem Interesse sind" (Jansen u.a. 2009, zit. n. Schmitz/Yanenko 2019, 996). Daher kann die Validität von Logfiles, z. B. im Vergleich zu Befragungen und Interviews geringer sein. Diese Herausforderungen sollten daher bei der Arbeit mit Logfiles immer mitreflektiert werden.

Geschichtsdidaktische Studien, welche Logfiles nutzen, finden sich bisher nur vereinzelt. Astrid Schwabe (2012) untersuchte etwa die Besuche auf den Seiten des virtuellen Museums *Vimu*. Sie konnte hierdurch sechs unterschiedliche Typen identifizieren: „Passanten und Passantinnen", „Suchende (lexikalisch)" und „Suchende (enzyklopädisch)", „Flanierende", „Interessierte" sowie „Forschende" (ebd., 407–410). Genauso erhob Jan Hodel (2013) in seiner Studie über den Umgang mit Narrationen im Netz zur Vorbereitung für Referate im Geschichtsunterricht u.a. Logfiles, um danach zu beschreiben, auf welche Seiten die Lernenden zurückgriffen (ebd., 157). Martin Lücke und Peter Gautschi (2018) verwendeten zudem Logfiles, um Aussagen über die Nutzung ihrer App „Fliehen vor dem Holocaust" treffen zu können (ebd., 468–469). Sie konnten dadurch zeigen, dass „große individuelle Unterschiede im Nutzer*innenverhalten erkennbar sind". Dabei blieb jedoch u.a. weitgehend unklar, welche „Faktoren dieses Nutzer*innenverhalten beeinflussen" (ebd., 479). Hier wird teilweise deutlich, dass in diesen Studien die erhobenen Logfiles bzw. Userinnen- und User-Daten meist nicht mit weiteren Methoden analysiert wurden, sondern vor allem deskriptiv beschrieben und daraus Rückschlüsse gezogen sowie mögliche Interpretationen abgeleitet wurden. Eine große Herausforderung kann nämlich darin liegen, dass die Datensätze komplex und sehr umfangreich sein können, da in Logfiles, nicht nur jeder Klick, sondern u. a. auch Aufenthaltsdauer und Verläufe miterhoben werden, sodass auf den ersten Blick darin nicht ohne Weiteres distinkte Strukturen oder Zusammenhänge sichtbar werden. Beispiele, wie solche Daten tiefergehend analysiert werden können, finden sich dagegen in anderen Disziplinen. Hierbei werden vor allem KI-basierte Clustering Algorithmen eingesetzt, die als eine Form des *Unsupervised Learning* zum größeren Feld des *Machine Learnings* gehören. Im Folgenden werden daher zunächst diese Begriffe und Forschungsmethoden grundsätzlich erläutert und im Hinblick auf Studien anderer Disziplinen konkretisiert, sodass diese am Beispiel der Studie zur *App in die Geschichte* auch für die Geschichtsdidaktik fruchtbar gemacht werden können.

3. Machine Learning, Unsupervised Learning, Clustering

Was bedeutet zunächst aber künstliche Intelligenz (KI) bzw. Machine Learning? KI kann als ein Verfahren charakterisiert werden, in welchem Computern das „Denken" beigebracht wird. KI lässt sich als Versuch definieren, „normalerweise von Menschen erledigte geistige Aufgaben automatisiert zu lösen" (Chollet 2018, 22). Machine Learning ist hiervon ein Teilgebiet und bezeichnet „die Anwendung und Wissenschaft von Algorithmen, die den Sinn von Daten erkennen können" (Raschka 2021). Machine Learning Anwendungen arbeiten so mit KI, dass Computer, ohne dafür explizit programmiert zu werden, anhand von Daten lernen, Muster in Datensätzen zu erkennen oder neue Daten „vorherzusagen" (Jurczyk 2021). Größter Vorteil ist hierbei, dass Forschende vor allem in komplexen und großen Datensätzen Regeln und Ableitungen nicht mehr manuell herleiten müssen und das Verfahren somit eine besonders „effiziente Alternative zur Erfassung des in den Daten enthaltenen Wissens" darstellt (Raschka 2021, 29–30).

Grundsätzlich wird beim Machine Learning (vgl. Abb. 1) vor allem zwischen überwachtem (Supervised Learning) und unüberwachtem Lernen (Unsupervised Learning) unterschieden (neben weiteren Formen, wie etwa dem Reinforcement Learning):

- Supervised Learning zielt darauf ab, einen Machine Learning Algorithmus anhand bereits „gelabelter" Daten (d. h. ausgewerteter Daten) so zu trainieren, dass dieser Regeln findet, um eigenständig (neue) Daten, die noch nicht ausgewertet wurden, zu analysieren und entsprechend einzuordnen. Eine typische Supervised Machine Learning Anwendung ist etwa die automatisierte Unterscheidung regulärer E-Mails von Spam-Mails (Jurczyk 2021). Spam-Filter funktionieren so, dass bereits ein Datensatz von E-Mails vorliegt, von denen ein Teil als Spam und ein Teil als reguläre Mails gelabelt ist. Der KI-Agent hat dabei Zugang zu diesen Labels, die er verwenden kann, um seine Leistung bei der Unterscheidung der E-Mails zu verbessern (Patel 2019). Die Forschenden überprüfen, inwieweit der Algorithmus einen geeigneten Weg findet, anhand der Beispiel-Daten Regeln für typische Spam-Mails zu identifizieren, sodass er das Verfahren auf weitere, nicht gelabelte Daten anwenden kann.
- Beim Unsupervised Learning kennen die Forschenden dagegen die Ergebnisse der Analyse noch nicht. Das heißt der Datensatz ist noch nicht gelabelt bzw. ausgewertet. Der Algorithmus zielt daher darauf ab, mögliche, bisher unbekannte Strukturen in den Daten zu erkennen. Ein aktuell sehr prominentes Beispiel solcher Verfahren sind sogenannte Large Language Models, wozu z. B. auch *ChatGPT* zählt. Dieses Sprachmodell wurde an-

hand von einer sehr großen Menge nicht gelabelten Texts, also Beispiele natürlicher Sprache, auf der Basis von Übergangswahrscheinlichkeiten so trainiert, dass das Modell – mittlerweile auch immer besser – teilweise sehr überzeugende, menschlich anmutende Texte in Dialog-Form mit den Nutzenden produzieren kann (Ouyang u.a. 2022, Krebs 2024b).

Supervised Learning (Überwachtes Lernen)	➢ gelabelte Daten ➢ Regeln ableiten ➢ Feedback & Korrektur ➢ Vorhersage/ Anwendung auf ungelabelte Daten
Unsupervised Learning (Unüberwachtes Lernen)	➢ ungelabelte Daten ➢ kein Feedback ➢ Muster & Strukturen erkennen

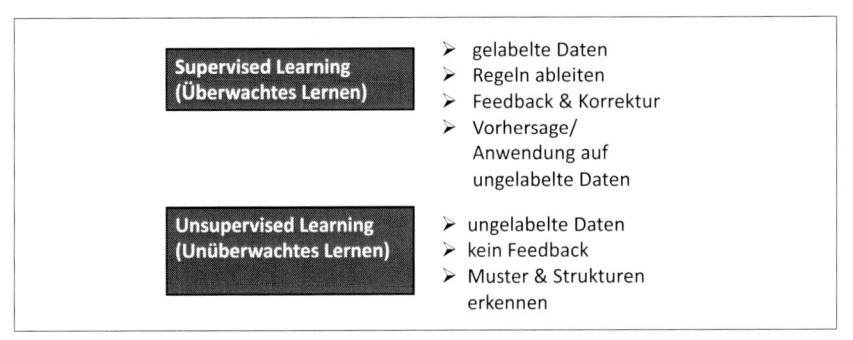

Abb. 1: Übersicht Machine Learning Anwendungen (eigene Darstellung)

Ebenso kann Unsupervised Learning dazu genutzt werden, Strukturen in Daten zu identifizieren und sie entsprechend in sogenannte Cluster zu gruppieren, weshalb dieses Vorgehen Clustering genannt wird. Grundsätzlich werden dabei in mehrstufigen Verfahren, bei welchen verschiedene (Hyper-)Parameter auszuwählen und einzustellen sind, Gruppen von ähnlichen Daten erstellt. In einem weiteren Schritt können dann Regeln bzw. Erklärungen für die Zuordnung der Daten von den Forschenden gefunden werden, die sie z. B. als Typen interpretieren.

Beispiele für die Anwendung von Unsupervised Learning in geschichtsdidaktischen Studien liegen bislang nicht vor. Allerdings finden sich in anderen Forschungsfeldern zahlreiche Beispiele, welche Clustering vor allem für die Analyse und Interpretation von Logfile-Daten nutzen, um z. B. Aussagen über Nutzungsverhalten auf Webseiten treffen zu können. Für die App-Studie waren diese Beispiele hilfreich, um sowohl das Studien-Design als auch die verschiedenen Forschungsmethoden auszuwählen.

So untersuchten beispielsweise Johann Füller u. a. (2014) das Verhalten von Nutzerinnen und Nutzern auf einer Webseite, auf welcher diese an einem Design-Wettbewerb teilnahmen und dabei gemeinsam Ideen, Kommentare und Feedback für das Design neuer Schmuckstücke teilten und entwickelten (ebd., 278–279). Die Forschenden erhoben sowohl qualitative (2936 online Kommentare) als auch quantitative Daten (Logfiles von 1127 Nutzerinnen und Nutzern) (ebd., 283). Diese analysierten sie u. a. mithilfe der qualitativen

Inhaltsanalyse als auch des sogenannten k-Means Clustering-Verfahrens. Bei letzterem handelt es sich um einen Algorithmus, welcher dem Unsupervised Learning zuzuordnen ist und später noch detailliert erläutert wird. Anhand dieses Mixed-Method Design gelang es dem Forschungsteam verschiedene Nutzerinnen- und Nutzer-Typen der Webseite zu identifizieren: „socializer, idea generator, master, efficient contributor, passive idea generator, and passive commentator" (ebd., 287), die Rückschlüsse über das Verhalten und die soziale Struktur von online Communities und deren spezifischen Nutzerinnen- und Nutzer-Rollen liefern können.

Diese Studie zeigt exemplarisch, wie Clustering dazu beitragen kann, Verhalten auf Webseiten auf der Basis von Logfile-Daten zu analysieren und so Typisierungen herauszuarbeiten sowie Strategien zu entwickeln, um z. B. den Austausch der Userinnen und Usern in online Foren zu verbessern. Hilfreich ist diese Studie forschungsmethodisch auch deshalb, da sie neben den Logfile-Daten auch qualitative Daten sowie deren Analyse miteinbezieht. Für die Studie zur *App in die Geschichte* lässt sich daher dieses Vorgehen teilweise adaptieren.

4. Studie zur App-Nutzung

Die Studie zur App ist Teil des Promotionsprojektes der Autorin über die Entwicklung und Erforschung der *App in die Geschichte*, welches sie an der Universität Paderborn in Kooperation QUA-LiS NRW und dem Hauptarchiv der v. Boldeschwinghschen Stiftungen Bethel in Bielefeld durchgeführt hat.[2] Die App ist eine browserbasierte, modulare Lernplattform. Ihr Lernkonzept orientiert sich an Jörn Rüsens disziplinärer Matrix (Rüsen 1983, 24–32) sowie am FUER-Kompetenzmodell mit Schwerpunkt auf den Bereich der Re-Konstruktionskompetenz (Körber u. a. 2007). Konkret bedeutet dies, dass die Lernenden in der App eigene historische Fragestellungen entwickeln, hierfür historische Quellen auswählen, diese analysieren und interpretieren, um letztlich eine eigene historische Erzählung als Ergebnis ihrer Forschung in der App zu entwickeln und diese im Klassenzimmer zur Diskussion zu stellen.

Die Plattform stellt hierzu verschiedenen Tools zur Verfügung, die den Lern- und Forschungsprozess strukturieren und unterstützen: Das Forschungslogbuch beinhaltet Arbeitsaufträge für die einzelnen Schritte (Vorüberlegun-

---

[2] Die Publikation zum gesamten Projekt und der Studie findet sich bei Krebs 2024. Eine Beschreibung des Projektablaufs sowie der Zusammenarbeit der Institutionen wird zudem bei Krebs 2022 erläutert.

gen, Planungen, Recherche, Auswertung und Ergebnis) jeweils mit Textfeldern, um gemeinsam Notizen zu sammeln und erste Textelemente zu verfassen. Das digitale Archiv besteht aus digitalisierten Archiv-Dokumenten, die ähnlich dem Archiv vor Ort nach Signaturen strukturiert sind. Es sind jeweils Akten in Gänze enthalten, sodass die Forschenden diese nach für sie geeigneten Quellen selbst durchsuchen müssen. Werden sie fündig, können sie ihre Auswahl in eine digitale Merkliste überführen und mit dieser in der Zeitleiste weiterarbeiten. Darin ordnen sie die ausgewählten Quellen chronologisch an und ergänzen sie mit weiteren Informationen sowie digitalen Annotationen (z. B. im Hinblick auf historische Kontexte, Quellenkritik und Interpretationen). Einzelne Elemente aus der Zeitleiste lassen sich abschließend im Journal zusammen mit weiteren Textfeldern (Einleitung, Hauptteil, Schluss) zu einer historischen Narration verbinden, welche dadurch auch die ausgewählten Archivalien beinhaltet.

All diese Tools können von den Lernenden in kleinen Teams von zwei bis vier Personen kollaborativ und kooperativ genutzt werden. Zudem hat jede Lerngruppe ihren eigenen Raum in der App. Zum Abschluss des Lernprozesses tauschen die Teams ihrer Ergebnisse innerhalb der eigenen Klasse aus. Zudem können sie ihre Journals-Einträge aus der App exportieren, sodass sie diese in der Klasse zur Diskussion stellen und zudem über die Ergebnisse sowie den Forschungsprozess reflektieren können.

Für die App-Studie wurde das sogenannte Bethel-Modul genutzt. Dieses startet mit einem Forschungsauftrag an die Userinnen und User: Im Bielefelder Stadtrat streiten sich zwei Parteien über die Benennung einer neuen Straße im Stadtteil Bethel. Die CDU möchte sie nach Friedrich von Bodelschwingh benennen, dem ehemaligen Leiter der v. Bodelschwinghschen Anstalten Bethel in Bielefeld während der NS-Zeit. Die Grünen favorisieren hingegen Elisabeth Philipp, ein Opfer der NS-‚Euthanasie'. Da sich die Parteien in dieser – auch erinnerungskulturellen Debatte'[3] – nicht einigen können, beauftragen sie Historikerinnen resp. Historiker die Geschichte Bethels zu erforschen und ein Gutachten für den Stadtrat zu verfassen, in welchem sie sich für oder gegen die beiden Personen aussprechen, bzw. eine Alternative vorschlagen. Die Lernenden schlüpfen in die Rolle der Fachleute und übernehmen deren Forschungsarbeit in der App mithilfe der beschriebenen Tools. Sie untersuchen dabei die Geschichte Bethels im Nationalsozialismus im Kontext von Eugenik, ‚Euthanasie' und Zwangssterilisation.[4]

---

3 Die Debatte um die Straßenbenennung ist zwar fiktiv, dahinter steht jedoch einen tatsächliche Forschungskontroverse, die auch erinnerungskulturell bedeutsam ist, vgl. u. a. Stockhecke 2021.
4 Eine detaillierte Beschreibung des Konzepts findet sich u. a. bei Krebs 2021.

Fraglich ist nun jedoch, wie die Lernenden die App nutzen, die Lernprozesse dabei ablaufen und zu welchen Ergebnissen sie gelangen. Für die App-Studie wurde hierfür ein Mixed-Method Design entwickelt, welches sowohl quantitative Daten (Logfiles) als auch qualitative Daten (Lernprodukte und Ergebnisse) mithilfe von Clustering sowie der qualitativen Inhaltsanalyse untersucht, um so unterschiedliche Typen der App-Nutzung als auch des historischen Erzählens in der App zu identifizieren. In diesem Beitrag wird jedoch nur ein ausgewählter Einblick in die Studie am Beispiel der quantitativen Logfile-Daten sowie des Clusterings geboten, sodass dieses Verfahren exemplarisch zur Diskussion gestellt werden kann.

4.1 Clustering in der App-Studie

Die (Haupt-)Studie zur App-Nutzung wurde zwischen 2021 und 2022 mit Lerngruppen der Jahrgangsstufen neun bis 12 an verschiedenen Gymnasien in NRW durchgeführt. Insgesamt nahmen dabei 168 Schüler*innen teil, die in 49 Teams die App in einem Umfang von 3,7 bis 48,2 Stunden nutzten (siehe Tab. 1).

Anzahl der Teilnehmenden	Anzahl der Teams	Jahrgangsstufen	Nutzungszeit der App
168 Teilnehmende	49 Teams	Jahrgangsstufe 9 bis 12	Zwischen 3,7 und 48, 2 Stunden

Tab. 1: Übersicht über die Studie zur *App in die Geschichte*

Durch das Tracking in der App konnten während der App-Nutzung der Lernenden umfangreiche Logfile-Daten erhoben werden. Für deren Analyse bietet sich wie zuvor bereits beschrieben Unsupervised Learning, genauer ein Clustering-Verfahren an, da dieser Datensatz komplex ist und aus einer Vielzahl verschiedener Dimensionen besteht (s. u.). Es ist somit sinnvoll ein automatisiertes Auswertungsverfahren anzuwenden, weil eine manuelle Auswertung aufgrund der Komplexität nicht durchführbar und die Interpretation der Cluster als verschiedene Typen der App-Nutzung zentral für die Beantwortung der Forschungsfragen ist, vor allem im Zusammenhang mit der qualitativen Analyse. Diese Aspekte sowie das Verfahren und die konkrete Anwendung der Clusteranalyse in der Studie werden daher im Folgenden beschrieben und erläutert.

Eine Herausforderung hierbei ist zunächst, dass ein geeigneter Algorithmus ausgewählt werden muss. Es existiert nämlich eine große Zahl verschiedener Clustering-Algorithmen. Eine Übersicht findet sich z. B. auf der Dokumentation der open source *scikit-learn Application* (scikit-learn 2023). Dort wird deutlich, dass die Auswahl v. a. von der Struktur des Datensatzes, d. h. der Scalability, der einzustellenden Parameter sowie der Zielsetzung abhängig ist. Für die

App-Studie wurde der k-Means Algorithmus ausgewählt, da sich dieser sowohl für kleinere als auch größere Datensätze und damit für die erste App-Studie (wenngleich 168 Teilnehmende einen relativ kleinen Datensatz bilden) sowie für weitere Studien (die den Datensatz ggf. ergänzen) eignet. Außerdem ist k-Means weit verbreitet und gut dokumentiert (Müller/Guido 2017, 158), was z. B. auch die bereits erläuterte Studie von Füller u. a. (2014) zeigt. Er ist zudem flexibel in verschiedenen Applikationen und Programmen nutzbar.

Der k-Means Algorithmus erfordert jedoch, dass als Parameter die Anzahl der zu bildenden Cluster zuvor festgelegt wird. Zudem handelt es sich um ein suchendes Verfahren, was dazu führt, dass je nach Einstellung der Parameter unterschiedliche Ergebnisse erzielt werden können. Allerdings kann man hierfür verschiedene Verfahren durchführen, um sicher zu stellen, dass entsprechend der Forschungsfrage möglichst stabile und triftige Cluster identifiziert werden, hierzu zählen z. B. das sogenannte Ellbogenkriterium sowie der Silhouetten-Koeffizient (s. u.).

In einem ersten Schritt müssen zunächst die erhobenen Logfile-Daten aufbereitet werden. Hierzu ist es notwendig alle erhobenen Daten nach den jeweiligen Gruppen sortiert in einer CSV-Datei zusammenzustellen. Diese Datei umfasst 12 Dimensionen (also Merkmale oder Features) mal 49 Gruppen (Abb. 2).

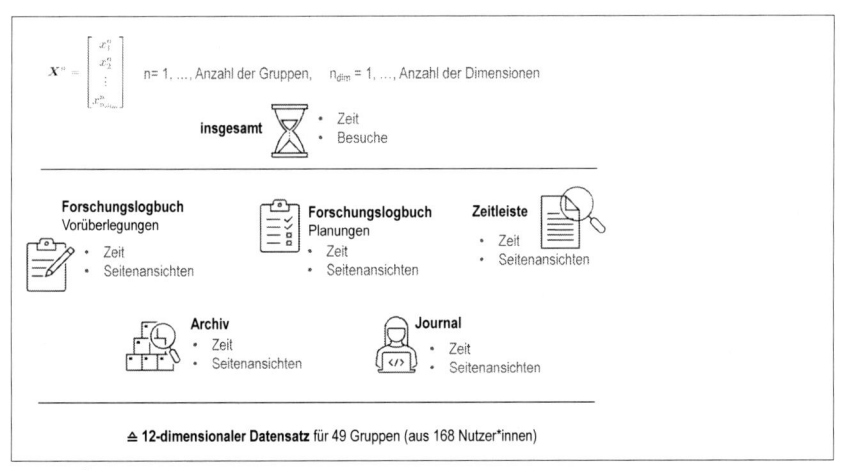

Abb. 2: Übersicht über den ausgewählten Datenraum der Logfile (eigene Darstellung)

Diese Datei wurde nun in ein selbst implementiertes *Python*-Programm eingespeist. *Python* zählt derzeit zu einer der meistgenutzten Programmiersprachen weltweit, da sie vielfältig einsetzbar, relativ leicht zu erlernen und open source ist (Python.org 2023). Außerdem überzeugt sie vor allem durch ihren gut lesbaren und knappen Stil, den man auch als „pythonic" bezeichnet (Udacity 2020).

Wie in der Studie von Füller u. a. (2014) wurde darin der sogenannte k-Means Algorithmus angewandt. Dieser zählt zu den prototypbasierten Clustering-Verfahren, d.h.

„dass ein Cluster durch einen Prototyp repräsentiert wird, bei dem es sich entweder um das Zentrum (auch Zentroiden) ähnlicher Punkte mit stetigen Merkmalen oder aber um den Medoiden (den repräsentativsten Punkt oder den Punkt, dessen Abstand zu allen anderen Punkten eines Clusters minimal ist) handelt [...]." (Raschka 2021, 378).

Konkret benötigt der Algorithmus hierfür verschiedene Arbeitsschritte, die mehrmals durchlaufen werden: Es werden zunächst aus den Objekten zufällig k Zentren als anfängliche Cluster-Zentren (Zentroiden) ausgewählt. Alle Objekte werden ihrem jeweils nächsten Zentrum zugeordnet. Zentren werden mit den zugewiesenen Objekten neu berechnet. Diese Schritte werden solange durchlaufen, bis „sich die Zuordnung von Datenpunkten zu Clustern nicht mehr ändert" (Müller/Guido 2017, 158), wenn also das Maximum an Iterationen erreicht ist und der Algorithmus konvergiert (Raschka 2021, 379).

Der beschriebene Algorithmus wurde in der Studie mithilfe der *Python*-Bibliotheken „scikit-learn" (Pedregosa u. a. 2011) und *PyCaret* (Moez 2020) implementiert. Diese bieten den Vorteil, dass sie bereits von einer großen Community genutzt werden, somit gut dokumentiert sind und viele Hilfestellungen bei der Anwendung in verschiedenen online Foren zugänglich sind. Zudem lassen sich mithilfe dieser Bibliotheken flexibel verschiedene Machine Learning Algorithmen implementieren (Jurczyk 2021).

Im weiteren Vorgehen wurde zunächst eine Dimensionsreduktion des Datensatzes mithilfe einer Korrelationsmatrix vorgenommen. Hierdurch kann der Algorithmus schneller arbeiten, da weniger Speicherplatz benötigt wird. Vor allem aber verbessert die Dimensionsreduktion die „Vorhersagekraft eines Modells", „nämlich wenn die Datenmenge eine große Anzahl irrelevanter Merkmale (Rauschen) aufweist, d. h., dass sie ein niedriges Signal-zu-Rausch-Verhältnis besitzt" (Raschka 2021, 40). Aus den ursprünglich 18 Merkmalen[5] wurden daher lediglich 12 ausgewählt (Abb. 2). Ebenso wurden die Merkmale jeweils

---

5 Die gesamte Anzahl an Seitenansichten korreliert mit der Anzahl der Seitenansichten im Archiv, da dort bereits jeder Klick auf eine neue Seite in einer Akte eine neue Seitenansicht generiert. Die Dimension „gesamte Anzahl der Seitenansichten" wurde daher nicht in den Datenraum aufgenommen. Dies gilt ebenso in umgekehrter Logik für die Besuche in den einzelnen Tools (somit insgesamt 5 Dimensionen), hier wurde nur die gesamte Anzahl der Besuche berücksichtigt.

normiert, damit auch unterschiedliche Skalen miteinander vergleichbar werden. Hierfür wurde in das Programm eine Z-Standardisierung implementiert, d. h. es werden jeweils zunächst die verschiedenen Mittelwerte berechnet und mithilfe der Standardabweichung die Werte relativiert (Raschka 2021, 381).

Eine der größten Herausforderungen des k-Means Algorithmus besteht darin, die passende Anzahl der Cluster k festzulegen bzw. zu ermitteln. Hierfür können sowohl das sogenannte Ellenbogenkriterium als auch das sogenannte Silhouetten-Diagramm genutzt werden (Raschka 2021, 387).

Das sogenannte Ellbogenkriterium berechnet den Fehlerquotient bzw. die Verzerrung für die jeweilige Anzahl an Clustern. Dafür wird jeweils die Distanz, ausgehend von den einzelnen Zentroiden, für die entsprechende Anzahl von k Cluster ermittelt, quadriert und danach summiert. Dieses Vorgehen wird für verschiedenen Anzahl an Clustern durchgeführt und graphisch dargestellt (vgl. Abb. 3). Die Fehlersumme reduziert sich mit steigender Anzahl an Clustern so lange, bis sie bei gleicher Anzahl der Cluster wie Datenpunkte bei null ankommt, da dann jeder Datenpunkt einen Cluster bildet und folglich keine Distanz mehr zwischen ihnen liegt. Es gilt nun einen ‚Ellbogen', d. h. annähernd die Form eines solchen, in der Darstellung zu identifizieren. Die Stelle des Knicks zeigt dabei die geeignete Clusteranzahl an, da dort die Verzerrung „am heftigsten ansteigt" (Raschka 2021, 387).

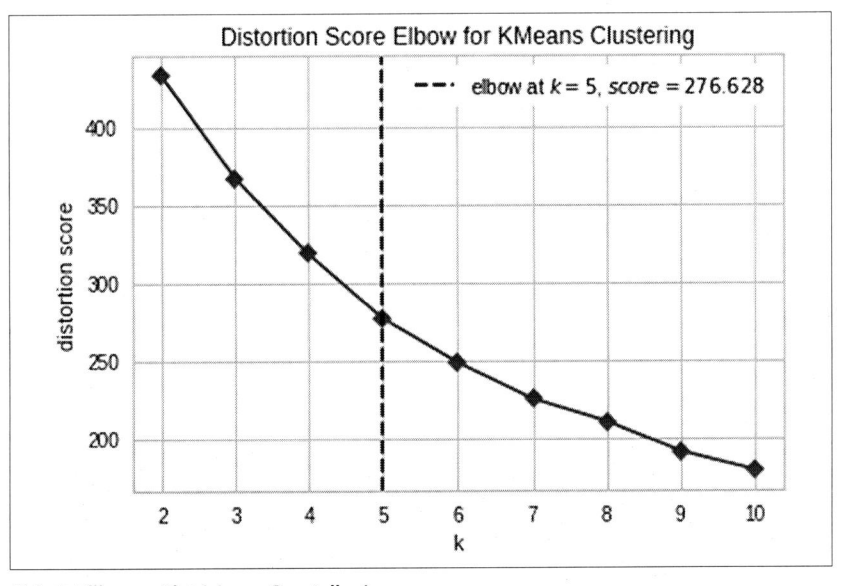

Abb. 3: Ellbogen Plot (eigene Darstellug)

Um hiernach die Qualität der berechneten Cluster zu überprüfen, kann zudem die sogenannte Silhouetten-Analyse eingesetzt werden (vgl. Abb. 4), die ebenso eine „grafische Methode zur Darstellung der Qualität der Zuordnungen der Objekte zu den Clustern" (Raschka 2021, 388) darstellt. Hierbei wird der Mittelwert der Distanzen zwischen den Datenpunkten innerhalb eines Clusters berechnet, was als Cluster-Kohäsion bezeichnet wird. Danach wird die Cluster-Separation zum nächstgelegenen Cluster ermittelt, d. h. die mittlere Distanz zwischen dem jeweiligen Datenpunkt und allen anderen Datenpunkten des anderen Clusters. Im letzten Schritt folgt die Berechnung des Silhouettenkoeffizienten, d. h. die Differenz der jeweiligen Cluster-Separation und der Cluster-Kohäsion wird durch den größeren der beiden Werte geteilt (Raschka 2021, 388). Der Koeffizient reicht von -1 bis +1, wobei ein hoher Wert anzeigt, dass das Objekt gut zu seinem eigenen Cluster und schlecht zu den benachbarten passt. Wenn die meisten Objekte einen hohen Wert haben, dann ist die Konfiguration angemessen. Wenn viele Punkte einen niedrigen oder negativen Wert aufweisen, hat die Clusterkonfiguration möglicherweise zu viele oder zu wenige Cluster. Somit lässt sich mithilfe des Silhouettendiagramms „die Größe der verschiedenen Cluster überprüfen und erkennen, in welchen Clustern Ausreißer enthalten sind" (Raschka 2021, 389).

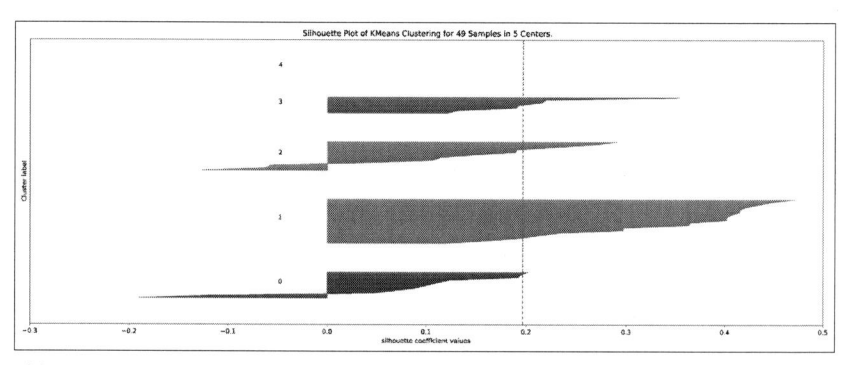

Abb. 4: Silhouettenkoeffizienten der einzelnen Cluster (0–4) (eigene Darstellung)

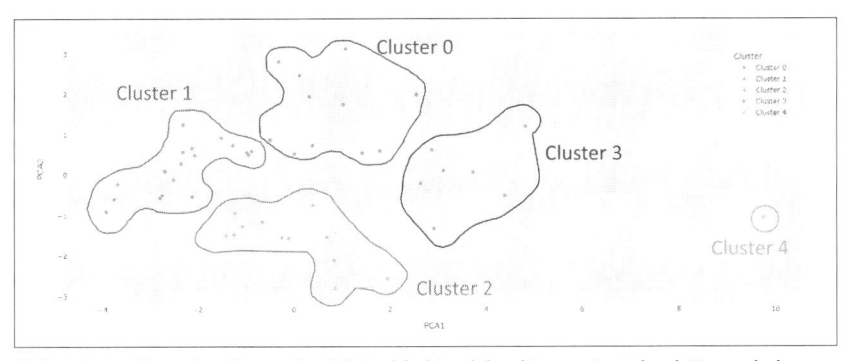

Abb. 5: Darstellung der Cluster (im Original farbig, daher hier ergänzt durch Hervorhebungen) (eigene Darstellung)

Beide Verfahren wurden für die Berechnung einer geeigneten Anzahl von Clustern in der App-Studie genutzt und haben sich hierbei als hilfreich erwiesen. Die Berechnung des Ellbogenkriteriums ergab eine Anzahl von fünf Clustern für den ausgewählten Datensatz (vgl. Abb. 3). Ebenso konnte der Silhouettenkoeffizient zeigen, dass die Anzahl der Cluster und das gewählte Analyseergebnis von ausreichend guter Qualität sind (vgl. Abb. 4). Die Zuordnung der einzelnen Gruppen zu den verschiedenen Clustern ist in Abb. 5 dargestellt. Hierbei handelt es sich um eine zweidimensionale Darstellung des 12-dimensionalen Datenraumes. In der Originalabbildung sind die verschiedenen Cluster mit unterschiedlichen Farben gekennzeichnet. Zur Unterscheidung in der schwarz-weißen Darstellung wurden die Cluster hier zusätzlich graphisch hervorgehoben.

Fraglich ist nun, inwieweit diese Struktur, also die Zuordnung der Gruppen zu den einzelnen Clustern, Aussagen über das Verhalten in der App zulassen. Oder anders ausgedrückt: Inwieweit stellen die Cluster verschiedene Typen der App-Nutzung dar? Der Algorithmus selbst kann hierauf keine Antwort liefern. Vielmehr ist es Aufgabe der Forschenden, mögliche Erklärungen und Interpretation für die in den Daten herausgearbeiteten Muster (in Form von Clusterzuordnungen) zu finden und zu überprüfen, inwieweit sie helfen das Nutzungsverhalten der Webseite zu verstehen. Exemplarisch wird daher nun ein Einblick in die Interpretation der Cluster gegeben.

4.2 Erste Ergebnisse: Minimalist*innen und Engagierte, Planer*innen und Journalists

Um die Clusterzuordnungen zu interpretieren, ist es notwendig einen Blick in die einzelnen Dimensionen zu werfen und darin ggf. Unterschiede und Gemeinsamkeiten zu identifizieren, wobei hier nur ein kleiner Teil der Dimensionen erläutert werden kann. In Abbildung 6 ist zunächst die „verbrachte Zeit in der App" in ihrer Verteilung auf die einzelnen Cluster dargestellt.

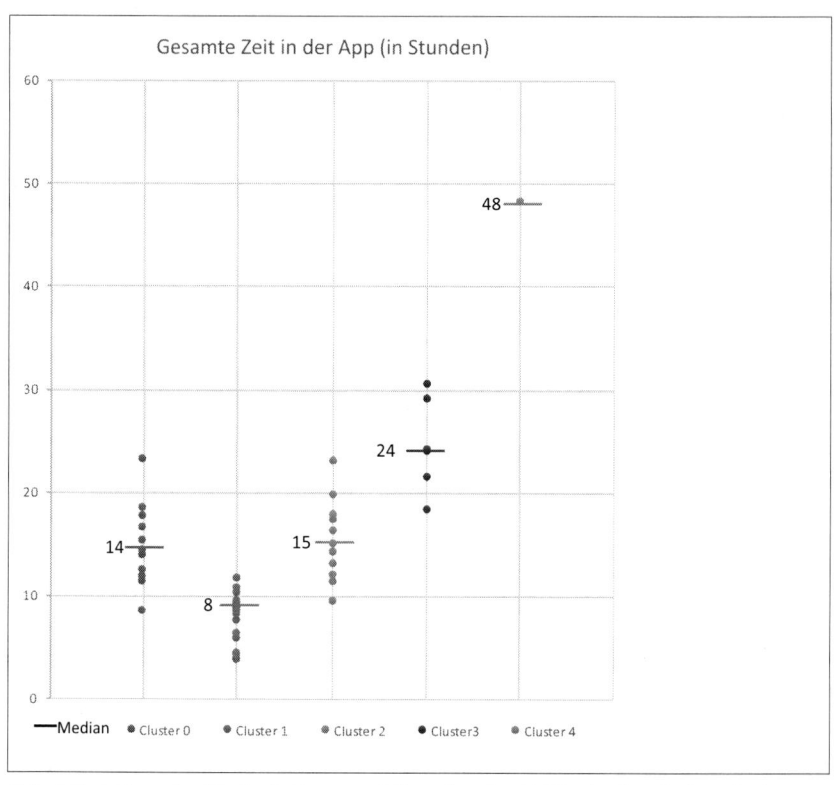

Abb. 6: Verteilung der Cluster in Bezug auf die verbrachte Zeit in der App (in Stunden) (eigene Darstellung)

Es wird deutlich, dass alle Gruppen die App intensiv nutzten, d. h., sie verbrachten zwischen 3,7 und 48,2 Stunden in der App. Der Median liegt für alle Gruppen bei 12,4 Stunden. Im Gegensatz zu anderen digitalen Angeboten adressiert die App nämlich einen projektartigen, forschend und entdeckenden Lernprozesse, der keinesfalls in einer Doppelstunde Geschichte abzuschließen ist. Insgesamte erstreckte sich die App-Nutzung der einzelnen Teams daher auf einen Zeitraum von ca. vier bis sechs Wochen.

Zugleich werden jedoch auch erste Unterschiede zwischen den Gruppen der verschiedenen Cluster deutlich: So verbrachten Teams aus Cluster 1 in der App zwischen 3,7 und 11,8 Stunden (Median: 8 Stunden), Teams aus Cluster 3 bzw. 4 zwischen 18,3 und 30,5 Stunden (Median: 24 Stunden) bzw. 48 Stunden in der App. Diese Abstufungen werden so ähnlich auch in anderen Dimensionen, wie z. B. der Anzahl der Besuche in der App deutlich, sodass Gruppen aus Cluster 1 als ‚Minimalist*innen' bezeichnet werden können, da sie die App insgesamt weniger intensiv nutzen, Gruppen aus Cluster 3 und 4 jedoch als ‚Engagierte' bzw. ‚sehr Engagierte', da sie die App und ihre Tools wesentlich intensiver nutzen, v. a. im Hinblick auf die verbrachte Zeit und die Anzahl der Besuche.

Deutlich wird in Abb. 6 zudem auch, dass Gruppen aus Cluster 0 und 2 keine großen Unterschiede in dieser Dimension aufweisen (Cluster 0: 8,4 bis 23,2 Stunden; Cluster 2: 9,5 bis 23,1 Stunden), ähnlich ist dies z. B. auch in der Gesamtzahl der Besuche. Blickt man jedoch auf die Nutzung der einzelnen Tools, kann man durchaus Differenzen zwischen den Gruppen aus Cluster 0 und 2 ausmachen:

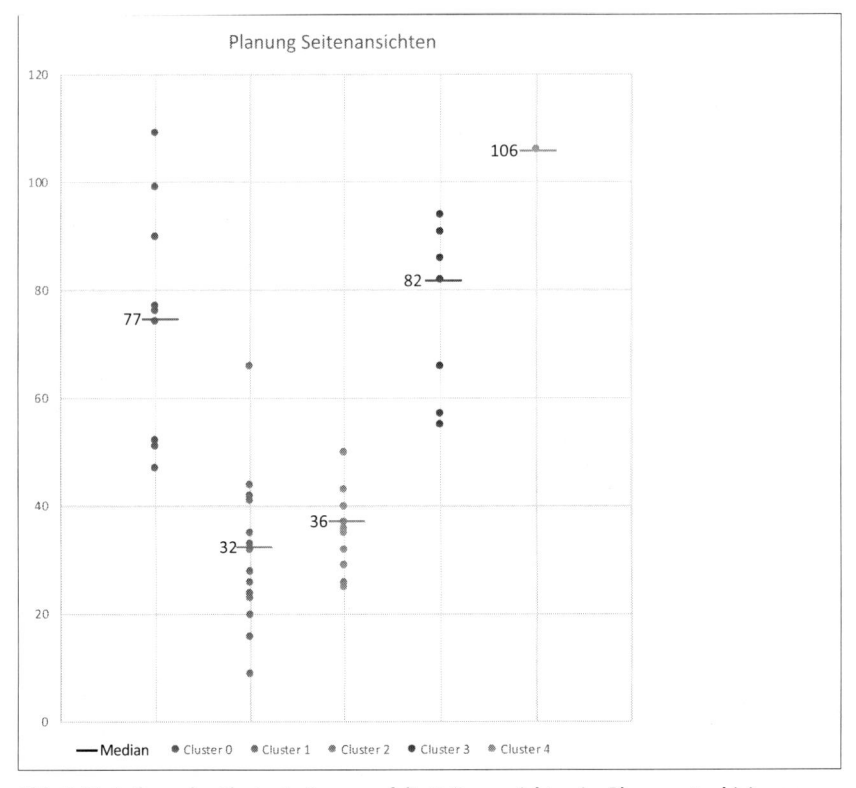

Abb. 7: Verteilung der Cluster in Bezug auf die Seitenansichten im Planungstool (eigene Darstellung)

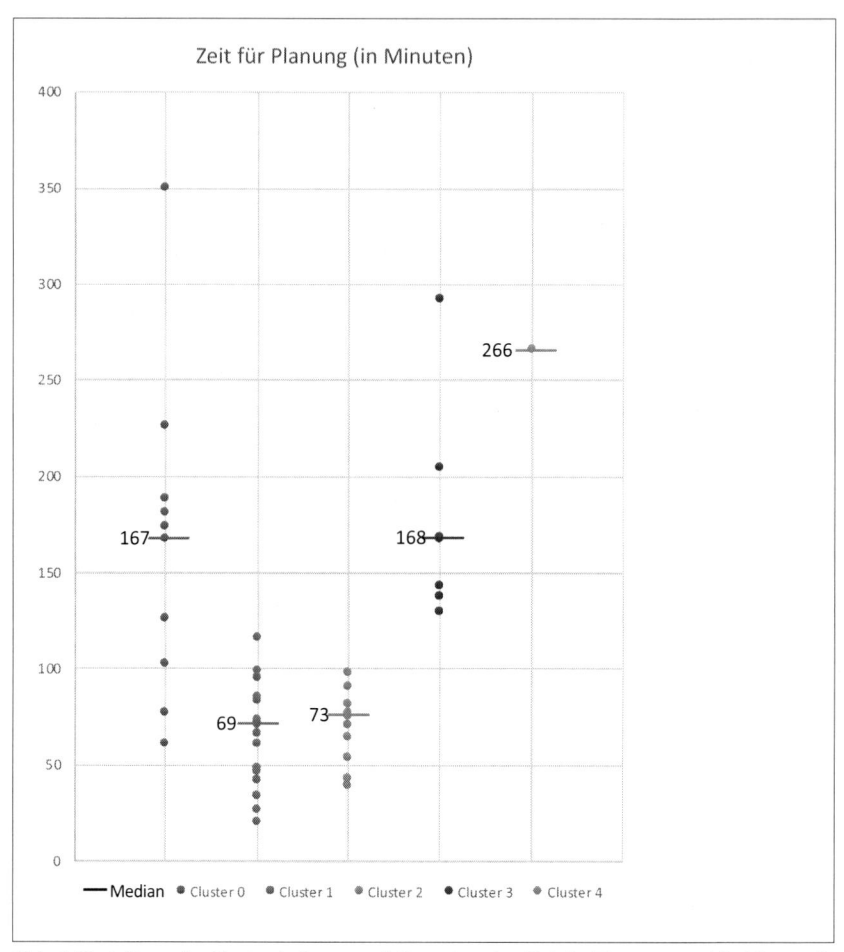

Abb. 8: Verteilung der Cluster in Bezug auf die verbrachte Zeit im Planungstool (in Minuten) (eigene Darstellung)

In Abb. 7 und 8 wird deutlich, dass Gruppen aus Cluster 0 das Forschungslogbuch (hier vor allem für die Planung ihres Projekts) im Hinblick auf Seitenansichten und verbrachte Zeit (zwischen 47 und 109 Seitenansichten, Median: 77 Seitenansichten sowie zwischen 60,9 und 349,7 Minuten, Median: 167 Minuten) intensiver genutzt haben im Vergleich zu Gruppen aus Cluster 2 (zwischen 25 und 50 Seitenansichten, Median: 36 Seitenansichten sowie zwischen 40,1 und 98,7 Minuten, Median: 73 Minuten).

Dagegen zeigt sich in Abbildung 9 und 10, dass Gruppen aus Cluster 2 das Journal, im Hinblick auf die verbrachte Zeit und die Seitenansichten (zwischen

62,5 und 419,8 Minuten, Median: 190 Minuten; zwischen 17 und 119 Seitenansichten, Median: 64 Seitenansichten) intensiver nutzten als Gruppen aus Cluster 0 (zwischen 0,4 und 251,5 Minuten, Median: 94 Minuten; zwischen 3 und 73 Seitenansichten, Median: 40).

Somit lassen sich Gruppen aus Cluster 0 als ‚Planer*innen' charakterisieren, da sie im Vergleich zu den anderen Tools das Forschungslogbuch als Planungstool intensiv nutzten. Hierzu im Gegensatz können Gruppen aus Cluster 2 als ‚Journalists' bezeichnet werden, da diese das Journal intensiver nutzten.[6]

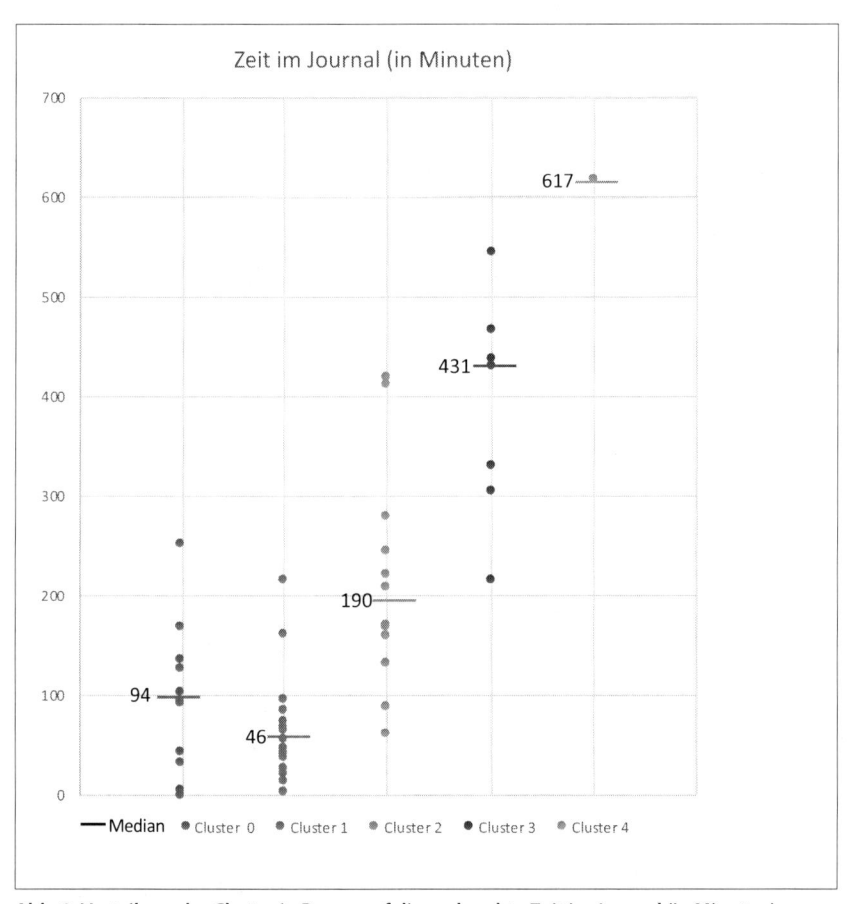

Abb. 9: Verteilung der Cluster in Bezug auf die verbrachte Zeit im Journal (in Minuten) (eigene Darstellung)

---

6 Vgl. zur gesamten und detaillierten Analyse der weiteren Dimensionen Krebs 2024a.

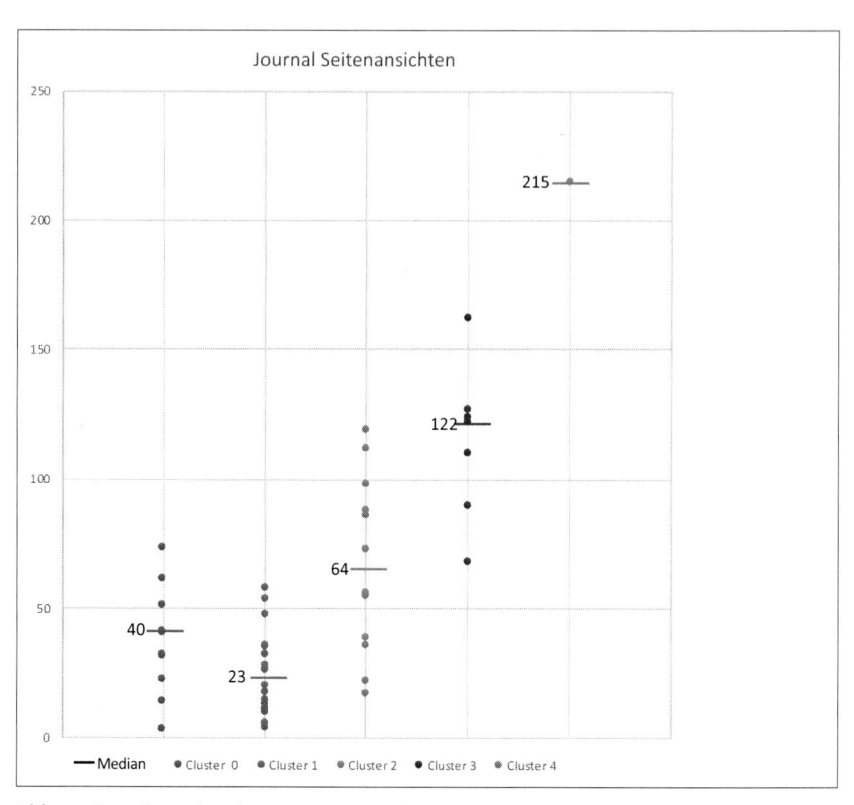

Abb. 10: Verteilung der Cluster in Bezug auf die Seitenansichten im Journal (eigene Darstellung)

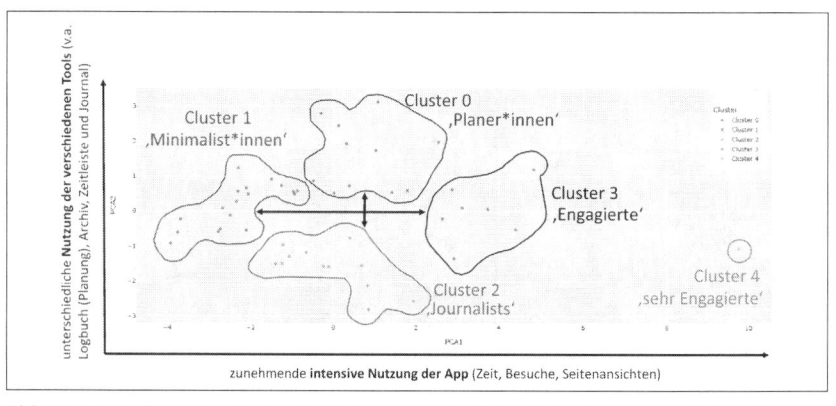

Abb. 11: Darstellung der Cluster (0–4) als unterschiedliche Nutzerinnen- und Nutzer-Typen in der App (eigene Darstellung)

Insgesamt ergibt sich daraus das in Abb. 11 dargestellte Bild der verschiedenen Cluster als unterschiedliche Nutzerinnen- und Nutzer-Typen der App in die Geschichte: Die X-Achse stellt hierbei die zunehmend intensive Nutzung der App hinsichtlich der gesamten Zeit, Besuche und Seitenansichten dar. So lassen sich zunächst ‚Minimalist*innen', ‚Engagierte' und ‚sehr Engagierte' identifizieren, da sie die App unterschiedlich intensiv nutzen. Die Y-Achse differenziert dagegen die unterschiedliche Nutzung der Tools während des Forschungsprozesses in der App, also v. a. des Forschungslogbuchs, des Archivs, der Zeitleiste sowie des Journals. ‚Planer*innen' nutzen das Forschungslogbuch für die Planung ihrer Forschung intensiv, ‚Journalists' dagegen vor allem das Journal am Ende ihres Forschungsprozesses, um ihre Ergebnisse in Form einer historischen Narration darzustellen.

Was lässt sich hieraus folgern? Anhand der verschiedenen Typen zeigt sich zunächst, dass alle Tools der App von den Lernenden genutzt werden, jedoch teils sehr unterschiedlich. Dies wiederum macht u. a. deutlich, dass die App einen offenen historischen Lernprozess ermöglichen kann, da die Lernenden diesen selbst gestalten, darin eigene Entscheidungen treffen und verschiedene Wege gehen können.[7] In dieser Offenheit unterscheidet sich das App-Konzept grundsätzlich von anderen Lernsettings, die oftmals die Struktur und die Materialien vorab festlegen. Der Einsatz der App schafft somit eine Lernumgebung, die die Potenziale des digitalen Raums für historisches Lernen fruchtbar macht, welche analog, im konventionellen Unterricht nur schwer umsetzbar wären. Ebenso können hierauf aufbauend für die einzelnen Nutzerinnen- und Nutzer-Typen weitere Hilfestellungen und Verbesserungen der Tools entwickelt werden. Diese Erkenntnisse lassen sich auch auf die Konzeption und Gestaltung anderer digitaler Lern- und Forschungsangebote übertragen, um so der seit Langem geforderten Offenheit historischen Lernens sowie der Förderung historischer Kompetenzen gerecht zu werden (Borries 1998, 82 f.).

Fraglich bleibt dabei jedoch, zu welchen Lernergebnissen, also historischen Narrationen, die Lernenden gelangen, und wie sich diese ggf. voneinander unterscheiden bzw. inwieweit sich auch dabei verschiedene Typen historischen Erzählens identifizieren lassen und in welchem Verhältnis diese ggf. zur App-Nutzung stehen. Diese Fragen lassen sich jedoch vor allem anhand der qualita-

---

7 Besonders interessant ist hierbei auch die Nutzung des digitalen Archives. Diese Dimensionen können hier jedoch nicht weiter diskutiert werden, da sie weniger zur Unterscheidung der verschiedenen Nutzerinnen- und Nutzer-Typen beitragen, jedoch grundsätzlich zu zentralen Erkenntnissen über die App-Nutzung sowie das App-Konzept führt, da alle Gruppen das Archiv intensiv (zwischen 161 und 2962 Seitenansichten sowie zwischen 84 und 1514 Minuten) nutzten und dieses Tool somit als Herzstück der Applikation bezeichnet werden kann, vgl. Krebs 2024a.

tiven Daten, d. h. der Produkte in den einzelnen Tools sowie der historischen Narration im Journal beantworten, welche die Lernenden während ihre Forschungsprozess Schritt für Schritt in der App erstellen. Die Ergebnisse dieser Analyse und weitere Antworten auf diese Fragen können hier nicht vorgestellt werden, sie finden sich jedoch bei Krebs 2024.

5. Fazit und Ausblick

Zusammenfassend wird zunächst anhand dieses kurzen Einblicks in einen Teil der Studie über die *App in die Geschichte* zumindest exemplarisch das Potenzial deutlich, Forschungsdaten zu erheben, die bei der Nutzung digitaler Angebote automatisiert entstehen. Logfiles sind hierfür ein spannendes Beispiel. Sie zeichnen sich vor allem durch ihre Nicht-Reaktivität aus und stellen eine kostengünstige und effektive Form der Datengewinnung dar.

Herausfordernd ist jedoch, dass die so gewonnenen Daten oftmals nicht genau auf die Fragestellungen zugeschnitten sind und daher entsprechend aufbereitet, gefiltert und zusammengestellt werden müssen. Forschende benötigen hierfür allerdings geeignete Fähigkeiten und Kenntnisse, die nicht gerade als für das Fach Geschichte und die Geschichtsdidaktik typisch anzusehen sind. Wichtig ist zudem, dass Logfile-Daten allein bisweilen keine allzu großen Rückschlüsse zulassen,[8] da sie vor allem etwas über die ‚oberflächliche' Nutzung eines Angebotes aussagen können (bei der Studie zur App also über die verschiedenen Typen), jedoch nichts über die dabei stattfindenden historischen Lernprozesse bzw. Ergebnisse. Hierfür sollten daher möglichst auch qualitative Daten miteinbezogen werden. In der App-Studie wurden diese zunächst mit der qualitativen Inhaltsanalyse in MAXQDA im Hinblick auf verschiedene Dimensionen historischen Erzählens analysiert. Die daraus gewonnen Ergebnisse wurden dann zudem quantifiziert und ebenso mithilfe von Clustering-Algorithmen analysiert und zu verschiedenen Typen historischen Erzählens interpre-

---

8 Vgl. hierzu u. a. die Ausführungen von Astrid Schwabe (2012, 303): „Bei dieser technikgestützten, einfach deskriptiven-statistischen Anlage der Evaluation können als Befunde keine grundsätzlichen, verallgemeinerbaren Aussagen über die Wirkung und historischen Lerneffekte der Beschäftigung mit dem Virtuellen Museum erzielt werden"; Peter Gautschi und Martin Lücke (2018, 479) ziehen in ihrer Untersuchung des Nutzerinnen- und Nutzerverhaltens in der App „Fliehen von dem Holocaust" die Schlussfolgerung: „Hier zeigt sich zum Beispiel, dass vermehrte Interaktion mit dem Video […] mit einem besseren Verständnis einhergeht, dass aber eine längere Beschäftigung mit dem Video geringere Betroffenheit auslöst. Wie gerade dieser letzte Befund zu deuten ist, müsste im Zuge eines qualitativen Forschungsdesigns ausführlicher beleuchtet werden."

tiert, die sich wiederum mit den Nutzerinnen- und Nutzer-Typen vergleichen lassen und somit weitere zentrale Einsichten in historische Lernprozesse im digitalen Raum bieten (vgl. Krebs 2024).

Das hier beschriebene Clustering-Verfahren ist somit nicht nur eine Methode zur Analyse von Logfiles, es lässt sich vielmehr auch für weiteren Analysen von ursprünglich qualitativen Daten adaptieren. Forschungsmethodisch kann die App-Studie dadurch auch einen wichtigen Beitrag zur Erweiterung geschichtsdidaktischer ‚Digitalforschung' leisten. Clustering als suchendes Verfahren bietet vielfältige Variationsmöglichkeiten, wie vor allem im Hinblick auf die Bestimmung der Anzahl von Clustern gezeigt wurde. Dabei gilt es zu reflektieren, dass unterschiedliche Entscheidungen im Suchprozess zu gewissen Abweichungen in den Ergebnissen führen können. Die in der Studie herausgearbeiteten Typen der App-Nutzung (sowie Typen historischen Erzählens) sind folglich nur eine mögliche Strukturierung und Interpretation der Daten, die ggf. je nach Anwendung des Algorithmus variieren kann. Es erscheint daher sinnvoll, die Ergebnisse in weitere Folgestudien und mit ergänzenden Datensätzen zu überprüfen und so ggf. zu erweitern.

In diesem Beitrag wurde damit am Beispiel der App-Studie vor allem forschungsmethodisch gezeigt, wie Logfiles und Clustering für geschichtsdidaktische Untersuchungen genutzt werden können. Forschende benötigen dabei jedoch ggf. neue Skills, um die beschriebenen Methoden einzusetzen. Letztlich ermöglicht und bedingt der digitale Wandel damit auch einen Wandel der Forschungsmethoden, wie auch Thimm und Nehls (2019) feststellen:

„Geht man davon aus, dass die Sozial- und Kulturwissenschaften sich für diese sozialen Welten interessieren, so lässt sich ein deutlich erhöhter Entwicklungsbedarf für adäquate Methoden zu konstatieren, die helfen, diese sich rasant entwickelnden digitalen Umwelten zu verstehen" (ebd., 986).

Literatur

ALAVI, Bettina/Schäfer, Marcel (2010): Historisches Lernen und Lernstrategien von Schüler/innen. Eine empirische Untersuchung zu historischer Selbstlernsoftware. In: Bettina Alavi (Hg.): Historisches Lernen im virtuellen Medium. Heidelberg (Schriftenreihe der Pädagogischen Hochschule Heidelberg, 54), S. 75–93.

BORRIES, Bodo von (1998): Geschichtslernen in offenen Lernformen und an außerschulischen Lernorten. In: Günther Rohdenburg (Hg.): Öffentlichkeit herstellen – Forschen erleichtern! Aufsätze und Literaturübersicht zur Archivpädagogik und historischen Bildungsarbeit. Hamburg: Ed. Körber-Stiftung, S. 78–96.

CHOLLET, François (2018): Deep Learning mit Python und Keras. Das Praxis-Handbuch vom Entwickler der Keras-Bibliothek. Frechen: mitp.

FÜLLER, Johann/Hutter, Katja/Hautz, Julia/Matzler, Kurt (2014): User Roles and Contributions in Innovation-Contest Communities. In: Journal of Management Information Systems 31 (1), S. 273–308.

GAUTSCHI, Peter/Lücke, Martin (2018): Historisches Lernen im digitalen Klassenzimmer: Das Projekt „Shoa im schulischen Alltag". In: Thomas Sandkühler, Charlotte Bühl-Gramer, Anke John, Astrid Schwabe und Markus Bernhardt (Hg.): Geschichtsunterricht im 21. Jahrhundert. Eine geschichtsdidaktische Standortbestimmung. Göttingen: V&R Unipress (Beihefte zur Zeitschrift für Geschichtsdidaktik, Bd. 17), S. 465–485.

HODEL, Jan (2013): Verkürzen und Verknüpfen. Geschichte als Netz narrativer Fragmente: Wie Jugendliche digitale Netzmedien für die Erstellung von Referaten im Geschichtsunterricht verwenden. Bern: hep (Geschichtsdidaktik heute, 5).

JURCZYK, Thomas (2021): Clustering with Scikit-Learn in Python. In: Programming Historian (10). DOI: 10.46430/phen0094.

KÖRBER, Andreas/Schreiber, Waltraud/Schöner, Alexander (Hg.) (2007): Kompetenzen historischen Denkens. Ein Strukturmodell als Beitrag zur Kompetenzorientierung in der Geschichtsdidaktik. Neuried: Ars Una (Kompetenzen: Grundlagen – Entwicklungen – Förderung, 2).

KREBS, Alexandra (2021): Die neue „App in die Geschichte". Ein digitaler Lernraum für Kooperationen zwischen Archiven und Lerngruppen. In: Archivpflege in Westfalen-Lippe 93/94, S. 55–58.

KREBS, Alexandra (2022): Wissenstransfer im Dialog zwischen geschichtsdidaktischer Forschung, Unterricht und außerschulischen Lernorten. Einblicke in das Projekt zur Entwicklung und Erforschung der ‚App in die Geschichte'. In: Anda-Lisa Harmening, Stefanie Leinfellner und Rebecca Meier (Hg.): Wissenstransfer. Aufgabe, Herausforderung und Chance kulturwissenschaftlicher Forschung. Darmstadt: wbg (Interdiziplinäre Studien des Paderborner Graduiertenzentrums für Kulturwissenschaften), S. 173–199.

KREBS, Alexandra (2024a): Geschichten im digitalen Raum. Historisches Lernen in der ‚App in die Geschichte'. Berlin: De Gruyter.

KREBS, Alexandra (2024b): „Dann weiß man natürlich nicht immer, ob es stimmt, aber ich vertraue dem." Reflexionen über und Umgangsweisen mit KI-generierten historischen Erzählungen im digitalen Raum. In: Brüning, Christina; Krebs, Alexandra (Hg.): Historisches Erzählen in Digitalien. Theoretische Ansätze und empirische Beobachtungen zur Entwicklung historischer Sinnbildungen im digitalen Raum. Bielefeld (im Druck, erscheint 2024).

LÜCK, Detlev/Landrock, Uta (2019): Datenaufbereitung und Datenbereinigung in der quantitativen Sozialforschung. In: Nina Baur und Jörg Blasius (Hg.): Handbuch Methoden der empirischen Sozialforschung. 2. Aufl. Wiesbaden: Springer VS.

MOEZ, Ali (2020): PyCaret: An open source, low-code machine learning library in Python (PyCaret version 1.0). Online verfügbar unter https://www.pycaret.org, zuletzt aktualisiert am April 2020, zuletzt geprüft am 25.5.2022.

MÜLLER, Andreas C./Guido, Sarah (2017): Einführung in Machine Learning mit python. Praxiswissen data science. Heidelberg: O'Reilly.

OUYANG, Long/Wu, Jeff/Jiang, Xu/Almeida, Diogo/Wainwright, Carroll L./Mishkin, Pamela et al. (2022): Training language models to follow instructions with human feedback. Online verfügbar unter https://arxiv.org/pdf/2203.02155. zuletzt geprüft am 5.9.2023.

PATEL, Ankur A. (2019): Hands-On unsupervised learning using Python. How to build applied machine learning solutions from unlabeled data. First edition, second release. Beijing, Boston, Farnham, Sebastopol, Tokyo: O'Reilly.

PEDREGOSA, Fabian/Varoquaux, Gaël/Gramfort, Alexandre/Michel, Vincent/Thirion, Bertrand/Grisel, Olivier et al. (2011): Scikit-learn: Machine Learning in Python. In: Journal of Machine Learning Research (12), S. 2825–2830. Online verfügbar unter https://jmlr.csail.mit.edu/papers/volume12/pedregosa11a/pedregosa11a.pdf, zuletzt geprüft am 5.9.2023.

PYTHON.ORG (2023): Welcome to Python.org. Online verfügbar unter https://www.python.org/about/, zuletzt aktualisiert am 5.9.2023, zuletzt geprüft am 5.9.2023.

RASCHKA, Sebastian (2021): Machine Learning mit Python und Keras, TensorFlow 2 und Scikit-learn. Das umfassende Praxis-Handbuch für Data Science, Deep Learning und Predictive Analytics. Unter Mitarbeit von Vahid Mirjalili. 3. Aufl. Frechen: mitp.

RÜSEN, Jörn (1983): Historische Vernunft. Grundzüge einer Historik I: Die Grundlage der Geschichtswissenschaft. Göttingen: Vandenhoeck & Ruprecht.

SCHMITZ, Andreas/Yanenko, Olga (2019): Web Server Logs und Logfiles. In: Nina Baur und Jörg Blasius (Hg.): Handbuch Methoden der empirischen Sozialforschung. 2. Aufl. Wiesbaden: Springer VS, S. 991–999.

SCHWABE, Astrid (2012): Historisches Lernen im World Wide Web: Suchen, flanieren oder forschen? Fachdidaktisch-mediale Konzeption, praktische Umsetzung und empirische Evaluation der regionalhistorischen Website Vimu.info. Göttingen: V&R Unipress (Beihefte zur Zeitschrift für Geschichtsdidaktik, 4).

SCIKIT-LEARN (2023): 2.3. Clustering. Online verfügbar unter https://scikit-learn.org/stable/modules/clustering.html, zuletzt aktualisiert am 29.8.2023, zuletzt geprüft am 4.9.2023.

STOCKHECKE, Kerstin (2021): Buchbesprechung. Claus Melter (Hg.), Krankenmorde im Kinderkrankenhaus „Sonnenschein" in Bethel in der NS-Zeit? Forschungen zu Sozialer Arbeit, Medizin und „Euthanasie". In: Ravensberger Blätter (1), S. 56–61.

THIMM, Caja/Nehls, Patrick (2019): Digitale Methoden im Überblick. In: Nina Baur und Jörg Blasius (Hg.): Handbuch Methoden der empirischen Sozialforschung. 2. Aufl. Wiesbaden: Springer VS, S. 973–990.

UDACITY (2020): What Is Pythonic Style? In: Udacity, 30.9.2020. Online verfügbar unter https://www.udacity.com/blog/2020/09/what-is-pythonic-style.html, zuletzt geprüft am 5.9.2023.

WINEBURG, Sam (2019): Warum historische Kompetenzen für die Auswertung von digitalen Quellen nicht ausreichend sind. In: Sebastian Barsch, Andreas Lutter und Christian Meyer-Heidemann (Hg.): Fake und Filter. Historisches und politisches Lernen in Zeiten der Digitalität (Wochenschau Wissenschaft), S. 105–120.

MIA BERG, ANDREA LORENZ

#BigDataHistory

Forschungspragmatische Überlegungen zu Geschichte in sozialen Medien

1. Einleitung

Als sich die Ausstrahlung der US-amerikanischen Fernsehserie „*Holocaust – Die Geschichte der Familie Weiß*" 2019 zum 40. Mal jährte, nahmen die öffentlich-rechtlichen Sender das Jubiläum zum Anlass, um die Serie erneut im Abendprogramm des BR sowie weitere sieben Tage in der BR-Mediathek zu zeigen. Begleitet wurde diese Wiederholung durch eine Vielzahl von medialen Berichten, die die Resonanz und Bedeutung der Serie für die deutsche Nachkriegsgesellschaft analysierten, damalige Zuschauerreaktionen abbildeten oder *Holocaust* als einen „Meilenstein der Erinnerungskultur" (Reinecke 2019) oder „erschütterndes Medienereignis" (SWR2 2019) hervorhoben. Bereits im Zuge der Erstausstrahlung 1979 galt die Serie als Paradebeispiel dafür, dass Massenmedien „nicht bloß über politische, wirtschaftliche und andere Ereignisse Bericht erstatten, sondern selbst wirkungsmächtige Ereignisse kreieren" (Wilke 2004), die sich durch ihre „öffentliche Reichweite und kommunikative Verdichtung" (Bösch 2010) auszeichnen. Während in der Forschung vor allem diese Rolle von Medien bei der Konstituierung von Ereignissen hervorgehoben wird – historische Begebenheiten werden demzufolge erst zu Ereignissen, wenn sie mediale Aufmerksamkeit und Deutung erfahren – sind insbesondere Filme wie „Titanic" ein Beispiel dafür, wie popkulturelle Verarbeitungen in der Bevölkerung symbolisch für dieses Medienereignis stehen können (ebd.; Priß 2021). Heutzutage tragen insbesondere soziale Medien zur Entstehung von Medienereignissen auf beiden Ebenen bei. Das gilt unter anderem für Protestbewegungen, wie der Sturm auf das Kapitol (vgl. Bunnenberg u. a. 2021), der #CzarnyProtest in Polen oder die jüngsten Auseinandersetzungen in China, Hongkong oder dem Iran deutlich machen.

Gleichzeitig finden sich auch hier mediale Repräsentationen zeitgenössischer Medienereignisse, die sich im Sinne einer Remediation auf vorherige Darstellung beziehen und ikonische Bilder, Narrative und Topoi reproduzieren – und sie damit gleichzeitig zum Teil der Erinnerungskultur werden lassen (Erll

2009, 110f.). Eine Vielzahl von Studien beschäftigt sich deshalb mit sozialen Medien als Orte kollektiver Erinnerung (Yadlin 2022; Manca 2021; Henig/Ebbrecht-Hartmann 2020; Birkner/Donk 2020).

Ein prominentes Beispiel war 2021/2022 das Instagram-Projekt *@ichbinsophiescholl*, in dessen Zuge SWR und BR anlässlich des 100. Geburtstags der Widerstandskämpferin Sophie Scholl versuchten, User*innen „hautnah, emotional und in nachempfundener Echtzeit an den letzten zehn Monaten ihres Lebens" (SWR 2021) teilhaben zu lassen. Nicht absolut, aber relativ zum verwendeten Medium, zählte der Kanal zu einem der reichweitenstärksten geschichtskulturellen Produkte und löste ähnliche mediale Kontroversen aus wie einst *Holocaust*. Von gut 900.000 Menschen abonniert und überwiegend positiv rezipiert, stieß es u. a. aufgrund einer starken und oft intransparenten Vermischung von Fakten und Fiktion, der Auswahl der Kanalprotagonistin, dem Fokus auf eine „radikal-subjektive Perspektive", die zwangsläufig historische Kontexte unerklärt lässt und keine Einordnung bietet, sowie einer dezidiert emotionalisierenden Darstellung immer wieder auf erhebliche Kritik von Historiker*innen sowie Journalist*innen (Czollek 2023; Wagner 2022; Kutsche 2021; Hespers 2021).

Im Unterschied zu *Holocaust* ist die mediale Darstellung Sophie Scholls aber nur ein Beispiel dafür, wie in sozialen Medien heutzutage Geschichte und Ereignisse dargestellt und kommunikativ hervorgebracht werden (Bunnenberg u. a. 2021). Allein der Hashtag *#history* wurde auf Instagram 46 Millionen mal geteilt und auf *TikTok* 78 Milliarden mal aufgerufen (Stand März 2023). Soziale Medien zeichnen sich darüber hinaus durch ihre Fragmentierung und Schnelllebigkeit aus. Untersuchungen zeigen eine „nearly linear relationship between time of sharing in the social media and the percentage lost." (SalahEldeen/Nelson 2012, 135). Es ist deshalb fraglich, ob *@ichbinsophiescholl* in 40 Jahren ebenfalls noch einmal für Zuschauer*innen einsehbar sein wird – oder für die Forschung. Soziale Medien funktionieren also nicht von selbst als Archive, sondern müssen erst gebildet werden. Kommerzielle Social-Media-Plattformen zeigen allerdings nur wenig Interesse an und Engagement für nachhaltige Datensicherung und „have a business model that values current data far more than historical data." (Thomson 2016, 25). Wie zu zeigen sein wird, sind jedoch auch institutionelle Archivierungsbemühungen sowie der individuelle Datenzugang für Forschende mitunter schwierig.

In Anbetracht der Allmachtstellung der Plattformbetreibenden kommt Axel Bruns deshalb zu dem Schluss:

„we should be profoundly concerned about being locked out of studying in detail what happens on social media platforms at this critical point in world history, and we must

hold to account those who have locked us out, and expose their reasons for doing so."
(Bruns 2019, 18)

Basierend auf dieser Ausgangslage wollen wir in diesem Beitrag die Bedeutung des digitalen Wandels weniger für die Geschichtskultur, sondern für deren Erforschung genauer betrachten.[1] Nach einem Überblick über die Rolle sozialer Medien in der Geschichtswissenschaft, werden am Beispiel *Instagram* forschungspraktische Herausforderungen im Umgang mit Geschichtsdarstellungen in sozialen Medien auf den Ebenen Technik, Recht, Datenschutz, Ethik und Empirie in den Blick genommen. Anschließend werden diese anhand des Fallbeispiels *@ichbinsophiescholl* noch einmal praktisch verdeutlicht.

2. Geschichte in sozialen Medien

Bereits 2014 bezeichneten Myers und Hamilton soziale Medien als „soon-to-be-if-not-already indispensable primary sources" (431) – ein Urteil, das in Anbetracht der Bedeutungszunahme sozialer Medien heute noch stärker gilt. Viele Ereignisse werden im Rückblick nicht ohne „born digital" Quellen rekonstruierbar oder erzählbar sein. Man denke etwa an die Black Lives Matter-Bewegung, die 2013 mit der Benutzung des *#BlackLivesMatter* in den sozialen Medien begann oder kriegerische Auseinandersetzungen, für die soziale Medien seit Anfang der 2000er Jahre eine zentrale Rolle spielten: der syrische Bürgerkrieg auf *YouTube*, kurdische Streitkräfte auf *Facebook*, ISIS auf *Instagram* und *Twitter*, der russische Angriffskrieg gegen die Ukraine auf *TikTok* – überall nutzen verschiedene Akteur*innen soziale Medien zur Dokumentation persönlicher Erfahrungen, Kriegsverbrechen oder zur Propaganda (Tiffany 2022). Auch eine Geschichte der Präsidentschaft Donald Trumps ohne seine Tweets zu schreiben scheint nur schwer vorstellbar. Soziale Medien fungieren jedoch nicht nur als mögliche (Daten-)Quellen, sondern auch als Erkenntnisgegenstand (Breuer 2023, 418; Brügger 2012, 317). In diesem Sinne bilden sie populäre und reichweitenstarke Aushandlungsorte geschichtsbezogener Diskurse und sind deshalb vor allem für die *Public History* relevant, die

„die öffentlichen Repräsentationen von Vergangenheit außerhalb von Fachwissenschaft, Schule und Familie sowie die damit einhergehenden Deutungen zusammen mit ihren

---

[1] Zur Geschichtskultur als mehrdimensionales analytisches Leitkonzept und der Produktions- und Rezeptionsseite historischer Sinnkonstitution in digitalen Medien siehe den einführenden Text von Hartung, Krebs und Meyer-Hamme i. d. Bd.

Akteuren, Medien, performativen Praktiken und materiellen Objekten daraufhin untersucht, was für wen, wie, mit welcher Bedeutung und zu welchem Zweck als ‚Geschichte' konstituiert und verhandelt wird." (Knoch 2016, 304)

(Vergangene) Ereignisse werden in sozialen Medien also nicht nur dokumentiert, sondern auch Geschichte kommunikativ hergestellt. Bunnenberg, Steffen und Logge (2021, 269) bezeichnen soziale Medien deshalb als „Ereignismanufakturen" und „Kommunikationslabore". Auch Geschichtsforschenden und Institutionen bieten sie einen Weg zur Kommunikation von Geschichte an verschiedene Publika und spielen eine zentrale Rolle für Wissenschaftskommunikation und -vermittlung. ‚Professionelle' Akteur*innen treffen auf den Plattformen dabei auf Nutzende, die ihre Inhalte nicht nur konsumieren (und kommentieren), sondern auch selbst Inhalte und Geschichtsnarrative (re-)produzieren können. In der Forschung spricht man in diesem Kontext von Produsage oder Produser (Bruns 2008, 21). Auch wenn sich das Partizipationsversprechen sozialer Medien zumindest nicht vollständig erfüllt hat (Schmidt 2019), haben die niedrigen Zugangs- und Produktionsschranken zu einer Vervielfachung vergangenheitsbezogener Inhalte, Akteure und Medienpraktiken geführt, die die (vermeintliche) Deutungs- und Diskurshoheit etablierter Akteur*innen wie Institutionen oder Forschenden in Frage stellen (König 2020, 76). Das bietet Chancen, gerade für bisher marginalisierte Gruppen oder Geschichten, führt aber gleichzeitig auch zu (diskurszersetzenden) Phänomenen wie Geschichtsrevisionismus, Fake News oder Hate Speech. Die Historikerin Mareike König bezeichnet dieses gewandelte Verhältnis zur Öffentlichkeit deshalb als eine der zehn Herausforderungen einer digitalen Geschichtswissenschaft (König 2020).

Aus historischer Perspektive sind Gegenöffentlichkeiten, Netzwerke und Amateurpraktiken grundsätzlich nicht neu, sondern haben ein „pre-digital life" (Balbi u. a. 2021, 3). Social-Media-Anwendungen zeichnen sich jedoch insbesondere dadurch aus, dass Netzwerkstrukturen, Praktiken und diskursive Aushandlungen sichtbarer werden – und damit auch für Historiker*innen analysierbar. In der Theorie war es vermutlich noch nie so einfach zugänglich zu erforschen, welche Vorstellungen Menschen von Geschichte haben, wie historische Narrative (re)produziert oder instrumentalisiert werden, wie vergangenheitsbezogene Identitätsdiskurse und Communitybildung stattfinden oder wie geschichtskulturelle Angebote rezipiert werden. In der Praxis führt die Kopplung historischer Erzählungen und Erinnerungsformen an globale Konzerne und große Datenstrukturen – a „shift of sources from document to data" (Fickers 2013, 157) – jedoch zu Herausforderungen für den Forschungsprozess, die im Folgenden am Beispiel *Instagram* schlaglichtartig vorgestellt werden sollen.

3. Forschungspragmatische Herausforderungen

Soziale Medien zählen zwar einerseits wahrscheinlich zu den einflussreichsten Geschichtsdarstellungen, in der Forschung ist bis heute aber überwiegend unklar, was in den Medien eigentlich passiert und wie Geschichte verarbeitet und diskursiv verhandelt wird. Das betrifft aus Gründen des Datenzugangs vor allem die audiovisuellen Plattformen *Instagram* und *TikTok*. Gleichzeitig sind die entstehenden Datenmengen händisch oft nicht mehr erschließbar und Historiker*innen haben bisher nur vereinzelt die notwendigen technischen Kompetenzen oder methodischen Zugänge, um das Material fernab von kleineren Fallstudien überhaupt noch zu erheben oder zu untersuchen. Dabei ermöglichen gerade automatisierte Zugänge das Erkennen von Mustern und die Analyse großer Quellenbestände, „to explore and empirically test ideas that could not be tested with classical methods" (Jünger u. a. 2022; González-Bailón 2017). Um sich den neuen Formaten historischer Erzählung anzunähern, müssen sich die Werkzeuge und Infrastrukturen ändern, mit denen Historiker*innen arbeiten. Zentral stellen sich Fragen nach der Zugänglichkeit, Archivierbarkeit und (automatisierten) Auswertbarkeit digitaler Geschichte (König 2020; Kiechle 2018).

Technische Ebene

Als born-digital Daten zeichnen sich die Inhalte sozialer Medien vor allem durch ihre Menge, Vielfalt, Verarbeitungswege sowie den durch sie und zwischen ihnen entstehenden Vernetzungen und Interaktionsformen aus. Die Daten können dabei sowohl user- als auch systemgeneriert sein und bewusst oder unbewusst erzeugt werden (Breuer 2023, 418; Hox 2017; Menchen-Trevino 2013). Sie unterscheiden sich zudem sowohl hinsichtlich ihrer Komplexität als auch ihrer Werte, sodass – je nach Forschungsinteresse – unterschiedliche Erhebungs- und Analysemethoden erforderlich sind.[2] Datenerhebungen sind dabei

---

[2] Unterschieden werden kann hier zwischen strukturierten Daten (Text, numerische oder alphanumerische Daten), unstrukturierten Daten (Videos, Fotos, Social-Media-Posts), halbstrukturierten Daten oder ganzen Interfaces. Die Erhebung und Archivierung von Social Media-Daten steht deshalb an der Schnittstelle zwischen traditioneller Web-Archivierung und der Archivierung großer Datensätze in maschinenlesbarem Format (Thomson 2016).

auf fünf Wegen möglich: (1) über Application Programming Interfaces (API), (2) per Web Scraping oder Crawling, (3) durch Kooperationen mit den Plattformbetreibenden, (4) mittels Selbstarchivierung oder Datenspenden sowie (5) manuell, z. B. durch Screenshots. Alle Ansätze sind dabei mit teilweise erheblichen Einschränkungen verbunden (Weller/Kinder-Kurlanda 2015). In Bezug auf *Instagram* stellt sich die grundsätzliche Frage, ob und wie Geschichte als (Big)Data überhaupt dokumentiert oder ausgewertet werden kann, wenn Konzerne wie *Meta* nur eingeschränkte APIs zur Verfügung stellen oder automatisierte Datenerhebungen in ihren Terms vollständig verbieten (Instagram Terms 2023). Aufgrund der technischen Hürden und rechtlichen Unsicherheiten steht Instagram in der Forschung deshalb bisher im Schatten anderer – zudem vorwiegend textbasierter – Social Media, die entweder unproblematisch Scraping ermöglichen (z. B. *Wikipedia*, Blogs) oder eine API-Schnittstelle für Forschende bereitstell(t)en (z. B. *Twitter/X*, *YouTube*, Stand März 2023).

Mit der Datensammlung sind darüber hinaus aber auch Fragen nach Verantwortlichkeiten und Kompetenzen verbunden. Während Historiker*innen häufig mit institutionell gesicherten oder anderweitig physisch oder digital verfügbaren Sammlungen arbeiten können, kann bei der Erforschung sozialer Medien bisher nur selten auf bestehende Sammlungen zurückgegriffen werden. Zwar sind viele Archive mittlerweile „engaged in SMA [Social Media Archiving], yet the stage and efforts vary in site and scope." (Vlassenroot u. a. 2021, 123). Forschende sind deshalb aktuell vor allem selbst gefordert, Datenbank- und Sammlungsaufbau zu leisten. Dieser erfolgt häufig über Screenshots oder manuell kopierte Texte, seltener über Datensätze, die in privaten Archiven – und nicht in öffentlichen Repositorien – gespeichert werden. Diese „rapid response Archivierung", wie die Kunsthistorikerin Margarete Pratschke die Sicherung des eigenen Forschungsgegenstandes in Anbetracht schnelllebiger Plattformen mit ihren fragilen wie volatilen Inhalten nennt (vgl. Pratschke 2022), ist pragmatisch, fördert jedoch die Individualisierung von Sammlungen, die den Zugang zu Quellen von Einzelpersonen abhängig macht. Thießen beobachtet in diesem Kontext zudem die Rückkehr des Pertinenzprinzips, bei dem Sammlungen vorwiegend aufgrund thematischer Schwerpunkte gebildet und Entstehungskontexte unberücksichtigt gelassen werden (Thießen 2022, 45–46). Es bedarf deshalb in Zukunft noch einer stärker professionalisierten, systematischen und nachhaltigen Archivierung, die im Idealfall aber auch der Halbwertszeit von Social-Media-Inhalten Rechnung trägt und kollaborative Sammlungen ermöglicht. Auch die Frage der Zugänglichkeit spielt eine Rolle. Aktuell ist ein Ungleichgewicht in der Forschungscommunity zu beobachten, da „access to this data in machine-readable formats is still limited and often requires a specialized skillset" (Thomson 2016, 6). Es ist deshalb zu diskutieren, ob Historiker*innen die notwendigen Fähigkeiten wie Scraping, Crawling oder automatisierte Analysemethoden selbst erlernen müssen oder können – und wenn ja, in welchem Kontext. Die damit verbundenen Potenziale für historische Analysen verdeutlichen erste Studien wie z. B. die von Adriaansen (2020; 2022).

Juristische Ebene

Fernab technischer Fragen ergeben sich bei der Speicherung und Nutzung von Social-Media-Daten jedoch auch rechtliche Hürden, die Institutionen und Forschende gleichermaßen betreffen und beeinflussen, welche Inhalte überhaupt archiviert und zugänglich gemacht werden (können) (Cannelli 2022). Zu nennen sind hier vor allem Urheberrecht, Vertragsrecht und AGB der Plattformen, Datenschutzrecht sowie Persönlichkeitsrechte (Golla/von Schönfeld 2019; Sharma 2019). Insbesondere Institutionen müssen vor der Archivierung von Social-Media-Inhalten die Zulässigkeit der Übernahme ins Archiv prüfen. In einem Rechtsgutachten (Walz/Marquet 2022), das vom Archiv der sozialen Demokratie (AdsD) der Friedrich-Ebert-Stiftung in Bonn in Auftrag gegeben wurde, kommen die Rechtsanwälte Paul Klimpel und Fabian Rack zu dem Schluss,

„dass es keine gesetzliche Grundlage [gibt], die eine umfassende Archivierung von Social-Media-Inhalten durch das AdsD rechtfertigen würde. Sofern es sich um urheberrechtlich geschützte Inhalte handelt – was bei den meisten, aber nicht bei allen Social-Media-Inhalten der Fall ist – bedarf es daher einer Zustimmung der Rechteinhaber_innen, sofern es sich nicht um frei lizenzierte Inhalte handelt." (Klimpel/Rack 2022, 45)

Dabei können die Rechte verschiedener Beteiligter betroffen sein: Nutzende, die eigene Inhalte teilen, unbeteiligte Dritte, deren Werke unerlaubt in sozialen Medien verwendet werden, sowie die Plattformen selbst im Zuge des Datenbankherstellerrechts (ebd., 19). Gleichwohl verweist das Gutachten auf einen gravierenden Unterschied zwischen Recht und Wirklichkeit. So archivieren Institutionen (nicht nur) in Deutschland trotz unsicherer rechtlicher Grundlage bereits jetzt Social-Media-Inhalte, um die Gefahren eines umfangreichen Quellenverlusts zu umgehen. Unklar bleibt jedoch, inwiefern vorhandene Datensätze zugänglich gemacht oder veröffentlicht werden können. So ist die Nutzung institutioneller Bestände häufig nur über eine Terminalnutzung im Lesesaal oder wie im Falle des *Library of Congress Twitter Archivs* bisher überhaupt nicht möglich. Das betrifft auch individuelle Datensammlungen von Forschenden.

Diese sind zwar durch die Schranken für Text- und Data-Mining geschützt, die eine (automatisierte) Speicherung und Analyse digitaler Werke zu wissenschaftlichen Zwecken erlaubt – eine dauerhafte Archivierung jedoch verbietet (ebd., 22–23). Die so entstehenden Forschungsdaten sind damit weder nachhaltig noch überprüfbar. Social-Media-Forschung kann deshalb häufig nicht die 2016 veröffentlichten FAIR-Prinzipien erfüllen, welche Findability, Accessibility, Interoperability und Reuse digitaler Forschungsdaten ermöglichen sollen (Wilkinson u. a. 2016).

Die Aushandlung eines Digital Services Act in der EU, der Forschenden einen umfangreichen Zugang zu Plattforminhalten gewähren soll, und die Auseinandersetzungen um das jüngste Instagram-Forschungsprojekt von *AlgorithmWatch*, das nach Klageandrohung durch *Meta* eingestellt werden musste (Kayser-Bril 2022), zeigen zudem, dass mitunter bereits ein rechtssicherer Zugang zu Social-Media-Daten unsicher ist. Auch wenn diese zumindest theoretisch öffentlich vorliegen, sind sie aufgrund ihrer Anbindung an private Plattformen nicht ohne Weiteres in der Forschung nutzbar.

Die Datensammlung und -auswertung zu Forschungszwecken und das Recht zum Text und Data Mining stehen in Deutschland zwar potenziell über den Nutzungsbedingungen und Verboten der Plattformen; dabei müssen jedoch die Wissenschaftsfreiheit und das Forschungsinteresse „der forschenden Nutzerinnen gegen die Vermögensinteressen von Facebook und die Persönlichkeitsrechte der weiteren Nutzerinnen" abgewogen werden (Golla/von Schönfeld 2019) – mit unklarem Ausgang im Einzelfalle. Verschiedene Akteur*innen bieten deshalb zunehmend Rechtsberatung für Forschende zu rechtlichen und ethischen Fragestellungen an (NFDI4Culture Legal Helpdesk, Anwaltskanzlei iRightlaw). Ein Schwerpunkt liegt dabei auch auf Fragen des Datenschutzes.

Datenschutz

Seit Einführung des neuen EU-Datenschutzrechts 2016 sind Persönlichkeitsrechte von Privatpersonen umfangreich geschützt. Das betrifft auch soziale Medien. Zwar können Nutzende in Bezug auf Datenschutzrechte nicht davon ausgehen, „that their data will not be processed for research purposes if social media platforms continue to reserve themselves the right to grant an approval for third parties to automatically access the data." (Golla/Müller 2020). Dennoch müssen Forschende auch hier eine Abwägung zwischen Forschungsinteressen und Nutzendeninteressen treffen. Verschiedene Universitäten bieten deshalb Guidelines zur Verwendung von Social-Media-Daten in der Forschung an (vgl. z. B. University of York).

Drei Punkte seien hier besonders hervorgehoben: Zum einen ergeben sich Herausforderungen im Umgang mit persönlichen Daten von Minderjährigen, die aufgrund unzuverlässiger Altersprüfungen auf den Plattformen nicht unbedingt als solche identifizierbar sind (Buchanan/Zimmer 2021). Zum anderen ist eine Anonymisierung und Pseudonymisierung von Daten aufgrund der Rückwärtssuchbarkeit sozialer Medien häufig nicht vollständig möglich. Hinzukommt that „even though people may operate in public spaces, they may have a strong perception or expectation of privacy." (Sharma 2019, 71). Daten von Persönlichkeiten des öffentlichen Lebens wie Politiker*innen, Musiker*innen oder Sportler*innen werden dagegen als weniger problematisch angesehen, weil diese ein möglichst breites Publikum erreichen wollen (Townsend und Wallace 2016).

Die Ebene des Datenschutzes ist eng verbunden mit forschungsethischen Fragen nach der Verwendung von Social-Media-Daten. So entscheiden sich Nutzende sozialer Medien zwar – mehr oder weniger – bewusst dazu, ihre Inhalte öffentlich zu teilen, der Verwendung dieser Inhalte im Zuge eines Forschungsprojekts wurde damit aber nicht automatisch zugestimmt. Studien zeigen zudem, dass Nutzende nur wenig Bewusstsein dafür haben, ein potenzielles Forschungsobjekt zu werden (Markham 2012). In jedem Falle sollten Forschende zu Beginn eines Projektes oder einer Studie vor allem die urheberrechtlichen, datenschutzrechtlichen und ethischen Rahmenbedingungen und Folgen ihrer Forschung bedenken.

Ethische Ebene
Es gibt teilweise deutliche disziplinäre Unterschiede in der Bewertung, inwiefern es sich bei Social-Media-Daten um öffentliche oder persönliche Daten handelt und welche Standards im Umgang mit diesen gelten müssen (Smyth/Echavarria 2021; Ravn u. a. 2020; Tiidenberg 2018; Thomson 2016; Weller/Kinder-Kurlanda 2015). Es gibt sowohl Studien, die Beispiele mit Verweis auf das Zitatrecht umfangreich abbilden (Burkhardt 2021), als auch Ansätze, die keine – oder nur wenige – Nutzerinhalte wiedergeben (Leaver u. a. 2020). Uneinigkeit besteht zudem darüber, ob zur Nutzung und Veröffentlichung die Zustimmung von Nutzenden eingeholt werden sollte (Jacobson/Gorea 2022; Lomborg 2019; Social Media Research Guidance University of Massachusetts Amherst). Fest steht, dass bei der Nutzung von Social-Media-Daten Grundprinzipien wie die informierte Einwilligung und freiwillige Teilnahme an der Forschung sowie Anonymisierung in den meisten Fällen nicht erfüllt werden (können). Nicht nur in der Geschichtswissenschaft muss hier eine umfassendere „digitale Forschungsethik" entwickelt werden (Welker/Kloß 2014, 42–44). Insbesondere im Umgang mit vulnerablen Personengruppen oder sensiblen

Forschungsdaten, beispielsweise bei der Erforschung vergangenheitsbezogener Hate Speech, müssen Forschende potenzielle Schäden abwägen, die eine Inkludierung in ihre Forschung mit sich bringen könnte – und die betroffenen Personen durch entsprechende Maßnahmen schützen (Townsend und Wallace 2016, 7). Eine praxisorientierte Anleitung „to pursue legal and ethical research with digital trace data, particularly online communication and online media data" bietet beispielsweise das *Social Media Research Template for Ethical Scholarship* (SOCRATES, Rau u. a. 2021).

Empirische Ebene

Auch auf empirischer Ebene muss weiter erprobt werden, wie die Geschichtswissenschaft methodisch mit Social-Media-Daten umgehen kann. Das gilt insbesondere für audiovisuelle Quellen, die im Gegensatz zu schriftlichen Quellen bisher weniger erforscht sind und Historiker*innen Andreas Fickers zufolge in vier Bereichen herausfordern: der Entwicklung einer kritischen Methodik und Quellenkritik, der Theoretisierung und Analyse intermedialer Beziehungen und Remediation, dem transmedialen Storytelling sowie ihrer Materialität und der Tendenz, sie zu übergehen (Fickers 2013, 161).

Im Kontext digitaler Kommunikationsprozesse schlagen Jünger u. a. (2022) einen datenhermeneutischen Ansatz vor, der computergestützte Methoden und interpretative Ansätze verbindet und es vor allem ermöglicht, Prozesse der plattformabhängigen Datengenerierung, -erhebung und -analyse sowie individuelle Zuschreibungs- und Bedeutungsbildungsprozesse im Hinblick auf ihren Einfluss auf die Wissensproduktion zu reflektieren. Auch in der historischen Forschung hat sich das Konzept der „digitalen Hermeneutik" verbreitet,

„that enables historians to critically reflect on the various interventions of digital research infrastructures, tools, databases, and dissemination platforms in the process of thinking, doing and narrating history [...] a critical framework for making the methodological and epistemological tensions in current history practices explicit" (Fickers u. a. 2022, 6–7).

Darüber hinaus wird die Kombination von detailliertem *close reading* einzelner Texte und explorativem *distant reading* großer Korpora[3] mithilfe digitaler Methoden vorgeschlagen (Clavert 2021). Damit verbunden sind jedoch ein Lernprozess und eine grundlegende Veränderung der Geschichtswissenschaft:

---

3 Zur Begriffsklärung siehe den Beitrag von Christoph Kühberger i. d. Bd.

„*In fact, we are convinced that it will take at least another generation before historians and humanities scholars at large will have learned and embodied a new kind of knowledge production and appropriation that we qualify as ‚scalable reading'*" *(Fickers/ Clavert 2021).*

Darüber hinaus scheinen interdisziplinäre Ansätze, insbesondere mit den Medien- und Kommunikationswissenschaften, Sozialwissenschaften, der digitalen Ethnographie oder den Digital Humanities lohnenswert.

4. Fallbeispiel *@ichbinsophiescholl*

Die Herausforderungen, die sich für die geschichtswissenschaftliche Forschung im Umgang mit Social-Media-Plattformen ergeben, sollen nun noch einmal anhand des eingangs zitierten Beispiels *@ichbinsophiescholl* verdeutlicht werden. Vom 30.4.2021 bis 26.2.2022 präsentierten die öffentlich-rechtlichen Sendeanstalten BR und SWR auf dem Kanal Einblicke in das Leben einer remediatisierten Sophie Scholl, die auf *Instagram* von der Schauspielerin Luna Wedler dargestellt wurde. Angelehnt an den erfolgreichen israelischen Instagramkanal *@eva.stories,* der auf den Tagebüchern des Holocaust-Opfers Eva Heyman basierte, nahmen Nutzende auf diese Weise nicht nur an den geheimen Treffen der Widerstandsgruppe *Weiße Rose* teil, sondern auch an alltäglichen Ereignissen wie Geburtstagspartys oder Universitätsvorlesungen. Der Account ist, bis auf kontextualisierende Posts zum Projektende und den zweisprachigen Wochenzusammenfassungen (Reels, die alle Stories einer Woche beinhalten), aus der Perspektive der inszenierten Sophie Scholl konzipiert. Für die Umsetzung des Kanals griffen die Macher*innen auf zum Zeitpunkt der Produktion gängige Formate der Plattform zurück: Feedposts, Reels, Stories und Guides sowie interaktive Formate wie Umfragen. Die Basis für das Drehbuch bildeten zeitgenössische Quellen, verfasst von Sophie Scholl selbst. Darüber hinaus stand eine Historikerin der Redaktion beratend zur Seite. Die angestrebte „radikal-subjektive" Perspektive kam dabei weitestgehend ohne Fußnoten oder kontextualisierende Informationen aus. Auch die Kommentare unter den Posts wurden vom Community Management nicht nur als *#TeamSoffer,* sondern teilweise auch im Namen der fiktiven Sophie Scholl beantwortet.

@ichbinsophiescholl zählt zu den reichweitenstärksten deutschsprachigen Kanälen mit Geschichtsbezug auf *Instagram.* Ein Blick in die zahlreichen Kommentare, die sich unter beinahe jedem Post finden lassen, zeigt die diskursiven Aushandlungen der Nutzenden. Zusammen mit der reichhaltigen Rezeption

des Projektes in klassischen Medien wie Fernsehen und vor allem im Print-Bereich zeigt sich dessen Relevanz für die Erinnerungskultur.

Stand April 2023 ist der Account noch auf der Plattform selbst einsehbar. Es ist jedoch davon auszugehen, dass die Inhalte nicht dauerhaft online bleiben werden. Die Veränderungen und Löschungen auf *Twitter/X*, die sich nach dem Kauf des Microbloggingdienstes durch Elon Musk 2022 ergeben haben, haben jüngst noch einmal deutlich gezeigt, wie groß die Abhängigkeit der Produzierenden und Forschenden von den Plattformkonzernen ist (Milmo 2022). Das gern bemühte Credo, das Internet vergesse nie, kann – genauso wenig wie auf das Internet selbst – nicht auf soziale Medien übertragen werden. Es stellt sich deshalb die Frage nach einer nachhaltigen und langfristigen Archivierung der Inhalte von *@ichbinsophiescholl*. Auch SWR und BR haben das erkannt und bereits während der Projektlaufzeit die Wochenrückblicke als Videos in die ARD-Mediathek hochgeladen, wo diese noch jeweils fünf Jahre einsehbar sind (ARD Mediathek 2023). Auf Nachfrage hat das Projektteam außerdem mitgeteilt, dass weitere Daten wie die Kommentare und die *Instagram Analytics* des Kanals archiviert worden seien. Forschende haben die Möglichkeit, diese Daten für Forschungszwecke anzufragen. Doch auch hier werden bereits jetzt nicht mehr alle Kommentare verfügbar sein, die jeweils unter den Beiträgen gepostet worden sind. Es ist davon auszugehen, dass viele Kommentare bereits von den Urheber*innen selbst, dem Community Management oder Instagram gelöscht worden sind – spätestens, wenn es sich beispielsweise um Hate Speech handelt. Darüber hinaus ist unklar, in welcher Form und in welchem Format die archivierten Daten vorliegen. Eine Forschungsanfrage an das Projektteam ist zudem mit Vorlauf sowie dem Aufsetzen eines Nutzungsvertrages verbunden.

Um einen Einblick in den Kanal zu erhalten und ihn für unsere Forschungszwecke zu sichern, haben wir uns auf technischer Ebene deshalb für ein zweistufiges Verfahren entschieden: Um die Benutzeroberfläche und den Rezeptionseindruck zu erhalten erfolgte zum einen eine Webarchivierung mit dem Tool *Webrecorder*. Zum anderen wurden die Kommentare sowie Metadaten zu Likes und Views mit dem Tool *exportcomments* gescrapt. Der Export von bis zu 100 Kommentaren ist kostenlos möglich, darüber hinaus müssen monatliche Abos abgeschlossen werden. Da es sich um ein externes kommerzielles Tool handelt, ist die Legalität des Vorgehens jedoch fraglich. Aufgrund der Relevanz des Projekts *@ichbinsophiescholl* für die digitale Erinnerungskultur und der damit zusammenhängenden, diskursiven Aushandlungsprozesse haben wir uns dennoch für diese Herangehensweise entschieden, da sie uns im Zuge der Schranken für Data- und Text-Mining zu Forschungszwecken legitimiert scheint.

Die erhaltenen Daten liegen nicht anonymisiert vor. Da unsere Universitäten keine Ethikkommissionen für unsere Fachbereiche haben, die Forschungsprozesse im Hinblick auf datenschutzrechtliche und ethische Aspekte prüfen, haben wir uns im Zuge eines „personal ethics approach" (Samuel/Buchanan 2020, 3) an bereits publizierten Handreichungen von Forschenden und Forschungsgruppen anderer Disziplinen orientiert. Vor allem das „Ethical Framework for Publishing Twitter Data" (Williams u. a. 2017), genauer gesagt das Entscheidungsdiagramm für die Veröffentlichung von Twitter-Kommunikation (1163) lässt sich auch auf Instagram übertragen. Bei der Betrachtung potenzieller Schäden wird zwischen dem Status der Nutzenden (z. B. öffentliche Person, institutionell, privat, schutzbedürftig) und ihren Beiträgen (z. B. institutionell, privat, schutzbedürftig) unterschieden und vorgeschlagen, je nach Sensibilität des Inhalts entweder eine Opt-out- oder eine Opt-in-Einwilligung von privaten Nutzenden einzuholen. In unserem Fall ist dies kein praktikabler Ansatz, da die Datenbank zu viele Kommentare enthält und auch aufgrund des Projektendes nicht zwangsläufig davon ausgegangen werden kann, dass die User*innen das Medium noch nutzen. Grundsätzlich erscheinen uns die Nutzenden nicht besonders vulnerabel – auch wenn nicht auszuschließen ist, dass sich unter ihnen auch Minderjährige befinden. Jedoch teilen die User*innen teilweise emotionale Kommentare oder persönliche Familiengeschichten. Wir haben uns – auch aufgrund der potenziell problematischen Erhebungssituation – deshalb dagegen entschieden, die Daten öffentlich zur Verfügung zu stellen und verzichten aufgrund der Rückwärtssuchbarkeit zudem auf die Veröffentlichung und wörtliche Zitation von Kommentaren. Wir halten es jedoch für gerechtfertigt, die erhobenen Daten intern und anonymisiert zu speichern. Da es sich bei *@ichbinsophiescholl* um einen öffentlich-rechtlichen Account handelt, der für eine größere (Teil)Öffentlichkeit publiziert wurde, haben wir uns für die Veröffentlichung von Screenshots der Posts entschieden. Aus Gründen der Absicherung wurde auch hier vor der Veröffentlichung eine Zustimmung der Accountbetreibenden eingeholt und die Screenshots mit Quellenangabe ergänzt.

Auf empirischer Ebene ermöglichen die Daten eine Vielzahl von Annäherungen, die hier nur ausschnitthaft anhand eines Parameters vorgestellt werden sollen.[4] Insgesamt wurden im Juni 2022 401 Posts und rund 65.000 Kommentare erhoben. Da die Beliebtheit eines Beitrages auf *Instagram* unter anderem über quantitative Werte wie die Zahl der Likes deutlich wird, haben wir uns da-

---

4 Zur Untersuchung von Instagram-Kommentaren zum Projekt siehe z.B. Wagner u.a. 2023; Meier-Vieracker 2023.

für entschieden, den Datensatz zunächst nach der Anzahl der Likes zu sortieren, um einen Überblick auf der Makroebene zu erhalten. So wurden die zwölf beliebtesten und die zwölf am wenigsten beliebten Posts identifiziert. Likes bilden auf Social-Media-Plattformen eine kommunikative Praktik, welche als „one-click, lightweight feedback cues that facilitate communication through an icon" funktionieren (Wallace/Buil 2021, 2). User*innen bewerten die Viralität von Beiträgen auf Social-Media-Plattformen anhand der Like-Zahlen (ebd.; Sheldon/Bryant 2016). Gleichzeitig kann das Like-Verhalten auch als Indikator für die Selbstwahrnehmung und -darstellung der Plattformnutzenden dienen (Paßmann/Schubert 2021). Letzteres, so stellt Groschek fest, könne für die Rezeption von Content beobachtet werden, welcher Erinnerungen an den Holocaust und die nationalsozialistischen Verbrechen beinhaltet (Groschek 2020, 79).

Abb. 1: Die zwölf Beiträge mit den meisten Likes auf dem Kanal *@ichbinsophiescholl*.[5]

---

5 Von links nach rechts: Post (1) vom 12.5.2021; Post (2) vom 7.5.2021; Post (3) vom 14.5.2021; Post (4) vom 22.2.2022; Post (5) vom 9.5.2021; Post (6) vom 8.5.2021; Post (7) vom 16.5.2021; Post (8) vom 18.5.2021; Post (9) vom 9.5.2021; Post (10) vom 19.5.2021; Post (11) vom 6.5.2021; Post (12) vom 5.5.2021.

Vor diesem Hintergrund ist es auffällig, dass sich in den zwölf beliebtesten Beiträgen nur ein Post befindet, der sich dezidiert mit der Erinnerung an die historische Sophie Scholl beschäftigt (Post 4: das schwarz-weiße Portrait). Die übrigen Beiträge zeigen überwiegend alltagsnahe Ereignisse: Geburtstage, den ersten Tag an der Uni, das Treffen mit der besten Freundin, Party. Viele der meistgelikten Posts thematisieren zudem Liebe und Sexualität: Das Kennenlernen mit Alexander Schmorell und Schwärmereien (Post 2, 137.008 Likes) oder ein Wiedersehen mit Fritz Hartnagel und den Wunsch, in Zukunft wieder frommer zu sein (Post 10, 103.802 Likes). Der Blick in die Daten zeigt außerdem, dass nicht nur die beliebtesten Posts, sondern auch die reichweitenstärksten Videos (Views) eher alltägliche, unverfängliche Randgeschichten thematisieren, mit denen sich die Nutzenden offenbar identifizieren können. Der Logik der Plattform entsprechend bevorzugen sie zudem Beiträge, die die mediatisierte Sophie Scholl und/oder andere Figuren zeigen. Auch wenn Selfies keine Erfindung der Plattform sind, spielen sie eine große Rolle für die Ästhetik von Instagram (Leaver u. a. 2020, 67–68). Am wenigsten gelikt werden hingegen die Wochenrückblicke, und hier vor allem jene, die die konkrete Bedrohungssituation der *Weißen Rose* betreffen. Dazu zählen „Ist es zu gefährlich, jetzt weiterzumachen? Wir haben das Atelier geräumt und arbeiten von nun an von zu Hause aus" (19.12.2021, 5.844 Likes) oder „Professor Huber hat uns gewarnt" (16.1.2022, 6.077 Likes). Für die weitere Analyse wurden diese nicht den Mediengewohnheiten entsprechenden Rückblicke deshalb exkludiert und nur die zwölf am wenigsten gelikten Bild- und Videobeiträge ausgewählt.[6] Letztere zeichnen sich insgesamt durch teilweise nicht eindeutig erkennbare Thumbnails/Vorschaubilder aus. Auch sind unter den zwölf Beiträgen nicht nur acht Zeichnungen, sondern auch zwei Beiträge, die Quellenmaterial zeigen (Abb. 2). Konzentriert man sich nur auf Bildbeiträge, erhöht sich der Anteil von abgebildeten Quellen auf fünf Posts (Abb. 3). Beiträge, deren Inhalte nicht auf Anhieb erkennbar sind – wie beispielsweise Dokumente oder Zeichnungen – oder keine Personen darstellen, werden von den Nutzenden also offenbar weniger angenommen.

---

6 Die Wochenrückblicke bilden dabei die 24 am wenigstens gelikten Beiträge. Erst auf Platz 25 ist der erste reguläre Feedpost zu finden.

Abb. 2: Die zwölf Bild- und Videobeiträge mit den wenigsten Likes auf dem Kanal @ichbinsophiescholl [7]

Abb. 3: Die zwölf Bildbeiträge mit den wenigsten Likes auf dem Kanal @ichbinsophiescholl [8]

---

[7] Von links nach rechts: Post (1) vom 16.12.2021; Post (2) vom 27.11.2021; Post (3) vom 19.1.2022; Post (4) vom 16.11.2021; Post (5) vom 9.10.2021; Post (6) vom 17.2.2022; Post (7) vom 29.12.2021; Post (8) vom 15.11.2021; Post (9) vom 31.12.2021; Post (10) vom 13.8.2021; Post (11) vom 24.12.2021; Post (12) vom 4.11.2021.

[8] Von links nach rechts: Post (1) vom 27.11.2021; Post (2) vom 31.12.2021; Post (3) vom 4.11.2021; Post (4) vom 25.10.2021; Post (5) vom 14.9.2021; Post (6) vom 14.12.2021; Post (7) vom 21.11.2021; Post (8) vom 30.12.2021; Post (9) vom 28.10.2021; Post (10) vom 13.10.2021; Post (11) vom 28.12.2021; Post (12) vom 6.1.2022.

Die bisherigen Erkenntnisse suggerieren, dass sich die typischen *Instagram*-Nutzungspraktiken und -vorlieben auch auf remediatisierte historische Figuren übertragen lassen. Inwiefern die Plattform-Nutzenden damit bewusst alltagsnahe Themen anstelle der Posts, die spezifisch den Nationalsozialismus adressieren, bevorzugt haben, oder letztere algorithmisch weniger ausgespielt worden sind, kann ohne weitere Forschung nicht eindeutig geklärt werden. Hierfür wären nicht nur Befragungen von Nutzenden vonnöten, sondern auch der Einblick in die *Instagram Analytics*. Wagner u. a. (2023) machen in ihrer quantitativen und qualitativen Untersuchung von Likes, Views und Kommentaren auf dem Kanal außerdem deutlich, dass die Metriken im Jahresverlauf stark schwanken und das Projekt vor allem zu Beginn und zum Ende am stärksten rezipiert wurde.

Auch die (multimodale) Visualität, die auf einer Plattform wie Instagram eine herausragende Rolle spielt, muss stärker in den Blick genommen werden. Dabei ist darauf zu verweisen, dass audiovisuelle Medien Konzepte von Visualität erweitern, intensivieren und verändern. Die große Menge der Daten, komplexere Produktions- und Distributionsstrukturen sowie an Plattformbedingungen angepasste Praktiken der Veränderung von Bildern erschweren die Erforschung zusätzlich. Diesen Herausforderungen könne mittels einer Kombination von Methoden, multimodaler sowie multisensorischer Ansätze begegnet werden (Hand 2022, 188 f.).

Auch auf inhaltlicher Ebene lassen sich eine Vielzahl weiterer Fragen an den Kanal stellen (vgl. Berg/Kuchler 2023): Welche Inhalte wurden von den Nutzenden wie rezipiert? Wie wurde mit der remediatisierten Figur interagiert? Wie lassen sich der quantitative Erfolg und die Reichweite des Kanals vor dem Hintergrund diskursiver Aushandlungen in den Kommentaren und weiteren Medien bewerten? Und schließlich: Wurde durch den Kanal „eine größere Öffentlichkeit für historische Themen sensibilisiert und angeregt [...] an der Weiterentwicklung von Erinnerungskultur(en) aktiv mitzuwirken"? (Groschek/Ebbrecht-Hartmann 2022).

Die exemplarische Annäherung auf Ebene der Likes zeigt die Potenziale der Arbeit mit Social-Media-Daten, verdeutlicht aber auch erneut das drängende Problem eines grundsätzlich fehlenden, rechtssicheren und nachhaltigen Zugangs zu *born-digital data*, der jedoch notwendig ist, um grundlegende Forschung auf und mit der Plattform selbst zu ermöglichen. Auch wenn im konkreten Beispiel sicherlich noch nicht von *Big Data* gesprochen werden kann, wird zudem deutlich, dass klassische geschichtswissenschaftliche Methoden nicht ausreichen, um mit der Menge an Daten sinnbringend umgehen zu können. Notwendig ist eine kritische Reflexion des bisherigen Methodenbaukastens:

„Wir nutzen die digitalen Medien und das Internet nur als schnelleres, zugänglicheres Medium. Unsere Methoden im Umgang mit den so repräsentierten Quellen bleiben von dem Wandel jedoch weitgehend unberührt und entsprechen oft noch denen aus der Zeit des gedruckten Buches." (Hiltmann 2020)

Dabei ist die kritische Evaluation und Kontextualisierung von Quellen schon immer zentraler Bestandteil geschichtswissenschaftlichen Arbeitens gewesen: „[…] and this applies perhaps all the more to those who work qualitatively and quantitatively with the new digital sources and explore new approaches to making use of them" (Lässig 2021, 34).

5. Ausblick

Die hier vorgestellte exemplarische Annäherung an historische Social-Media-Forschung soll vor allem als Einladung dienen, sich weiter mit dem Themenfeld zu befassen. Geschichte wird immer medial vermittelt, hervorgebracht und geprägt – soziale Medien bilden hier keine Ausnahme. Die Herausforderungen im Umgang mit sozialen Medien zeigen im Brennglas letztendlich das, was aus historischer Perspektive schon immer zu hinterfragen war: das Verhältnis von Erinnern und Vergessen, Fragen der Überlieferung, Auswahl und Speicherung, des Originals, der Partizipation und Sichtbarkeit, der Zugänglichkeit und nicht zuletzt gesellschaftlicher Macht (Berg/Lorenz 2022). Auf die Reflexion medialer Überlieferungen, Rahmenbedingungen, Spezifika und ihrer Einflüsse auf Geschichte(n) scheint die Geschichtswissenschaft also vorbereitet. Gerade im Umgang mit den Daten muss das historische Instrumentarium jedoch methodisch erweitert werden. Ob zur Untersuchung von Geschichte als *Big Data* notwendige Kompetenzen wie *Web Scraping*, *Data Mining*, *Topic Modeling* oder *Sentiment Analysis* flächendeckend zum Bestandteil geschichtswissenschaftlicher Curricula werden, wird Gegenstand zukünftiger Debatten sein. Innerhalb der nationalen Forschungsdateninfrastruktur für historische Daten (NFDI4Memory) wird sich die task area ‚*Data Literacy*' in den nächsten Jahren dezidiert mit dem historischen Arbeiten unter den Bedingungen der Digitalität auseinandersetzen und dabei Konzepte zur Integration von Themen wie „data organisation and manipulation, data conversion, metadata, data curation, reuse and preservation (in cooperation with TA1, TA2, TA3) as well as algorithm, interface and infrastructure criticism" entwickeln (NFDI4Memory Task Area 4). Beispiele wie der Arbeitskreis *Social-Media-Daten* von NFDI4Culture, BERD@NFDI, KonsortSWD und Text+, in dessen Rahmen der Austausch von Methoden und Tools zur Erforschung sozialer Medien aus u. a. kultur-, medien- und kommunikationswissenschaftlichen Perspektiven gefördert wird (Show/Tell 2023) zeigen, dass gerade in der Zusammenarbeit über disziplinäre Grenzen hinaus auch für die Geschichtswissenschaft Chancen liegen, die dargelegten Herausforderungen zu adressieren (Lässig 2021, 34). Medienereignisse wie *@ichbinsophiescholl*, aber auch das rezente Beispiel des ebenfalls in den sozialen Medien stattfindenden Ukraine-Krieges zeigen sehr deutlich die Dringlichkeit der Auseinandersetzung mit den hier vorgestellten Problemlagen. Wer soziale Medien heute oder in Zukunft erforschen möchte, muss sich jetzt um ihre Archivierung und Zugänglichkeit kümmern. Da soziale Medien gleichermaßen Handlungsraum und (potenzielles) Archiv sind, schränken die Herausforderungen im Umgang mit digitalen Daten nicht nur den Blick auf geschichtskulturelle Produkte und Praktiken ein – sondern auch die zukünftige Quellenbasis von Historiker*innen.

Literatur

ADRIAANSEN, Robbert-Jan (2020): Picturing Auschwitz. Multimodality and the attribution of historical significance on Instagram (Imaginando Auschwitz. La multimodalidad y la atribución de significado histórico en Instagram). In: Journal for the Study of Education and Development 43/2020, H. 3, 652–681. https://doi.org/10.1080/02103702.2020.1771963.

ADRIAANSEN, Robbert-Jan (2022): Historical Analogies and Historical Consciousness: User-Generated History Lessons on TikTok. In: Carreterro, Mario/Cantabrana, María/Parellada, Cristian (Hg.): History Education in the Digital Age. Cham, S. 43–62. https://doi.org/10.1007/978-3-031-10743-6_3.

ARD MEDIATHEK (2023): Ich bin Sophie Scholl. https://www.ardmediathek.de/sendung/ich-bin-sophie-scholl/Y3JpZDovL3N3ci5kZS9zZGIvc3RJZC8xMzMx.

BALBI, Gabriele/Ribeiro, Nelson/Schafer, Valérie/Schwarzenegger, Christian (2021): Digging into Digital Roots. Towards a Conceptual Media and Communication History. In: Balbi, Gabriele/Ribeiro, Nelson/Schafer, Valérie/Schwarzenegger, Christian (Hg.): Digital Roots. Berlin, S. 1–16. https://doi.org/10.1515/9783110740202-001.

BERG, Mia/Kuchler, Christian (Hg.) (2023): @ichbinsophiescholl. Darstellung und Diskussion von Geschichte in Social Media, Göttingen.

BERG, Mia/Lorenz, Andrea (2022): Doing (Digital) History: Kollaborative Formen der Erforschung von Geschichte in sozialen Medien im Projekt #SocialMediaHistory. In: Geierhos, Michaela (Hg.): DHd2022: Kulturen des digitalen Gedächtnisses. Konferenzabstracts, S. 297–298, https://zenodo.org/record/6304590.

PRATSCHKE, Margarete (2022): Aufruhr. Über den Sturm auf das Kapitol als digitales Bildereignis. Vortrag. Ringvorlesung „Image Protests/Bildproteste". TU Dresden, https://tu-dresden.de/gsw/phil/ikm/kuge/der-fachbereich/termine/ringvorlesung-image-protests-bildproteste/aufruhr-ueber-den-sturm-auf-das-kapitol-als-digitales-bildereignis.

BIRKNER, Thomas/Donk, André (2020): Collective Memory and Social Media: Fostering a New Historical Consciousness in the Digital Age? In: Memory Studies, 13/2020, Nr. 4, S. 367–83. https://doi.org/10.1177/1750698017750012.

BÖSCH, Frank (2010): Europäische Medienereignisse. In: Europäische Geschichte Online, http://ieg-ego.eu/de/threads/europaeische-medien/europaeische-medienereignisse/frank-boesch-europaeische-medienereignisse#section_3.

BREUER, Johannes (2023): www – Die Funktionen des Internets für die Wissenschaft. In: Hofhues, Sandra/Schütze, Konstanze (Hg.): Doing Research – Wissenschaftspraktiken zwischen Positionierung und Suchanfrage. Bielefeld, S. 416–423.

BRÜGGER, Niels (2012): Web History and the Web as a Historical Source. In: Zeithistorische Forschungen 2012. https://doi.org/10.14765/ZZF.DOK-1588.

BRUNS, Axel (2019): After the ‚APIcalypse': Social Media Platforms and Their Fight against Critical Scholarly Research. In: Information, Communication & Society, 22/2019, Nr. 11, S. 1544–1566. https://doi.org/10.1080/1369118X.2019.1637447.

BRUNS, Axel (2008): Blogs, Wikipedia, Second life, and Beyond: from production to produsage. Digital formations. New York.

BUCHANAN, Elizabeth A./Zimmer, Michael (2021): Internet Research Ethics. In: Zalta, Edward N. (Hg.): The Stanford Encyclopedia of Philosophy. Stanford University, https://plato.stanford.edu/archives/sum2021/entries/ethics-internet-research/.

BUNNENBERG, Christian/Logge, Thorsten/Steffen, Nils (2021): SocialMediaHistory: Geschichtemachen in Sozialen Medien. In: Historische Anthropologie, 29/2021, Nr. 2, S. 267–83. https://doi.org/10.7788/hian.2021.29.2.267.

BURKHARDT, Hannes (2021): Geschichte in den Social Media: Nationalsozialismus und Holocaust in Erinnerungskulturen auf Facebook, Twitter, Pinterest und Instagram. Beihefte zur Zeitschrift für Geschichtsdidaktik. Göttingen.

CANNELLI, Beatrice (2022): WARCnet conference – Mapping social media archiving initiatives, https://www.slideshare.net/WARCnetWebArchiveStu/warcnet-conference-mapping-social-media-archiving-initiativespptx.

CLAVERT, Frédéric (2021): History in the Era of Massive Data. In: Geschichte und Gesellschaft, 47/2021, Nr. 1, S. 175–194. https://doi.org/10.13109/gege.2021.47.1.175.

CZOLLEK, Max (2023): Versöhnungstheater. München.

ERLL, Astrid (2009): Remembering across Time, Space, and Cultures: Premediation, Remediation and the ‚Indian Mutiny'. In: Erll, Astrid/Rigney, Ann (Hg.): Mediation, remediation, and the dynamics of cultural memory. Berlin/New York, S. 109–138.

FICKERS, Andreas (2013): Veins filled with the Diluted Sap of Rationality: A Critical Reply to Rens Bod. In: BMGN – Low Countries Historical Review, 128/2013, Nr. 4, S. 155–163. https://doi.org/10.18352/bmgn-lchr.9347.

FICKERS, Andreas/Clavert, Frédéric (2021): On Pyramids, Prisms, and Scalable Reading. In: Journal of Digital History, 1/2021, https://journalofdigitalhistory.org/en/article/jxupS3QAeNgb.

FICKERS, Andreas/Tatarinov, Juliane/van der Heijden, Tim (2022): Digital history and hermeneutics – between theory and practice: An introduction. In: Fickers, Andreas/Tatarinov, Juliane (Hg.): Digital History and Hermeneutics, Berlin, S. 1–20. https://doi.org/10.1515/9783110723991-001.

GOLLA, Sebastian/Müller, Denise (2020): Web Scraping Social Media: Pitfalls of Copyright and Data Protection Law. In: PRIF BLOG (blog), https://blog.prif.org/2020/04/15/web-scraping-social-media-pitfalls-of-copyright-and-data-protection-law/.

GOLLA, Sebastian/von Schönfeld, Max (2019): Kratzen und Schürfen im Datenmilieu – Web Scraping in sozialen Netzwerken zu wissenschaftlichen Forschungszwecken. In: K&R, 2019, S. 15–22.

GONZÁLEZ-BAILÓN, Sandra (2017): Decoding the social world: data science and the unintended consequences of communication. Cambridge.

GROSCHEK, Iris (2020): Social Media an Gedenkstätten zwischen #weremember und #yolocaust: Ein praxisorientierter Beitrag zu Formen der Weitergabe von Erinnerung in digitalen Medien. In: Rothstein, Anne-Berenike; Pilzweger-Steiner, Stefanie (Hg.): Entgrenzte Erinnerung. Berlin, S. 69–90. https://doi.org/10.1515/9783110668971-005.

GROSCHEK, Iris/Ebbrecht-Hartmann, Tobias (2022): Geschichte und Geschichten: Instagram und die schwierige Vermittlung von Nationalsozialismus und Holocaust auf, durch und mit sozialen Medien, 17.3.2022, https://www.stiftung-evz.de/wer-wir-sind/neuigkeiten-aus-der-stiftung/neuigkeit/instagram-projekt-ichbinsophiescholl-ein-debattenbeitrag/.

HAND, Martin (2022): The Visual in Social Media: Understanding Visual Objects, Mobilities, and Practices. In: Quan-Haase, Anabel/Sloan, Luke (Hg.): The Sage Handbook of Social Media Research Methods. Thousand Oaks, S. 185–199.

HENIG, Lital/Ebbrecht-Hartmann, Tobias (2020): Witnessing Eva Stories: Media Witnessing and Self-Inscription in Social Media Memory. In: New Media & Society, 24/2020, Nr. 1, S. 202–26. https://doi.org/10.1177/1461444820963805.

HESPERS, Nora (2021): Sophie Scholl als Insta-Freundin: Das heikle Spiel mit einer historischen Figur. In: Übermedien, https://uebermedien.de/60159/sophie-scholl-als-insta-freundin-das-heikle-spiel-mit-einer-historischen-figur/.

HILTMANN, Thorsten (2020): Daten, Daten, Daten – Wie die Digitalisierung die historische Forschung verändert. In:Historikerverband (Blog), https://blog.historikerverband.de/2020/11/11/daten-daten-daten/.

HOX, Joop J. (2017): Computational Social Science Methodology, Anyone? In: Methodology, 13/2017, Nr. 1, S. 3–12. https://doi.org/10.1027/1614-2241/a000127.

INSTAGRAM (2023): Nutzungsbedingungen | Terms of Use, https://help.instagram.com/581066165581870.

JACOBSON, Jenna/Gorea, Irina (2022): Ethics of Using Social Media Data in Research: Users' Views. In: Quan-Haase, Anabel/Sloan, Luke (Hg.): The Sage Handbook of Social Media Research methods. Thousand Oaks, S. 703–714.

JÜNGER, Jakob/Geise, Stephanie/Hänelt, Maria (2022): Unboxing Computational Social Media Research From a Datahermeneutical Perspective: How Do Scholars Address the Tension Between Automation and Interpretation? In: International Journal of Communication, 16/2022, S. 1482–1505.

KAYSER-BRIL, Nicolas (2022): AlgorithmWatch Forced to Shut down Instagram Monitoring Project after Threats from Facebook. In: AlgorithmWatch, https://algorithmwatch.org/en/instagram-research-shut-down-by-facebook/.

KIECHLE, Oliver (2018): Archivierung von Social Media? Store local! In: Diskrete Werte, https://digitalia.hypotheseorg/56.

KLIMPEL, Paul/Rack, Fabian (2022): Einschätzung der rechtlichen Rahmenbedingungen für die Archivierung von Social-Media-Inhalten im Archiv der sozialen Demokratie. In: Walz, Anabel/Marquet, Andreas (Hg.): Sicher sichern? Social Media-Archivierung aus rechtlicher Perspektive im Archiv der sozialen Demokratie, Beiträge aus dem Archiv der sozialen Demokratie, Heft Nr. 17, S. 15–48.

KNOCH, Habbo (2016): Wem gehört die Geschichte? Aufgaben der ‚Public History' als wissenschaftlicher Disziplin. In: Hasberg, Wolfgang/Thünemann, Holger (Hg.): Geschichtsdidaktik in der Diskussion. Grundlagen und Perspektiven. Frankfurt/M., S. 303–349.

KÖNIG, Mareike (2020): Geschichte digital. Zehn Herausforderungen. In: Arendes, Cord/Coring, Karoline/Kemper, Claudia/König, Mareike/Logge, Thorsten/Siebold, Angela/Verheyen, Nina (Hg.): Geschichtswissenschaft im 21. Jahrhundert. Interventionen zu aktuellen Debatten. Berlin/Boston, S. 67–76. https://www.degruyter.com/document/doi/10.1515/9783110689143/html.

KUTSCHE, Fabiana (2021): Erinnerungsarbeit. Gedanken zu Sophie Scholl in meinem Instagramfeed. In: Fabiana Kutsche (Blog), 17.5.2021, https://fabiana-kutsche.com/2021/05/17/erinnerungsarbeit-gedanken-zu-sophie-scholl-in-meinem-instagramfeed/.

LÄSSIG, Simone (2021): Digital History. Challenges and Opportunities for the Profession. In: Geschichte und Gesellschaft, 47/2021, Nr. 1, S. 5–34. https://doi.org/10.13109/gege.2021.47.1.5.

LEAVER, Tama/Highfield, Tim/Abidin, Crystal (2020): Instagram: visual social media cultures. Cambridge, UK/Medford, MA.

LOMBORG, Stine (2019): Ethical Considerations for Web Archives and Web History Research. In: Brügger, Niels/Milligan, Ian (Hg.): The SAGE Handbook of Web History. London, S. 99–111. https://doi.org/10.4135/9781526470546.

MANCA, Stefania (2021): Digital Memory in the Post-Witness Era: How Holocaust Museums Use Social Media as New Memory Ecologies. In: Information, 12/2021, Nr. 31. https://doi.org/10.3390/info12010031.

MARKHAM, Annette (2012): Fabrication as Ethical Practice: Qualitative Inquiry in Ambiguous Internet Contexts. In: Information, Communication & Society, 15/2012, Nr. 3, S. 334–353. https://doi.org/10.1080/1369118X.2011.641993.

MEIER-VIERACKER, Simon (2023): „Liebe Sophie" – Adressierung und Involvierung in Instagram-Kommentaren am Beispiel des Projektes @ichbinsophiescholl. In: Korpora Deutsch als Fremdsprache, 3/2023, H. 2, S. 112–136. https://doi.org/10.48694/kordaf.3849

MENCHEN-TREVINO, Ericka (2013): Collecting Vertical Trace Data: Big Possibilities and Big Challenges for Multi-Method Research: Collecting Vertical Trace Data. In: Policy & Internet, 5/2013, Nr. 3, S. 328–339. https://doi.org/10.1002/1944-2866.POI336.

MILMO, Dan (2022): What Changes Has Elon Musk Made at Twitter and What Might He Do Next? In: The Guardian, 4.11.2022, https://www.theguardian.com/technology/2022/nov/04/mass-sackings-monetisation-elon-musk-twitter-changing.

MYERS, Cayce/Hamilton, James F (2014): Social Media as Primary Source: The Narrativization of Twenty-First-Century Social Movements. In: Media History, 20/2014, S. 431–444. https://doi.org/10.1080/13688804.2014.950639.

NFDI4MEMORY (2023): Task Area 4: Data Literacy, https://4memory.de/task-areas/task-area-4-data-literacy/.

PASSMANN, Johannes/Schubert, Cornelius (2021): Liking as Taste Making: Social Media Practices as Generators of Aesthetic Valuation and Distinction. In: New Media & Society 23/2021, Nr. 10, S. 2947–2963. https://doi.org/10.1177/1461444820939458.

PRISS, Alina (2021): Vom Medienereignis zum Blockbuster – Remediationen von Ereignisnarrativen im Spielfilm. Universität Innsbruck, https://diglib.uibk.ac.at/ulbtirolhs/download/pdf/6602270?originalFilename=true.

RAU, Jan/Münch,Felix/Asli, Mani (2021): SOCRATES: Social Media Research Assessment Template for Ethical Scholarship. In: SOCRATES – Your Politely Asking Ethics Guide, https://leibniz-hbi.github.io/socrates/.

RAVN, Signe/Barnwell, Ashley/Barbosa Neves, Barbara (2020): What Is „Publicly Available Data"? Exploring Blurred Public-Private Boundaries and Ethical Practices Through a Case Study on Instagram. In: Journal of Empirical Research on Human Research Ethics, 15/2020, Nr. 1–2, S. 40–45. https://doi.org/10.1177/1556264619850736.

REINECKE, Stefan: US-Fernsehserie ‚Holocaust' – Ein Meilenstein der Erinnerungskultur. In: Deutschlandfunk Kultur, 7.1.2019, https://www.deutschlandfunkkultur.de/us-fernsehserie-holocaust-ein-meilenstein-der-100.html.

SALAHELDEEN, Hany M./Nelson, Michael L. (2012): Losing My Revolution: How Many Resources Shared on Social Media Have Been Lost? In: arXiv 13.9.2012. https://doi.org/10.48550/ARXIV.1209.3026.

SAMUEL, Gabrielle/Buchanan, Elizabeth (2020): Guest Editorial: Ethical Issues in Social Media Research. In: Journal of Empirical Research on Human Research Ethics, 15/2020, Nr. 1–2, S. 3–11. https://doi.org/10.1177/1556264619901215.

SCHMIDT, Jan-Hinrik (2019): Gefilterte Wahrnehmung. Das Partizipationsparadox der sozialen Medien. In: Von Wegen, 01/2019, S. 26–29.

SERVICES – NFDI4Culture (2022), https://nfdi4culture.de/de/aufgaben/servicehtml#service-10.

SHARMA, Seemantani (2019): ‚How Tweet It Is!': Have Twitter Archives Been Left in the Dark? In: Journal of Law, Technology and Policy 2019, https://paperssrn.com/abstract=3197073.

SHELDON, Pavica/Bryant, Katherine (2016): Instagram: Motives for Its Use and Relationship to Narcissism and Contextual Age. In: Computers in Human Behavior, 58/2016, S. 89–97. https://doi.org/10.1016/j.chb.2015.12.059.

SHOW & Tell – Social Media-Daten in der Forschungspraxis II (2023). In: NFDI4Culture, https://nfdi4culture.de/de/nachrichten/show-tell-social-media-daten-in-der-forschungspraxis-ii.html.

SMYTH, Hannah/Echavarria, Diego Ramirez (2021): Twitter and Feminist Commemoration of the 1916 Easter Rising. In: Journal of Digital History, 01/2021, https://journalofdigitalhistory.org/en/article/SLCj9T3MsrEk.

SWR2 (2019): ‚Holocaust' – ein erschütterndes Medienereignis, https://www.swr.de/swr2/film-und-serie/gallery-swr-5748.html.

SWR (2021): @ichbinsopiescholl. In: swr.online, 2021, https://www.swr.de/unternehmen/ich-bin-sophie-scholl-instagram-serie-102.html.

THIESSEN, Malte (2022): Das Internet archivieren. Digitale Überlieferung als Voraussetzung zeithistorischer Forschungen. In: Archivpflege in Westfalen-Lippe, 96/2022, S. 40–46.

THOMSON, Sara Day (2016): Preserving Social Media. Digital Preservation Coalition, 15.2.2016. https://doi.org/10.7207/twr16-01.

TIFFANY, Kaitlyn (2022): The Myth of the ‚First TikTok War'. In: The Atlantic, 10.3.2022, https://www.theatlantic.com/technology/archive/2022/03/tiktok-war-ukraine-russia/627017/.

TIIDENBERG, Katrin (2018): Ethics in Digital Research. In: Flick, Uwe (Hg.): The SAGE Handbook of Qualitative Data Collection. London, S. 466–479. https://doi.org/10.4135/9781526416070.n30.

TOWNSEND, Leanne/Wallace, Claire (2016): Social Media Research: A Guide to Ethics. In: AHRECS, https://www.gla.ac.uk/media/Media_487729_smxx.pdfhttps://ahreccom/resources/social-media-research-a-guide-to-ethics-by-townsend-and-wallace-guidance-dr-leanne-townsend-prof-claire-wallace-2016/.

UNIVERSITY OF MASSACHUSETTS AMHERST: Social Media Research Guidance, https://www.umasedu/research/guidance/social-media-research-guidance.

UNIVERSITY OF YORK: Guidelines for the Use of Social Media Data in Research, https://www.york.ac.uk/staff/research/governance/research-policies/social-media-data-use-research/

VLASSENROOT, Eveline/Chambers, Sally Chambers/Lieber, Sven/Michel, Alejandra/Geeraert, Friedel/Pranger, Jessica/Birkholz, Julie/Mechant, Peter (2021): Web-Archiving and Social

Media: An Exploratory Analysis. In: International Journal of Digital Humanities, 02/2021, Nr. 1–3, S. 107–28. https://doi.org/10.1007/s42803-021-00036-1.

WAGNER, Hans-Ulrich/Rau, Jan/Chepurko, Daria/Linnekugel, Clara/Wehrend, Daniel (2023): Kommunikative Praktiken der Aneignung von Vergangenheit. Eine Mixed-Methods-Analyse von User*innen-Interaktionen und Kommentaren bei @ichbinsophiescholl. In: Berg, Mia/Kuchler, Christian (Hg.): @ichbinsophiescholl. Darstellung und Diskussion von Geschichte in Social Media, Göttingen 2023, S. 122–143.

WAGNER, Jens-Christian (2022): Aus dem Ruder gelaufen: Das Instagram-Projekt ‚Ich bin Sophie Scholl', 17.3.2022, https://www.stiftung-evz.de/wer-wir-sind/neuigkeiten-aus-der-stiftung/neuigkeit/instagram-projekt-ichbinsophiescholl-ein-debattenbeitrag/.

WALLACE, Elaine/Buil, Isabel (2021): Hiding Instagram Likes: Effects on Negative Affect and Loneliness. In: Personality and Individual Differences, 170/2021, 110509. https://doi.org/10.1016/j.paid.2020.110509.

WALZ, Annabel/Marquet, Andreas Marquet (Hg.) (2022): Sicher sichern? Social Media-Archivierung aus rechtlicher Perspektive im Archiv der sozialen Demokratie. Beiträge aus dem Archiv der sozialen Demokratie, H. 17.

WELKER, Martin/Kloß, Andrea (2014): Soziale Medien als Gegenstand und Instrument sozialwissenschaftlicher Forschung. In: König, Christian/Stahl, Matthias/Wiegand, Erich (Hg.): Soziale Medien: Gegenstand und Instrument der Forschung. Wiesbaden, S. 29–52.

WELLER, Katrin/Katharina E. Kinder-Kurlanda (2015): Uncovering the Challenges in Collection, Sharing and Documentation: The Hidden Data of Social Media Research? In: Standards and Practices in Large-Scale Social Media Research: Papers from the 2015 ICWSM Workshop, S. 28–37.

WILKE, Jürgen (2004): Die Fernsehserie ‚Holocaust' als Medienereignis. In: zeitgeschichte | online (Blog), 1.3.2004, https://zeitgeschichte-online.de/themen/die-fernsehserie-holocaust-als-medienereignis.

WILKINSON, Mark D. u. a. (2016): The FAIR Guiding Principles for Scientific Data Management and Stewardship. In: Scientific Data 3, 1/2016, 160018. https://doi.org/10.1038/sdata.2016.18.

WILLIAMS, Matthew L./Burnap, Pete/Sloan, Luke (2017): Towards an Ethical Framework for Publishing Twitter Data in Social Research: Taking into Account Users' Views, Online Context and Algorithmic Estimation. In: Sociology 51, 06/2017, S. 1149–1168. https://doi.org/10.1177/0038038517708140.

YADLIN, Aya (2022): Negotiating the Past Online: Holocaust Commemoration between Iran and Israel. In: Information & Culture 57, 01/2022, S. 46–62. https://doi.org/10.7560/IC57104.

Historisches Lernen im digitalen Wandel?

OLAF HARTUNG

Historisches Lernen in einer ‚(Geschichts-)Kultur der Digitalität'?

1. Die Frage nach den Folgen der digitalen Transformation für das historische Lernen

Wenn der Befund der digitalen gesellschaftlichen Transformation zutrifft, stellt sich der Geschichtsdidaktik weiterhin die Frage, inwiefern diese das historische Lehren und Lernen betrifft (vgl. u. a. Danker/Schwabe 2008, 2017; Hodel 2008; Bernsen u. a. 2012; Demantowsky/Pallaske 2014; Bernhardt/Friedburg 2014; Rosa 2015, 2019; Buchberger u. a. 2015; Alavi 2015; Günther-Arndt 2015; Bernsen/Spahn 2015; Bernsen/Kerber 2017; Barsch u. a. 2019; Mares u. a. 2020; Mierwald 2021; Schreiber 2022). Dieser Beitrag möchte versuchen, die Frage in einem weiteren Zusammenhang zu diskutieren. In Anlehnung an das Konzept einer „Kultur der Digitalität"[1] des Schweizer Kultur- und Medienwissenschaftlers Felix Stalder (2016) soll im Folgenden überlegt werden, ob und wenn ja, wie die mediengeschichtlich neue Dominanz digitaler Informations- und Kommunikationstechniken auch den Möglichkeitsraum des Geschichtslernens bedingen. Oder konkreter gefragt: Inwieweit verändern sich in einer ‚(Geschichts-)Kultur der Digitalität' die Bedingungen und gegebenenfalls auch Ziele des historischen Lehrens und Lernens? Und was sollten wir tun, wenn sich diese Bedingungen verändern? Inwiefern sollten und können wir die Art und Weise, wie wir Geschichte lehren und lernen, an den digitalen Wandel anpassen?

Um die möglichen Folgen des digitalen Wandels für die Geschichtskultur[2] und das Geschichtslernen angemessen diskutieren zu können, erörtert der Beitrag zunächst einige Aspekte der Begriffe *Geschichtslernen*, *Medien* und *Kultur*. Der skizzierte Geschichtslernbegriff wird sodann mit den von Stalder bestimmten „Formen der Digitalität" (Stalder 2016, 95 f.) in Beziehung gesetzt.

---

1 Der englischsprachige Titel der Monografie Stalders lautet inhaltlich vielleicht treffender als der deutschsprachige Titel „The Digital Condition".
2 Zu dem hier zugrundeliegenden Verständnis des geschichtsdidaktischen (Leit-)Konzepts ‚Geschichtskultur' siehe den einführenden Beitrag von Hartung u.a. i. d. Bd.

Ziel ist es herauszufinden, inwieweit die Funktionsprinzipien einer hybriden Netzwerkgesellschaft Erklärungspotenzial auch für aktuelle Entwicklungen in den Bereichen der Geschichtskultur bieten. Geschichtskultur wird hierbei nicht nur als Gegenstand, sondern auch als bedingendes und bedingtes Medium des Geschichtslernens angesehen, wobei die geschichtskulturell hervorgebrachten Genres des Kommunizierens geschichtlicher Sachverhalte einerseits die Lerninhalte, andererseits die Lerngegenstände auch die Genres des stets auf kommunikatives Handeln angewiesenen Geschichtslernens beeinflussen (vgl. Hartung 2019, 65).

2. Geschichts-, Lern- und Kulturbegriff

Ein fachlich spezifizierter Geschichtslernbegriff sollte den historischen Wandel unterliegenden Möglichkeitsraum des Geschichtslernens reflektieren. Es ist davon auszugehen, dass Geschichtslernen im Spannungsfeld zwischen veränderlichen gesellschaftlich tradierten Geschichtsdeutungen und individuellen Relevanzzuschreibungen historischer Narrationen erfolgt (vgl. u. a. Meyer-Hamme 2018). Aufgabe des Geschichtsunterrichts ist es u. a., die zumeist gruppenspezifisch konventionalisierten Geschichtserzählungen einer Geschichtskultur und das individuelle bzw. subjektspezifisch realisierte Geschichtslernen sinnhaft aufeinander zu beziehen. Dabei lässt sich das eine nicht direkt aus dem anderen ableiten. Weder die unkritische Übernahme der konventionalisierten historischen Narrationen einer sich wandelnden Geschichtskultur ist das Ziel historischen Lernens noch deren völlig freie Interpretation. Vielmehr geht es um eine möglichst reflektierte und selbstständige Auseinandersetzung mit kontroversen Sinnbildungsangeboten und der Entwicklung einer eigenständigen Position in geschichtsbezogenen Diskursen. Die damit verbundenen Fähig- und Fertigkeiten können im Sinne geschichtsdidaktischer Kompetenzmodelle als Kompetenzen historischen Denkens beschrieben werden (vgl. Körber u. a. 2007). Als wesentliches Lernergebnis historischer Bildung gilt ein kritisch-reflektierte Umgang mit den manifesten Objektivationen der Geschichtskultur. Zu fördern ist die Fähigkeit zur Einnahme und Reflexion sachlich begründeter Standpunkte innerhalb geschichtskultureller Debatten.

Ein fachspezifischer Geschichtslernbegriff ist zugleich medien- und gattungssensibel. Das heißt, er reflektiert die mediale Gebundenheit und Formabhängigkeit unseres Wissens über vergangenes Geschehen, das uns nur zeichenhaft *vermittelt* in Form von Quellen und Darstellungen entgegentreten kann. Zu beachten ist hierbei, dass diesem kultursemiotischen Verständnis ein weit gefasster Medienbegriff zugrunde liegt, der nicht nur die Lehr- und Lernmittel des Geschichtslernens, sondern alle historischen und geschichtskulturellen Objektivationen umfasst, also sämtliche überlieferten Äußerungen aus der Vergangenheit und alle Darstellungen über Geschichte.

Der Kulturbegriff bildet schließlich die Schnittstelle zwischen dem eben umrissenen geschichtskulturell eingefassten Lernbegriff und Stalders Konzeptualisierung einer Kultur der Digitalität. Grundsätzlich verfügt der Begriff *Kultur* über viele Bedeutungsebenen. Zum einen bezeichnet er die kulturelle Produktion und Rezeption von menschlichen Mente- und Artefakten, die sich in verschiedene Sparten oder Sphären gliedern. Zum anderen wird unter Kultur auch übergreifend eine Art *Formatierung* von Gesellschaft und Teilgesellschaften verstanden (vgl. Strauss 1983; vgl. auch Baecker i. d. Bd.). Im letztgenannten Sinn sind wir seit mehreren Jahrzehnten Zeugen eines Wandlungsprozesses, bei dem die digitalen Informations- und Kommunikationstechniken zunehmend die lange Zeit dominierende Buchkultur bzw. Printkommunikation überformen. Die digital formatierte Kommunikation wird letztlich zur dominanten Kulturtechnik (vgl. u. a. Giesecke 2002, Rosa 2015, 2019; Baecker i. d. Bd.). Damit eröffnet sich ein neuer kultureller Möglichkeitsraum, der Veränderungen und Anpassungen auf eigentlich allen gesellschaftlichen Ebenen hervorruft.

Doch wie genau verändern sich die Bedingungen für das historische Lernen in einer neuen ‚Kultur der Digitalität'? Mit Stalder kann man darauf kulturtheoretisch antworten: Kulturelle Bedeutung – und damit auch unsere Geschichtskultur – wird von Menschen geschaffen, indem sie an Beziehungen arbeiten (vgl. Stalder 2016, 16 f.). Dabei beziehen sie sich in der Regel auf bestehende Überlieferungen, Darstellungen und andere Arte- und Mentefakte. Die Menschheitsgeschichte kenne zwar bereits verschiedene Referenzsysteme und veränderliche Formen von Authentizitätsbezeugungen; neu in einer Kultur der Digitalität sei aber – so Stalder – zum einen der stetig wachsende Umfang der verarbeiteten Materialien und zum anderen die vereinfachten Zugriffsmöglichkeiten darauf. Kulturelle Werke seien digital mehr oder weniger frei verfügbar und – zumindest potenziell – von fast allen Menschen digital bearbeitbar. Digitale Produkte können mehr oder weniger leicht veröffentlicht, kopiert, verändert und in anderen Kontexten weiterverbreitet werden. Durch hybride Vernetzung von analoger und digitaler Realität respektive Materialität erzeugen die digitalen Informations- und Kommunikationstechniken historisch neue Möglichkeiten der Verknüpfung von menschlichen und nichtmenschlichen Akteuren (vgl. ebd., 18). Damit bilden sich neue kommunikative Aktionsräume, die keine, oder zumindest geringere hierarchische Organisationsformen als zuvor bedürfen. Etablierte Institutionen der Geschichtskultur, wie Archive, Universitäten, Verlage, Bibliotheken, Museen und letztlich auch Geschichtsunterricht, bringt das zunehmend in Bedrängnis, da sie der stetig wachsenden Menge an Informationen und Materialen kaum noch Herr zu werden vermögen.

3. Bedingungen des Geschichtslernens in einer ‚Kultur der Digitalität'

Essentiell in Stalders Konzept sind die von ihm diagnostizierten drei Grundformen der Generierung von Kultur als geteilte Bedeutung bzw. Ordnung, welche die hier nur skizierten neuen Bedingungen einer ‚Kultur der Digitalität' prägen. Stalder nennt diese *Referentialität, Gemeinschaftlichkeit* und *Algorithmizität*. Mit *Referentialität* (vgl. ebd., 96–128) ist gemeint, dass die digital vergrößerte Vielfalt der – z.T. auch immersiv – verfügbaren Referenzen es möglich und notwendig mache, dass die Anwenderinnen und Anwender ihr jeweils eigenes Bezugssystem erstellen, um die vielen auf sie einströmenden Zeichen, Texte, Bilder und Videos in einen konkreten Bedeutungszusammenhang zu stellen. Dieser Referenzrahmen bestimme wiederum das jeweils eigene Verhältnis zur Welt und die subjektive Position in ihr mit. Die Grundform *Gemeinschaftlichkeit* (vgl. ebd., 129–163) anerkenne *Referentialität* als produktive Leistung, die nur in Gemeinschaft mit anderen vollbracht werden könne. Diese vollziehe sich besonders häufig in den Sozialen Medien (vgl. auch Berg/Lorenz i. d Bd.), mit denen sich die Anwenderinnen und Anwender, z. B. durch *likes* oder *feeds*, ihre durch Auswahl bestimmter Arte- und Mentefakte generierten Bedeutungszuschreibungen gegenseitig validierten (vgl. Bruns 2008). Dabei werden die Anwenderinnen und Anwender nicht nur von anderen Menschen, sondern auch von maschinellen bzw. automatisierten Entscheidungsprozeduren geleitet, die das Nutzerverhalten systematisch auswerten und auf Basis der Auswertungsergebnisse Vorschläge für weitere Auswahlprozesse und damit zugleich für neue Bedeutungszuschreibungen unterbreiten. Diesen Zusammenhang nennt Stalder *Algorithmizität* (vgl. Stalder 2016, 164–201).

Die nachfolgenden Beschreibungen möglicher Veränderungen unserer Geschichts- und Lernkultur verknüpfen Stalders drei Grundformen mit den beiden Polen auf der Achse des oben skizierten fachspezifischen Lernbegriffs; also mit der gesellschaftlichen Seite der Geschichtskultur einerseits und der subjektspezifischen Seite des historischen Lernens andererseits. Dadurch ergibt sich eine heuristische Sechsfelder-Matrix, der unterschiedliche Analysefragen zugeordnet werden können:

	Veränderte Bedingungen für die Geschichtskultur	Fragen, die sich aus den veränderten Bedingungen für das historische Lernen ergeben
Referentialität	Erweiterte Möglichkeiten bei der Anwendung geschichtskultureller Materialien für die eigene Rezeption und Produktion.	Welche Kompetenzen benötigen Lernende, um mit der Vielfalt verfügbarer geschichtskultureller Referenzen angemessen umgehen zu können?
Gemeinschaftlichkeit	Veränderte Mechanismen der Vergesellschaftung.	Wie lernen Schülerinnen und Schüler, ihre geschichtsbezogenen Positionierungen im eigenen Netzwerk zu reflektieren und ggf. auch bewusst zu steuern?
Algorithmizität	Steuerung der Prozesse kultureller Bedeutungsproduktion auch durch Algorithmen.	Wie lernen Schülerinnen und Schüler, die von Algorithmen erzeugten Ordnungen als wichtigen Teil der Geschichtskultur zu erkennen und für ihre gesellschaftliche Teilhabe nutzbar zu machen?

Tab. 1: Sechsfelder-Matrix zur Formulierung von Analysefragen zu den Bedingungen des Historischen Lernens in einer (Geschichts-)Kultur der Digitalität

Das erste Feld der Matrix betrifft die erweiterten Möglichkeiten bei der Anwendung geschichtskultureller Materialien für die eigene Rezeption und Produktion. Digitale Angebote, oder besser: Anwendungen im Internet, erhöhen die Möglichkeiten der Nutzung bereits bestehender geschichtskultureller Materialen für die eigene Bedeutungsproduktion außerordentlich. Dies liegt auch daran, dass ganz unterschiedliche Codierungen, wie Schrift, Ton, Grafik, Bild und laufende Bilder verlustfrei oder komprimiert, im binären Code wiedergegeben werden können, und so mehr oder weniger beliebig vervielfältigt, bearbeitet, kombiniert und übertragen werden. Dies führt auch dazu, dass bisherige ‚Gatekeeper' öffentlicher Diskurse, wie Redaktionen und Verlage, ihre „Filterautorität" verlieren (Rosa 2019, 77). Fremdgestellte Inhalte lassen sich im Netz neu kuratieren bzw. in neue eigene Kontexte einbinden. Bestehendes geschichtskulturelles Material wird anhand ‚transformativer Nutzungen' mit neuer Bedeutungszuweisung zusammengeführt – etwa zu Remixes, *Pinterest*-Collagen, MashUps, Memes, Coverversionen und Inszenierungen, wie z. B. historisch kostümiertes Cosplay. Geschichtliches gibt es heute auf *Tiktok*, *Youtube*,

Instagram, Twitter und in Computerspielen sowie neuerdings auch in Form von KI-basierten Large Language Models (Held 2023; Krebs i. d. Bd.) generierten historischen Erzählungen zu Hauf. Das Spektrum reicht von anmoderierten Verlinkungen bei *Twitter* über Geschichtstalk in Blogs bis hin zu den professionell kuratierten Angeboten und Content traditioneller geschichtskultureller Akteure wie Museen, Gedenkstätten und Archive (siehe Burkhardt i. d. Bd.).

Schließlich nutzen auch die etablierten Player der Geschichtskultur die neuen digitalen Möglichkeiten, um ihre bisherige Stellung in der gesellschaftlichen Bedeutungsproduktion zu erhalten oder auszubauen. Dazu erweitern sie entweder ihr Angebotsspektrum oder schaffen sogar ganz neue Produktionen, die es zuvor so noch nicht gab (vgl. Danker/Schwabe 2017). Zu nennen sind hier unter anderem Angebote in den Bereichen Archive 2.0, mobiles Lernen im Museum oder rein digitale Museen, digitales Storytelling, Zeitzeugen digital, (die heute bereits oft veralteten) Geschichts-WebQuests, digitale Schulgeschichtsbücher (vgl. Ventzke i. d. Bd.) bis hin zur Augmented Historical Reality, die uns in vergangene Realitäten eintauchen lassen will. Ein viel diskutiertes Produkt dieser Entwicklungen ist z. B. das *Instagram*-Projekt „Ich bin Sophie Scholl" des Südwest- und Bayerischen Rundfunks (vgl. Schacher/Seever 2023; Berg/Lorenz i. d. Bd). Zu den Merkmalen solcher Anwendungen zählen Interaktivität, Intermedialität und Multimodalität. Rückkopplungseffekte und die Möglichkeit zum ständigen Austausch vernetzt und *open access* fast immer und überall steigern die Wirkmächtigkeit der Anwendungen um ein Weitere.

Dieser neu eröffnete Möglichkeitsraum vergrößert die Angebote und Zugänge zur Geschichtskultur; er fördert aber nicht unbedingt deren kritische Reflexion und die Selbstreflexivität der Nutzerinnen und Nutzer (vgl. z. B. Körber 2004/Cornelißen 2008; Wineburg 2019; Mierwald i. d. Bd). Burkhardts (2021) Untersuchung erinnerungskultureller Anwendungen auf Facebook, Twitter, Pinterest und Instagram an den Beispielen des Museums Auschwitz, des Anne Frank Hauses und weiterer Gedenkstätten kommt jedenfalls zu ernüchternden Ergebnissen: Oft reproduzierten die Social Media-Angebote der genannten Gedenkstätten die populären transnationalen Diskurse einfach nur in ihren medienspezifischen Transformationen (vgl. Burkhardt 2021, 554 f., s. a. Burkhardt i. d. Bd.). Darüber hinaus würde aber der Social-Media-Auftritt des Museums Auschwitz vor allem Mechanismen der Amerikanisierung, Kosmopolitisierung und Universalisierung des Holocausts erkennen lassen (ebd., 555). Die Geschichte des Holocausts mit seinen Tätern und Opfern spiele hierbei eine geringere Rolle, als dessen Bedeutung als transnationale moralische Metapher für Menschrechtserziehung. Die Social-Media-Seiten des Anne Frank Hauses in

Amsterdam reproduzierten Diskurse der Sakralisierung und Ikonisierung, wobei die physische Welt dem eigentlich kaum nachstehen würde (vgl. ebd.). Welche Folgen haben diese Befunde für die Geschichtskultur und das historische Lernen und welche Kompetenzen benötigen Lernende, um mit dieser unüberschaubaren Vielfalt verfügbarer geschichtskultureller Referenzen angemessen umgehen zu können? Es ist zu vermuten, dass die meisten geschichtsbezogenen Deutungsangebote auf nicht wenige Anwenderinnen und Anwender treffen, die diese nicht in einen ausreichend sinnhaften Kontext stellen können (vgl. Cornelißen 2008). Die vielerorts beliebte ‚Toolification' oder ‚Gamification' des Geschichtslernens und die Schulung im Umgang mit technischen Mitteln allein wird kaum genügen, um die überbordende digitale Angebotsvielfalt angemessen zu beherrschen. Von größerer Bedeutung sind vielmehr besondere Kenntnisse über das Verhältnis von Medientechnologie und den Konstruktionsprinzipien geschichtsbezogener Darstellungen. Schülerinnen und Schüler benötigen Fähigkeiten, mit denen sie die vielen auf sie einströmenden Geschichtsbilder, -narrationen und -deutungen sinnhaft in eigene konkrete Bedeutungszusammenhänge stellen können. Dies beinhaltet auch die Fähigkeit, ihr jeweils eigenes Bezugssystem produktiv herstellen zu können.

Geschichtstheorie und -methodik können hierfür einen wichtigen Beitrag leisten. Gehört doch die kritische Prüfung aller möglichen Formen von Referentialisierungen zu den Grundlagen des Fachs. Die auch an die digitalen Angebote zu richtenden Fragen müssen stets lauten, wer, wann, wie – also mit welchen Mitteln und Formen – in welcher Situation und mit welchen Interessen eine bestimmte Geschichte erzählt und was das geschichtskulturell bedeutet. Forschend-endeckendes und problemorientiertes Lernen fördern eher ein entsprechend kritisch-reflektiertes Denken und eine von rationalen Kriterien geleitete Urteilsfähigkeit als klassisches Instruktionslernen (vgl. u. a. Scholkmann/Küng 2012, Krebs 2024). Die Bildung vernünftiger Sach- und Werturteile bedarf wiederum der Berücksichtigung vieler Seiten eines Sachverhalts, weshalb die geschichtsdidaktischen Prinzipien Multiperspektivität, Kontroversität und Pluralität in einer (Geschichts-)Kultur der Digitalität noch wichtiger werden. Zu erweitern sind die im Fach verfügbaren Verfahren der Quellenkritik und Interpretation (vgl. u. a. Hodel 2008; Schreiber 2022; Schmitz-Zerres i. d. Bd.), die an die Netz-Anwendungen angepasst werden müssen, wie zum Beispiel an das Konzept einer kollaborativen und/oder hybriden Autorschaft, an die Möglichkeit rein digitaler Quellenerzeugung (*born digital*) sowie an das Analyseprinzip „Data first" für Produkte konzeptioneller Digitalität (vgl. Hiltmann 2022, 38 f.). Das Letztgenannte sieht vor, die verschiedenen Applikationen und unterschiedlichen Darstellungsformen nicht nur auf der Oberflächenebene zu betrachten. Vielmehr sollen stets die den digitalen Angeboten zu Grunde liegenden Daten ins Zentrum der Analysen gestellt werden, auf denen die jeweiligen (digitalen) Darstellungsformen nur aufbauen. Eine gelingende Orientierung in einer (Geschichts-)Kultur der Digitalität erfordert zudem ein systemisches Denken von Strukturen und komplexen Zusammenhängen in ihrer Veränderlichkeit. Das Fach Geschichte ist prädestiniert, ein avanciertes Verständnis über eine „Geschichtskultur der Komplexität" (Baecker i. d. Bd.) zu vermitteln, das auf einer nichtdeterministischen Sichtweise auf die interdependenten Zusammenhänge der verschiedenen gesellschaftlichen Ebenen beruht. Zu den proprietären Aufgaben des Fachs und des Geschichtsunterrichts sollte daher auch stets die Historisierung der digitalen Transformation zählen. Beides zusammen, eine an die Möglichkeiten des interaktiven Internets angepasste Quellen- und Darstellungskritik (vgl. Mierwald i. d. Bd.) und die vergleichende Analyse der jeweiligen historischen Möglichkeitsräume, bilden die notwendige Basis für die reflektierte und selbstreflexive Orientierung in einer (Geschichts-)Kultur der Digitalität.

Der zweite Aspekt veränderter Bedingungen für aktuelle Geschichtskulturen betrifft die Mechanismen der Vergesellschaftung. Referenzialität gilt in Stalders Konzept als produktive Leistung, die nur in Gemeinschaft mit anderen vollbracht werden kann (Stalder 2016, 129 f.). Die dominante Vergesellschaftungsform historischen Wissens in einer Kultur der Digitalität ist die Vernetzung. Problematisch hierbei ist jedoch die Asymmetrie der Machtverhältnisse zwischen den Plattformbetreibern und den Nutzerinnen und Nutzern, welche die Bedingungen, unter denen sie in den Netzwerken arbeiten, kaum kontrollieren können. Im Gegenteil besteht das Geschäftsprinzip vieler Social-Media-Plattformen gerade darin, die Anwenderinnen und Anwender in bestimmten von ihnen vorgegebenen Bahnen kommunizieren zu lassen. Den Einzelnen wird zwar nicht direkt vorgeschrieben, was sie tun sollen; allerdings kontrollieren die Betreiber die Umgebung, in der sich die Anwenderinnen und Anwender bewegen. Bekanntes Beispiel hierfür ist der *PageRank* von Google (ebd. 182 f.). Die Nutzung großer Informationsmengen geschieht zunehmend auf Grundlage der Analyse von Metadaten, die die Beziehungsmuster der Nutzerinnen und Nutzer zu ‚ihren' Inhalten nicht nur auswerten, sondern weitere als dazu passend errechnete Angebote nach sich ziehen. Die auf geschichtskulturelle Werke bezogenen Interaktionen bilden auch im Internet die äußere Realität nicht einfach nur ab, vielmehr entwickeln sie dadurch eine Tendenz zu Selbstreferenzialität. Dies führt dann nicht selten zu *divided memories* bzw. gespaltenen Erinnerungen in den viel beklagten ‚Echokammern' und ‚Filter Bubbles' (Pariser 2011), die in Konkurrenz zu den manifestierten *shared histories* oder gar *conflicting memories* in der Geschichtskultur stehen (vgl. Lücke/Zündorf 2018, 56). Ob diese dann aber schlechter oder besser sind als die bisher dominanten Narrative der Geschichtskultur, ist damit noch nicht beantwortet. Möglicherweise leistet diese Entwicklung aber einer weiteren Pluralisierung der Geschichtskultur Vorschub.

Zugleich büßen die einst das Geschichtsbewusstsein prägenden Institutionen ihre bisherige Bindungskraft ein – dies gilt etwa für Parteien, Kirchen und Vereine, aber auch für Printmedien, Museen und schulischen Geschichtsunterricht. Etablierte Organisationen verlieren ihre bisher dominante Stellung zugunsten einer sogenannten *Community of Practice* (vgl. Stalder 2016, 136). Kennzeichnend für diese seien ein eher informeller, aber durch die digitale Infrastruktur strukturierter Austausch, gerichtet auf neue Wissens- und Handlungsmöglichkeiten. Nicht immer verfügten diese *Communities* jedoch über fundiertes Wissen. Vielmehr regiere dort oft Halbwissen, das durch die Mechanismen der Aufmerksamkeitsökonomie und den Drang nach ständiger Kommunikation noch forciert werde. Bisherige Mechanismen der Vergesellschaftung verlören an Einfluss. Explizite normative Zwänge nehmen zwar ab, dafür aber implizite ökonomische zu. Schülerinnen und Schüler sollten daher lernen, ihre Informationen und Bedeutungen selbstverantwortlich zu organisieren. Zugleich müssen sie erfahren, dass sie die Bedingungen, unter denen sie dies versuchen, nur eingeschränkt beeinflussen können. Leider scheint die Tendenz vorherrschend, dass die Prozesse des gleichberechtigten gemeinsamen Austausches und der kollaborativen Zusammenarbeit in Zeiten sog. ‚Polykrisen' gesamtgesellschaftlich betrachtet eher noch ab- als zunehmen.

Damit stellt sich die Frage, wie Schülerinnen und Schüler lernen können, ihre geschichtsbezogenen Positionierungen im eigenen Netzwerk zu reflektieren und bewusst zu steuern. Stehen im Hinblick auf die veränderten Mechanismen der Referenzialität besondere Fähigkeiten zur Quellen- und Informationskritik sowie Authentizitätsprüfung im Fokus, adressiert der Gemeinschaftlichkeitsaspekt zuvorderst die kommunikativen Fähigkeiten zur selbstbestimmten und reflektierten Teilhabe an der Geschichtskultur. Die zumindest potenziell zu erwerbenden Fähigkeiten zur Teilhabe an geschichtskulturellen Debatten erfordern nicht nur inhaltliche Geschichtskenntnisse, sondern auch die Beherrschung der Werkzeuge zur Kommunikation als Mittel der Teilhabe. In einer Geschichtskultur der Digitalität verlieren bisher dominante Verfahren zur Bewältigung wiederkehrender Kommunikationsanlässe ihre Vormachtstellung zugunsten neuer digitaler Handlungsmuster. Mögliche Anwendungen interaktiver

Internetkommunikation, mit denen sich die Akteure auch über Geschichtliches verständigen können, sind unter anderem Chat- und Forenkommunikation, integrierte Diskussions-, Kommentar-, Chat- und Messaging-Funktionen in ‚sozialen Netzwerken', Weblogs, Spiele-Apps, Online-Computerspiele sowie Micro-blogging-Dienste wie X. Für das produktorientierte Geschichtslernen bieten sich zudem netzbasierte Schreib- und Kooperationsplattformen an, wie z. B. *Etherpads*, *Wikis* und *GoogleDocs*.

Die reflektierte Nutzung solcher Anwendungen erfordert nicht zuletzt Wissen darüber, wie die digitalen Formate unser Verständnis über vergangenes Geschehen rahmen und lenken, und zwar sowohl auf Seiten der Rezipientinnen und Rezipienten als auch bei den Produzentinnen und Produzenten historischer Bedeutung. Die Fähigkeit zur Reflexion der jeweils eigenen Position in den Netzwerken dürfte für die selbstbestimmte Teilhabe wesentlich sein (vgl. Stalder 2016, 140). Hierbei ist vor allem auch die Frage bedeutsam, wie die kommunikativen Muster und Mittel einer Kultur der Digitalität die historischen Erkenntnisse mit formen. Welche Mechanismen führen z. B. zur Bildung sog. ‚Echokammern' und ‚Filterblasen', die bestimmten geschichtspolitischen Ausrichtungen folgen? Wie kann man lernen, diese zu erkennen und angemessen zu bewerten? Letztlich zielen diese Fragen auf die Art und Weise der Bedeutungskonstruktion in Netzwerken, in denen sich die Lernenden bewegen. Das heißt, Schülerinnen und Schüler sollten nicht nur das Lernen in und mit Netzwerken als Gegenstand beherrschen, sondern auch das Netzwerken als Tätigkeit, d. h. die eigenen Netzwerke zu bauen und zu pflegen.

Der dritte Aspekt veränderter Bedingungen für die Geschichtskultur betreffen die durch Algorithmen gesteuerten Prozesse kultureller Bedeutungsproduktion. Das Sortieren großer Datenmengen durch Algorithmen spielt auch für die dezentrale Produktion geschichtskultureller Anwendungen eine zunehmend wichtigere Rolle. Algorithmen transformieren die unüberschaubaren Daten- und Informationsmengen, die heute viele Bereiche des Alltags prägen, in Dimensionen und Formate, welche durch die menschliche Wahrnehmung überhaupt erst erfasst werden können. Ihre Aufgabe ist nicht zuletzt, ‚Big Data' auf erkennbare ‚Small Data' zu reduzieren. Ohne auf Algorithmen beruhende automatisierte Verfahren wären wesentliche Möglichkeiten der digitalen Geschichtskultur kaum nutzbar. Anwenderinnen und Anwender werden nicht nur von anderen Nutzerinnen und Nutzern, sondern auch von maschinellen Entscheidungsprozeduren geleitet. Diese werten das Anwenderverhalten systematisch aus und unterbreiten auf Basis der Auswertungsergebnisse Vorschläge für weitere Auswahlprozesse und damit zugleich für neue

Bedeutungszuschreibungen. Sozio-kulturelle Prozesse in einer technischen Infrastruktur und technische Prozesse, die sozial-kulturell strukturiert sind, gehen hierbei fließend ineinander über. Als automatisierte *Personalisierungen* steuern Algorithmen nicht nur geschichtlich bedeutsame Inhalte, vielmehr beeinflussen sie mit ihren Zuordnungen und Sortierungen auch die Wahrnehmung von Geschichtskultur.

Dynamische Algorithmen und neuerdings auch besonders sog. *deep learning*-Verfahren neuronaler Computernetzwerke sind zudem in der Lage, Programme durch Feedback halbautomatisch eigenständig (weiter) zu entwickeln. Die mithilfe von Algorithmen erzeugten Ordnungen sind ein wichtiger Teil digitaler Geschichtskultur. Reichweite und Relevanz geschichtsbezogener Beiträge bemisst sich nach Prozeduren, die die (zumeist kommerziellen) Plattformbetreiber entwickelt haben und sich in vorgegebenen Bahnen sogar selbst weiterentwickeln. Die mithilfe von Metadatenanalysen arbeitenden ‚Beobachtenden' wissen mehr über die Anwenderinnen und Anwender als diese über sich selbst. Jede Anwenderin und jeder Anwender erhält ihre bzw. seine separate, eigene Ordnung im ‚Netz'. Dies führt wiederum zu einer sich selbst beschleunigenden Dynamik: Fordert die mal mehr mal weniger automatisierte Netzkommunikation und Datenschöpfung den Nutzern und Nutzerinnen unaufhörlich Auswahlentscheidungen ab, müssen die Plattformbetreibenden jeweils möglichst adäquat auf die gemessene Ökonomie der Aufmerksamkeit reagieren, um ihr auf Behaviorismus basierendes Geschäftsmodell dauerhaft betreiben zu können. Der rapide Aktualitätsverfall im „telematischen Gedächtnis" (Esposito 2002) Internet forciert diesen Selektionszwang zusätzlich. Personalisierende Algorithmen verzerren die Wahrnehmung insofern, als würden viele Internet-Anwendungen die eigenen Ansichten bestätigen. Dies dürfte insgesamt betrachtet das Beharren auf rein persönlichen Geschichtsbildern und Narrativen forcieren und einer quellenkritisch fundierten Geschichtskultur entgegenwirken. Eine (teil-)automatisierte Geschichte – nicht zuletzt maschinell ‚erzählt' von sog. *Generative Pre-trained Transformers* (GPT) – birgt zudem die Gefahr, viel zu schnell als abgeschlossen betrachtet zu werden, womit auch die Möglichkeiten geringer werden, für Gegenwart und Zukunft Rückschlüsse aus der Vergangenheit zu ziehen.

Der letzte Punkt der oben vorgestellten Analysematrix betrifft die Frage, wie Schülerinnen und Schüler lernen, die von Algorithmen mit erzeugten Ordnungen als wichtigen Aspekt der Geschichtskultur zu erkennen und für ihre gesellschaftliche Teilhabe nutzbar zu machen. Wichtig für ihr Geschichtslernen ist hierbei die Erkenntnis, dass hinter Algorithmen nicht nur technische, sondern auch gesellschaftliche und geschichtliche Fragen stehen (vgl. Stalder 2018). Es ist wichtig zu verstehen, welche Auswirkungen ein Code auf sie als Nutzerinnen und Nutzer hat und was passiert, wenn maschinelle bzw. automatisierte Entscheidungsprozeduren menschliches Denken und Verhalten beeinflussen. Im Fach Geschichte lernen Schülerinnen und Schüler algorithmische Prinzipien vor allem im Anwendungsfeld geschichtskultureller Angebote und in propädeutischen Kontexten digitaler Quellenanalysen kennen. Der Blick richtet sich hierbei möglichst weit hinter die Benutzeroberflächen, um zu zeigen, dass Algorithmen nicht nur die Ergebnisse ihrer Recherchearbeiten, sondern auch das Geschichtsbewusstsein und die Geschichtsbilder von Menschen verändern können. Gezielt genutzte Algorithmen können das Meinungsbild ganzer Gesellschaften prägen und nicht zuletzt die Ergebnisse politischer Wahlen beeinflussen (vgl. O'Neil 2018). Eine wichtige Aufgabe im Fachunterricht ist daher die Etablierung von Routinen, mit denen Schülerinnen und Schüler die Wirkmechanismen digitaler Dynamiken immer wieder aufs Neue erkennen und hinterfragen. Dies gilt für die Bereitstellung von Informationen bis hin zu den medientechnischen und sozio-historischen Bedingungen von Revolutionen. Dabei sollte auch die Geschichte der Algorithmizität als die Implementierung von Logik in Technik im Unterricht zum Thema des Unterrichts gemacht werden.

4. Schlussbetrachtung

Die Ausgangsfragen des Beitrags lauten, inwieweit sich mit einer nach Felix Stalders drei Grundformen *Referentialität, Gemeinschaftlichkeit und Algorithmizität* relationierte (Geschichts-)Kultur der Digitalität mögliche Veränderungen in den Bedingungen des Geschichtslernens beschreiben lassen und welche Schlussfolgerungen sich daraus für das historische Lehren und Lernen ergeben. Prinzipiell lässt sich feststellen, dass sich mit der digitalen Transformation sehr wohl auch die Bedingungen des historischen Lernens verändern. Das Ziel historischer Bildung, das eigene Geschichtslernen reflektiert und reflexiv zu gestalten, bleibt zwar bestehen, nun aber unter den erweiterten Bedingungen einer (Geschichts-)Kultur der Digitalität. Eine sich m. E. daraus ergebende Schlussfolgerung ist die Notwendigkeit zur erweiterten Bestimmung zentraler Ziele historischer Bildung (vgl. auch KMK 2016, 8). Zum einen benötigen Geschichtslernende einen geschichtsmethodisch erweiterten Blick auf die Mechanismen einer (Geschichts-)Kultur der Digitalität, um ihr Wissen und Können in eine Sicht auf Gesellschaft und auf sich selbst zu überführen, die ihnen Einsichten und Handlungen erlaubt, deren Konsequenzen sie realistisch abschätzen können. Hierbei helfen u. a. die von Marcel Mierwald (i. d. Bd.) vorgestellten Analysestrategien Sam Wineburgs (*sourcing, contextualization, close reading* und *corroboration*) im Umgang mit digitalen Informationsquellen. Die Nutzung des interaktiven WorldWideWeb und zunehmend leistungsfähigerer Anwendungen sowie die Auseinandersetzung mit den Formen und Inhalten der dort erzählten Geschichten bedarf mehr als ‚nur' eine Einführung in die ‚Angebote' oder ‚Objektivationen' von Geschichtskultur(en). Mehr denn je spielen in einer (Geschichts-)Kultur der Digitalität auch Fragen nach der Art und Weise, wie Geschichte(n) in der Gesellschaft nicht nur erzählt bzw. überhaupt erzählt werden können (vgl. Baecker i. d. Bd.), sondern auch generiert werden, eine gewichtige Rolle. Vielleicht war es nie wichtiger als im heutigen und zukünftigen Möglichkeitsraum der Digitalität, die Herstellungsbedingungen, Interessenlagen, Erzählhaltungen, Erzählvorgänge und Deutungen im Kontext historischer Narrationen zu untersuchen und zu reflektieren (vgl. auch Krammer 2008, 15).

Aufgabe des Geschichtsunterrichts auf pragmatischer Ebene ist es zudem, Schülerinnen und Schüler in die Lage zu versetzen, die Wahl der Mittel und Methoden – seien sie nun digital oder physisch – produktiv zu nutzen. Dies bedingt wiederum eine Lernkultur, die auf Prinzipien aufruht, deren Durchsetzung sich längst in der Praxis des Geschichtsunterrichts abzeichnet. Hierzu zählen sowohl eine durch die digitale Entgrenzung von Denk- und Lernräumen verstärkte Hinwendung zu Aspekten der Geschichtskultur und Public History als auch die Schaffung persönlicher Lernnetzwerke und professioneller Lerngemeinschaften unter Zuhilfenahme digitaler Anwendungen. Im gelungenen Fall lernen die Schülerinnen und Schüler dann in flexibler Kooperation und fächerübergreifend den geschichtsmethodisch reflexiven Umgang mit den mannigfaltigen Angeboten einer (Geschichts-)Kultur der Digitalität.

Literatur

ALAVI, Bettina (2015): Lernen Schüler/innen Geschichte im Digitalen anders? In: Demantowsky, Marko/Pallaske, Christoph (Hg.): Geschichte lernen im digitalen Wandel. München, S. 3–16.

BARSCH, Sebastian/Lutter, Andreas/Meyer-Heidemann, Christian (Hg.) (2019): Fake und Filter. Historisches und politisches Lernen in Zeiten der Digitalität. Frankfurt/M.

BERNHARDT, Markus/Friedburg, Christopher (2014): ‚Digital' vs. ‚Analog'? Eine Kritik an Grundbegriffen in der Diskussion um den digitalen Wandel in der Geschichtsdidaktik und ein Versuch der Synthese von ‚Altem' und ‚Neuem'. In: Zeitschrift für Geschichtsdidaktik, 1/2014, S. 117–133.

BERNSEN, Daniel/König, Alexander/Spahn, Thomas (2012): Medien und historisches Lernen. Eine Verhältnisbestimmung und ein Plädoyer für eine digitale Geschichtsdidaktik. In: Zeitschrift für digitale Geschichtswissenschaften, 1/2021, S. 1–27.

BERNSEN, Daniel/Spahn, Thomas (2015): Medien und historisches Lernen. Herausforderungen und Hypes im digitalen Wandel. In: Zeitschrift für Geschichtsdidaktik 14, S. 191–203.

BERNSEN, Daniel/Kerber, Ulf (Hg.) (2017): Praxishandbuch Historisches Lernen und Medienbildung im digitalen Zeitalter. Bonn.

BRUNS, Axel (2008): Blogs, Wikipedia, Second life, and Beyond: from production to produsage. Digital formations. New York.

BUCHBERGER, Wolfgang/Kühberger, Christoph/Stuhlberger, Christoph (Hg.) (2015): Nutzung digitaler Medien im Geschichtsunterricht. Innsbruck.

BURKHARDT, Hannes (2021): Geschichte in den Social Media. Nationalsozialismus und Holocaust in Erinnerungskulturen auf Facebook, Twitter, Pinterest und Instagram. Göttingen.

CORNELISSEN, Christoph (2008): Internet und Geschichtswissenschaft. Anmerkungen aus der Praxis von historischer Lehre und Forschung. In: Hartung, Olaf/Köhr, Katja (Hg.): Geschichte und Geschichts-Vermittlung. Festschrift für Karl-Heinrich Pohl. Bielefeld, S. 147–158.

DANKER, Uwe/Schwabe, Astrid (Hg.) (2008): Historisches Lernen im Internet. Geschichtsdidaktik und neue Medien. Schwalbach/Ts.

DANKER, Uwe/Schwabe, Astrid (Hg.) (2017): Geschichte im Internet. Stuttgart.

DEMANTOWSKY, Marko/Pallaske, Christoph (Hg.) (2015): Geschichte lernen im digitalen Wandel. München, S. 149–161.

ESPOSITO, Elena (2002): Soziales Vergessen. Formen und Medien des Gedächtnisses der Gesellschaft. Frankfurt/M.

GIESECKE, Michael (2002): Von den Mythen der Buchkultur zu den Visionen der Informationsgesellschaft. Frankfurt/M.

GÜNTHER-ARNDT, Hilke (2015): Ein neuer geschichtsdidaktischer Medienbegriff angesichts des digitalen Wandels? In: Pallaske, Christoph (Hg.): Medien machen Geschichte. Neue Anforderungen an den geschichtsdidaktischen Medienbegriff im digitalen Wandel. Berlin, S. 17–36.

HARTUNG, Olaf (2019): Gattungskompetenz 3.0' – Zur Performativität formbewussten Geschichtslernens. In: Bertram, Christiane/Kolpatzik, Andrea (Hg.): Sprachsensibler Geschichtsunterricht: Von der geschichtsdidaktischen Theorie über die Empirie zur Unterrichtspraxis. Frankfurt/M., S. 64–78.

HELD, Oliver (2023): ChatGPT im Geschichtsunterricht. Frankfurt/M.

HODEL, Jan (2008): Digital lesen, digital schreiben, digital denken? Über den kompetenten Umgang mit Geschichte im Zeitalter des digitalen Medienwandels. In: Jorio, Marco (Hg.): Am Anfang ist das Wort. Lexika in der Schweiz. Baden, S. 113–125.

KMK (Hg.) (2017): Bildung in der digitalen Welt. Strategie der Kultusministerkonferenz. Berlin 2017. https://www.kmk.org/fileadmin/Dateien/veroeffentlichungen_beschluesse/2018/Strategie_Bildung_in_der_digitalen_Welt_idF._vom_7.12.2017.pdf (Abruf 7.9.2023).

KRAMMER, Reinhard (2008): Historisches Lernen und politische Bildung. In: Kühberger, Christoph/Windischbauer, Elfride (Hg.): Jugend und politische Partizipation: Annäherung aus der Perspektive der Politischen Bildung. Innsbruck, S. 13–24.

KREBS, Alexandra (2024): Geschichten im digitalen Raum. Historisches Lernen in der ‚App in die Geschichte'. Berlin.

KÖRBER, Andreas (2004): Geschichte im Internet. Zwischen Orientierungshilfe und Orientierungsbedarf. In: Zeitschrift für Geschichtsdidaktik 3, S. 184–197.

KÖRBER, Andreas/Schreiber, Waltraud/Schöner, Alexander (Hg.) (2007): Kompetenzen historischen Denkens. Ein Strukturmodell als Beitrag zur Kompetenzorientierung in der Geschichtsdidaktik. Neuried.

LÜCKE, Martin/Zündorf, Irmgard (2018): Einführung in die Public History. Göttingen.

MARES, Detlev/Moschek, Wolfgang/Numrich, Rosa (2020): Digitalität in der Geschichtsdidaktik. In: Schenk, Gerrit Jasper (Hg.): Digitale Fachdidaktiken in den Kulturwissenschaften. Darmstadt, S. 144–179.

MEYER-HAMME, Johannes (2018): Was heißt historisches Lernen? Eine Begriffsbestimmung im Spannungsfeld gesellschaftlicher Anforderungen, subjektiver Bedeutungszuschreibungen und Kompetenzen historischen Denkens. In: Sandkühler, Thomas/Bühl-Gramer, Charlotte/John, Anke/Schwabe, Astrid/Bernhardt, Markus (Hg.): Geschichtsunterricht im 21. Jahrhundert. Göttingen, S. 75–92.

MIERWALD, Marcel (2021): Digital oder doch lieber analog? Über die Lernwirksamkeit von Medien und das historische Lehren und Lernen im digitalen Wandel. In: geschichte für heute 14 (3), S. 21–40.

O'NEIL, Cathy (2018): Angriff der Algorithmen. Wie sie Wahlen manipulieren, Berufschancen zerstören und unsere Gesundheit gefährden. Bonn: Bundeszentrale für politische Bildung.

PARISER, Eli (2011): The filter bubble: What the Internet is hiding from you. New York.

ROSA, Lisa (2015): Medienbegriff, Lernbegriff und Geschichtslernen im digitalen Zeitalter. In: Pallaske, Christoph (Hg.): Medien machen Geschichte. Neue Anforderungen an den geschichtsdidaktischen Medienbegriff im digitalen Wandel. Berlin, S. 53–66.

ROSA, Lisa (2019): Historisch Denken Lernen im Zeitalter der Digitalität. In: Barsch, Sebastian/Lutter, Andreas/Meyer-Heidemann, Christian (Hg.): Fake und Filter. Historisches und politisches Lernen in Zeiten der Digitalität. Frankfurt/M., S. 68–91.

SCHACHER, Paul/Seever, Friederike (2023): @ichbinsophiescholl auf Instagram. Chancen und Grenzen historischen Lernens an digitaler Geschichtskultur. In: Geschichte in Wissenschaft und Unterricht (3+4), S. 178–193.

SCHOLKMANN, Antonia/Küng, Marlise (2012): Warum PBL? Argumente aus erziehungswissenschaftlicher und psychologischer Sicht. In: Brezowar, Gabriela/Mair, Michael/Olsowski, Gunter/Zumbach, Jörg G. (Hg.): Problem-Based Learning im Dialog. Wien, S. 153–164.

SCHREIBER, Waltraud 2022: Historische Bildung in der digitalen Welt. In: Frederking, Volker/Romeike, Ralf (Hg.): Fachliche Bildung in der digitalen Welt. Digitalisierung, Big Data und KI im Forschungsfokus von 15 Fachdidaktiken. Münster, S. 174–206.

STALDER, Felix (2016): Kultur der Digitalität. Berlin.

STALDER, Felix (2018): Herausforderungen der Digitalität jenseits der Technologie. In: Hochschulforum Digitalisierung, 12.7.2018, https://hochschulforumdigitalisierung.de/de/blog/herausforderungen-der-digitalitaet-jenseits-der-technologie-felix-stalder (aufgerufen am 15.8.2023).

STRAUSS, A. (1984). Social worlds and their segmentation processes. In: Studies in Symbolic Interaction 5, S. 123–139.

WINEBURG, Sam (2019): Warum historische Kompetenzen für die Auswertung von digitalen Quellen nicht ausreichend sind. In: Barsch, Sebastian/Lutter, Andreas/Meyer-Heidemann, Christian (Hg.): Fake und Filter. Historisches und politisches Lernen in Zeiten der Digitalität. Frankfurt/M., S. 105–120.

MARCEL MIERWALD

Historisches Denken 2.0
Benötigen wir neue (digitale) historische (Methoden-)Kompetenzen?

1. Einleitung

Angesichts der großen Vielzahl an online verbreiteten Fake News und Fehlinformationen im Zuge der COVID-19-Pandemie (z. B. mpfs 2022, 17 f.) ist es umso verständlicher, dass Deutschlands wohl bekanntester Virologe, Christian Drosten (2021), in einem mittlerweile zehntausendfach gelikten Tweet vom 29.9.2021 auf Twitter folgende Sätze veröffentlichte: „Eine der wichtigsten Gewohnheiten gebildeter Menschen ist das Überprüfen von Quellen. Das vermeidet Irreführung und erlaubt Einblicke in die Glaubwürdigkeit von Nachrichten." Man möchte dem gerne zustimmen und ergänzen, dass dies vor allem für Inhalte und Informationen gilt, die dort zu finden sind, wo eine „Qualitätskontrolle" nicht mehr so stark wie bei Printmedien ausgeprägt ist: dem Internet. Zudem liegt sogleich der Impuls nahe, zu empfehlen, bei denen nachzuschauen, für deren Denken die Quellenkritik im professionellen Umgang mit Informationen eine besonders wichtige Rolle spielt: ‚den' Historikerinnen und Historikern.

Neuere Studien weisen jedoch darauf hin, dass historische Kompetenzen, die an gedruckten historischen Quellen entwickelt wurden und angelegt werden, nicht unbedingt für den kritisch-reflektierten Umgang mit Informationen aus dem Internet ausreichen (z. B. Wineburg/McGrew 2019). Vielmehr scheint es so zu sein, dass vor allem gewohnte historische Methodenkompetenzen[1] (z. B. Trautwein u. a. 2017; van Drie/van Boxtel 2007) zwar nicht ob-

---

1 Historische Methodenkompetenzen werden in der Geschichtsdidaktik durchaus unterschiedlich modelliert. Eine Gemeinsamkeit vieler theoretischer Ansätze besteht jedoch darin, die (quellen-)kritische Bewertung von historischen Dokumenten und ihre Nutzung im Prozess der Erforschung historischer Fragen als einen wichtigen Aspekt historischer Methodenkompetenzen zu identifizieren. In gängigen historischen Kompetenzmodellen, wie den im Fließtext exemplarisch angeführten, wird der kritisch-reflektierte Umgang mit Quellen und auch Darstellungen nicht etwa extra als Medienkompetenz definiert, sondern als Teil historischer Methodenkompetenz verstanden. Darin wird zudem nicht speziell in analog und digital vorliegende Quellen und Darstellungen unterschieden und vermutlich entwicklungszeit- und forschungsstandbedingt primär von gedruckten historischen Dokumenten ausgegangen.

solet und grundsätzlich neu, aber modifiziert und erweitert werden müssen, um mit historischen Quellen und Darstellungen angesichts der Bedingungen und Herausforderungen des Internets und Web 2.0 kritisch-reflektiert umzugehen (Goulding 2021; Hartung i. d. Bd.; McGrew 2022a). Für die Geschichtsdidaktik ergibt sich hier die Aufgabe, darüber nachzudenken, wie digitale historische Kompetenzen überhaupt theoretisch modelliert werden können, bevor sie praktisch eingeübt und empirisch diagnostiziert werden (Mierwald 2021a, 35). Geschichtsdidaktische Erwägungen dazu, wie diese womöglich neuen digitalen historischen Kompetenzen aussehen, scheinen allerdings noch recht initial (z. B. Danker/Schwabe 2017; Müller 2020; Hodel 2008; Schreiber 2022).

Vor diesem Hintergrund geht dieser Beitrag der Fragestellung nach, inwiefern die Methodenkompetenzen von Historikerinnen und Historikern ausreichen, um mit historischen Quellen und Darstellungen im Internet kritisch-reflektiert umzugehen. Dabei wird dafür argumentiert, dass es keiner völlig neuartigen, wohl aber modifizierten historischen Methodenkompetenzen bedarf, wenn es um den Umgang mit ‚Geschichte' in digitalen Medien geht. Nach dieser Einleitung (1.) wird sich der Thematik angenähert, indem zuerst danach gefragt wird, warum digitale historische Methodenkompetenzen überhaupt notwendig sind (2.). Danach wird auf Positionen aus dem Forschungsdiskurs dazu eingegangen, inwiefern die klassische historisch-kritische Methode für den Umgang mit digitalen Quellen und Darstellungen im Internet ausreicht (3.). Dem folgend wird exemplarisch für eine ausgewählte digitale Informationsressource und spezifisch anhand einer konkreten digitalen Lehr-Lernumgebung vertieft betrachtet, wie ein kompetenzorientierter Umgang mit online immer häufiger verfügbaren Oral History-Interviews aussehen könnte (4.). Abschließend wird skizziert, wie es mit der Forschungsarbeit zu digitalen historischen Methodenkompetenzen in der Zukunft weitergehen könnte (5.).

2. Digitale historische Methodenkompetenzen – notwendig?

Zunächst stellt sich die Frage, ob es überhaupt notwendig ist, sich über digitale historische Methodenkompetenzen Gedanken zu machen. Schließlich könnte argumentiert werden, dass es schlicht ausreicht, klassische an gedruckten Informationsressourcen entwickelte historische Methodenkompetenzen auch auf digitale Quellen und Darstellungen zu übertragen. Diesbezüglich wendeten allerdings einige Forscherinnen und Forscher ein (z. B. Enderle 2001, 49 f.; Haber 2011, 82–90; Hodel 2008, 116; Hodel 2009, 161 f.), dass sich die Informationsräume, in denen analog und digital geschichtswissenschaftlich geforscht werden kann, deutlich voneinander unterscheiden (siehe Abb. 1). Unter einem Informationsraum kann nach Hodel (2009, 161) jener „Teilbereich des Kommunikationsprozesses" verstanden werden, „in dem Informationen in einer Struktur dergestalt organisiert und bereitgestellt werden, dass sie von interessierten Individuen aufgefunden werden können". Man kann daher auch von einzelnen, umfangreichen und vielfältigen Informationsressourcen sprechen, die in unterschiedlichen Informationsräumen zur Verfügung gestellt und dort aufgefunden werden können (Lauber-Reymann 2017, 3).

Archive und Bibliotheken	Internet
• analog	• digital
• zentralisiert-dominiert	• partizipativ-offen
• geordnet-strukturiert	• ungeordnet-unstrukturiert
• beständig	• flexibel
• geprüft	• ungeprüft/ggf. manipuliert
• …	• …

Abb. 1: Idealtypische Merkmale analoger und digitaler Informationsräume in der Geschichtswissenschaft (eigene Darstellung)

Etwas idealtypisch und reichlich zugespitzt bieten Archive und Bibliotheken als traditioneller geschichtswissenschaftlicher Informationsraum vor allem Zugang zu analoger bzw. gedruckter Fachliteratur und historischen Quellen, die zentral von Fachpersonal ausgewählt, erworben, gesammelt und (nicht nur) Historikerinnen und Historikern zur Verfügung gestellt werden (Hodel 2009, 163 f.; Pfanzelter 2015, 10 f.). Diese haptischen Informationsressourcen finden sich im analogen Informationsraum nach bestimmten Logiken, wie etwa Themengebieten und Signaturen, geordnet und strukturiert dargeboten (Hodel 2009, 164 f.). Alles in allem bieten gerade Archive und Bibliotheken einen beständig-kohärenten Informationsraum, in dem Informationsressourcen wissenschaftlich organisiert sind und a priori etwa durch Autorinnen und Autoren, Redaktionen, Fach-Communities und Verlage begutachtet und geprüft werden (Enderle 2001, 49 f.; Haber 2011, 83; Hodel 2009, 164; Margulies 2009, 208 f.). Gewiss arbeiten Archive und Bibliotheken mittlerweile ‚hybrid' und bieten neben analogen auch immer mehr digitale Angebote wie online verfügbare Kataloge, Repositorien und Datenbanken an. Diese, so eine verbreitete Beobachtung, werden jedoch wieder vergleichbar zur strukturierten Auswahl, Erfassung und Bereitstellung von gedruckter Fachliteratur gehandhabt (Haber 2011, 91; Hodel 2009, 161 f.; Pfanzelter 2010, 48).

Im Gegensatz dazu finden sich im Internet digitale Informationsressourcen. Diese zeichnen sich durch ein Höchstmaß an Interaktivität (z. B. Diskussionen in Online-Foren oder Upload eigener Videos und Bilder) sowie komplexe Charakteristika wie Multimedialität (d. h. Integration verschiedener Informationsträger), Multimodalität (d. h. Ansprache verschiedener Sinne), Multikodalität (z. B. Verbindung von Text, Bild und Ton) und Vernetzung durch Hyperlinks aus (z. B. Baumgärtner 2015, 223 f.; Pfanzelter 2017, 87). Bei diesen Informationsressourcen kann es sich etwa um digitale Quellen handeln, zu denen neben digitalisierten analogen Quellen auch *digital born* bzw. „digital geborene" Quellen, wie digital erzeugte Texte, Fotos und Videos zählen, die scheinbar Jede oder Jeder erstellen und online verfügbar machen kann (Pfanzelter 2015, 6 f.; Pfanzelter 2017, 87). Hinzu kommen *digital reborn* bzw. „digital wiedergeborene" Daten, die dadurch entstehen, wenn digitalisierte und digital geborene Quellen für die Online-Archivierung bearbeitet und verändert werden (Keute/Birkner 2022, 226 f.; Pfanzelter 2017, 87 f.). So liegt im Internet eine unstrukturierte Vielzahl an Informationsressourcen – sich ergänzend oder widersprechend, der Qualität nach stark variierend und wenig kontextualisiert – vor. Zudem erneuern und erweitern sich digitale Informationsressourcen rasch (Hodel 2009, 165, 170 f.; Pfanzelter 2015, 11, 13). Häufig sind sie nicht überprüft bzw. deren Ursprung und Herkunft (z. B. Entstehungsdatum und Autorenschaft) sind nur schwer zu ermitteln und manchmal sind jene Informationsressourcen sogar manipuliert (Hodel 2008, 114 f.; Pfanzelter 2010, 40). Daraus ergeben sich ganz neue Fragen bezogen auf das technische Format, die Provenienz und Intention sowie Relevanz, Zuverlässigkeit und Wissenschaftlichkeit von digitalen Inhalten, Informationen und Angeboten (Enderle 2001, 51; Haber 2011, 109–111; Pfanzelter 2010, 45).

Das Internet als digitaler Informationsraum unterscheidet sich deutlich vom klassischen analogen Informationsraum in der Geschichtswissenschaft. Es birgt kurzum neue und veränderte Anforderungen für die auf Droysen (1875) und Bernheim (1903) zurückgehende und aus Heuristik, Kritik und Interpretation bestehende historisch-kritische Methode (z. B. Föhr 2018; Haber 2011; Margulies 2009, Pfanzelter 2010, 2015). Dies müsste auch Auswirkungen auf die an sie gekoppelten historischen Methodenkompetenzen für den Umgang mit digitalen Informationsressourcen haben (z. B. Haber 2011, 104; Hodel 2007; Kreutz 2022). Damit sind nicht zuletzt für die Geschichtswissenschaft und den Geschichtsunterricht relevante und veränderte Fähigkeiten im „Suchen, Bewerten und Verwenden von digitalisierten Primärquellen, Sekundärliteratur und Medien" aber auch in der Nutzung und „Bewertung von Online-Angeboten" gemeint (König 2020, 69).

3. Historisch-kritische Methode im Internet – ausreichend?

Die Positionen dazu, ob nun die historisch-kritische Methode im Umgang mit historischen Inhalten und Informationen im Internet ausreichend ist, sind recht unterschiedlich. Bei einigen Geschichtsdidaktikerinnen und Geschichtsdidaktikern liest man zustimmende Ansichten, wonach die analoge historisch-kritische Methode auch digital zur kritischen Bewertung von (historischen) Webseiten genügt (z. B. Danker/Schwabe 2017, 9; Müller 2020, 107 f.). So betonen etwa Danker und Schwabe (2020, 426) apodiktisch: „Wer die historisch-kritische Methode beherrscht, wird auch Websites dekonstruieren, einordnen und interpretieren können." Obgleich man ihren weiteren Ausführungen und entwickelten Lernmaterialien, die etwa die Reflexion medialer Charakteristika betreffen, durchaus ablesen kann, dass sie in ersten Ansätzen den veränderten Bedingungen der Informationssuche und -bewertung im Internet Rechnung tragen (ebd., 421–424; 427–434; siehe auch Müller 2020, 108 f.).

Einige Forscherinnen und Forscher aus der anglofonen Geschichtsdidaktik vertreten hingegen eher eine ablehnende Haltung, wobei darauf abgehoben wird, dass im digitalen Informationsraum andere ‚Spielregeln' als im analogen Bereich herrschen. Wineburg (2019, 117) schreibt diesbezüglich prominent, dass es „naiv" wäre, davon auszugehen, dass sich die an gedruckten Quellen über Jahrhunderte disziplinär entwickelte historisch-kritische Methode einfach „auf ein neues und oft verwirrendes digitales Medium" wie dem Internet übertragen ließe. Er stützt seine Behauptung auf erste Befunde zu den historischen Methodenkompetenzen von Historikerinnen und Historikern, die sich im kritisch-reflektierten Umgang mit digitalen Informationsressourcen als unzureichend darstellten (Wineburg 2019, 107–109). In einer Experten-Novizen-Studie verglichen Wineburg und McGrew (2019) von der *Stanford History Edution Group* (SHEG) 25 Studierende mit zehn promovierten Historikerinnen bzw. Historikern und professionellen Faktencheckerinnen bzw. Faktencheckern, wie sie Webseiten zu sozialen und politischen Themen wie Mobbing oder Mindestlohn bewerteten und im Internet nach Informationen suchten. Dabei stellte sich heraus, dass sich die Studierenden und Historikerinnen und Historiker die bereitgestellten Webseiten vertikal von oben bis unten ansahen und häufig auf deren Eigenschaften wie ein offiziell aussehendes Logo, einem scheinbar seriösen Domain-Namen oder dort befindlichen bibliografischen Angaben hereinfielen. Die Faktencheckerinnen und Faktenchecker hingegen näherten sich lateral bzw. horizontal den Webseiten (das sogenannte *lateral reading*), indem sie nach einem schnellen Sichten einer bestimmten Webseite im Internetbrowser zusätzliche Tabs öffneten, um über weitere Webseiten die Zuverlässigkeit der ursprünglichen Webseite zu bewerten. Das wenig zielführende Vorgehen der Historikerinnen und Historiker führte Wineburg (2019, 109 f.) später auf einen negativen Transfer zurück. Dies bedeutet, dass sie digitale Inhalte und Informationen genauso behandelten wie analoge Informationsressourcen, was sich unter den Bedingungen und Charakteristika des Internets als unzureichende Strategie herausstellte.

Einen Mittelweg bezüglich der Frage nach der Praktikabilität der historisch-kritischen Methode im Digitalen gehen andere Geschichtsdidaktikerinnen und Geschichtsdidaktiker (z. B. Hodel 2008, 114; Schreiber 2022, 177) zusammen mit Vertreterinnen und Vertretern aus der *Digital History* (z. B. Föhr 2018, 20 f.; Haber 2011, 106; Pfanzelter 2015, 5; Margulies 2009, 72). Sie sind der Ansicht, dass der epistemische Dreischritt aus Heuristik, Kritik und Interpretation weiterhin Bestand hat, jedoch angesichts anderer Herausforderungen und veränderter Medialität im Internet angepasst und erweitert werden sollte. Begründet wird dies ausführlich auf theoretischer Ebene insbesondere von *Digital Historians* damit, dass sich die Suche nach Informationen im Internet neu gestaltet, sich ihre Überprüfung erschwert und ihre Deutung komplexer wird. Dementsprechend bedarf es bei der Heuristik der Kenntnis neuer Suchmöglichkeiten (z. B. Wissen über Algorithmen gängiger Suchmaschinen, Volltextsuche, Themenportale) und dem Filtern von Informationen hinsichtlich von Kriterien wie Relevanz und Qualität (Föhr 2018, 53–55; Haber 2011, 73–90; Hodel 2010; Pfanzelter 2010; Pfanzelter 2015, 11–13; Margulies 2009, 311–317). Aufgrund der Fluidität des Internets sei es für die Kritik zunächst notwendig, Informationen zu sichern bzw. zu archivieren (Föhr 2018, 57 f.; Pfanzelter 2010, 13). Die Frage der Authentizität der Informationsressourcen (d.h. Original vs. Kopie) wird durch deren schnelle Reproduzierbarkeit eher schwierig (Haber 2011, 106 f.; Föhr 2018, 55 f.). Dennoch sei es wichtig, die Qualität und Integrität der vorzufindenden Informationen zu beurteilen, wobei der äußeren Quellenkritik eine bedeutende Rolle zukommt. Gemeint ist damit die Identifikation und Berücksichtigung der Art (z. B. Fachportal, Wikipedia oder private Webseite), des Zustandes (d. h. Erstellungszeit und Aktualisierungsdatum) und der Merkmale (z. B. orthografische Fehler oder Werbeanzeigen als Indiz für die geringe Seriosität einer Webseite) eines digitalen Angebotes (Haber 2011, 111; Pfanzelter 2015, 14; Pfanzelter 2010, 44; Schreiber 2012, 5). Aber auch die innere Quellenkritik, in der es um Fragen der Herkunft, Autorenschaft und Eigenschaften wie der ,Wissenschaftlichkeit', Absicht und Relevanz einer geschichtsbezogenen Webseite geht, bleibt weiterhin bedeutsam (Haber 2011, 111; Pfanzelter

2010, 45). Für die Überprüfung der Glaubwürdigkeit einer Webseite bietet es sich darüber hinaus an, die darin befindlichen historischen Informationen, mit anderen Informationsquellen (z. B. weiteren historischen Webseiten oder gedruckter Fachliteratur) zu vergleichen (Haber 2011, 111; Pfanzelter 2015, 14). Manche *Digital Historians* sind zudem der Ansicht, dass bei der Prüfung und Deutung von Quellen Fachwissen aus der Informatik nötig wird, wenn wir an Fragen danach denken, in welchem Format ein digitales Objekt vorliegt oder wie Metadaten erstellt werden und lesbar sind (z. B. Föhr 2018, 60, 72 f.). So gestaltet sich schließlich auch die Interpretation von Informationsressourcen aufgrund von Anonymisierung, Verlinkungen und Veränderbarkeit im Digitalen neu (Pfanzelter 2015, 14 f.). Dies fängt damit an, dass relevante Informationen, wie die Herkunft einer Webseite oder Quelle, erst identifiziert werden müssen, bevor sie interpretatorisch berücksichtigt werden können. Zudem sei relevant, das jeweilige Informationssystem (z. B. die Webseite und ihr Layout, auf der sich historische Inhalte befinden) und dessen Beurteilung in die Interpretation einzubeziehen (Föhr 2018, 62; Schreiber 2012, 12).

Wechselt man von der Theorie in die Empirie deuten inzwischen einige Studien daraufhin, dass historische Methodenkompetenzen angepasst werden können, um für die Suche und Bewertung von digital-geschichtsbezogenen Informationen im Internet nützlich zu sein. Im Folgenden soll hierfür auf zwei Studien eingegangen werden, die im Gegensatz zur Forschungsarbeit von Wineburg und McGrew (2019) auch tatsächlich in der Domäne Geschichte zu verorten sind. In der ersten Studie verglich McGrew (2022a) mittels eines Experten-Novizen-Ansatzes 25 Studierende mit sechs Historikerinnen bzw. Historikern und zehn Faktencheckerinnen bzw. Faktencheckern, wie sie im Internet nach historischen Informationen suchten sowie deren Zuverlässigkeit beurteilten. Über die Methode des Lauten Denkens und Bildschirmaufzeichnungen wurde untersucht, wie die Probandinnen und Probanden bei der Internetsuche zu einer kontroversen historischen Frage vorgingen. Bei der Internetsuche wurde danach gefragt, ob Margaret Sanger, die Gründerin von *Planned Parenthood*, Euthanasie unterstützte. Während die Studierenden überwiegend auf die obersten Ergebnisse in der Google-Suche klicken und historische Quellen bevorzugten, nutzen die Expertinnen und Experten – darunter fielen in der Studie die vergleichbar gut abschneidenden Historikerinnen bzw. Historiker und die Faktencheckerinnen bzw. Faktenchecker – verschiede kognitive Strategien. Unter kognitiven Strategien, die manchmal auch als Heuristiken bezeichnet werden, sind mentale Vorgänge zu verstehen, die Historikerinnen und Historiker bei ihrer Forschungsarbeit verwenden, um historische Quellen und Darstellungen zu erschließen, zu deuten und zu bewerten (De La Paz/Nokes 2020). Eine dieser kognitiven Strategien benannte McGrew (2022a, 500 f.) mit *contextualizing the claim*, was den Umstand beschreibt, dass die Expertinnen und Experten in ihrer Studie die Behauptungen in Google-Suchergebnisseiten (engl. *Search Engine Result Page*, kurz SERP) kontextualisierten. Ähnlich wie Historikerinnen und Historiker, die historische Quellen in einen raumzeitlichen Kontext setzen, um sie zu interpretieren, schauten die Expertinnen und Experten bevor sie eine Webseite öffneten auf das Umfeld des Suchergebnisses: Welche Perspektive im SERP-Ausschnitt wird deutlich (politisch, religiös, für oder gegen Margaret Sanger)? Handelt es sich um ein bekanntes Argument in der Wissenschaft? Sie kontextualisierten die Behauptung, indem sie Hinweise zusammenfügten und im SERP nach Mustern suchten, um eine Hypothese über die Behauptung aufzustellen. So erkannten die Expertinnen und Experten schnell, dass es sich um ein kontroverses Thema handelt, das bspw. auf christlichen Seiten instrumentalisiert wurde, um gegen geplante Elternschaft zu agitieren. Eine weitere Strategie bezeichnete McGrew (2022a, 503 f.) mit *sourcing snippets*, worunter zu verstehen ist, dass die Expertinnen und Experten auf die Herkunft der einzelnen Suchergebnisse schauten. Ähnlich wie Historikerinnen und Historiker darauf achten, wer eine historische Quelle wann und wo verfasst hat, um deren Zuverlässigkeit zu beurteilen, fokussierten sie auf einzelne Elemente der Suchergebnisse wie Hinweise im Seitentitel, der URL bzw. Internetadresse und Ausschnittinformationen, um Aussagen zur Autorität und Zuverlässigkeit zu wagen. Darüber hinaus nutzten sie häufiger als die Studierenden Darstellungen, die von Webseiten mit historischer bzw. wissenschaftlicher Reputation zeugten, weil sie z. B. von einer akademischen Institution mit einer „edu"-Adresse stammten.

Auch Goulding (2021) führte eine Experten-Novizen-Studie durch, um zu untersuchen, wie zwei Historikerinnen und Historiker (Experten) und sechs Studierende (Novizen) historische Informationen online evaluieren. Die Teilnehmerinnen und Teilnehmer seiner Studie sollten sich drei historische Webseiten zu George Washingtons Sicht auf die Sklaverei anschauen und bewerten. Er fand durch Analyse von teilstrukturierten Interviews heraus, dass die Teilnehmerinnen und Teilnehmer eine Kombination aus historischen und allgemeinen Strategien verwendeten, die von traditionellen (z. B. gedruckte Texte, Verweise oder Autorenschaft) und neuen Formen (z. B. Kommentare, Links und Design) von Informationsdarstellungen ‚getriggert' wurden. So fragten die Historikerinnen und Historiker via *sourcing* nach der Herkunft einer der gezeigten Webseiten und fanden bspw. heraus, dass es sich um eine digitale Enzyklopädie der historischen Stätte Mount Vernon, dem ehemaligen Landsitz des ersten

Präsidenten der USA, handelt, die George Washington aus einer bestimmten Perspektive darstellt. Andere Teilnehmerinnen und Teilnehmer schauten weiterhin auf allgemein-digitale Merkmale wie das *Design und Erscheinungsbild* (Heuristik: *design & appearance*) der Webseite und schlussfolgerten, dass das Layout der digitalen Enzyklopädie professionell aussieht und daher von einer öffentlichen Institution stammen könnte. Zudem gab es eine kleine Anzahl an hybriden Heuristiken, bei denen allgemein-digitale Merkmale genutzt werden, um historische Informationen zu bewerten. Bei *historical information contextualization* geht es bspw. darum, einen interpretativen Kontext für eine Webseite zu entwickeln. Ein Historiker erkannte anhand des „buy tickets"-Bottons auf der Webseite von Mount Vernon deren kommerziellen Charakter. Er schlussfolgerte aber nicht, dass die Webseite dadurch weniger zuverlässig wird. Vielmehr deutete er diesen Umstand damit, dass es sich dabei wohl um eine Form von *Public History* bzw. eine ganz bestimmte Repräsentation aus der Geschichtskultur handelt (Goulding 2021, 228).

Obwohl „eine der digitalen Welt angepasste, technikgestützte Quellenkritik" (Pfanzelter 2017, 93) auf Theorieebene weitestgehend noch aussteht und auch die angeführten empirischen Studien zu kognitiven Strategien bei der Informationssuche und -bewertung im Internet eher vorläufigen Charakters sind, lässt sich eine Gemeinsamkeit feststellen. So legen die angeführten theoretischen und empirischen Einsichten den Eindruck nahe, dass „Historisches Denken 2.0" bzw. entsprechende digitale historische Methodenkompetenzen als Fähigkeit verstanden werden kann, online effektiv nach historischen Informationen zu suchen, diese zu verifizieren und zu evaluieren sowie zu interpretieren (vergleichbar zum Konzept des *civic online reasoning* bei McGrew u. a. 2018, 168).

4. Historisch-kritischer Umgang mit Oral History-Interviews – wie möglich?

Während für den historisch-kritischen Umgang mit Google-Suchergebnissen und Webseiten zu historischen Themen, wie oben geschildert, einige Befunde vorliegen, existiert kaum Forschung dazu, wie eine historische Methodenkompetenz im Umgang mit videografierten und online zugänglichen Oral History-Interviews im digitalen Informationsraum konzeptualisiert werden kann (vgl. als Ausnahme: Bothe/Brüning 2015; Shopes 2002). Erschwerend kommt hinzu, dass sowohl die geschichtswissenschaftliche Methodenliteratur als auch geschichtsdidaktische Arbeiten die konkrete Analyse, Interpretation,

Beurteilung und Integration von Oral History-Interviews wenig thematisieren (Henke-Bockschatz 2014, 8; Leh 2022, 13; Obertreis 2012, 7). Dies ist bedenklich, da Oral History-Interviews ein ganz eigenes Medium darstellen, das sich immer größerer Beliebtheit auf historischen Webseiten, welche durchaus unterschiedlicher Qualität sind, erfreut und zunehmend auch in Hochschullehre und Geschichtsunterricht verwendet wird (Henke-Bockschatz 2014; Söhner 2022). Aus empirischen Studien ist jedoch bekannt, dass Lernende zahlreiche Schwierigkeiten im kritisch-reflektierten Umgang mit Oral History-Interviews haben (siehe v. a. Bertram 2017). So hindert bspw. die durch Zeitzeuginnen und Zeitzeugen ausgelöste emotionale Betroffenheit die Lernenden häufig daran, die Zeitzeuginnen- bzw. Zeitzeugen-Aussagen kritisch zu reflektieren (Galda 2013, 251 ff.; Obens-Geißler-Jagodzinski 2018, 59). Weiterhin erkennen sie selten die Perspektiv- und Standgebundenheit der Aussagen von Zeitzeuginnen und Zeitzeugen (Rodenhäuser 2012, 85, 106), berücksichtigen bei deren Verfügbarkeit im Internet nicht die Transformation hin zu einem digitalen Zeugnis oder ignorieren gar online verfügbare Zusatzinformationen (Brüning 2018, 390 ff.; Bothe/Brüning 2015, 223).

Im Kontext des Projekte „Menschen im Bergbau" wurde mit dem MiB (Menschen im Bergbau)-Labor eine digitale Lernplattform entwickelt, die Schülerinnen und Schülern inhaltsbezogenes und methodenorientiertes historisches Lernen auf der Grundlage von Oral History-Interviews mit ehemaligen Mitarbeiterinnen und Mitarbeitern aus dem (west-)deutschen Steinkohlenbergbau ermöglichen möchte (Hiller/Mierwald 2022). Insbesondere im Lernmodul „Schmelztiegel Ruhrbergbau – Migration und Integration türkischer ‚Gastarbeiter' erforschen" der digitalen Lernplattform geht es darum, dass die Lernenden ausgewählte Sequenzen mit drei ehemaligen Bergmännern deutscher und türkischer Herkunft methodengeleitet erschließen. Dadurch wird beabsichtigt, eine entsprechende historische Methodenkompetenz mit den digitalen Informationsressourcen bei ihnen anzubahnen (Mierwald, 2021b). Im Unterschied zu vorgestellten Experten-Novizen-Studien wurden hierfür kognitive Strategien anhand einer Synopse von geschichtswissenschaftlicher Methodenliteratur (z. B. Abrams 2016, Niethammer 1985/2012, Shopes 2002; Thompson/Bornat 2017; Wierling 2003), geschichtsdidaktischer Arbeiten zur Oral History-Methode in Lehr-Lernsettings (z. B. Bothe/Brüning 2015; Brauer/Wein 2010; Fink 2023; Henke-Bochschatz 2014; Schreiber 2009) und empirischen Studien zum methodischen Denken von Historikerinnen und Historikern (z. B. De La Paz/Nokes 2020; Martin u. a. 2021; Reisman 2012; Wineburg 1991) rekonstruiert. Anders als in jüngst publizierten geschichtsdidaktischen Rahmenmodellen, die auf zentrale Denkkonzepte (Martin u. a. 2021) oder historischen Erfahrungsdimensionen im Umgang mit Zeitzeuginnen- bzw. Zeitzeugen-Interviews (Zachrich u. a. 2020) fokussieren, ging es dabei um die prägnante Ableitung von kognitiven Strategien, die eine pragmatische, schrittweise Interpretation von videografierten und online-verfügbaren Oral History-Interviews auf historischen Webseiten und Lernplattformen erlauben. In Anlehnung an frühere Studien zum kritisch-reflektierten Umgang mit historischen Quellen und Darstellungen (Reisman 2012; Wineburg 1991) wurden diese mit *sourcing, contextualization, close reading* und *corroboration* betitelt.

Was unter diesen Bezeichnungen zu verstehen ist, soll im Folgenden prägnant erläutert werden (ausführlich siehe Mierwald 2021b). *Sourcing* bezeichnet als ersten Interpretationsschritt das Beachten und Prüfen der Herkunft einer historischen Webseite bzw. der darauf befindlichen Oral History-Interviews, deren Medialität und den darin ‚auftretenden' Personen (Brüggemeier/Wierling 1986, 19–24; Wierling 2003, 127 f.). Vor einer tiefergehenden Analyse der Oral History-Interviews bietet es sich an, zu überprüfen, woher diese eigentlich stammen (d. h. Urheberschaft, Absicht und Zweck der Webseite oder Lernplattform) und wer sich darin äußert (d.h. Kontext des Interviews und Identität der daran beteiligten Personen) (Abrams 2016, 19; Henke-Bockschatz 2014, 79; Niethammer 1985/2012, 62; Shopes 2002, 6–11; Thompson/Bornat 2017, 114; Wierling 2003, 127). Darüber hinaus sollte bei online bereitgestellten Oral History-Interviews ihrer Medialität Aufmerksamkeit geschenkt werden. Gemeint ist damit etwa das Berücksichtigen der Einbettung und Aufbereitung von Videos mit Zeitzeuginnen und Zeitzeugen auf einer Webseite oder digitalen Lernplattform (Bothe/Brüning 2015, 207–214; Schreiber 2009, 28; Shopes 2002, 20 f.) sowie der Absicht, Herkunft, Gestaltung und Vertrauenswürdigkeit der digitalen Informationsressourcen (Shopes 2002, 29 f.). *Contextualization* bezieht sich als zweiter interpretatorischer Schritt darauf, die Informationsressourcen zu kontextualisieren bzw. in Erfahrung zu bringen, wo und worüber etwas in den videografierten Oral History-Interviews gesagt wird (z. B. Henke-Bockschatz 2014; Whitman 2004). Es geht hierbei um den Zeitpunkt und Ort, zu und an dem die Interviews aufgezeichnet wurden, sowie die raum-zeitliche Situierung der Interviews und der Erinnerungen darin (Abrams 2016, 5; Thompson/Bornat 2017, 364; Niethammer 1985/2012, 56; Whitman 2004, 139). Dies ist wichtig, weil etwa vergangene und gegenwärtige Ereignisse sowie der Abstand zwischen Interview und historischen Geschehnissen die Interviewinhalte beeinflussen könnten. Zudem könnte etwa recherchiert werden, wie aktuell das Informationssystem bzw. die bereitstellende

Webseite ist oder wann die Videos hochgeladen wurden (Föhr 2018, 60). *Close Reading* meint als dritter Interpretationsschritt zum einen die von spezifischen Erkenntnisinteressen und historischen Fragen geleitete Analyse der Oral History-Interviews hinsichtlich deren Inhalt bzw. dem, was gesagt wird (d. h. Aufbau, Argumente und Belege; ggf. Interaktion und Kommunikation; Abrams 2016, 2; z. B. Henke-Bockschatz 2014, 15, 48; Shopes 2002, 9; Schreiber 2009, 27; Thompson/Bornat 2017, 363 f.). Zum anderen gilt es den Ausdruck der sprechenden Personen bzw. dem, wie etwas gesagt wird (d.h. Sprache, Mimik und Gestik) genauer zu analysieren (z. B. Brauer/Wein 2010, 13; Portelli 1991, 1–26; Wierling 2003, 134 f.). Der letzte Interpretationsschritt besteht in der *corroboration*-Strategie zw. dem Vergleich von unterschiedlichen Oral History-Interviews auf einer Webseite oder mit weiteren analog oder digital verfügbaren Informationsressourcen hinsichtlich von Ähnlichkeiten und Unterschieden (z. B. Niethammer 1985/2012, 53 f.; Plato 1991/2012, 85; Richie 2015, 113; Thomson/Bornat 2017, 364 f.). Jener Kontrollvergleich dient der Beurteilung und Überprüfung der Zuverlässigkeit von Inhalten und Informationen in den Oral History-Interviews (Shopes 2002).

Eine Möglichkeit der didaktisch-methodischen Vermittlung dieser Strategien soll abschließend an dem angesprochenen Lernmodul mit dem Titel „Schmelztiegel Ruhrbergbau!? – Migration und Integration türkischer ‚Gastarbeiter' erforschen" der digitalen Lernplattform MiBLabor illustriert werden.[2] Das Lernmodul wurde innerhalb eines Geschichtsprojekts an der Ruhr-Universität Bochum von Oktober 2020 bis Januar 2022 für Lernende der gymnasialen Oberstufe in NRW erstmals genutzt. Innerhalb einer Studie, die gegenwärtig noch ausgewertet wird, sollte überprüft werden, inwiefern der Erwerb historischer Methodenkompetenzen im Umgang mit den videografierten und digital vorliegen Oral History-Interviews, gemessen an dem Erlernen der eben erläuterten vier Strategien, durch das Lernmodul gefördert werden kann.

Das Lernmodul basiert auf einem *Cognitive-Apprenticeship*-Ansatz („kognitive Lehre") und leitet schrittweise durch die vier vorgestellten Strategien (siehe Abb. 2). Die Konstruktion des Lernmoduls geht somit im Anschluss an Studien zum digitalen Lernen mit multiplen Dokumenten (z. B. Barzilai u. a. 2020; Britt/Aglinskas 2002) von der Hypothese aus, dass Lernende Oral History-

---

2 Das „MiBLabor" ist eine digitale Lernplattform, die in Ergänzung zur Webseite https://menschen-im-bergbau.de/ historische Inhalte und videografierte Oral-History-Interviews für Lehr-Lernzwecke didaktisiert aufbereitet: https://miblabor.de/ (Links zuletzt am 13.3.2023 abgerufen).

Interviews besser erschließen, vergleichen, beurteilen und verknüpfen können, wenn sie ein gezieltes Training durch *explicit teaching* (Erklärvideo im Vorfeld) und eine Unterstützung durch Aufgaben und Visualisierung von Ergebnissen (im Lernmodul) erhalten, die sie dazu anregen, die oben beschriebenen kognitive Strategien zu verwenden und Inhalte zu reflektieren.

In einer ersten Aufgabe geht es darum, dass die Lernenden ausgewählt Auszüge aus den Oral History-Interviews mit drei Zeitzeugen durch Teilaufgaben, Zusatzmaterialien und Hilfen interpretieren. Dies geschieht von der historischen Leitfrage gerahmt, inwiefern die Integration der türkischen ‚Gastarbeiter' im Ruhrbergbau gelang. Die Schülerinnen und Schüler werden über das Lernmodul dazu angehalten, die Berichte der Zeitzeugen in Form von Oral History-Interviews erstens zu prüfen (*sourcing*), zweitens zu kontextualisieren (*contextualization*), drittens zu analysieren (*close reading*) und viertens miteinander zu vergleichen (*corroboration*). Abschließend werden die Lernenden in einer zweiten Aufgabe dazu angehalten, einen argumentativen Essay zur Leitfrage des Lernmoduls zu schreiben und die erlernten kognitiven Strategien dabei abzurufen.

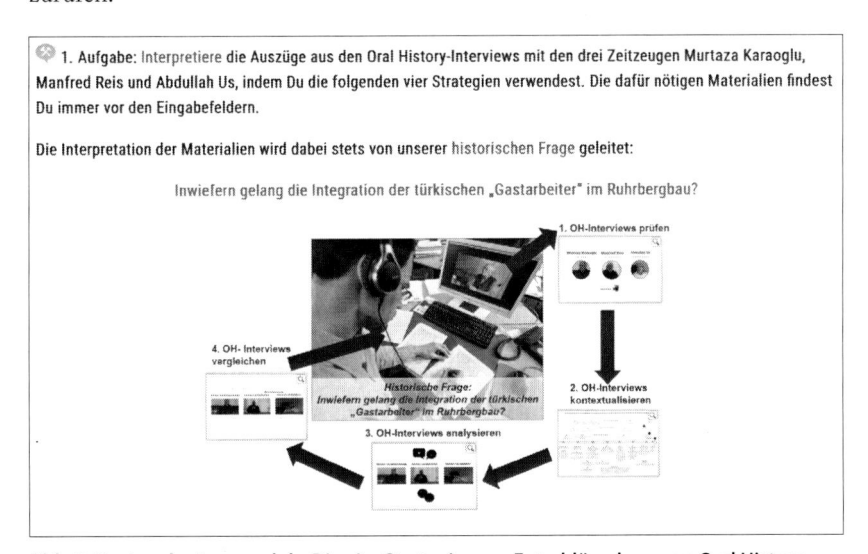

Abb. 2: Beginn des Lernmoduls: Die vier Strategien zur Entschlüsselung von Oral History-Interviews im Überblick (© Stiftung Geschichte des Ruhrgebiets)

An dem ersten interpretatorischen Schritt, *sourcing* bzw. „Oral History-Interviews prüfen", soll Aufbau und Logik des Lernmoduls exemplarisch veranschaulicht werden. Bei dem Erwerb der ersten Strategie geht es darum, dass die Schülerinnen und Schüler Informationen zu den jeweiligen Zeitzeugen, zur Herkunft der Interviews und zur digitalen Lernplattform, auf der sich die Interviews befinden, sichten sollen. Diese Informationen helfen ihnen dabei, die Oral History-Interviews und die digitale Lernplattform zu bewerten. Über einen „Infokasten" können die Kurzbiographien der drei ausgewählten Zeitzeugen bzw. ehemaligen Bergmänner Murtaza Karaoglu, Manfred Reis und Abdullah Us sowie Hintergründe zu den Interviews aus dem Oral-History-Projekt „Menschen im Bergbau" durchgelesen werden (Abb. 3). Unter der Frage „Welche Sichtweise auf unsere historische Frage hat der Zeitzeuge?" werden die Lernenden in einer ersten Teilaufgabe dazu aufgefordert, relevante Informationen herauszuarbeiten. So beschäftigen sich die Schülerinnen und Schüler mit den drei Zeitzeugen genauer, wobei per ‚drag-and-drop' vorgegebene Antworten (z. B. „türkischer Herkunft", „Bergmann bis 2002" oder „61 Jahre") dem jeweiligen Zeitzeugen und in Felder zum Beispiel zu dessen Herkunft, seinem früheren Beruf oder Alter zugeordnet und der Korrektheit nach überprüft werden können.

Abb. 3: Infokasten zu den Zeitzeugen, den Oral History-Interviews und der Lernplattform (© Stiftung Geschichte des Ruhrgebiets)

Danach lernen die Schülerinnen und Schüler in einer zweiten Teilaufgabe mehr über die Interviews, indem abermals kurze Fragen zu beantworten sind und die richtige Antwort unter mehreren Optionen auswählbar ist. Gefragt wird zum Beispiel: „Wer interviewte die Zeitzeugen?" oder „Welches Ziel verfolgt das MiBLabor?". Abschließend werden die Lernenden dazu in einer dritten Teilaufgabe angehalten, die Vertrauenswürdigkeit[3] der videografierten und digital verfügbaren Oral History-Interviews zu beurteilen (Abb. 4). Hierfür sollen vorgegebene Aussagen (z. B.: „Es stehen kurze Ausschnitte aus manchmal mehrstündigen Interviews zur Verfügung." oder „Die Interviews stammen von einer Webseite für Lernzwecke.") per ‚drag-and-drop' in eine Tabellenspalte mit der Überschrift „eher vertrauenswürdig" oder „eher weniger vertrauenswürdig" gezogen werden. Auch hier kann die Zuordnung auf ihre Richtigkeit überprüft werden.

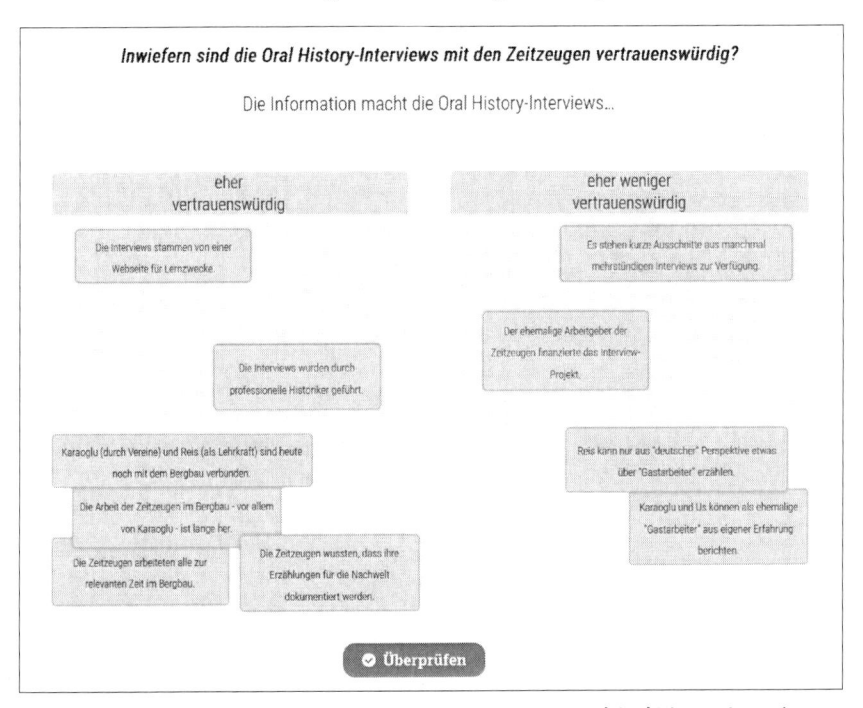

Abb. 4: Beurteilung der Vertrauenswürdigkeit von Zeitzeugen und Oral History-Interviews (© Stiftung Geschichte des Ruhrgebiets)

---

3 Vertrauenswürdigkeit meint hier die Beurteilung von historischen Medien bzw. den vorliegenden Oral History-Interviews dahingehend, inwiefern diese anhand von Zusatzinformationen als glaubwürdig oder plausibel eingeschätzt werden können.

Parallel zum vorgestellten methodenorientierten Lernmodul wurde eine äquivalente inhaltsorientierte Variante, die auf inhaltsbezogene aber nicht reflexanalytische Fragen fokussiert, entwickelt. Mit dieser lernten ebenfalls Schülerinnen und Schüler im angesprochenen Geschichtsprojekt. Der Vergleich der Lernmodulergebnisse in Form der argumentativen Essays der Lernenden und begleitenden Fragebogen (aus der methoden- vs. inhaltsorientierten Lernmodulbedingung) wird zukünftig zeigen, inwiefern der verfolgte Ansatz in der Strategien-Vermittlung tatsächlich lernwirksam ist.

5. Digitale historische Methodenkompetenzen in der Zukunft – wie weiter?

Im Mittelpunkt dieses Beitrages stand die Fragestellung, inwiefern die Methodenkompetenzen von Historikerinnen und Historikern ausreichen, um mit historischen Quellen und Darstellungen im Internet kritisch-reflektiert umzugehen. Zur Beantwortung dieser Fragestellung wurde auf theorie- und empiriebasierte Zugänge eingegangen, die historische Methodenkompetenzen im digitalen Informationsraum unterschiedlich konzeptualisieren. In der Zusammenschau sprechen sie aber dafür, dass die historisch-kritische Methode für den kritisch-reflektierten Umgang mit digitalen Informationsressourcen durchaus nützlich ist. Jedoch bietet es sich an, diese und die daran gekoppelten historischen Methodenkompetenzen so zu modifizieren, dass sie den Anforderungen und Herausforderungen des Internets gerecht werden (z. B. bei der komplexen Suche nach oder Bewertung von historischen Inhalten und Informationen auf Webseiten). Dies wurde am kritisch-reflektierten Umgang mit videografierten und online zugänglichen Oral History-Interviews aus dem Projekt „Menschen im Bergbau" und der digitalen Lernplattform MiBLabor innerhalb dieses Beitrages exemplarisch-vertiefend illustriert.

Am Anfang dieses Beitrages stand der Tweet des Virologen Christian Drosten, in dem dieser die Wichtigkeit der Quellenkritik hervorhob. Zusammenfassend soll auf diesen Tweet mit einigen Forschungsperspektiven geantwortet werden. Grundsätzlich sei Drosten darin zugestimmt, dass das Überprüfen von Quellen ein essentielles Mittel darstellt, um die Zuverlässigkeit und Glaubwürdigkeit von Informationen zu eruieren. Jedoch bedarf es beim kompetenten Umgang mit *historischen* Inhalten und Informationen im digitalen Raum auf theoretischer Ebene zuerst einer Modellierung „Historischen Denkens 2.0" und vor allem der Herleitung und Operationalisierung von historischen Methodenkompetenzen, die die Eigenschaften der jeweiligen digitalen Informationsressourcen berücksichtigen. Historische Methodenkompetenzen könnten zum einen mit Blick auf das jeweilige digitale Medium oder das Internet (d. h. unterschiedliche historische Webseiten und digitale Bilder, Videos und Texte etc.) theorie- bzw. literaturbasiert hergeleitet werden. Zum anderen könnten sich Experten-Novizen-Studien via der Think-Aloud-Methode oder Interviews dazu anbieten, um tiefere Einblicke darin zu bekommen, wie Menschen mit diesen ‚online-Angeboten' mehr oder wenig kritisch-reflektiert umgehen. Auf Theorieebene könnten so auch bestehende historische Kompetenzmodelle (z. B. Trautwein u. a. 2017; van Drie/van Boxtel 2007) durch Methodenliteratur und empirische Befunde erweitert werden. Dabei besteht eine offene Frage darin, ob es generisch-übergreifende historische Methodenkompetenzen gibt oder ob es unterschiedlicher methodischer Fähigkeiten für verschiedene digitale Informationsressourcen bedarf (d. h. allgemein vs. spezifische historische Methodenkompetenzen).

Auf pragmatischer Ebene benötigen wir die Entwicklung von Lehr-Lernszenarien, die die Anbahnung und Förderung von digitalen Kompetenzen historischen Denkens anvisieren. Ein Ansatz hierfür wurde in diesem Beitrag mit dem Lernmodul zum Erwerb kognitiver Strategien im Umgang mit Oral History-Interviews der digitalen Lernplattform MiBLabor präsentiert. Für die akademische Lehre und den schulischen Unterricht könnten sich darüber hinaus Lehr-Lernszenarien anbieten, die überhaupt erst für den kritisch-reflektieren Umgang mit digitalen Informationsressourcen sensibilisieren (z. B. Weich 2023).

Auf empirischer Ebene gilt es, die Lernwirksamkeit dieser Lehr-Lernszenarien in entsprechenden Studien zu überprüfen, indem historische (Methoden-)Kompetenzen erfasst werden. Zu diesem Zweck wurde das zuvor angesprochene methodenorientierte Lernmodul in einer quasi-experimentellen Studie eingesetzt und einem vergleichbaren inhaltsorientierten Lernmodul gegenübergestellt, um dessen Potenzial zur Förderung einer historischen Methodenkompetenz im Umgang mit digital vorliegenden Oral History-Interviews zu überprüfen. Die Auswertung der Ergebnisse steht jedoch noch bevor. Schließlich sollte auf empirischer Ebene stärker der reale Umgang von Historikerinnen und Historikern und ‚Novizen' in der Domäne Geschichte bei der historischen Informationssuche und -bewertung im Internet erforscht werden, der bisher noch ein Desiderat darstellt (Goulding 2021, 32). Nicht zuletzt besteht eine bedeutete Forschungslücke darin, zu untersuchen, inwiefern digitale historische Methodenkompetenzen über einen Transfer auf andere Domänen oder den alltäglichen Umgang mit Inhalten und Informationen im Internet übertragen werden können (McGrew 2022b). Anders ausgedrückt ließe sich fragen, ob digitale historische Methodenkompetenzen tatsächlich hilfreich dabei sind, angesichts von Fake News, Fehlinformation und Desinformationskampagnen die Glaubwürdigkeit von Nachrichten zu überprüfen (Erdmann 2019, 35 f.; Nokes 2017, 554).

Literatur

ABRAMS, Lynn (^{2}2016): Oral History Theory. London/New York.

BARZILAI, Sarit u. a. (2020): Making sources visible. Promoting multiple document literacy with digital epistemic scaffolds. In: Computers & Education, Jg. 157, S. 1–17.

BAUMGÄRTNER, Ulrich (2015): Wegweiser Geschichtsdidaktik. Historisches Lernen in der Schule. Paderborn.

BERNHEIM, Ernst (^{3}1903): Lehrbuch der Historischen Methode und der Geschichtsphilosophie. Leipzig.

BERTRAM, Christiane (2017): Zeitzeugen im Geschichtsunterricht. Chance oder Risiko für das historische Lernen? Eine randomisierte Interventionsstudie. Schwalbach/Ts.

BOTHE, Alina/Brüning, Christina (2015): Der alte Mann auf dem Bildschirm – digitale Zeugnisse Überlebender der Shoah im Geschichtsunterricht. Eine Quellenkritik. In: Buchberger, Wolfgang u. a. (Hg.): Nutzung digitaler Medien im Geschichtsunterricht. Innsbruck, S. 207–227.

BRAUER, Juliane/Wein, Dorothee (2010): Historisches Lernen mit lebensgeschichtlichen Videointerviews. Beobachtungen aus der schulischen Praxis mit dem Visual History Archive. In: Stiftung Topografie des Terrors (Hg.): Gedenkstättenrundbrief, Jg. 153, S. 9–22.

BRITT, Anne B./Aglinskas, Cindy (2002): Improving students' ability to identify and use source information. In: Cognition and Instruction, Jg. 20, H. 4, S. 485–522.

BRÜGGEMEIER, Franz-Josef/Wierling, Dorothee (1986): Einführung in die Oral History. Kurseinheit 3: Auswertung und Interpretation, Hagen.

BRÜNING, Christina (2018): Holocaust Education in der heterogenen Gesellschaft. Eine Studie zum Einsatz videographierter Zeugnisse von Überlebender der nationalsozialistischen Genozide im Unterricht. Schwalbach/Ts.

DANKER, Uwe/Schwabe, Astrid (2017): Geschichte im Internet. Stuttgart.

DANKER, Uwe/Schwabe, Astrid (2020): Potenziale des Faches Geschichte für Kompetenzerwerb in der digitalen Welt. In: Geschichte in Wissenschaft und Unterricht, Jg. 71, H. 7/8, S. 414–434.

DE LA PAZ, Susan/Nokes Jeffery (2020): Strategic Processing in history and history strategy instruction. In: Dinsmore, Daniel L. u. a. (Hg.). Handbook of strategies and strategic processing. New York/London, S. 195–215.

DROSTEN, Christian (2021): Tweet vom 29.9.2021. https://twitter.com/c_drosten/status/1443171972578484226 (aufgerufen am 13.3.2023).

DROYSEN, Johann Gustav ²1875: Grundriss der Historik. Leipzig.

ENDERLE, Wilfried (2001): Der Historiker, die Spreu und der Weizen: Zur Qualität und Evaluierung geschichtswissenschaftlicher Informationsressourcen. In: Haber, Peter u. a. (Hg.): Geschichte und Informatik, Zürich, S. 49–64.

ERDMANN, Elisabet (2019): Quellen im Geschichtsunterricht. In: Geschichte für heute, Jg. 12, H. 3, S. 27–38.

FINK, Nadine (2023): La storia orale come leva didattica per l'insegnamento. In Castro, Sonia u. a. (Hg.): L'insegnamento della storia oggi. Didattica e storiografia per le scuole superiori, Rom, S. 273–279.

FÖHR, Pascal (2018): Historische Quellenkritik im Digitalen Zeitalter. Basel.

GALDA, Maria (2013): Geschichtsbewusstsein, historisches Wissen und Interesse, Darstellung von Zusammenhängen und Repräsentationen in semantischen Netzwerken, Dissertation, Frankfurt/M.

GOULDING, James (2021): Historical thinking online. An analysis of expert and non-expert reading of historical websites. In: Journal of the Learning Science, Jg. 30, H. 2, S. 204–239.

PETER, Haber (2011): Digital Past. Geschichtswissenschaft im digitalen Zeitalter. München.

HENKE-BOCKSCHATZ, Gerhard (2014): Oral History im Geschichtsunterricht. Schwalbach/Ts.

HILLER, Theresa/Mierwald, Marcel (2022): Mit den Zeitzeugnissen von „Menschen im Bergbau" historisch lernen. Einblicke in die digitale Lernplattform MiBLabor. In: Beilage zur Ausgabe 01/2022 Forum Geschichtskultur Ruhr: Digitale Geschichtskultur im Ruhrgebiet, Dokumentation von Beiträgen des 9. Geschichtskonvents Ruhr, 29.10.2021, S. 27–30. Online abrufbar: https://www.geschichtskultur-ruhr.de/wp-content/uploads/Beilage-forum-02_2021_final.pdf. (aufgerufen am 13.3.2013).

HODEL, Jan (2007): Historische Online-Kompetenz. Informations- und Kommunikationstechnologie in den Geschichtswissenschaften. In: Pöppinghege, Rainer (Hg.): Geschichte lehren an der Hochschule. Bestandesaufnahme, methodische Ansätze, Perspektiven. Schwalbach/Ts., S. 194–210.

HODEL, Jan (2008): Digital lesen, digital schreiben, digital denken? Über den kompetenten Umgang mit Geschichte im Zeitalter des digitalen Medienwandels. In: Jorio, Marco (Hg.): Am Anfang ist das Wort. Lexika in der Schweiz. Baden, S. 113–125.

HODEL, Jan (2009): Informationsraum in der Wissenschaftskommunikation. In: Gendolla, Peter u. a. (Hg.): Leitmedien. Konzepte – Relevanz – Geschichte. Bd. 2, Bielefeld, S. 159–174.

HODEL, Jan (2010): Recherche: Google – and Fa Beyond. In: Gasteiner, Martin/Haber, Peter Haber (Hg.): Digitale Arbeitstechniken für Geistes- und Kulturwissenschaften. Wien, S. 25–38.

KEUTE, Annika/Birkner, Thomas (2022): Digital wiedergeboren. Die Bedeutung von digitalen Archiven für die Journalismusforschung. In: Schwarzenegger, Christian u. a. (Hg.): Digitale Kommunikation und Kommunikationsgeschichte. Perspektiven, Potentiale, Problemfelder. Berlin, S. 225–245.

KÖNIG, Mareike (2020): Geschichte digitale. Zehn Herausforderungen. In: Arendes, Cord u. a. (Hg.): Geschichtswissenschaft im 21. Jahrhundert. Interventionen zu aktuellen Debatten. München, S. 67–76.

KREUTZ, Jessica (2022): Geschichte unterrichten mit digitalen Objektivationen. Fachliche Hinweise, didaktische Potentiale, methodische Möglichkeiten eines neuen Mediums. In: Geschichte in Wissenschaft und Unterricht, Jg. 73, H. 9/10, S. 512–526.

LAUBER-REYMANN, Margrit (^{2}2017): Informationsressourcen. Ein Handbuch für Bibliothekare und Informationsspezialisten. Berlin/Bosten.

LEH, Almuth (2022): Oral History als Methode. In: Hass, Stefan (Hg.): Handbuch Methoden der Geschichtswissenschaft. Wiesbaden, S. 1–20. Online verfügbar: https://doi.org/10.1007/978-3-658-27798-7_20-1 (aufgerufen am 13.3.2023).

MARGULIES, Simon B. (2009): Digitale Daten als Quelle der Geschichtswissenschaft. Eine Einführung. Hamburg.

MARTIN, Bridget u. a. (2021): Listening like a historian? A framework of 'oral history thinking' for engaging with audiovisual sources in secondary school education. In: Historical Encounters, Jg. 8, H. 1, S. 120–138.

MCGREW, Sarah (2022a): Internet or archive? Expertise in searching for digital sources on a contentious historical question. In: Cognition and Instruction, Jg. 40, H. 4, S. 488–516.

MCGREW, Sarah (2022b): Bridge or byway? Teaching historical reading and civic online reasoning in a U. history class. In: Theory & Research in Social Education, Jg. 50, H. 2, S. 196–225.

MCGREW, Sarah u. a. (2018): Can students evaluate online sources? Learning from assessments of civic online reasoning. In: Theory & Research in Social Education, Jg. 46, H. 2, S. 165–193.

MIERWALD, Marcel (2021a): Digital oder doch lieber analog? Über die Lernwirksamkeit von Medien und das historische Lehren und Lernen im digitalen Wandel. In: Geschichte für heute, Jg. 14, H. 3, S. 21–40.

MIERWALD, Marcel (2021b): Schmelztiegel Ruhrbergbau? Die Integration türkischer „Gastarbeiter" mit Oral History-Interviews im Schülerlabor erforschen. In: BIOS – Zeitschrift für Biographieforschung, Oral History und Lebensverlaufsanalysen, Jg. 34, H. 2, S. 231–259.

MPFS (= Medienpädagogischer Forschungsverband Südwest) (2022): JIMplus 2022. Fake News und Hatespeech. Fake News und Hatespeech im Alltag von Jugendlichen. Online verfügbar unter: https://www.mpfde/fileadmin/files/Studien/JIM/JIMplus_2022/JIMplus_Charts_2022_fuer_Website_pdf.pdf (aufgerufen am 13.3.2023).

MÜLLER, Sandra (2020): Digital kompetent? Zur Entwicklung digitaler (Medien-)Kompetenzen im historischen Lernen. In: Zeitschrift für die Didaktik der Gesellschaftswissenschaften, Jg. 11, H. 1, S. 103–121.

NIETHAMMER, Lutz (1985/2012): Fragen – Antworten – Fragen. Methodische Erfahrungen und Erwägungen zur Oral History [1985] (gekürzte Fassung). In: Obertreis, Julia (Hg.): Oral History. Basistexte Geschichte. Bd. 8. Stuttgart, S. 31–72.

NOKES, Jefferey 2017: Historical reading and writing in secondary school classrooms. In: Carretero, Mario u. a. (Hg.): Palgrave Handbook of research in historical culture and education. London, S. 553–571.

OBENS, Katharina/Geißler-Jagodzinski, Christian (2018): „Dann sind wir ja auch die letzte Generation, die davon profitieren kann". Reflexionen zur Rezeption von Zeitzeugengesprächen bei Jugendlichen/jungen Erwachsenen, herausgegeben vom Bildungsverbund für die internationale Jugendbegegnungsstätte Sachsenhausen e. V. Potsdam.

OBERTREIS, Julia (2012): Oral History – Geschichte und Konzeptionen. In: Obertreis, Julia (Hg.): Oral History. Basistexte Geschichte. Bd. 8. Stuttgart, S. 7–30.

PFANZELTER, Eva (2010): Von der Quellenkritik zum kritischen Umgang mit digitalen Ressourcen, in: Gasteiner, Martin/Haber, Peter (Hg.): Digitale Arbeitstechniken für Geistes- und Kulturwissenschaften. Wien, S. 39–49.

PFANZELTER, Eva (2015): Die historische Quellenkritik und das Digitale. In: Archiv und Wirtschaft, Jg. 48, H. 1, S. 5–19.

PFANZELTER, Eva (2017): Analoge vs. digitale Quellen. Eine Standortbestimmung. In: Bernsen, Daniel/Kerber, Ulf (Hg.): Praxishandbuch Historisches Lernen und Medienbildung im digitalen Zeitalter. Opladen, S. 95–102.

PLATO von, Alexander (1991/2012): Oral History als Erfahrungswissenschaft. Zum Stand der „mündlichen Geschichte" in Deutschland [1991]. In: Obertreis, Julia (Hg.): Oral History. Basistexte Geschichte. Bd. 8. Stuttgart, S. 73–98.

PORTELLI, Alessandro (1991): The death of Luigi Trastulli and other stories. Form and meaning in oral history. New York.

REISMAN, Avishag (2012): The „document-based lesson". Bringing disciplinary inquiry into high school history classrooms with adolescent struggling readers. In: Journal of Curriculum Studies, Jg. 44, H. 2, S. 233–264.

RICHIE, Donald A. (^{3}2015): Doing oral history. A Practical Guide. New York.

RODENHÄUSER, Lisa (2012): Zwischen Affirmation und Reflexion. Eine Studie zur Rezeption von Zeitzeugen in Geschichtsdokumentationen, Zeitgeschichte, Zeitverständnis. Bd. 25. Berlin.

SCHREIBER, Catherina (2012): Genuine Internetdaten als historische Quellen. Entwurf einer korrealistischen Quellentheorie. In: Zeitschrift für digitale Geschichtswissenschaften, Jg. 1, H. 1, S. 1–15.

SCHREIBER, Waltraud (2009): Zeitzeugengespräche führen und auswerten. In: Schreiber, Waltraud/Árkossy, Katalin (Hg.): Zeitzeugengespräche führen und auswerten. Historische Kompetenzen schulen. Neuried, S. 21–28.

SCHREIBER, Waltraud (2022): Historische Bildung in der digitalen Welt. In. Frederking, Volker/Romeike, Ralf (Hg.): Fachliche Bildung in der digitalen Welt. Digitalisierung, Big Data und KI im Forschungsfokus von 15 Fachdidaktiken. Münster, S. 174–206.

SHOPES, Linda (2002): What is oral history? In: Making sense of evidence series on history matters: The U. survey on the web. Online verfügbar unter: http://historymattergmu.edu (aufgerufen am 13.3.2023).

SÖHNER, Felicitas (2022): Oral History in der Hochschullehre. Frankfurt/M.

THOMPSON, Paul/Bornat, Joanna (⁴2017): The voice of the past. New York.

TRAUTWEIN, Ulrich u. a. (2017): Kompetenzen historischen Denkens erfassen. Konzeption, Operationalisierung und Befunde des Projekts ‚Historical Thinking – Competencies in History' (HiTCH). Münster.

VAN DRIE, Jannet/Van Boxtel, Carla (2007): Historical reasoning. Towards a framework for analyzing students' reasoning about the past. Educational Psychology Review, Jg. 20, H. 2, S. 87–110.

WEICH, Andreas (2023): Medienkonstellationsanalyse. In: Niebling, L. u. a. (Hg.): Handbuch digitale Medien und Methoden. Wiesbaden, online verfügbar unter: https://doi.org/10.1007/978-3-658-36629-2_28-1 (aufgerufen am 13.3.2023).

WHITMAN, Glenn (2004): Dialogue with the past. Engaging students & meting standards through oral history. American Association for State and Local History. Walnut Creek.

WIERLING, Dorothee (2003): Oral History. In: Maurer, Michael (Hg.): Aufriß der Historischen Wissenschaften. Bd. 7. Stuttgart, S. 81–151.

WINEBURG, Sam /McGrew, Sarah (2019): Lateral reading and the nature of expertise. Reading less and learning more when evaluating digital information. In: Teachers College Record, Jg. 121, H. 11, S. 1–40.

WINEBURG, Sam S. (1991): Historical problem solving. A study of the cognitive processes used in the evaluation of documentary and pictorial evidence. In: Journal of Educational Psychology, Jg. 83, H. 1, S. 73–87.

WINEBURG, Sam S. (2019): Warum historische Kompetenzen für die Auswertung von digitalen Quellen nicht ausreichend sind. In: Barsch, Sebastian u. a. (Hg.): Fake und Filter. Historisches und politisches Lernen in Zeiten der Digitalität. Schwalbach/Ts., S. 105–117.

ZACHRICH, Lisa u. a. (2020): Historical experience A framework for encountering complex historical sources. In: History Education Research Journal, Jg. 17, H. 2, S. 243–275.

SABRINA SCHMITZ-ZERRES

„So groß war das?"

Nutzen (und Grenzen) der Digitalität in schulischen Lernarrangements zur Kompetenzförderung am Beispiel des Herrscherporträts Ludwigs XIV.

Infolge der Maßnahmen zur Eindämmung der Corona-Pandemie wurde der schulische Geschichtsunterricht vom analogen Klassenraum in digitale Klassenzimmer verlegt. Damit einher ging ein deutlicher Anstieg der Nutzung digitaler Lernangebote, wie beispielsweise der Plattform *segu Geschichte* (segu Geschichte 2021). Zugleich zeigten die finanziellen Investitionen im Rahmen des „DigitalPakt Schule" Wirkung, da flächendeckend in Schulen digitale Tafeln und mobile Endgeräte für Lehrende und Lernende angeschafft wurden. Es handle sich bei der Digitalisierung um die „vierte Revolution" (Burow 2019, 20), mit der fundamentale Veränderungen verbunden seien und deren vielfältige Aspekte im Rahmen der 2022 in Paderborn durchgeführten Tagung beleuchtet wurden. Unabhängig von der Diskussion, inwiefern es sich bei dieser häufig formulierten Feststellung sowie der Annahme einer weitreichenden digitalen Transformation verschiedener Lebensbereiche mittlerweile schon um einen Topos handle, bedarf es einer didaktischen Reflexion ihres Einsatzes im Unterricht. Denn – und die Feststellung erscheint beinahe banal – digitale Medien sind aus dem schulischen Geschichtsunterricht nicht mehr wegzudenken – auch wenn in Praxisberichten von Lehrkräften eine disparate Situation hinsichtlich technischer Ausstattung und Fortbildungsangeboten deutlich wird.

Bildungspolitisch wurden 2016 mit dem Strategiepaper der Kultusministerkonferenz „Bildung in der digitalen Welt" (Kultusministerkonferenz 2016) sowie 2021 mit dem Papier zu „Lehren und Lernen in der digitalen Welt" (Kultusministerkonferenz 2021) Grundsteine gelegt, indem die Papiere grundsätzliche Zielvorgaben und die Förderung Digitalkompetenzen formulierten. 2022 bekräftigte die Ständige Wissenschaftliche Kommission der KMK erneut, die „digitalitätsbezogene fachdidaktische Kompetenz" zu stärken und eine „Veränderung der normativen Fachkultur in Richtung einer verstärkten Digitalisierung" (Ständige Wissenschaftliche Kommission der Kultusministerkonferenz 2022, 147) zu fördern. Aus bildungswissenschaftlicher Perspektive wurde in verschiedenen Modellen beschrieben, wie die verschiedenen pädagogischen und didaktischen

Zugänge sinnvoll interagieren sollten. So weist beispielsweise das „digital pedagogical and content knowledge" (DPACK) – Modell von Beat Döbeli Honegger eine „digitale pädagogische Inhaltskompetenz" aus, die domänenspezifisch durch Fachdidaktiken konkretisiert werden solle (Döbeli Honegger 2021). Es bedarf demzufolge einer geschichtsdidaktischen Reflexion des Umgangs und Einsatzes digitaler Medien in Lehr- und Lernarrangements, um sowohl mediale als auch didaktische Potentiale bestmöglich auszuschöpfen. Mit jenem geschichtsdidaktischen Aufgabenbereich beschäftigt sich dieser Text, indem er an einem unterrichtspraktischen Beispiel in Form eines Erfahrungsberichtes auslotet, welche Potenziale und Grenzen mit dem Einsatz digitaler Medien für den Kompetenzerwerb verbunden sind. Wie auch andere Beiträge in diesem Band geht er dazu exemplarisch vor: Die Verwendung digitaler Medien im Geschichtsunterricht wird in ein Lernarrangement zur Bildanalyse eingebettet, um darzulegen, inwiefern die Betrachtung der Position des Herrscherporträts im digitalen Raum gewinnbringend zur Bildanalyse und -interpretation beitragen kann. Der Beitrag verknüpft den Einsatz digitaler Medien mit der Förderung der Erschließungskompetenz (Bernhardt u. a. 2011, 9) zur Bildanalyse, indem die Lernenden mit iPads und *Google Street View* die Größe des Herrscherporträts Ludwigs XIV. untersuchten, um darauf aufbauend dessen Selbstverständnis und die gegenwärtige geschichtskulturelle Repräsentation des absolutistischen Königs zu vergleichen. Am Beispiel des Unterrichtssettings zum Herrscherbild Ludwigs XIV. von Hyacinthe Rigaud aus dem Jahr 1701, welches Michael Sauer als „im Schulbuch obligatorisch" (Sauer 2012, 190) bezeichnet hat, werden Grenzen und Möglichkeiten digitaler Medien erläutert. Dazu werden *erstens* geschichtsdidaktische Überlegungen zum Verhältnis von historischem Lernen und digitalen Medien dargestellt, bevor unter Einbezug der Forschung zu außerschulischen Lernorten über Potenziale digitaler Lernorte nachgedacht wird. *Zweitens* wird das Setting zur Bildanalyse des Herrscherporträts Ludwigs XIV. vorgestellt, an dem die Autorin als Lehrkraft beteiligt war. *Drittens* und abschließend diskutiert der Beitrag die Chancen und die Grenzen des Einbezugs digitaler Medien für historisches Lernen im kompetenzorientierten Geschichtsunterricht am Beispiel des beschriebenen Unterrichtssetting

Aufgrund dieser Auswahl bleiben zwei Aspekte unbehandelt: Zum einen die kategoriale Analyse von digitalen Lernangeboten für ihren Einsatz im Unterricht und zum anderen der Blick auf die Rolle digitaler Medien in der universitären und schulischen Phase der Ausbildung von Geschichtslehrerinnen und -lehrern.

1. Geschichtsdidaktische Forschungsperspektiven auf digitale Medien

Angesichts der fortschreitenden Digitalisierung aller Lebensbereiche scheint es aus geschichtsdidaktischer Perspektive an der Zeit, nicht länger zu diskutieren, *ob* digitale Medien im Geschichtsunterricht eingesetzt werden sollten, sondern *wie*. In der Forschungsdebatte schwingt unterschwellig die Frage nach dem Mehrwert digitaler Medien mit, die jedoch an der zeitgemäßen Diskussion vorbeigeht: Infolge der vielfältigen digitalen Transformationsprozesse in Politik und Gesellschaft, die auch die Schulen einschließen, gehören digitale Lernanwendungen längst zum Alltag der Lehrenden und Lernenden. Verbunden mit der Digitalität seien „die veränderten Praktiken der Filterung und damit der Orientierung" (Stalder 2018), wie der Kulturwissenschaftler Felix Stalder betont hat (siehe zu Stalders Ansatz einer ‚Kultur der Digitalität' u. a. Hartung i. d. Bd.). Besonders die Prüfung der Triftigkeit von Narrationen, die Analyse ihrer Konstruktionsmechanismen sowie die Bildung eigener Erzählungen zur Schaffung von Orientierung in der Zeit gehören zu den Kernaufgaben zeitgemäßen Geschichtsunterrichts. Daher ist es kaum verwunderlich, dass vielfach besonders das Fach Geschichte herausgestellt wird, wenn es um die Vermittlung von ‚Digitalkompetenzen' geht. Diese Sichtweise geht davon aus, dass spezifische geschichtsdidaktische Kompetenzen im Unterricht bereits erworben wurden und nun im digitalen Raum angewandt werden können. Damit erfährt das Fach Geschichte im Zusammenhang mit Relevanz- und Nützlichkeitsdebatten sowie Stundenkürzungen eine erfreuliche Aufwertung (Demantowsky 2015, 150 f.; Seever/Schacher 2022).

In der Bildungsmedienforschung beschäftigen sich Forschungsprojekte bereits mit der postdigitalen Bildung und untersuchen Medien sowie Akteurinnen und Akteure der Digitalität in Lernsettings (Macgilchrist 2021). Ohne Umschweife ist zu konstatieren, dass sich geschichtsdidaktische Überlegungen auf andere Aspekte konzentrieren und bislang weder metamediale noch metareflexive Gestalt annehmen. Den geschichtsdidaktischen Forschungsdiskurs im deutschsprachigen Raum dominiert (und dominierte) vor allem die Analyse der Spezifika von Einzelmedien: Handelte es sich in den 2000er-Jahren noch um CD-ROMs im Geschichtsunterricht (Alavi/Schäfer 2010), unternahm Astrid Schwabe 2012 als Pionierin erste Überlegungen zur fachdidaktischen Konzeption digitaler Lernarrangements in Form einer regionalhistorischen Webseite (Schwabe 2012). Mittlerweile reichen die Arbeiten von der Analyse der Darstellung historischer Ereignisse und Personen in den sozialen Medien über die Verwendung von Lernplattformen bis hin zur Gestaltung eigener digitaler Bildungsmedien wie dem mbook (siehe Ventzke i. d. Bd.) oder virtual- und augmented reality-Anwendungen (Bunnenberg/Steffen 2019; Burckhardt 2021; Hodel 2020; Liebern 2023; Sochatzky 2018). Neben der Orientierung an der Unterrichtspraxis und der Fokussierung auf einzelne Anwendungen stellt die Forderung einer „digitalen Geschichtsdidaktik" (Bernsen/König/Spahn 2012, 1) einen zentralen Punkt in der geschichtsdidaktischen Debatte um digitale Medien dar. 2012 wurde jenes „Plädoyer" von Daniel Bernsen, Alexander König und Thomas Spahn formuliert, das in der Disziplin für Aufruhr sorgte. Hilke Günther-Arndt, Markus Bernhardt und Christopher Friedburg haben diese Forderung verneint, da digital oder digitalisiert kein Unterscheidungsmerkmal sei, sondern die jeweiligen Medienmöglichkeiten im Geschichtsunterricht reflektiert werden müssten (Bernhardt/Friedburg 2014). Günther-Arndt zufolge sei es kein Unterscheidungsmerkmal, ob Texte, Bilder oder Filme digital, digitalisiert oder analog vorlägen; vielmehr seien die jeweiligen Medienmöglichkeiten im Kontext der jeweiligen Unterrichtssituation zu bedenken. Es sei von großer Bedeutung, dass Schülerinnen und Schüler im Sinne der sukzessiven Kompetenzentwicklung *an* Medien lernten, damit sich die Mediennutzung und die Medienpraxis der Lernenden ändere (Günther-Arndt 2015). Doch wie der Kompetenzerwerb unter Bedingungen der Digitalität gestaltet wird und welche Aspekte des historischen Lernprozesses sich darunter verändern, ist bislang nur ansatzweise beleuchtet worden. Dabei bedarf es einer didaktischen Reflexion der Potenziale, die mit der gewinnbringenden Verwendung digitaler Medien im Geschichtsunterricht verbunden sind, damit digitale Medien nicht zum bloßen Selbstzweck oder aufgrund der Technikbegeisterung engagierter Lehrkräfte eingesetzt werden.

Es wird in diesem Beitrag also ein Argumentationsstrang wieder aufgegriffen, auf den Günther-Arndt hingewiesen hat: Sie argumentierte, dass es vielmehr darauf ankomme, den Einsatz der Medien im Geschichtsunterricht zu reflektieren und weniger die Frage, ob es sich um analoge oder digitale Medien handle (Günther-Arndt 2015). Dieser Forderung kommt Schwabes Vorschlag eines Medienbegriffs nach, der medien- und kulturwissenschaftlichen Arbeiten folgt: Digitale Medien sollten „in technische Apparatur, inhaltliche Aussage und funktionale Kommunikation" (Schwabe 2015, 41) untergliedert werden. Damit berührt die Geschichtsdidaktik die Definition des Kultur- und Medienwissenschaftlers Felix Stalder. Stalder zufolge handle es sich bei Digitalität um eine „eine alle Lebensbereiche bestimmende kulturelle Konstellation" (Stalder 2016, 74), mit der ähnlich fundamentale Veränderungen einhergingen wie beispielsweise mit Literalität und die sich in drei Formen zeige: Der *Referentialität,* der *Gemeinschaftlichkeit* und der *Algorithmizität.* Im Hinblick auf Lernprozesse und die Curriculumsentwicklung ergänzte Stalder, dass „Beschleunigung, Komplexität und Digitalisierung" (Stalder 2018) von Bedeutung seien. Der Beitrag versucht, jene medialen Eigenschaften, die mit Digitalität verbunden sind, für geschichtsdidaktische Lehr- und Lernsettings zu reflektieren, indem die Potenziale des digitalen Medieneinsatzes für historisches Lernen herausgearbeitet werden. Es geht dabei weder um technische Apparate noch um unterrichtspraktische Hinweise oder arbeitsökonomische Aspekte, sondern um inhaltliche Fragen zur Gestaltung historischer Lernprozesse unter Einbezug digitaler Medien: Welche (zusätzlichen) Arbeits- und Reflexionsschritte sind notwendig, wenn – wie im Beispiel des Beitrags – (Bild-) Quellen in digitaler Form vorliegen? Inwiefern verändert sich der Zugang der Lernenden zur Vergangenheit? Und – abseits der technischen Aspekte – welche Hilfestellungen zum Kompetenzerwerb können digitale Lernräume bereithalten, die die eigenständige Arbeit fördern? Verkürzt könnte man daher fragen, welche Potenziale digitale Medien für den Einsatz im Geschichtsunterricht für die Lernenden bieten. Es geht also weniger um die Frage, ob sie für historische Lernarrangements eingesetzt werden sollten, sondern auf welche Weise dies gewinnbringend geschehen kann und welche Veränderungen durch digitale Medien möglich sind. Dazu folgt das Vorhaben der Differenzierung von Bernsen, König und Spahn aus dem Jahr 2012, dass „in", „an", „mit" und „über" (Bernsen/König/Spahn 2012, 17 f.) Medien gelernt werden könne. Die vier Modi beschreiben verschiedene Verwendungsmöglichkeiten, die von der bloßen Nutzung als Lernwerkzeuge bis hin zu einer Reflexion der Medialität digitaler Inhalte reichen. Für das Vorhaben von Interesse ist eine Verwendung im Geschichtsunterricht, die mit Kompetenzerwartungen verknüpft wird und deren Förderung zum Ziel hat. Eine solide geschichtsdidaktische Reflexion von Lernzielen ist angesichts der fortschreitenden digitalen Transformationsprozesse unabdingbar, wie beispielsweise jüngste Entwicklungen im Bereich der Künstlichen Intelligenz zeigen: Mit "ChatGPT" hat OpenAI im November 2022 generative KI für die Allgemeinheit zugänglich gemacht. Die Wiedergabe dominanter konventioneller Geschichtsdarstellungen übernimmt „ChatGPT" ohne Schwierigkeiten, sodass es nicht nur aus Sicht der Lernenden fraglich erscheint, wenn der Geschichtsunterricht seinen Fokus allein darauf richtet. Vielmehr liegen dessen Stärken darin, was Bernsen, König und Spahn als Lernen „über" digitale Medien beschrieben haben: Metakognitives Wissen über die Funktionslogik von Algorithmen, über Fragen der Autorschaft bei *born digital*-Inhalten wie digitalen Fotografien oder Videos oder über performatives Wissen zur Bewertung der Triftigkeit von Narrationen zu ihrer Dekonstruktion.

2. Bildanalyse als Lernen mit und über digitale Medien

Der Begriff „Bilder" wird geschichtsdidaktisch zumeist weit gefasst und umschließt „alle bildlichen Informations- und Bedeutungsträger [...], die Kompetenzen historischen Denkens auf- und ausbauen" (Grafe u. a. 2014, 100), wozu beispielsweise „alle Arten von Malerei, Grafik [...] Fotografie" (Sauer 2012, 188) gehören. Empirische Erhebungen haben gezeigt, dass besonders junge Schülerinnen und Schüler in die Zuverlässigkeit von Bildern als Quellen vertrauen und ihnen oftmals die Einsicht fehlt, dass Bilder immer nur eine bestimmte Perspektive auf die Vergangenheit beinhalten, sodass sie – wie Textquellen auch – einer quellenkritischen Analyse bedürfen (Bergmann/Schneider 2010, 238). Eine „geringe Verarbeitungstiefe", „groteske Missverständnisse bei der Wahrnehmung von Bildquellen" sowie „Verharren in der Benennung von Bildeinzelheiten ohne historischen Bezug" (Grafe u. a. 2014, 100 f.) wurden als Defizite im Umgang mit Bildquellen beschrieben. Lernende gingen zudem in der Betrachtung unsystematisch vor und vermischten Beschreibung und Deutung, sodass sie vorschnell zu falschen Ergebnissen gelangten (Bernhardt 2011, 40–43). Markus Bernhardt hat zur Überwindung „der chronischen Leiden der Bildinterpretation" (Bernhardt 2011, 45) Niveaustufen zur kompetenzfördernden Bildinterpretation vorgeschlagen. Erst eine diagnostische Bestimmung der methodischen Fähigkeiten erlaube es, ein Lernarrangement entsprechend zu gestalten, damit Lernende die formalen Bildelemente, Personen oder Ereignisse beschreiben und deuten können. Im Gegensatz zu dieser komplexen Tätigkeit werden Bilder in Geschichtslehrwerken oftmals zur Veranschaulichung von Ereignissen eingesetzt, was aus geschichtsdidaktischer Perspektive kritisiert wurde (Sauer 2012, 188). Denn mit dieser Form der Verwendung werde Lernenden suggeriert, dass den Bildern leicht Informationen entnommen werden könnten und dass es sich nicht um eine anspruchsvolle Deutungsleistung handle. Denn beim Einsatz von Bildern als Quellen im Geschichtsunterricht bedarf es „besonderer didaktischer Überlegungen und methodischer Anstrengungen" (Sauer 2012, 188). Wie bei Textquellen sollte auch bei Bildern ihr historischer Kontext im Rahmen der Interpretation beachtet werden. Neben dem konkreten Zeitpunkt geht es dabei vor allem um den Entstehungskontext und die Rezeptionsgeschichte: „In welcher Situation ist das Bild entstanden, wer waren der Künstler und ggf. der Auftraggeber, wer sollte es betrachten und was sollte es bei den Betrachtern bewirken, wie wurde es präsentiert oder verbreitet, wie vom Publikum aufgenommen?" (Sauer 2012, 191). Aufgrund der Verwendung digitaler Medien scheint zudem die Unterscheidung sinnvoll, ob es sich um digitale, digitalisierte oder digital veränderte Quellen handelt (Kreutz 2022, 512 f.). Bei digitalisierten Bildern (wie beispielsweise das Herrscherporträt Ludwigs XIV.) liegt ein analoges „Original" vor und eine gescannte oder abfotografierte Version befindet sich im digitalen (Lern-) Raum. Digitale – auch als *born digital* bezeichnete – Bilder sind unter den Bedingungen der Digitalität entstanden, gespeichert und Lernenden zugänglich gemacht worden. Diese medialen Rahmenbedingungen unterscheiden auch die Lernpotentiale, die mit dem Einsatz digitaler Medien zur Bildanalyse verbunden sind und nachfolgende näher beleuchtet werden.

Die Unterscheidung von Bernsen, König und Spahn, „an, mit, in und über" (Bernsen/König/Spahn 2012, 17 f.) Medien zu lernen, lässt sich für die Bildanalyse fruchtbar machen, um den Kompetenzerwerb der Lernenden zu fördern. Bereits die Differenzierung, auf welche Weise das Bild dem Betrachtenden zugänglich gemacht wird, zeigt die Verschiedenheit der Verwendungsmöglichkeiten digitaler Medien. Bei digitalisierten Bildern dienen digitale Medien als Werkzeuge, um „an" ihnen zu lernen und eine Bildquelle zu untersuchen: Sie ermöglichen es, Ausschnitte detaillierter zu betrachten, Bildelemente heranzuzoomen oder sich mit der Bildoberfläche und der Maltechnik zu beschäftigen. Das Lernen „an" dem digitalisierten Bild macht den Lernenden Details zugänglich, die beispielsweise durch den Abdruck im analogen Geschichtsbuch nicht darstellbar sind. Besonders in der Analyse des Herrscherporträts Ludwigs XIV. sei eine detaillierte Analyse von Körperhaltung, Gesichtsausdruck, Kleidung und Raumausstattung von zentraler Bedeutung, um die „(Selbst-) Darstellung und das Selbstverständnis der Herrscherpersönlichkeit" (Grafe u. a. 2014, 107) interpretieren zu können. Zudem ermöglicht die Verwendung digitaler Lernwerkzeuge differenzierende Hilfestellungen für Lernende, die ohne Steuerung durch die Lehrkraft aufgerufen werden können. So können beispielsweise zusätzliche Informationen mithilfe von ‚Hotspots' hinterlegt werden oder Bildelemente durch Rahmen markiert werden, zwischen denen in der Interpretation eine Verbindung hergestellt werden sollte.

Im Unterschied zum digitalisierten Bild, bei dem digitale Medien vor allem als Werkzeuge dienen, bieten sind *born digital*-Bilder im digitalen Raum weitreichendere Lernpotentiale. Zweifelsohne dienen digitale Medien auch in diesem Fall dazu, Details zu untersuchen oder zur Binnendifferenzierung durch Zusatzinformationen beizutragen. Zusätzlich sind digitale Bilder aufgrund ihrer

Materialität geeignet, auf einer metakognitiven Ebene über und in dem digitalen Medium zu lernen. Besonders hinsichtlich der heuristischen Fragestellungen zur Deutung der Bilder ist ihre Digitalität von Bedeutung, wenn im Rahmen der Quellenkritik Fragen nach Veränderbarkeit oder Autorschaft aufgeworfen werden: Welche Rolle spielt es für die Bildinterpretation, wenn unklar ist, ob und von wem ein Bild verändert wurde? Welche medialen Werkzeuge sind im digitalen Raum denkbar und inwiefern nehmen sie Einfluss auf born-digital Bilder? Inwiefern unterscheidet sich damit ein digitales Bild von einer mittelalterlichen Handschrift, deren Veränderungen mithilfe von editionswissenschaftlichen Ansätzen untersucht werden können? Für Lernende ist jene kritische Reflexion der Medialität insofern von Bedeutung, als sie ihnen zwei Aspekte verdeutlicht: *Erstens* die Konstruktion von Geschichte durch den Einsatz von (digitalen) Medien, da besonders durch leicht zugängliche Werkzeuge digitale Bilder verändert werden können. Jede Arbeit am Bild bedeutet eine Änderung seiner Aussage und Perspektive auf den dargestellten Inhalt durch bekannte oder unbekannte Autorinnen und Autoren. Hinzu kommt, dass möglicherweise nicht alle Bearbeitungen dokumentiert werden, sodass sich zugleich die Frage nach dem digitalen Speicherort jener Bilder sowie dessen Verwaltung und Zugänglichkeit stellt, um mögliche Problemstellungen zur Autorschaft bei *born digital*-Bildern anzustoßen. Obgleich mit dem Internet und der freien Zugänglichkeit zu Quellen ein hohes Maß an Partizipation erreicht werden kann, fällt beispielsweise Archiven oder Museen eine *gatekeeper*-Rolle zu. *Zweitens* stellt sich bei *born digital*-Bildern die Frage nach ihrem historischen Kontext, wenn Entstehungs-, Speicher- oder Bearbeitungszeit zeitgleich zueinander verlaufen oder gar keine fixen Zeitpunkte zu bestimmen sind. Es gilt heuristisch zu reflektieren, inwiefern angesichts des Nebeneinanders von Beschleunigung durch digitale Transformationsprozesse sowie der digitalen Repräsentation historischer Quellen deren Historizität erhalten bleiben kann und die Zeitebenen Vergangenheit und Gegenwart von Lernenden unterschieden werden können. Vorschläge für einen medienreflexiven Zugang hat Volker Frederking aus deutschdidaktischer Perspektive formuliert. Die „gleichzeitige Verfügbarkeit dieser und anderer medialer Nutzungsoptionen" stelle ein „Emergenz-Phänomen" (Frederking 2014, 10) dar, so Frederking. Den Lernenden werde ein medienreflexiver Raum eröffnet, um sich der Gleichzeitigkeit der „digitalen Rezeptions- und Interpretationsmöglichkeiten bewusst zu werden" (Frederking 2014, 38). Methodisch könnten sie bereits während der Rezeption durch den didaktischen Einsatz der „medienspezifischen Erweiterung" (Frederking 2014, 39) der Digitalität mit der Analyse oder dem Notieren von Assoziationen beginnen. Aus geschichtsdidaktischer

Sicht wird mit der Gleichzeitigkeit auch eine temporale Perspektive eröffnet, die es zu reflektieren gilt: Die historische Quelle als Zeugnis der Vergangenheit und ihre digitale Repräsentationsform sowie die Möglichkeiten zur Bearbeitung mit gegenwärtigen medialen Gegebenheiten können die Grenzen zwischen den Zeitebenen aufweichen. Dies ist insbesondere in Bezug auf das Zeitbewusstsein der Lernenden von Bedeutung, sodass Konzepte von Zeitlichkeit unter Verwendung digitaler Medien medienreflexiv aufgegriffen werden sollten.

3. Potentiale digitaler Medien am Beispiel der Förderung der Erschließungskompetenz bei Bildanalysen

Am Beispiel eines Lernarrangements zur Analyse des Herrscherporträts Ludwigs XIV. werden im Folgenden die Potenziale und Grenzen des Einsatzes digitaler Medien zur Bildanalyse und der entsprechenden Förderung von Kompetenzen ausgelotet. Dabei werden im Folgenden weder konkrete Aufgabenstellungen aufgegriffen noch der Verlauf der Stunde dargelegt, sondern der Blick auf einen Aspekt der unterrichtspraktischen Verwendung digitaler Medien sowie der damit verbundenen geschichtsdidaktischen Reflexion gerichtet. Die Analyse des Unterrichtssettings um das Herrscherporträts Ludwigs XIV. macht deutlich, dass neben der Entstehungszeit auch der historische Raum von Bedeutung ist, in dem das Porträt präsentiert wurde, um die Leitfrage der Stunde zu beantworten: Welche Formen der Herrschaftsrepräsentation gab es im Absolutismus und in welchem Zusammenhang standen sie zum Selbstverständnis des Königs Ludwig XIV.?

Das Herrscherporträt wurde 1701 vom Maler Hyacinthe Rigaud als Auftragsarbeit des französischen Königs angefertigt und diente zeitgenössisch als ästhetische Orientierung zur Gestaltung weiterer Herrscherporträts. Den Memoiren des Malers zufolge habe das Porträt dem König so gut gefallen, dass er es im Thronsaal des Schlosses Versailles aufhängen ließ (Tischer 2016, 234). Diese historische Anekdote kann im Jahr 2023 auch unter Verwendung digitaler Medien nicht mehr nachgeprüft werden. Doch mithilfe des Einsatzes eines digitalen Rundgangs durch das Schloss Versailles wird der räumliche Kontext deutlich, in dem das Herrscherporträt zeitgenössisch präsentiert wurde. Neben der Verortung im Raum kommt auch der Bildgröße eine besondere Rolle zu, da das Gemälde mit 2,77m Höhe und 1,94m Breite imposante Maße aufweist. Jene wird erst durch eine räumliche Kontextualisierung deutlich, wie sie mithilfe der digitalen Google Street View-Tour durch den Spiegelsaal und angrenzende Räume im Schloss Versailles möglich ist. Die Verortung des Bildes in seinem räumlichen historischen Kontext sowie die Veranschaulichung der Bildgröße (als Beispiel zur Untersuchung der formalen Merkmale) können den Lernenden einerseits helfen, einen Zugang zur Wirkung des Herrscherporträts zu bekommen. Andererseits kann damit in der Interpretation des Gemäldes die Transferleistung begleitet werden, um Hypothesen zum Selbstverständnis des absolutistischen Königs zu formulieren, die dann unter Zuhilfenahme weiter Quellen überprüft werden können. Zugleich ermöglicht der Einsatz des digitalen Rundgangs eine Auseinandersetzung mit Ludwig XIV. im Kontext der gegenwärtigen Geschichtskultur, da auch im Jahr 2023 eine Inszenierung des Königs gewählt wird, die jener des 18. Jahrhunderts ähnelt. Denn auch wenn der historische Platz des Porträts, da gegenwärtig in einem Nebenraum des Spiegelsaals über einem Kamin hängt, kaum zu rekonstruieren ist, wird deutlich, dass aus der alleinigen Anordnung des Gemäldes an diesem Ort dem Sonnenkönig auch im 21. Jahrhundert eine besondere Position eingeräumt wird. Auch dass der Raum mit dem Porträt überhaupt in der Google Street View-Tour besucht werden kann und sich der Rundgang nicht auf den Spiegelsaal und die Schlafzimmer beschränkt, spricht für diese Deutung. Damit wird auch gegenwärtig der zeitgenössischen (Selbst-)Inszenierung Ludwigs XIV. gefolgt, wie der digitale Besuch im Schloss Versailles zeigt. Das Schloss Versailles diente als Ort der Repräsentation der Macht des Sonnenkönigs, „als Inbegriff für prachtvolle höfische Inszenierungen und […] als Paradebeispiel für eine erfolgreiche absolutistische Herrschaft gepriesen" (Schumann 2003, 13 f.). Hyacinthe Rigaud wurde mit seinem Porträt zum Vorbild, an dem sich sowohl die Nachfolger Ludwigs XIV. wie auch zeitgenössisch Nachahmer orientierten. Deutlich wurde bereits zu Beginn des 18. Jahrhundert angesichts „der […] zur Schau gestellten majestätischen Pose, die von einer so übertriebenen Inszenierung war, dass sich zugleich Spötter und Kritiker immer wieder an ihr abarbeiteten." (Tischer 2016, 158) Dazu trägt neben der künstlerischen Darstellung auch das überlebensgroße Format des Porträts bei, das einen übergroßen und sehr präsenten König zeigt. Die Darstellung König Ludwigs XIV. als mächtiger Herrscher stand im deutlichen Widerspruch zur historischen Situation: Frankreich litt wirtschaftlich sehr unter den Kosten, die als Folge des Pfälzischen Erbfolgekriegs von 1688–1697 entstanden waren sowie der sogenannten „Kleinen Eiszeit", die durch Ernteausfälle in den Jahren 1693/94 zu Hungersnöten führte. Zudem sei der König zusehends von Krankheiten heimgesucht worden, der zum Zeitpunkt der Entstehung des Bildes „längst nicht mehr der kraftvolle junge König" (Tischer 2016, 146) gewesen sei, wie das Porträt suggeriert.

Das beschriebene Lernsetting hat die Autorin als Lehrkraft im Rahmen ihres Vorbereitungsdienstes in einer siebten Klasse an einem nordrhein-westfälischen Gymnasium in einer Klasse mit 15 Schülern und 13 Schülerinnen durchgeführt. Die Stunde wurde weder videografiert noch mit anderen Methoden der empirischen Sozialforschung dokumentiert, sodass sie nicht analytisch ausgewertet wird. Auch Aussagen über Kompetenzförderungen der Lernenden können nicht mit einer entsprechenden Datengrundlage belegt werden, was auch nicht im Fokus des Beitrags steht. Vielmehr werden die Gestaltung des Lernarrangements und die damit verbunden Potenziale hinsichtlich der Bildinterpretation als Teil der Erschließungskompetenz reflektiert. Im Rahmen der Unterrichtsreihe „égalité, *liberté, fraternité?* Beurteilung des Verhaltens von Akteurinnen und Akteuren in den verschiedenen Phasen der Französische Revolution" diente die Beschäftigung mit den Grundlagen der absolutistischen Herrschaft als Verbindung von den Unterrichtsstunden zum Dreißigjährigen Krieg zu der politischen, wirtschaftlichen und sozialen Situation in Frankreich im 18. Jahrhundert, um die Ursachen der Französischen Revolution angemessen beurteilen zu können. Im Mittelpunkt der 90minütigen Doppelstunde stand die Förderung der Erschließungskompetenz im Hinblick auf die Bildanalyse des Herrscherporträts Ludwigs XIV. Daran anknüpfend sollte auf der Grundlage von Textquellen verglichen werden, inwiefern sich das Selbstverständnis des Königs von dessen Selbstinszenierung durch das Hofzeremoniell und der Inszenierung durch den Maler unterscheidet oder welche Ähnlichkeiten auszumachen sind. Als Transferleistung sollten die Lernenden Verbindungen zum absolutistischen Herrschaftsverständnis herstellen, um in den darauffolgenden Stunden die wirtschaftliche und gesellschaftliche Situation in Frankreich zu untersuchen, was wiederum die Grundlagen zur Analyse der Ursachen der Französischen Revolution bildete. Die Stunde folgte dem gängigen Aufbau einer problemorientierten Geschichtsstunde, die im Einstieg eine Frage aufwirft, die im Erarbeitungsteil untersucht und abschließend reflektiert wird (Hensel-Grobe 2020; Jansen/Thünemann 2023; Thünemann 2015). Das Ziel der abschließenden Reflexion war eine Beurteilung der gegenwärtigen Darstellung Ludwigs XIV. im Schloss Versailles, die der zeitgenössischen künstlerischen Repräsentation entspricht. Auf diese Weise sollten die Lernenden die digitalen Medien in Form der iPads und der *Google Street View*-Darstellung nicht nur als Werkzeuge zur Analyse nutzen, sondern auch „über" digitale Medien lernen und die gegenwärtige geschichtskulturelle Perspektive beurteilen können.

Das Angebot von *Google Street View*, sich mithilfe von iPads digital durch den Spiegelsaal des Schlosses Versailles und die angrenzenden Räume bewegen zu können, diente im Rahmen der Erarbeitungsphase dazu, dass die Lernenden die Größe des Herrscherporträts und seinen Platz untersuchen sollten. Jenes war ihnen als stummer Einstiegsimpuls gezeigt worden, woraufhin Fragen an das Bild an der Tafel notiert wurden. Zusätzlich wurde das digitalisierte Gemälde in ihrem bekannten digitalen Lernraum in Gestalt des *Moodle*-Kurses zur Verfügung gestellt. Mithilfe der räumlichen Verortung im Schloss sollten zunächst die formalen Elemente der Bildanalyse deutlich gemacht werden. Der besondere Schwerpunkt lag auf der Größe des Gemäldes, um daran anknüpfend auf der Grundlage der Bildbeschreibung in der anschließenden Deutung das Selbstverständnis des absolutistischen Herrschers zu untersuchen. Damit ermöglicht die digitale Lernumgebung eine differenzierende Bildanalyse sowie -interpretation durch den Einbezug des historischen Kontextes in Form des Schloss Versailles. Jene Darstellung des Herrscherporträts unterscheidet sich deutlich von analogen Lernarrangements, da die Bildgröße auf die Deutung Einfluss nehmen konnte, was mit der bloßen Angabe der Größe beim Abdruck des Porträts im Geschichtsbuch schwieriger scheint. Der spontane Ausruf eines Schülers „So groß war das?" verdeutlicht, inwiefern die Beschäftigung mit der Größe des Gemäldes dessen Interpretation ermöglicht: Die Emotion der Verwunderung und Überraschung, die im Ausruf zum Ausdruck gebracht wurden, sind im historischen Denken untrennbar mit den Kognitionen verbunden, wie Bracke und Flaving dargelegt haben (Bracke/Flaving 2018, 126). In diesem Beispiel helfen die im Lernarrangement durch digitale Medien evozierten Emotionen zur Deutung der Bildquelle. Neben der emotionalen Annäherung und der ausgelösten Irritation erleichterte die Darstellung des Gemäldes im digitalen Raum den Schülerinnen und Schülern die Beschreibung der Wirkung sowie die Interpretation der Intention des Maler

Nach der Verknüpfung der Wirkung des Gemäldes aufgrund der Bildgröße mit der zeitgenössischen Selbstinszenierung des Königs erfolgte abschließend ein Vergleich der Darstellung des Gemäldes im gegenwärtigen sowie im zeitgenössischen Kontext. Auf diese Weise reflektierten die Lernenden nicht nur das absolutistische Herrschaftsverständnis, sondern auch die geschichtskulturelle Repräsentation des Absolutismus im Jahr 2023 im Schloss Versailles: Der prominente Platz des Gemäldes über einem Kamin trägt das Narrativ des Sonnenkönigs als Zentrum weiter und historische Ambivalenz sowie kritische zeitgenössische Diskurse, die sowohl des Politik Ludwigs XIV. sowie das Leben am Hof kritisierten, finden in jener Selbstdarstellung keinen Platz. Das Lernarrangement sollte daher um entsprechende Quellen ergänzt werden, damit die Perspektivität des Malers deutlich wird. Auf diese Weise können beim Lernen „über" digitale Medien sowohl die Wahrnehmungs- als auch die Erschließungskompetenz der Lernenden gefördert werden, indem sie zum einen die Historizität des Schlosses und des Gemäldes wahrnehmen und davon ausgehend Fragen formulieren, die den Lernprozess lenken. Zum anderen hilft die medienreflexive Auseinandersetzung über die vermittelten Inhalte bei der Beurteilung der geschichtskulturellen Darstellungsform im Schloss Versailles des Jahres 2023. Die Unterscheidung der gegenwärtigen Inszenierung des Gemäldes als touristische Attraktivität und seiner zeitgenössischen historischen Position ist von Bedeutung, um die Interpretation des Gemäldes als Quelle für absolutistische Herrschaftsrepräsentation in Frankreich im 18. Jahrhundert nicht zu verfälschen.

Der Einbezug der Kategorie Raum in die Deutung des Bildes unterstützt an diesem Beispiel die Interpretation und hilft bei der Dekonstruktion der Inszenierung, die zeitgenössisch und gegenwärtig vorgenommen wird. Bei allen Potenzialen, die mit den Darstellungsmöglichkeiten digitaler Medien verbunden sind, gilt es zu fragen, inwiefern es sich bei einer digitalen Erkundung um eine räumliche Erfahrung handeln kann. Legt man die (geschichtsdidaktischen) Kriterien für außerschulische Lernorte an, gelangt man zu dem Schluss, dass es sich weder um einen digitalen noch um einen digitalisierten außerschulischen Lernort handelt, da keine multisensorische Begegnung der Lernenden mit dem Ort stattfinden kann. Jene ist Christian Kuchler zufolge jedoch von besonderer Bedeutung, denn die körperliche Erfahrung, das eigene Erleben der räumlichen Begegnung, schaffe einen „direkten, sinnlichen Zugang zum historischen Ort" (Kuchler 2012, 35). Die Erfahrung der sinnlichen Komponente ergänze die kognitive Auseinandersetzung mit Geschichte, sodass sich „ein Eindruck für die Dignität des besuchten Ortes" (Kuchler 2012, 36) einstelle. Zugleich förderten historische Orte das Bewusstsein für Historizität der Lernenden: Mögliche Umgestaltungen der Orte, die die „Veränderungen in der Zeit dokumentieren", verdeutlichen den Lernenden die Unterschiede zwischen den Zeitebenen und regen sie zur Ergründung verschiedener Veränderungsimpulse zu verschiedenen Zeitpunkten in der Vergangenheit an. Der persönliche Kontakt könne durch dreidimensionale Animationen oder Aufnahmen wie sie beispielsweise mit *Google Street View* möglich sind, nicht ersetzt werden, denn zumeist beschränke sich die Auseinandersetzung auf „Bilder, Simulationen, Filme oder Modelle" (Kuchler 2012, 40). Die sinnliche Komponente, die die kognitive Auseinandersetzung mit Geschichte ergänze, könne durch eine digitale Beschäftigung nicht erreicht werden. Auch wenn die digitale Annäherung an Orte nicht das didaktische Potenzial eines außerschulischen Lernortes besitzt, kann die digitale Repräsentation die Quellenanalyse unterstützen: So hat Kuchler herausgestellt, dass durch „Besuche' zu weiter entfernten historischen Stätten" (Kuchler 2023,

163) eine Aufwertung von Quellen denkbar sei. Für das beschriebene Beispiel des Herrscherporträts bedeutet der Einbezug des räumlichen Kontextes, dass Lernende zum einen die Position und zum anderen die Größe des Gemäldes in die Beschreibung der Bildquelle miteinbeziehen. Zum anderen hilft die Verortung im Schloss Versailles bei der Formulierung von Hypothesen als mögliche Antwort auf die Stundenfrage der Lernenden zur Wirkung: Die digitale Erkundung des Zimmers setzt die Größe des Gemäldes ins Verhältnis zu seiner räumlichen Umgebung und erlaubt damit für die Lernenden Rückschlüsse auf die zeitgenössisch intendierte Funktion des Herrscherporträts.

4. Fazit

Wie am Beispiel des in Geschichtsbüchern häufig abgebildeten Herrscherporträts Ludwigs XIV. gezeigt werden konnte, ermöglichen digitale Medien niederschwellig für Lernende eindrucksvolle visuelle mediale Erfahrungen. Dass jene nicht alleine stehen können, wurde am Beispiel eines Unterrichtssettings zur Bildanalyse deutlich: Digitale Medien können Interpretationsprozesse ergänzen, indem sie zusätzliche Perspektiven eröffnen, wie den räumlichen Kontext und die formalen Merkmale des Porträts Ludwigs XIV. Dennoch gilt: Digitale Medien sind keine Selbstläufer und bedürfen – wie alle Medien – einer gewinnbringenden geschichtsdidaktischen Einbettung, um ihre Potenziale entfalten zu können. Sie unterstützen den Kompetenzerwerb, wie das Beispiel der Bildanalyse des Herrscherporträts zeigen konnte und ermöglichen zudem eine Reflexion der Wahrnehmung der gegenwärtigen Geschichtskultur. Letztere wirft zugleich Schwierigkeiten auf, denen durch eine Medienreflexion der Digitalität im Geschichtsunterricht begegnet werden sollte: Durch die digitale Erkundung des Schloss Versailles wurde im beschriebenen Beispiel das Herrscherporträt nicht nur als Quelle zur Selbstdarstellung des absolutistischen Königs untersucht, sondern auch dessen geschichtskulturelle Inszenierung im Jahr 2023. Im Zusammenhang mit Zugängen zu außerschulischen historischen Orten wurde deutlich, dass das Lernpotenzial des Ortes durch dessen digitale Erkundung nicht zutage tritt, sondern der historische Ort als ergänzende Perspektive im Zusammenhang der Deutung eines Gemäldes seine Kapazität entfaltet. Die Forschungsergebnisse zu außerschulischen Lernorten können insofern auch für digitale außerschulische Lernorte gelten, dass bloße Erkundungen in Form von Streifzügen ohne Aufgabenstellungen keine Lernanlässe bieten. Jene legen den Schwerpunkt auf den medialen Selbstzweck digitaler Tools, doch aus dem faszinierenden Bestaunen von historischen Gebäuden resultiert nicht automatisch ein historischer Lernprozess. Vielmehr ist er ein erster Schritt, indem durch Emotionen ein kognitiver Prozess angeregt und eine produktive Auseinandersetzung initiiert werden können, wie exemplarisch mit der Größe des Gemäldes und der Reflexion über die gegenwärtige geschichtskulturelle Darstellung des Schlosses Versailles versucht wurde. Inwiefern die Digitalität von Bildungsmedien eine zusätzliche mediale Reflexionsfolie im Prozess des historischen Lernens darstellt, kann auf der Grundlage eines Einzelbeispiels nicht geschlussfolgert werden. Diese Fragestellung gilt es auf breiterer Basis zu untersuchen und mit größerer Tiefe zu reflektieren, um grundsätzlichere Aussagen darüber treffen zu können, inwiefern die Digitalität von Bildungsmedien Schülerinnen und Schüler heuristische Kompetenzen fördern kann (oder nicht). Im Hinblick auf die Kompetenzförderung lässt sich abschließend resümieren, dass digitale Medien große Potenziale bieten, um *mit* ihnen und *in* ihnen in entsprechenden Lehr- und Lernsettings kompetenzorientierten Geschichtsunterricht zu gestalten. Dabei ermöglicht die Digitalität Zugänge und Perspektiven zur Vergangenheit, die zu Impulsen für historische Lernprozesse werden, die sich nicht nur auf die Erarbeitung von Inhalten und die Förderung von Kompetenzen beziehen, sondern auch eine medienreflexive Ebene einschließen können.

Literatur

ALAVI, Bettina/Schäfer, Marcel (2010): Historisches Lernen und Lernstrategien von Schüler/innen. Eine empirische Untersuchung zu historischer Lernsoftware. In: Dies. (Hg.): Historisches Lernen im virtuellen Medium. Heidelberg 2010, S. 75–93.

BERGMANN, Klaus/Schneider, Gerhard (2010): Das Bild. In: Pandel, Hans-Jürgen/Ders. (Hg.): Handbuch Medien im Geschichtsunterricht. Schwalbach/Ts., S. 225–269.

BERNHARDT, Markus: Ich sehe was, was du nicht siehst. In: Handro, Saskia/Schönemann, Bernd (Hg.): Visualität und Geschichte. Münster 2011, S. 37–55.

BERNHARDT, Markus/Friedburg, Christopher (2014): ‚Digital' vs. ‚Analog'? Eine Kritik an Grundbegriffen in der Diskussion um den digitalen Wandel in der Geschichtsdidaktik und ein Versuch der Synthese von ‚Altem' und ‚Neuem'. In: Zeitschrift für Geschichtsdidaktik, 1/2014, S. 117–133.

BERNHARDT, Markus/Gautschi, Peter/Mayer, Ulrich (2011): Historisches Lernen angesichts neuer Kerncurricula. Von Bildungsstandards und Inhaltsfeldern zur Themenbestimmung und Unterrichtsplanung im Geschichtsunterricht. Wiesbaden.

BERNSEN, Daniel/König, Alexander/Spahn, Thomas (2012): Medien und historisches Lernen. Eine Verhältnisbestimmung und ein Plädoyer für eine digitale Geschichtsdidaktik. In: Zeitschrift für digitale Geschichtswissenschaften, 1/2021, S. 1–27.

BRACKE, Sebastian/Flaving, Colin (2018): Emotionen im Geschichtsunterricht. In: Dies. u. a. (Hg.): Theorie des Geschichtsunterrichts. Frankfurt/M., S. 107–152.

BUNNENBERG, Christian/Steffen, Nils (2019): Geschichte auf YouTube. Neue Herausforderungen für Geschichtsvermittlung und historische Bildung. Berlin.

BURCKHARDT, Hannes (2021): Geschichte in den Social Media. Nationalsozialismus und Holocaust in Erinnerungskulturen auf Facebook, Twitter und Instagram. Göttingen.

BUROW, Olaf Axel (2019): Schule digital – wie geht das? Weinheim.

DEMANTOWSKY, Marko (2015): Die Geschichtsdidaktik und die digitale Welt. Eine Perspektive auf spezifische Chancen und Probleme. In: Der/Pallaske, Christoph (Hg.): Geschichte lernen im digitalen Wandel. Berlin u. a., S. 149–163.

DÖBELI Honegger, Beat (2021): Covid-19 und die digitale Transformation in der Schweizer Lehrerinnen- und Lehrerbildung. In: Beiträge zur Lehrerinnen- und Lehrerbildung, 3/2021, S. 411–422.

FREDERKING, Volker (2014): Symmedialität und Synästhetik. Die digitale Revolution im medientheoretischen, medienkulturgeschichtlichen und mediendidaktischen Blick. In: Der/Krommer, Axel/Möbius, Thomas (Hg.): Digitale Medien im Deutschunterricht. Baltmannsweiler, S. 3–50.

GRAFE, Edda/Günther-Arndt, Hilke/Hinrichs, Carsten (2014): Bildliche Quellen und Darstellungen. In: Günther-Arndt, Hilke/Zülsdorf-Kersting, Meik (Hg.): Geschichts-Didaktik. Praxishandbuch für die Sekundarstufe I und II. Berlin, S. 100–132.

GÜNTHER-ARNDT, Hilke (2015): Ein neuer geschichtsdidaktischer Medienbegriff angesichts des digitalen Wandels? In: Pallaske, Christoph (Hg.): Medien machen Geschichte. Berlin, S. 17–37.

HENSEL-GROBE, Maike (2020): Problemorientierung im Geschichtsunterricht. Frankfurt/M.

HODEL, Jan (2020): Wikipedia im Geschichtsunterricht. Frankfurt/M.

JANSEN, Johannes/Thünemann, Holger (2023): Stunden- und Reihenplanung im Fach Geschichte. In: Fenn, Monika/Zülsdorf-Kersting, Meik: Geschichts-Didaktik. Praxishandbuch für den Geschichtsunterricht. Berlin, S. 267–283.

KREUTZ, Jessica (2022): Geschichte unterrichten mit digitalisierten Objektivationen. Fachliche Hinweise, didaktische Potentiale, methodische Möglichkeiten eines neuen Mediums. In: Geschichte in Wissenschaft und Unterricht, Heft 9/10 2022, S. 512–526.

KUCHLER, Christian (2012): Historische Orte im Geschichtsunterricht. Schwalbach/Ts.

KUCHLER, Christian (2023): Quellen im Geschichtsunterricht. In: Fenn, Monika/Zülsdorf-Kersting, Meik (Hg.): Geschichts-Didaktik. Praxishandbuch für die Sekundarstufe I und II. Berlin, S. 153–163.

KULTUSMINISTERKONFERENZ (2016): Bildung in der digitalen Welt. Strategie der Kultusministerkonferenz. Berlin.

KULTUSMINISTERKONFERENZ (2021): Lehren und Lernen in der Welt. Strategie der Kultusministerkonferenz. Berlin.

LIEBERN, Lena (2024): „Was hältst du von diesem Denkmal?" „Steuergeldverschwendung!". Lernen mit segu als Möglichkeit der Hinwendung zur digitalen Geschichtskultur. In: Hartung, Olaf u. a. (Hg.): Geschichtskulturen im digitalen Wandel? Frankfurt/M., S. 293–310.

MACGILCHRIST, Felicitas (2021): Postdigital. Interaktiv. Partizipativ. Mit der PIP-Formel in die Post-Corona-Zeit. In: HMD. Praxis der Wirtschaftsinformatik, 4/2021, S. 830–841.

SAUER, Michael (2012): Geschichte unterrichten. Eine Einführung in die Didaktik und Methodik. Stuttgart.

SCHUMANN, Julia (2003): Die andere Sonne. Kaiserbild und Medienstrategien im Zeitalter Leopolds I. Berlin.

SEEVER, Friederike/Schacher, Paul (2022): Potenziale zum Erwerb von digitalisierungsbezogenen Kompetenzen durch den Einsatz digitaler Medien im Geschichtsunterricht. In: Hugo, Julia u. a. (Hg.): Digitalisierungen in Schule und Bildung als gesamtgesellschaftliche Herausforderung. Perspektiven zwischen Wissenschaft, Praxis und Recht. Münster, S. 155–167.

SCHWABE, Astrid (2012): Historisches Lernen im World Wide Web. Suchen flanieren oder forschen? Fachdidaktisch-mediale Konzeption, praktische Umsetzung und empirische Evaluation der regionalhistorischen Website vimu.info. Göttingen.

SCHWABE, Astrid (2015): Ein Blick über den disziplinären Tellerrand. Über die Potenziale eines kommunikationswissenschaftlichen Medienverständnisses für die geschichtsdidaktische Mediendiskussion im digitalen Wandel. In: Pallaske, Christoph (Hg.): Medien machen Geschichte. Berlin, S. 37–53.

STALDER, Felix (2016): Kultur der Digitalität. Frankfurt/M.

STALDER, Felix (2018): Herausforderungen der Digitalität jenseits der Technologie. In: Hochschulforum Digitalisierung, 12.7.2018, https://hochschulforumdigitalisierung.de/de/blog/herausforderungen-der-digitalitaet-jenseits-der-technologie-felix-stalder (aufgerufen am 15.1.2023).

STÄNDIGE WISSENSCHAFTLICHE KOMMISSION DER KULTUSMINISTERKONFERENZ (2022): Gutachten Digitalisierung im Bildungssystem. Handlungsempfehlungen von der Kita bis zur Hochschule. Bonn.

SOCHATZKY, Florian (2018): Das multimediale Schulbuch (mbook) – von der Theorie zur Praxis. Dortmund.

TISCHER, Anuschka (2016): Ludwig XIV. Stuttgart.

THÜNEMANN, Holger (2015): Unterrichtsplanung und Verlaufsformen. In: Günther-Arndt, Hilke/Zülsdorf-Kersting, Meik (Hg.): Geschichts-Methodik. Handbuch für die Sekundarstufe I und II. Berlin, S. 264–268.

Geschichtskulturelle Praktiken im digitalen Wandel?

ANDREA BRAIT, HEIKE KRÖSCHE

Erklärvideos als geschichtskulturelles Phänomen und die Notwendigkeit von Erklärvideos 2.0 am Beispiel des Themas Menschenrechte

1. Einleitung

Die Geschichtskultur und damit Geschichten (Georgi u. a. 2022) unterliegen aufgrund vielfältiger gesellschaftlicher Veränderungsprozesse wie der Globalisierung zunehmenden politischen Polarisierungen, einer abnehmenden Anzahl von Holocaust-Überlebenden, Migrationsbewegungen (ebd.) und letzten Endes der sogenannten digitalen Transformation einem Wandel, wirken aber umgekehrt auch auf die genannten Entwicklungen zurück. Geschichtskultur umfasst „alle Formen des praktischen Umgangs mit Geschichte in einem Kollektiv" (Hinz/Körber 2020, 15). Sie bringt nicht nur neue (Pandel 2022, 100), sondern vor allem digitale kulturelle Formen hervor, die implizit und explizit historische Sinnbildungskonstruktionen enthalten, die es kritisch zu reflektieren gilt. Die Grenzen zu analogen Medien bleiben aber auch in einer (Geschichts-)Kultur der Digitalität (Hartung i. d. Bd.) fließend, denn solche werden in digitale integriert und transformiert (Oswalt 2022, 53).

Teil dieser Entwicklung sind auch geschichtsbezogene Erklärvideos, die als geschichtskulturelles Phänomen eingeordnet werden können, auch wenn sie nicht immer Sinnbildungsangebote enthalten, sondern oft als Erklärungen zu Begriffen, Ereignissen oder Prozessen auftreten. Die Nutzung des im Medienalltag von Kindern und Jugendlichen fest verankerten Bewegtbildformates für unterrichtsbezogene Zwecke gehört seit einigen Jahren zur Alltagspraxis (Education Group 2021, 35) und hat sich im Zuge der coronabedingten Schulschließungen noch verstärkt (Institut für Demoskopie Allensbach 2021, 42). Wenngleich aufgrund unterschiedlicher statistischer Erhebungen derzeit unklar ist, wie häufig Erklärvideos von Lernenden für das Fach Geschichte genutzt werden (Neubert 2019, 275; Cwielong/Kommer 2020, 41; Wolf u. a. 2021, 390), erscheint es notwendig, diese „audiovisuelle[n] Darstellungen von Vergangenheit und Geschichte" (Bunnenberg 2020, 10) im Spektrum geschichtskultureller Objektivationen zu berücksichtigen und zum Unterrichtsgegenstand zu machen. Das bedeutet, dass die Charakteristika von Erklärvideos, die für ihren Erfolg im Rahmen nicht-schulischer Bildungskontexte bestimmend sind, im Hinblick auf institutionalisierte schulische Lerngelegenheiten kritisch geprüft und ggf. adaptiert werden müssen.

Hier setzt der folgende Beitrag an und geht zunächst der Frage nach, unter welchen Voraussetzungen das audiovisuelle Format Erklärvideo für formale historische Lernprozesse nutzbar gemacht werden kann. In der theoretischen Auseinandersetzung werden Erklärvideos als geschichtskulturelle Manifestationen in den Bezugsrahmen von formalen, non-formalen und informellen Bildungsangeboten kritisch eingeordnet. Davon ausgehend wird diskutiert, welche Kriterien ein Erklärvideo für den Einsatz im kompetenzorientierten Geschichtsunterricht erfüllen muss. Ein solches Erklärvideo 2.0 – wobei der Begriff die Abkehr vom rein passiven Konsum genauso zum Ausdruck bringt wie den grundsätzlichen Innovationscharakter – steht im Mittelpunkt des empirischen Teils, der Einblick in die Pilotstudie des gleichnamigen Forschungsprojektes gibt. Dabei ist die Frage leitend, wie Lernende der 6. Schulstufe eine erste Fassung eines Erklärvideos 2.0 im Vergleich zu einem klassischen Erklärvideo bewerten und welche Schlüsse daraus für die Produktion eines Erklärvideos 2.0 gezogen werden können.

2. Erklärvideos im Spannungsfeld von formalem, non-formalem und informellem Lernen

Die theoretische Bestimmung von formalen, non-formalen und informellen Lernangeboten und -orten erfolgt hinsichtlich ihres Formalisierungsgrades und unter Berücksichtigung der Lernenden des Grades an Intentionalität (Overwien 2005, 345). Formales Lernen findet in Institutionen des Bildungssystems wie Schulen oder Hochschulen statt und hat u. a. durch die curricularen Vorgaben einen streng strukturierten Charakter. Der auf den Erwerb von Qualifikationen abzielende Lernprozess erfolgt zielgerichtet. Non-formale Lernprozesse sind ebenfalls strukturiert und zielgerichtet, verzichten aber auf einen curricularen Rahmen und sind von daher offener. Sie beruhen auf der Freiwilligkeit der Lernenden, die hierbei seltener eine Zertifizierung anstreben. Informelles Lernen ist dagegen nicht strukturiert und erfolgt kaum zielgerichtet. Die Lernprozesse laufen nicht-intentional ab und führen nicht zu einer Zertifizierung (vgl. ebd., 346–348; Harring/Witte/Burger 2018, 18 f.). Informelle Lerngelegenheiten bieten sich also außerhalb eines institutionellen Rahmens. Somit gelten die Familie, Peer Groups und Medien als klassische informelle Lernorte (Harring/

Witte/Burger 2018, 18). Vor dem Hintergrund, dass Lernen und Freizeit immer weniger als zwei getrennte Sphären zu betrachten sind, lässt sich informelles Lernen jedoch kaum noch auf nicht oder außerschulisches Lernen begrenzen (Täubig 2018). Vielmehr können informelle Lernaktivitäten auch in der Schule stattfinden, wofür Harring et al. (2018, 19) z.B. Peerinteraktionen in Pausen anführen.

In der geschichtsdidaktischen Forschung werden bislang mit Ausnahme von außerschulischen Lernorten, wie Museen, Archive und Gedenkstätten, non-formale und informelle Lernaktivitäten nur marginal berücksichtigt. Dagegen plädiert Oliver Plessow (2014, 148) dafür, die bildungstheoretische Unterscheidung von formalen, non-formalen und informellen Lerngelegenheiten als heuristisches Modell zu nutzen, um das geschichtskulturelle Paradigma jenseits der Rivalität zwischen institutionalisiertem und lebensweltlichem Lernen weiterzuentwickeln. Werden Erklärvideos als digitale geschichtskulturelle Manifestationen betrachtet, müssen sie somit in den bildungstheoretischen Kontext von formalem, non-formalem und informellem Lernen eingeordnet werden. Dazu lässt sich grundsätzlich feststellen, dass sie in allen drei Lernsettings genutzt werden, ihr volles Potential aber bislang vor allem im Rahmen nicht-schulischer, also nicht bis wenig formalisierter Bildungsaktivitäten entfalten. In Zusammenhang mit der zunehmenden Digitalisierung und Verbreitung digitaler Endgeräte sowie einem breiten Angebot kostenloser Videoportale findet die Nutzung dementsprechend überwiegend unabhängig von einem institutionellen Rahmen, kaum zielgerichtet und stattdessen selbstgesteuert statt. Derartige informelle Lerngelegenheiten eignen sich entweder als Voraussetzung oder als Fortsetzung formaler Lernprozesse (Harring u. a. 2018, 18). Wird jedoch einbezogen, dass Kinder und Jugendliche audiovisuelle Erklärvideos vielfach zur Vorbereitung von Klausuren und Referaten nutzen (Rummler und Wolf 2012, 261), kann nicht mehr von nicht-intentionalem Lernen die Rede sein. Hinzu kommt, dass Erklärvideos nicht allein von kommerziellen Anbietern, sondern auch von Trägern non-formaler Bildungs- und Jugendarbeit sowie von Schulbuchverlagen produziert werden, sodass die Grenze zwischen informellem, non-formalem und formalem Lernen verschwimmt.

Zwar wird das Format klassischer Erklärvideos zunehmend aufgebrochen und ihre technische Umsetzung facettenreicher, dennoch können die vier zentralen Merkmale des Medienpädagogen Karsten D. Wolf (2015, 31) weiterhin zur Charakterisierung herangezogen werden. Demnach zeichnen sich Erklärvideos durch thematische sowie gestalterische Vielfalt, einen informellen Kommunikationsstil und die Diversität der Autorenschaft aus. Für den Einsatz im institutionalisierten Fachunterricht erweist sich jedoch insbesondere das letzte Merkmal als problematisch, zumal die Produzierenden häufig nicht die notwendigen fachlichen und fachdidaktischen Kompetenzen besitzen (Brocca/ Krösche 2022, 210). Wenig überraschend ist somit, dass Anja Neubert (2019) in den geschichtsbezogenen Erklärvideos des Kanals *TheSimpleHistory* charakteristische Merkmale historischen Erzählens vermisst, und Dennis Röder und Susanne Popp (2023, 147 f.) bilanzieren, dass diese Videos klar den Vorstellungen eines modernen, kompetenzorientierten Geschichtsunterrichts widersprechen. Darüber hinaus hat Andrea Brait (2022a) in Erklärvideos zum europäischen Integrationsprozess erhebliche Falschinformationen nachgewiesen und kommt zu dem Schluss, dass diese oft nicht als empirisch triftig einzustufen sind. Die Verwendung derartiger audiovisueller Angebote im Geschichtsunterricht zur De-Konstruktion von (teilweise nicht vorhandenen) Sinnbildungsangeboten ist aus geschichtsdidaktischer Perspektive mehr als fraglich (Bernhard/Kühberger 2018; Brait 2022b; Krösche 2022, 143 f.). Historisches Denken lässt sich zudem ohne Berücksichtigung der Annahme kaum fördern, „dass Geschichte gedanklich anstrengend sein kann, weil sie zum Beispiel perspektivisch und ihr Verlauf immer wieder offen und nicht vorausbestimmt ist", wie Anke John (2017) am Beispiel eines Erklärvideos zur Russischen Revolution des YouTube-Kanals *MrWissen2go Geschichte* analysiert hat. Der passive Konsum von Erklärvideos ist dementsprechend nicht ausreichend, um kompetenzorientierte historische Lernprozesse zu initiieren. Stattdessen sollte Geschichtsunterricht das „Faszinierende an der Beschäftigung mit Vergangenheit, ihre Andersartigkeit, ihre Differenz zur Gegenwart, kurz gesagt: die potenzielle Sinnlichkeit historischen Lernens" (Arand 2021, 65) erfahrbar machen, wozu unter anderem kritische Quellenarbeit gehört.

Daraus ergeben sich für die Produktion eines Erklärvideos 2.0 zum Einsatz im institutionalisierten, kompetenzorientierten Geschichtsunterricht mehrere Bedingungen. Zum einen müssen die in den Lehrplänen verankerten fachspezifischen Kompetenzen gefördert werden. Zum anderen muss es gelingen, Schülerinnen und Schüler aus ihrer Konsumentenhaltung herauszuholen, d. h. die passive Rezeption aufzubrechen, weshalb sich das Konzept des Erklärvideos 2.0 an dem Format des Impulsvideos orientiert (Brocca/Krösche 2022). Zu diesem Zweck soll das Video in Wechselwirkung mit passenden Lernmaterialien zum Einsatz kommen.

3. Methodisches Vorgehen

3.1 Erklärvideo 2.0 – erste Fassung

Für die erste Fassung eines Erklärvideos 2.0 wurde als thematische Grundlage ein Anwendungsbereich des Lehrplans (BGBl. II 1/2023) für die 6. Schulstufe gewählt,[1] der sowohl auf historisches als auch auf politisches Lernen ausgerichtet ist:

„Geschichte der Ausbeutung als Längsschnitt (von der Antike bis in die Gegenwart) (Sklaverei im historischen Längsschnitt; Ausbeutung von Frauen, Männern und Kindern von der Antike bis zur Gegenwart; individuelle Erfahrungen aus unterschiedlichen sozialen Klassen und Schichten im Zusammenhang mit Sklaverei und Ausbeutung; Durchsetzung von Menschenrechten)".

Im Video wird anhand einer Bildquelle zum Thema Sklaverei erklärt, wie eine solche Schritt für Schritt beschrieben, analysiert und interpretiert werden kann. Dies entspricht der im Lehrplan der Sekundarstufe I verankerten Kompetenzbeschreibung „Quellen beschreiben, analysieren und interpretieren (Funde, Schriften, Bilder etc.)".[2]

Darüber hinaus wurde für die Pilotstudie ein zweites Video produziert, das dem Typus eines klassischen Erklärvideos entspricht und eine Einführung in das Thema Ausbeutung und Menschenrechte im Laufe der Geschichte bietet. Die Entscheidung für dieses zweite Video basiert auf zwei Grundsatzüberlegungen: Erstens war es das Ziel, in der Pilotstudie einen Vergleich zwischen klassischen Erklärvideos und der ersten Fassung eines Erklärvideos 2.0 durchzuführen, zweitens konnte auf diesem Wege – in Verbindung mit entsprechendem Unterrichtsmaterial – Faktenwissen (Kühberger 2012, 36–28) zum Thema vermittelt werden, das für eine Arbeit mit dem Erklärvideo 2.0 nötig erschienen ist und das in diesem aufgrund des Umfangs keinen Platz mehr gehabt hätte, ohne das Unterrichtsmedium (Tribukait 2018, 142) wechseln zu müssen, und drittens konnte mit einem Auftrag zur De-Konstruktion der kritische Blick der Lernenden auf das Medium geschult werden.

---

1 Hierbei wurde bereits auf den Lehrplan zurückgegriffen, der 2023 beschlossen wurde und zum Zeitpunkt der Entstehung des Videos als Entwurf vorlag, um das Erklärvideo 2.0 möglichst lange im Unterricht einsetzen zu können.
2 Die Kompetenzbereiche des Lehrplans basieren auf dem FUER-Kompetenz-Strukturmodell (Körber/Schreiber/Schöner 2007) sowie dem österreichischen Kompetenzmodell für Politische Bildung (Krammer 2008).

3.2 Unterrichtsplanung für die Pilotstudie

Für die Pilotstudie wurde eine erste Fassung eines Workshops entwickelt, wie er später im Lernlabor, das im Rahmen des Projekts INNALP EducationHub[3] aufgebaut wird, angeboten werden soll. Dieser zielt auf im Lehrplan verankerte Themenstellungen und Kompetenzen ab und umfasst drei Unterrichtsstunden zu je 50 Minuten (plus zwei Pausen zu je fünf Minuten), die hier überblicksartig mit der konzipierten Dauer[4] skizziert werden (Tabelle 1).

1. Stunde	
2 Min.	Begrüßung und kurze Vorstellung des Forschungsteams
8 Min.	Stummer Dialog zu einem Foto (via Whiteboard)
5 Min.	Klassengespräch zum Stummen Dialog (Fokus: Begriffe zum Thema)
10 Min.	Dialogischer Vortrag mit ppt: Einführung zu Geschichtsdarstellungen und Erklärvideos
5 Min.	Austeilen Arbeitsblatt 1 (inhaltliche Erschließung des klassischen Erklärvideos & Herausarbeiten von Fragen, die beantwortet und nicht beantwortet wurden) & Erklärung dazu
5 Min.	Ansehen des klassischen Erklärvideos im Klassenverband
2 Min.	Klären von Fragen zum klassischen Erklärvideo
5 Min.	neuerliches Ansehen des klassischen Erklärvideos im Klassenverband
8 Min.	Bearbeitung von Arbeitsblatt 1 in Partnerarbeit (Beginn)
2. Stunde	
5 Min.	Bearbeitung von Arbeitsblatt 1 in Partnerarbeit (Fortsetzung)
8 Min.	Vergleichen von Arbeitsblatt 1 im Klassenverband (mithilfe einer ppt)
2 Min.	Tausch Arbeitsblatt 1 und Arbeitsblatt 2
15 Min.	Bearbeitung von Arbeitsblatt 2 (Beschreibung, Analyse und Interpretation der Darstellung) in Partnerarbeit
5 Min.	Vergleichen von Arbeitsblatt 2 im Klassenverband
5 Min.	abschließendes Klassengespräch zum klassischen Erklärvideo
10 Min.	Dialogischer Vortrag mit ppt: Quellen

---

3   Eine Übersicht zum gesamten Projekt findet sich unter https://www.innalp.at/de/. Das Teilprojekt „Erklärvideos 2.0" ist dem „Media, Inclusion and AI Space" zugeordnet.
4   In der Klasse 2b wurde diese annähernd eingehalten, in der Klasse 2a erfolgte eine Zeitstraffung, sodass für die Bearbeitung des 3. Arbeitsblattes mehr Zeit blieb.

3. Stunde	
5 Min.	Ansehen des Erklärvideos 2.0 im Klassenverband
2 Min.	Klären von Fragen zum Erklärvideo 2.0
3 Min.	Tausch Arbeitsblatt 2 und Arbeitsblatt 3 sowie Gruppeneinteilung
15 Min.	Bearbeitung von Arbeitsblatt 3 in Gruppenarbeit
10 Min.	Präsentation der Ergebnisse durch jede Gruppe
5 Min.	abschließendes Klassengespräch zum Erklärvideo 2.0
2 Min.	Tausch Arbeitsblatt 3 und Fragebogen
8 Min.	Ausfüllen des Fragebogens

Tab. 1: Ablauf des Workshops zur Pilotierung der ersten Version eines Erklärvideos 2.0

3.3 Datenerhebung

Für die Pilotstudie konnten zwei Klassen der 6. Schulstufe einer Tiroler Mittelschule gewonnen werden. In der Klasse 2a[5] waren an diesem Tag 22 Lernende bis zum Ende des Workshops anwesend, in der 2b 20 Lernende.[6] Da das im Rahmen von INNALP zu entwickelnde Schülerlabor noch nicht eingerichtet ist, erfolgte die Pilotierung in den Klassenräumen der teilnehmenden Klassen. Diese waren jeweils mit einem Whiteboard ausgestattet und die Lernenden verfügten über Tablets mit Kopfhörern.

Anwesend waren die beiden Projektleiterinnen sowie zwei Studentische Mitarbeitende in diesem Projekt, wovon eine (Emanuel Sohm) den Workshop leitete. Die beiden Projektleiterinnen sowie eine Studentische Mitarbeiterin (Hanna Engl) nahmen in Form von teilnehmenden, offenen und teilstrukturierten Fremdbeobachtungen (Döring/Bortz 2016, 330) am Workshop teil, auf deren Basis Beobachtungsprotokolle entstanden. Darüber hinaus war die Lehrkraft anwesend, die diese Klassen im Fach „Geschichte und Sozialkunde/Politische Bildung" unterrichtet.[7]

Neben den Beobachtungen wurden weitere Daten erhoben: Das Tafelbild, das im Zuge des Stummen Dialogs entstand, wurde abfotografiert; ebenso alle von den Lernenden bearbeiteten Arbeitsblätter. Darüber hinaus wurde am Ende des Workshops ein Fragebogen an die Lernenden ausgegeben.

---

5 Zu dieser Klasse sei angemerkt, dass es sich um eine Integrationsklasse handelt, in der sich drei Lernende mit einem sonderpädagogischen Förderbedarf und eine Person mit einer körperlichen Beeinträchtigung befinden.
6 In der Klasse 2b verließ eine Person den Unterricht während des Workshops, in der Klasse 2a waren zwei Personen für eine kurze Zeit nicht im Klassenraum anwesend.
7 In der Klasse 2a unterstützte diese zwei Lernende mit sonderpädagogischem Förderbedarf.

3.4 Datenauswertung

Von den erhobenen Daten wird aus Platzgründen in der Folge so gut wie ausschließlich auf den Fragebogen eingegangen; Verweise auf die Beobachtungsprotokolle erfolgen nur, soweit sie für die Auswertung des Fragebogens nötig sind.

Der Fragebogen enthielt zwei offene Fragen, mit denen die Lernenden um Verbesserungsvorschläge für die beiden Videos gebeten wurden, und 17 geschlossene Fragen. Hierunter fallen zwei klassische Statistik-Fragen nach dem Alter und der Sprachverwendung außerhalb der Schule, eine Frage zum Vergleich der beiden Videos und eine zur Nutzung von Erklärvideos außerhalb der Schule. Darüber hinaus gab es drei Item-Batterien mit denen das Interesse an Geschichte sowie die Verständlichkeit der beiden Videos erhoben wurden.

Die Auswertung der geschlossenen Fragen des Fragebogens erfolgte mit SPS. Nach der Umwandlung der inversen Items wurden die Item-Batterien auf interne Konsistenz geprüft (Schecker 2014, 2). Für die Item-Batterien zum Geschichtsinteresse kann diese als gut bzw. sehr gut bezeichnet werden (Cronbachs α = .792 unter Berücksichtigung aller sechs Items; Cronbachs α = .839 unter Berücksichtigung von fünf Items,[8] die folglich als Grundlage für die Skala zum Geschichtsinteresse herangezogen wurden).

Bei den beiden Item-Batterien bestehend aus jeweils vier Items[9] – zur Ergründung der Verständlichkeit der beiden Videos für die Lernenden bestehen zwei Probleme: Zunächst war – entgegen den ursprünglichen Erwartungen der Forschungsgruppe – in beiden Klassen zu beobachten, dass nicht alle Lernenden die Videos in den Arbeitsphasen neuerlich angesehen haben (dies betrifft das Erklärvideo 2.0 stärker als das klassische Erklärvideo); die Items „Ich habe oft auf die Pausetaste gedrückt." und „Ich habe mir Stellen mehrfach angehört (vor- und zurückspulen)." passen daher nur sehr eingeschränkt zum Agieren der Lernenden. Für die Hauptstudie ist ein neuerlicher Einsatz dieser beiden Items nur anzudenken, wenn eine Auswahlfrage eingefügt wird, ob die Videos eigenständig neuerlich angesehen wurden, denn Antworten auf diese Items sind nur auswertbar, wenn diese Frage mit „ja" beantwortet werden kann. Allerdings zeigt die Prüfung der internen Konsistenz der Item-Batterien, dass diese grund-

---

8 Weggelassen wurde das inverse Item „Ich denke, Geschichte ist für mein zukünftiges Leben nicht wichtig".
9 Dabei handelt es sich um die folgenden Aussagen, die mithilfe einer sechsteiligen Likert-Skala abgefragt wurden: „Ich konnte das Video gut verstehen.", „Ich habe oft auf die Pausetaste gedrückt.", „Ich habe mir Stellen mehrfach angehört (vor- und zurückspulen)." und „Die Symbole helfen beim Verstehen der Inhalte".

sätzlich untauglich zu sein scheint (Cronbachs α = .262 für das klassische Erklärvideo und Cronbachs α = .556 für das Erklärvideo 2.0); dies gilt auch für den Versuch eine Skala aus den zwei verbliebenen Items zu bilden (Cronbachs α = .595 für das klassische Erklärvideo und Cronbachs α = .260 für das Erklärvideo 2.0). Daher werden nur diese beiden Items als Einzelitems in die Analyse einbezogen. Für die Hauptstudie bestehen zwei Möglichkeiten zur Erfassung des Konstrukts „Verständlichkeit des Videos": Entweder können andere Items herangezogen werden (eine Option wären den Inhalt überprüfende Fragen) oder dies wird mit offenen Fragen erhoben, zumal – wie noch zu zeigen sein wird – bei den beiden offenen Fragen vielfältige Antworten gegeben wurden.

Die Analyse der freien Antworten des Fragebogens erfolgte mit einer inhaltlich strukturierenden qualitativen Inhaltsanalyse (Kuckartz 2018, 97–121) mithilfe von MAXQDA. Das Codesystem wurde induktiv anhand der Aussagen der Lernenden entwickelt. Dabei wurden die Aussagen für die beiden Videos in je einem Hauptcode erfasst, sodass letztlich nicht nur ein Verglcich der Aussagen zwischen den beiden Klassen (die als Dokumentgruppen erfasst wurden), sondern auch zwischen den beiden Videos möglich ist. Als Codiereinheit wurden ein Satz bzw. eine Sinneinheit definiert, da die Aussagen nicht immer den Sprachnormen folgen. Doppelcodierungen waren möglich, wenn ein Satz bzw. eine Sinneinheit zwei Aspekte abgedeckt hat. So wurde beispielsweise die Aussage „Mehr Bilder und ausdrücklicher erklären." (2a_6) den Codes „mehr Bilder" und „bessere Erklärungen" zugeordnet; die Aussage entstammt einem Verbesserungsvorschlag zu Video 2, was folglich auch für die Codegruppe gilt. Die Codes wurden zunächst stark ausdifferenziert und nahe an den Aussagen der Lernenden vergeben; in der Folge wurde das finale Codesystem über das Tool „Creative Coding" erstellt. Die Auswertung erfolgte über die Tools „Code-Matrix-Browser" für die Darstellung der quantitativen Verteilungen und „Interaktive Segmentmatrix" für die qualitative Ebene.

In einem letzten Auswertungsschritt wurden – im Sinne des Mixed-Methods-Designs (Kelle u. a. 2019) der Studie – die qualitativen Daten des Fragebogens mit den quantitativen verschränkt. Hierzu wurden die Ergebnisse der Qualitativen Inhaltsanalyse in SPSS übertragen.[10]

---

10 Dies erfolgte über eine Anzeige der Codierungen im Code-Matrix-Browser pro Dokument, wobei die Treffer pro Dokument nur einmal gezählt wurden und die Anzeige binarisiert wurde. Die Ergebnisse wurden in Excel exportiert, kopiert und in SPSS eingefügt, wo für jeden Code, jeweils für das klassische Erklärvideo und für das Erklärvideo 2.0, dichotome Variablen angelegt wurden.

4. Zentrale Erkenntnisse aus der Pilotstudie

In Bezug auf das Sample sei zunächst festgehalten, dass 52,4 % der Lernenden angaben, männlich zu sein und 45,2 %, dass sie weiblich seien; eine Person machte keine Angaben; niemand gab an, divers zu sein. 26,2 % der Lernenden erklärten, zu Hause Deutsch und andere Sprachen zu sprechen, 4,8 % meinten, dass sie zu Hause kein Deutsch sprechen und eine Person (2,4 %) machte keine Angabe. Zwar ist aufgrund der unterschiedlichen Fragestellung, die in der Haupterhebung daher jedenfalls geändert werden sollte, kein exakter Vergleich möglich, doch ist auf Basis dieser Angaben anzunehmen, dass dies circa dem österreichischen Durchschnitt entspricht: Angaben der Statistik Austria (2022, 188) zufolge ist bei 23,1 % der Schülerinnen und Schüler an Tiroler Mittelschulen im Schuljahr 2020/21[11] Deutsch nicht die erstgenannte im Alltag gebrauchte Sprache; in ganz Österreich liegt dieser Anteil bei 33,8 %. Die Daten des Samples zeigen jedenfalls, dass das Verständnis der Videos nicht aufgrund eines hohen Anteils von Kindern, die nur in der Schule Deutsch sprechen, beeinträchtigt wurde.

Das Interesse an Geschichte ist in den beiden Klassen recht ausgeglichen verteilt: 23,8 % der Lernenden gaben an, ein sehr großes bzw. großes Interesse an Geschichte zu haben, 42,9 % der Befragten halten ihr Geschichtsinteresse für mittelmäßig ausgeprägt und 33,3 % für gering bzw. sehr gering. Außerdem sei noch ausgeführt, dass 11,9 % der Befragten der Aussage „Ich schaue auch außerhalb der Schule öfter Erklärvideo" sehr zustimmten, während 45,2 % meinen, dass dies gar nicht zutreffe. Insgesamt sind Erklärvideos bei den Lernenden der beiden Klassen ein eher unbeliebtes Medium ($M = 4,38$).

Vergleicht man die Angaben zu den beiden Videos, dann zeigt sich zunächst, dass mehr als doppelt so viele Lernende (35,7 %) angaben, dass ihnen das Erklärvideo 2.0 besser gefallen hat als das klassische Erklärvideo (16,7 %); die meisten Lernenden (42,9 %) meinten, dass ihnen beide Videos gleich gut gefallen haben und 4,8 % machten keine Angabe, was darauf zurückzuführen ist, dass zwei Lernende nicht beide Videos angesehen haben (Beobachtungsprotokoll_2a). Das Sehen oder Nicht-Sehen von Erklärvideos außerhalb der Schule hat darauf keinen statistisch signifikanten Einfluss, wie der in SPSS verfügbare nach Freeman-Halton erweiterte exakte Fisher-Test (Janssen/Laatz 2017, 816)[12] zeigt;

---

11 Aktuellere Daten liegen noch nicht vor.
12 Der exakte Fisher-Test wurde aufgrund der geringen Stichprobe, die dazu führt, dass bei allen Auswertungen Zellen erwartete Häufigkeiten kleiner 5 haben, statt des Chi-Quadrat-Tests durchgeführt.

gleiches gilt für das Geschichtsinteresse der Lernenden und die Sprache, die die Lernenden zu Hause sprechen. Für die Produktion der finalen Fassung des Erklärvideos 2.0 heißt das, dass es bereits gelungen ist, ein Video zu produzieren, das Personen unabhängig von ihrem Interesse an Geschichte sowie an Erklärvideos anspricht. Einen gewissen Einfluss hat aber das Geschlecht der Lernenden (p = .032; V = .420): Während das klassische Erklärvideo statistisch signifikant Mädchen besser gefällt, ist es beim Erklärvideo 2.0 umgekehrt; die Verteilung unter jenen Lernenden, denen beide Videos gleich gut gefallen, ist ausgeglichen zwischen den Geschlechtern. Es gilt also jedenfalls darauf zu achten, dass die finale Version des Erklärvideos 2.0 Mädchen besser anspricht. Hierfür wäre eventuell ein Tausch der Quelle, die nur Männer zeigt, anzudenken.

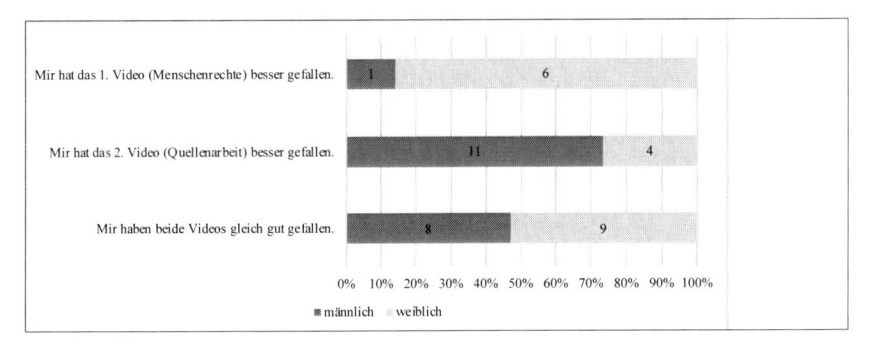

	männlich	weiblich
Mir hat das 1. Video (Menschenrechte) besser gefallen.	1	6
Mir hat das 2. Video (Quellenarbeit) besser gefallen.	11	4
Mir haben beide Videos gleich gut gefallen.	8	9

Abb. 1: Gefallen des Videos nach Geschlecht (eigene Darstellung)

Außerdem gaben die Lernenden an, dass sie das Erklärvideo 2.0 (M = 1,74) etwas besser verstanden haben als das klassische Erklärvideo (M = 1,93). Die Bedeutung der Symbole wird in Bezug auf beide Erklärvideos im Schnitt gleich eingeschätzt (M = 2,21 in Bezug auf beide Videos).[13]

In Bezug auf die beiden offenen Fragen, mit denen die Lernenden gefragt wurden, wie man das jeweilige Video verbessern könnte, fällt zunächst auf, dass in der Klasse 2a mehr, nämlich 40, Verbesserungsvorschläge genannt wurden als in der Klasse 2b, in der 32 genannt wurden. Dies mag daran liegen, dass die Klasse 2b zuerst unterrichtet wurde und in Kenntnis der Ergebnisse der dortigen Befragung die Klasse 2a sehr darum gebeten wurde, Verbesserungsvorschläge auf dem Fragebogen zu vermerken (Beobachtungsprotokoll_2a).

---

13 Auswertungen zu etwaigen statistischen Zusammenhängen werden aufgrund der geringen Fallzahlen (die sich aus der sechsteiligen Likert-Skala in Verbindung mit nur 42 vollständig ausgefüllten Fragebögen ergibt) als nicht sinnvoll erachtet.

Bemerkenswert ist die Verteilung der Verbesserungsvorschläge auf die beiden Videos, denn 50 von diesen betreffen das klassische Erklärvideo und 22 das Erklärvideo 2.0. In beiden Klassen zusammen genommen wurden zum klassischen Erklärvideo von 78,6 % der Lernenden Verbesserungsvorschläge gemacht und zum Erklärvideo 2.0 von 42,9 %; insgesamt haben 83,3 % der Lernenden zumindest einen Verbesserungsvorschlag in Bezug auf ein Video eingebracht. Statistisch signifikante Zusammenhänge mit dem Geschlecht der Lernenden, deren verwendete Sprachen außerhalb der Schule, deren Interesse an Geschichte oder dem privaten Konsum von Erklärvideos ließen sich weder in Bezug auf die Verbesserungsvorschläge insgesamt noch auf jene zu einem der beiden Videos nachweisen.

Insgesamt am häufigsten wurden „mehr Farbe" und „mehr Bilder" vorgeschlagen, wobei beide Vorschläge zwar hauptsächlich das klassische Erklärvideo betreffen, sich aber auch in Bezug auf das Erklärvideo 2.0 jeweils drei Nennungen finden, wie „Man könnte mehr verschiedene Bilder einfügen" (2b_15). In Bezug auf das Erklärvideo 2.0 wurden mit fünf Nennungen am häufigsten „mehr Informationen" vorgeschlagen. Hierzu heißt es beispielsweise: „Mehrere Beispiele und vielleicht in echt kleiner Text noch dazu dass man es auch schriftlich hat um es besser zu verstehen" (2a_13). Dies steht in einem Kontrast zu den Vorschlägen nach Kürzungen bzw. Aufteilungen der Inhalte in Bezug auf das klassische Erklärvideo, was für das Erklärvideo 2.0 nur von einer Person vorgeschlagen wurde. Für die Entwicklung einer finalen Fassung des Erklärvideos 2.0 sind darüber hinaus die Vorschläge mit je drei Nennungen zu mehr Beispielen (z. B. „Sie könnten ein paar mehr Beispiele hinein duhen", 2a_14), zu besseren bzw. einfacheren Erklärungen (z. B. „Man könnte es leichter erklähren", 2b_12) sowie zur Sprechgeschwindigkeit (z. B. „Indem man lengsamer Reden würde", 2a_5) besonders relevant.

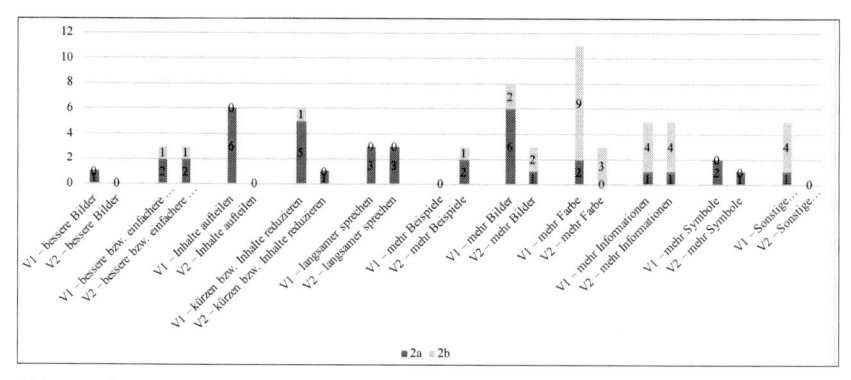

Abb. 2: Verbesserungsvorschläge zum klassischen Erklärvideo (V1) und zum Erklärvideo 2.0 (V2), Angaben in absoluten Zahlen (eigene Darstellung)

In zwei weiteren Formen von Äußerungen drückt sich aus, dass das Erklärvideo 2.0 besser bewertet wurde als das klassische Erklärvideo, nämlich in Form von Lob und dadurch, dass klar gesagt wurde, dass keine Verbesserung nötig sei. Lob für das klassische Erklärvideo wurde von zehn Lernenden (23,8 %) zum Ausdruck gebracht, Lob für das Erklärvideo 2.0 von 16 Lernenden (38,1 %). Festzuhalten ist jedoch, dass diese Äußerungen teilweise in Kombination mit einem Verbesserungsvorschlag getätigt wurden. Beispielsweise heißt es in Bezug auf das klassische Erklärvideo: „Mit mehr Farbe und keinen Ton aber sonst hab ich es gut gefunden." (2b_11) und in Bezug auf das Erklärvideo 2.0: „Ich finde das, das vidio gut verständlich war" (2a_20) oder „Ein bisschen mehr erklären wäre gut aber sonst hat alles gepasst." (2b_13).

Der Code „keine Verbesserungsvorschläge" wurde im Gegensatz zum Code „Lob für das Video" nie in Verbindung mit einem Verbesserungsvorschlag vergeben (allerdings schon in Verbindung mit „Lob für das Video", weshalb die Codierungen nicht aufzusummieren sind); er beinhaltet demnach Äußerungen von Lernenden, die zum Ausdruck bringen, dass sie keine Verbesserungen für nötig erachten. Solche wurden in Bezug auf das klassische Erklärvideo von sieben Lernenden (16,7 %) getätigt und in Bezug auf das Erklärvideo 2.0 von 13 Lernenden (31 %). In Bezug auf das klassische Erklärvideo wurde beispielsweise formuliert: „Ich finde das man das gar nicht verbessern soll. (2a_14) und in Bezug auf das Erklärvideo 2.0: „Ich finde Video 2 war gut so wie es ist." (2b_14).

5. Fazit

Erklärvideos entstammen insbesondere informellen Lernräumen. Über kostenlose Videoportale verbreiteten sich diese, wurden im Laufe der Jahre stärker professionalisiert und erlangten große Beliebtheit unter Kindern und Jugendlichen, sodass sie zunehmend sowohl in informellen und non-formalen als auch an der Grenze zu bzw. in formalen Bildungssettings zum Einsatz kommen. Gleichzeitig gerieten klassische Erklärvideos aus geschichtsdidaktischer Sicht zunehmend in die Kritik, da sie – so der übereinstimmende Befund verschiedener Untersuchungen – nicht in der Lage sind, historisches Lernen (Rüsen 1994) zu befördern. Daraus kann eine Notwendigkeit ableitet werden, eine – zumindest für den deutschsprachigen Raum – neue Generation von Erklärvideos zu produzieren, die sich nicht nur als Lernobjekte (Pallaske 2015, 8) zur De-Konstruktion eignen, sondern die Förderung historischer Kompetenzen unterstützen. Dieses Vorhaben ist Kern des Projekts Erklärvideos 2.0 im Rahmen von INNALP Education Hub.

Im Rahmen einer Pilotstudie wurde ein erster Versuch einer Transformation von Erklärvideos unternommen, sodass diese der Förderung fachspezifischer Kompetenzen dienen, wie sie in den österreichischen Lehrplänen verankert sind, und somit in formale Bildungsprozesse integriert werden können. Es zeigte sich, dass die 42 Lernenden aus zwei Tiroler Mittelschulklassen die erste Version des Erklärvideos 2.0 besser bewerteten als ein klassisches Erklärvideo, das im selben Stil erstellt wurde. Während manche Verbesserungsvorschläge (wie beispielsweise „langsamer sprechen") in Bezug auf beide Erklärvideos gleichermaßen genannt wurden, also jedenfalls für die Produktion eines finalen Erklärvideos 2.0 zu berücksichtigen sind, ist auffällig, dass zahlreiche Hinweise in Bezug auf das Erklärvideo 2.0 deutlich weniger genannt wurden als in Bezug auf das klassische Erklärvideo (wie beispielsweise „mehr Farbe" oder „kürzen bzw. Inhalte aufteilen"). Allerdings konnte das Erklärvideo 2.0 Schüler besser erreichen als Schülerinnen, woraus ebenfalls notwendige Adaptierungen für die Produktion eines Erklärvideos 2.0 abzuleiten sind. In der Hauptstudie gilt es ebenso die verschiedenen Formen der Nutzung des Erklärvideos 2.0 in Verbindung mit den bereitgestellten Arbeitsaufträgen näher zu untersuchen.

Literatur

ARAND, Tobias (2021): Ohne Sinn und Sinnlichkeit. Gedanken zur Realität des Geschichtsunterrichts in den nicht gymnasialen Schulformen der Sekundarstufe I. In: Deile, Lars/Norden, Jörg van/Riedel, Peter (Hg.): Brennpunkte heutigen Geschichtsunterrichts. Joachim Rohlfes zum 90. Geburtstag. Frankfurt/M., S. 64–70.

BERNHARD, Roland/Kühberger, Christoph (2018): „Digital history teaching"? Qualitativ empirische Ergebnisse aus 50 teilnehmenden Beobachtungen zur Verwendung von Medien im Geschichtsunterricht. In: Sandkühler, Thomas/Bühl-Gramer, Charlotte/John, Anke/Schwabe, Astrid/Bernhardt, Markus (Hg.): Geschichtsunterricht im 21. Jahrhundert. Eine geschichtsdidaktische Standortbestimmung (Beihefte zur Zeitschrift für Geschichtsdidaktik; Bd. 17). Göttingen, S. 425–440.

BRAIT, Andrea (2022a): Die EU erklärt – Darstellungen des europäischen Integrationsprozesses in Erklärvideos. In: Institut für Geschichte der Stiftung Universität Hildesheim (Hg.): In Europa zu Hause. Hildesheim, S. 129–137.

BRAIT, Andrea (2022b): Austrian teachers' understanding and teaching of historical culture: challenges for the implementation of curriculum reforms in Austria. In: History Education Research Journal, 1/2022, S. 1–13.

BROCCA, Nicola/Krösche, Heike (2022): Digitale Grenzgänge? Zum Einsatz von audiovisuellen Online-Formaten in der Politischen Bildung und im Fremdsprachenunterricht. In: Brocca, Nicola/Dittrich, Ann-Kathrin/Kolb, Jonas (Hg.): Grenzgänge und Grenzziehungen. Transdisziplinäre Ansätze in der Lehrer*innenbildung. Innsbruck, S. 203–230.

BUNNENBERG, Christian (2020): Bewegte Bilder, bewegende Bilder, Bewegung in Bildern – Gedanken zur Einführung in den Themenschwerpunkt. In: Ders. (Hg.): Bewegte Bilder. Zeitschrift für Geschichtsdidaktik 19. S. 4–14.

CWIELONG, Ilona Andrea/Kommer, Sven (2020): „Wozu noch Schule, wenn es YouTube gibt?' Warum eine scheiternde Didaktik neue Formen des selbstorganisierten und selbstbestimmten Lernens fördert". In: Kaspar, Kai/Becker-Mrotzek, Michael/Hofhues, Sandra/König, Johannes/Schmeinck, Daniela (Hg.): Bildung, Schule, Digitalisierung. Münster, S. 38–44.

DÖRING, Nicola/Bortz, Jürgen (2016): Forschungsmethoden und Evaluation in den Sozial- und Humanwissenschaften. Berlin.

EDUCATION Group: OÖ. Jugend-Medien-Studie 2021. Das Medienverhalten der 11- bis 18-Jährigen. https://www.edugroup.at/fileadmin/DAM/Innovation/Forschung/Dateien/Charts_Jugendliche_2019.pdf (aufgerufen am 18.1.2021).

GEORGI, Viola B./Lücke, Martin/Meyer-Hamme, Johannes/Spielhaus, Riem (Hg.) (2022): Geschichten im Wandel. Neue Perspektiven für die Erinnerungskultur in der Migrationsgesellschaft. Bielefeld.

HARRING, Marius/Witte, Matthias D./Burger, Timo (2018): Informelles Lernen – Eine Einführung. In: Dies. (Hg.): Handbuch informelles Lernen. Interdisziplinäre und internationale Perspektiven. Weinheim, Basel, S. 12–27.

HINZ, Felix/Körber, Andreas (2020): Warum ein neues Handbuch zu Geschichtskultur – Public History – Angewandter Geschichte? In: Hinz, Felix/Körber, Andreas (Hg.): Geschichtskultur – Public History – Angewandte Geschichte. Geschichte in der Gesellschaft: Medien, Praxen, Funktionen. Göttingen, S. 9–36.

INSTITUT für Demoskopie Allensbach (2021): Lernen in Zeiten von Corona. Ergebnisse einer Befragung von Schülern und Eltern von Kindern der Klassenstufen 5 bis 10 im Frühjahr 2021. https://www.telekom-stiftung.de/sites/default/files/files/media/publications/Lernen-in-Zeiten-von-Corona-Bericht.pdf (aufgerufen am 12.3.2023).

JANSSEN, Jürgen/Laatz, Wilfried (2017): Statistische Datenanalyse mit SPS Eine anwendungsorientierte Einführung in das Basissystem und das Modul Exakte Tests. Berlin.

JOHN, Anke (2017): Wissen2go – Frontalunterricht auf YouTube. In: Public History Weekly 25. DOI: dx.doi.org/10.1515/phw-2017-9584.

KELLE, Udo/Kühberger, Christoph/Bernhard, Roland (2019): How to use mixed-methods and triangulation designs. An introduction to history education research. In: History Education Research Journal, 1/2019, S. 5–23.

KÖRBER, Andreas/Schreiber, Waltraud/Schöner, Alexander (2007) (Hg.): Kompetenzen historischen Denkens. Ein Strukturmodell als Beitrag zur Kompetenzorientierung in der Geschichtsdidaktik. Neuried.

KRAMMER, Reinhard (2008): Die durch politische Bildung zu erwerbenden Kompetenzen. Ein Kompetenz-Strukturmodell. Wien.

KRÖSCHE, Heike (2022): Historische Medienkompetenz und digitale Narrativität. Überlegungen zum Potential von selbstproduzierten Erklärvideos. In: Brait, Andrea/Oberhauser, Claus/Plattner, Irmgard (Hg.): Vergangenheit – Gegenwart – Zukunft. Standortbestimmung der Geschichtsdidaktik in Österreich. Frankfurt/M., S. 130–145.

KUCKARTZ, Udo (2018): Qualitative Inhaltsanalyse. Methoden, Praxis, Computerunterstützung. Weinheim.

KÜHBERGER, Christoph (2012): Konzeptionelles Wissen als besondere Grundlage des historischen Lernens. In: ders. (Hg.): Historisches Wissen. Geschichtsdidaktische Erkundung zu Art, Tiefe und Umfang für das historische Lernen. Schwalbach/Ts., S. 33–74.

NEUBERT, Anja (2019): „Ist auf jeden Fall ein geiles Thema!" – TheSimpleClub als Herausforderung historischer Nonsensbildung. In: Bunnenberg, Christian/Steffen, Nils (Hg.): Geschichte auf YouTube. Neue Herausforderungen für Geschichtsvermittlung und historische Bildung. Berlin, Boston 2019, S. 261–282.

OSWALT, Vadim (2022): Digitale Darstellungsformen. In: Mayer, Ulrich/Pandel, Hans-Jürgen/Schneider, Gerhard/Schönemann, Bernd (Hg.): Wörterbuch Geschichtsdidaktik. Frankfurt/M, S. 53–54.

OVERWIEN, Bernd (2005): Stichwort: Informelles Lernen. In: Zeitschrift für Erziehungswissenschaft 3, S. 339–355.

PALLASKE, Christoph (2015): Medien machen Geschichte. Überlegungen zu Medienbegriffen des Geschichtslernens. In: der (Hg.): Medien machen Geschichte. Neue Anforderungen an den geschichtsdidaktischen Medienbegriff im digitalen Wandel (Geschichtsdidaktische Studien; Bd. 2). Berlin, S. 7–16.

PANDEL, Hans-Jürgen (2022): Geschichtskultur. In: Mayer, Ulrich/Pandel, Hans-Jürgen/Schneider, Gerhard/Schönemann, Bernd (Hg.): Wörterbuch Geschichtsdidaktik. Frankfurt/M, S. 99–101.

PLESSOW, Oliver (2014): Vom Rand in die Mitte der Disziplin: historisches Lernen in der nonformalen beziehungsweise „außerschulischen" Jugendbildung und sein Stellenwert in der Geschichtsdidaktik. In: Arand, Tobias/Seidenfuß, Manfred (Hg.): Neue Wege – neue Medien – neue Methoden? Ein Querschnitt aus der geschichtsdidaktischen Forschung des wissenschaftlichen Nachwuchses. Göttingen.

RÖDER, Dennis/Popp, Susanne (2023): Why History Education? Exploring YouTube Explanatory Videos – The German Example of 'MrWissen2Go Geschichte'. In: International Journal of Research in History Education and History Culture 43, S. 141–155.

RUMMLER, Klaus/Wolf, Karsten D. (2012): Lernen mit geteilten Videos: aktuelle Ergebnisse zur Nutzung, Produktion und Publikation von Onlinevideos durch Jugendliche. In: Sützl, Wolfgang/Stalder, Felix/Maier, Ronald/Hug, Theo (Hg.): Medien – Wissen – Bildung. Kulturen und Ethiken des Teilens. Innsbruck, S. 253–266.

RÜSEN, Jörn (1994): Historisches Lernen. Grundlagen und Paradigmen. Köln.

SCHECKER, Horst (2014): Überprüfung der Konsistenz von Itemgruppen mit Cronbachs alpha. In: Krüger, Dirk/Parchmann, Ilka/Schecker, Horst (Hg.): Methoden in der naturwissenschaftsdidaktischen Forschung. Online-Zusatzmaterial. Berlin, S. 1–7.

STATISTIK Austria (2022): Bildung in Zahlen. Tabellenband. Wien (Stand v. 4.3.2023). https://www.statistik.at/fileadmin/publications/BIZ_2020-21_Tabellenband.pdf.

TRIBUKAIT, Maren (2018): Zwischen digitalen Angeboten und geschichtsdidaktischen Anforderungen. Zur Medialität des Geschichtsunterrichts. In: Zeitschrift für Geschichtsdidaktik, 2018, S. 135–149.

TÄUBIG, Vicki (2018): Informelles Lernen. Standorte bestimmen. In: Kahnwald, Nina/Täubig, Vicki (Hg.): Informelles Lernen. Standortbestimmungen. Wiesbaden, S. 3–14.

WOLF, Karsten D. (2015): Bildungspotenziale von Erklärvideos auf YouTube. Audiovisuelle Enzyklopädie, adressatengerechtes Bildungsfernsehen, Lehr-Lern-Strategie oder partizipative Peer Education? In: merz medien + erziehung 1, S. 30–36.

WOLF, Karsten D./Cwielong, Ilona Andrea/Kommer, Sven/Klieme, Katrin Ellen (2021): Leistungsoptimierung von Schülerinnen und Schülern durch schulbezogene Erklärvideonutzung auf YouTube. Entschulungsstrategie oder Selbsthilfe? In: MedienPädagogik, 42/2021, S. 380–408.

HANNES BURKHARDT

Historisches Lernen mit Sozialen Medien

Historische Gedenktage und Jubiläen auf TikTok, Instagram und Twitter im Geschichtsunterricht am Beispiel der (Berliner) Märzrevolution von 1848

1. Einleitung

Für Schülerinnen und Schüler sind Soziale Medien Leitmedien.[1] Es ist heute unübersehbar, dass Social Media massenwirksam Geschichte erzählen (Burkhardt 2021) und die Relevanz Sozialer Medien für die Geschichtskultur stetig zunimmt (SocialMediaHistory 2023; Klausmeier 2023; Reuter 2023). Die Geschichtsdidaktik fordert seit Langem, dass die außerwissenschaftliche Geschichtskultur im Geschichtsunterricht kritisch reflektiert werden muss (Bergmann 2016, 47), was auch bundesweit in alle Lehrpläne Eingang gefunden hat (Münch 2021, 113–127). Nimmt man diese Forderungen der Geschichtsdidaktik und der Lehrpläne ernst, dann führt an der Integration von Social Media in den Geschichtsunterricht heute kaum ein Weg vorbei (Burkhardt 2024).

Insbesondere an historischen Gedenktagen und Jubiläen nehmen Beiträge auf TikTok, Instagram und Twitter zu, die eine Vielzahl an kontroversen Erzählungen und Deutungen zu historischen Orten, Personen und Ereignissen vermitteln und sich daher für die Analyse und Beurteilung im Rahmen eines gegenwartsorientierten Geschichtsunterrichts eignen.

Aleida Assmann bezeichnet Jahrestage als „Denkmäler in der Zeit", die als Orientierungsmarken dienen und Gesellschaften „Möglichkeiten einer gemeinsamen Vergewisserung kultureller Identität in einem öffentlichen Raum" (Assmann 2005, 314) bieten. Historische Jubiläen geben also durch ihre Rhythmisierung und Zeitintervalle grundlegende und lebenspraktische Orientierungen, die durch die mentale

---

[1] Die repräsentative JIM-Studie 2022 zur Mediennutzung Jugendlicher in Deutschland im Alter zwischen 12 und 19 fragt nach den wichtigsten Apps auf dem Handy (drei Nennungen ohne Antwortvorgabe): Mit 31 % landet Instagram auf Platz 2 nach Whatsapp (79 %) und TikTok (24 %) auf Platz 3 (Medienpädagogische Forschungsverbund Südwest 2022, 27).

Operation des historischen Erzählens vollzogen werden (Kollmann 2014, 39). Als Teil der Geschichtskultur dienen historische Jubiläen der „Sinnbildung über Zeiterfahrung" (Rüsen 1989, 109). Für die Frage der Relevanz historischer Jubiläen im kollektiven Erinnern gelten verschiedene Kriterien, wie die Bedeutung des entsprechenden Ereignisses in sachlicher Hinsicht, seine moralische Dignität und soziale Vorbildlichkeit sowie seine Rolle für die Identität des Erinnerungskollektivs und für die Legitimität bestimmter gesellschaftlicher Werte (Hahn 2017, 11).

Während die Geschichtsdidaktik am Beginn der 2000er Jahren stark auf pragmatische Aspekte der Nutzbarmachung digitaler Medien für schulische Geschichtsvermittlung und universitäre Lehre ausgerichtet war, erfolgte seit dem Ende der 2000er eine tiefergreifende theoriegeleitete geschichtsdidaktische Auseinandersetzung mit den Potenzialen und Grenzen digitaler Medien für Prozesse des historischen Lernens (Schwabe/Burkhardt 2023). Aktuell blickt die Geschichtsdidaktik vermehrt mit einer empirischen Perspektive auf digitales Geschichtslernen sowie auf die Analyse der „digitalen Geschichtskultur"[2] in ihren verschiedenen Ausformungen, wie Social Media, digitale Spiele oder Virtual und Augmented Reality.[3] Dabei müssen zunehmend unterschiedliche Herausforderungen im Umgang mit gewaltigen Datenmengen gelöst werden (Lorenz/Berg 2023 i. d. Bd., 104–130).

Dieser Beitrag will die Potenziale Sozialer Medien für historisches Lernen mittels historischer Gedenktage und Jubiläen auf TikTok, Instagram und Twitter am Beispiel der (Berliner) Märzrevolution von 1848 aufzeigen. Dafür werden zunächst die geschichtsdidaktischen Potenziale von historischen Gedenktagen und Jubiläen sowie von Social Media für historisches Lernen umrissen. Darauf folgt ein kurzer Überblick über die Erinnerung an die (Berliner) Märzrevolution seit dem 19. Jahrhundert, um anschließend exemplarisch medienspezifische Erzählungen und Deutungen des historischen Ereignisses 175 Jahre später auf Twitter, Instagram und TikTok offenzulegen, die sich für die Analyse und Beurteilung im Geschichtsunterricht eignen. Der historische Überblick über die Erinnerung an die Märzrevolution dient dazu, verschiedene historische und teils konkurrierende diskursive Deutungsstränge offenzulegen, die in Teilen bis heute in den Social Media in medienspezifischen Narrationen erscheinen.

---

2 Vgl. z. B. die Sektion „Digitale Geschichtskultur" auf der Zweijahrestagung der KGD 2022 in München. URL: https://www.kgd2022.did.geschichte.uni-muenchen.de/programm/sektion-a1.pdf, aufgerufen am 12.7.2023.
3 Übersicht über aktuelle geschichtsdidaktische Qualifikationsprojekte: https://www.historicum.net/kgd/nachwuchs/qualifikationsprojekte, aufgerufen am 12.7.2023.

2. Didaktische Potenziale von historischen Gedenktagen und Jubiläen für historisches Lernen

Zweifelsohne erleben wir seit über 30 Jahren einen anhaltenden Geschichtsboom (Cornelißen 2019, 16; Pirker/Rüdiger 2010, 11), der erheblich von historischen Jahres- und Gedenktagen als „eine der wichtigsten Triebfedern für die öffentliche Beschäftigung mit Geschichte" bestimmt wird (Gundermann u. a. 2022, 7).

Die Beurteilung dieser Entwicklungen im Hinblick auf die (geschichts-) wissenschaftliche Forschung findet in vielfältigen Bezeichnungen ihren Ausdruck: Marko Demantowsky spricht von einer „Jubiläumitis", die einer Therapie durch (wissenschaftliche) Intellektuelle benötige, die diese Dynamik offenlegen und reflektieren sowie selbst Themen mit eigenen (wissenschaftsorientierten) Begründungen im öffentlichen Diskurs etablieren (Demantowsky 2014). Ähnlich argumentiert auch Achim Landwehr, der mit dem Begriff „Jubiläumsfetisch" Kritik an der Tatsache äußert, dass Veröffentlichungen aller Art wie Sachbücher, Dokumentationen und Museumsausstellungen stark an historischen Jubiläen orientiert sind (Landwehr 2020, 6). Frank Bösch sieht diese Tendenzen ebenfalls kritisch, wenn er im „Bann der Jahrestage" einen „Jahrestagsfetischismus" diagnostiziert, der das Geschichtsverständnis verenge (Bösch 2020, 30). Winfried Müller macht deutlich, dass historische Jubiläen als Gegenstand – und nicht als Anlass – der geschichtswissenschaftlichen Forschung den Wandel von Geschichtsbildern ebenso verdeutlichen können wie die ständige Umwertung von historischen Ereignissen (Müller 2020, 15). Denn der analytische Blick auf historische Jubiläen legt die Inszenierungen der Vergangenheit und damit die „soziale[n] Verfasstheit von Erinnerung überhaupt" (Müller 2004, 3) offen.

Die Geschichtsdidaktik hat sich bereits seit den 1970er Jahren mittels ihrer frühen Leitkategorien Geschichtsbewusstsein und Geschichtskultur mit Geschichte in der Öffentlichkeit analytisch auseinandergesetzt, was Gedenktage und -jahre miteinschließt (Bergmann 1996/2009). Auch die Public History[4] hat historische Gedenk- und Jahrestage sowie Jubiläen als Forschungsgegenstand und untersucht in einer stark gegenwartsorientierten Perspektive die Inszenie-

---

[4] Hier verwendet nach der sehr offenen Definition von Irmgard Zündorf: „Public History umfasst einerseits jede Form der öffentlichen Geschichtsrepräsentation, die sich an eine breite, nicht geschichtswissenschaftlich vorgebildete Öffentlichkeit richtet, und beinhaltet andererseits die geschichtswissenschaftliche Erforschung derselben." (Zündorf 2016).

rungsstrategien, ihre Funktionen als Orientierungsmarken und Repräsentation von Macht, die Rolle verschiedener Akteurinnen und Akteure sowie ihre Wirkung auf die Rezipierenden (Nießer/Tomann 2020, 20–22). Die Analyse von Geschichtskultur – verstanden auch als „Schlüsselbegriff der Public History" (Gundermann u. a. 2021, 148) – wird heute zweifelsohne in geschichtsdidaktischen Kompetenzmodellen (Münch 2021, 45–55) sowie überwiegend in den Lehrplänen aller Bundesländer, wenn auch unterschiedlich konkret rückgebunden an den Begriff, als Teil der Förderung von Kompetenzen des historischen Lernens verstanden (Münch 2021, 113–127). Explizit verweisen Lehrpläne sowie Schulbücher dabei häufig auf Gedenktage (Drüding 2022, 222–229). Bezogen auf die Kompetenzförderung fordert Demantowsky die „Jubiläumskampagnen" als Teil der geschichtskulturellen Lebenswelt der Lernenden zu begreifen und sich im Unterricht „intensiver mit dem gesellschaftlichen Phänomen ‚Jubiläum' auseinander[zu]setzen" (Demantowsky 2014). Ausgehend davon sollte mit Lernenden auch die Vielzahl an Begriffen der Geschichtsdidaktik und -wissenschaft wie Jahrestage, Gedenktage, Jubiläen oder Erinnerungstage in ihren Bedeutungen reflektiert werden (Drüding 2020b, 23–24).

Klaus Bergmann, der den anhaltenden „Geschichtsboom" seit den 1990er Jahren mit dem vielzitierten Titel „So viel Geschichte wie heute war nie" (Bergmann 1993) kommentierte, steht ebenfalls für die kritische Reflexion insbesondere der außerwissenschaftlichen Geschichtskultur im Geschichtsunterricht (Bergmann 2016, 47). Gedenktage und Gedenkjahre versteht Bergmann als „Anlass und Gegenstand einer kritischen und selbstkritischen Betrachtung des Umgangs mit Geschichte in der Öffentlichkeit" (Bergmann 2009/1996).

Bezogen auf Kompetenzen[5] des historischen Lernens sieht Markus Drüding Potenziale für die Förderung von Kompetenzen des historischen Lernens in den Kompetenzbereichen der Fragekompetenz, wenn durch Jubiläen den Lernenden sonst ferne historische Ereignisse oder Persönlichkeiten ein Teil ihrer Gegenwart und Lebenswelt werden, Methodenkompetenz (und

---

5 Drüding bezieht sich ausdrücklich nicht auf ein konkretes Kompetenzmodell: „Insofern soll hier nicht versucht werden, das Erkenntnispotential historischer Jubiläen entlang eines theoretisch hergeleiteten Modells näher zu definieren; vielmehr geht es etwas pragmatischer (vgl. Conrad 2007, 5) um die Beschreibung dieser Potentiale entlang unterschiedlicher Kompetenzbereiche, die sowohl in der Fachdidaktik als auch in den Richtlinien und Lehrplänen zu finden sind und damit eine höhere Anschlussfähigkeit für unterschiedliche Schulformen in verschiedenen Ländern aufweisen könnten." (Drüding 2020a, 31).

Interpretationskompetenz)[6], wenn Quellen und Darstellungen im Rahmen der Thematisierung von Jubiläen analysiert (und interpretiert) werden, sowie Beurteilungskompetenz, wenn Lernende mit den in Jubiläen vermittelten historischen Werturteilen konfrontiert werden, um eigene Werturteile (weiter) zu entwickeln (Drüding 2020a, 32–33). Neben weiteren Unterrichtsprinzipien (Problemorientierung, Fremderfahrung, Personalisierung) eigen sich historische Jubiläen daher zur Förderung der Einsicht in die Kontroversität von Geschichte, da hier häufig „konträre historische Darstellungen und Urteile als Extrempole aufeinander" (Drüding 2020a) prallen.

3. Historische Gedenktage und Jubiläen auf Social Media im Geschichtsunterricht

Schülerinnen und Schüler stehen heute vor der Herausforderung, die vielen auf sie über Social Media einströmenden digitalen textuellen, visuellen, auditiven und audiovisuellen Zeichen in eigene konkrete Bedeutungszusammenhänge zu stellen (vgl. Hartung i. d. Bd., 136–146). Dieser in den Social Media häufig auch produktive Umgang mit Geschichte vollzieht sich mittels der (auch von Institutionen) bereitgestellten Geschichtserzählungen als „Content" sowie im interaktiven Austausch mit anderen Nutzerinnen und Nutzern. Geleitet werden diese in plattformspezifischen medialen Rahmen situierten Interaktionen von maschinellen bzw. automatisierten Entscheidungsprozeduren, die das Nutzerverhalten algorithmisch verarbeiten und auf Basis der Auswertungsergebnisse Vorschläge für weitere Auswahlprozesse und damit zugleich für neue Bedeutungszuschreibungen unterbreiten (Burkhardt 2023).

Der Einsatz von TikTok, Twitter und Instagram im Geschichtsunterricht kann die oben beschriebenen geschichtsdidaktischen Potenziale von historischen Gedenktagen und Jubiläen nochmals potenzieren, wenn Social Media mit Lernenden als medienspezifisch geformte geschichtskulturelle[7] Produkte

---

6 Im Folgenden wird die Fähigkeit der Interpretation als Teil der Analyse (Methodenkompetenz) und ggf. Beurteilung (historische Urteilsfähigkeit) verstanden.
7 Johannes Meyer-Hamme und Alexandra Krebs unterscheiden grundsätzlich folgende Schwerpunktsetzungen historischen Lernens digital: Einführung in (geschichtskulturelles) Wissen; Analyse und Beurteilung fremder Darstellungen und Deutungen (De-Konstruktion); Erstellung eigener Narrationen – Digital Storytelling (Re-Konstruktion); allgemeine & fachspezifische Medienkompetenzen (Meyer-Hamme/Krebs 2021, 188).

im Unterricht im Sinne einer Dekonstruktion[8] analysiert und beurteilt werden, um lebenswelt- und gegenwartsnah u. a. Methodenkompetenz sowie historische Urteilsfähigkeit aufzubauen.[9]

Da historische Kontexte in den Social Media vielfach und in unterschiedlichsten Formen Teil von aktuellen gesellschaftlichen Erinnerungspraktiken sind, lassen sich Lebens- und Gegenwartsbezüge problemlos herstellen. Zudem vermitteln Soziale Medien eine große Vielzahl konkurrierender Geschichtsdeutungen in einer Breite und Konzentration, die so in kaum einem anderen Medium der Geschichtskultur auftreten (Burkhardt 2021), sodass die Kontroversität von Geschichte problemlos im Geschichtsunterricht abgebildet werden kann.

3.1 Die (Berliner) Märzrevolution in der Erinnerung

Die Revolution ergriff die Staaten des Deutschen Bundes seit März 1848 als Teil einer gesamteuropäischen Entwicklung (Hein 2019, 11). Ursachen liegen in den Auswirkungen der Französischen Revolution, in den napoleonischen Kriegen, in der sich verschärfenden politischen Krise des Deutschen Bundes sowie in den Spannungen zwischen früher Nationalbewegung, Liberalismus und monarchischem Staat (Müller 2012, 2). Die Wellen der europäischen Revolution im Jahr 1848 in Folge von wirtschaftlichen, sozialen und politischen Krisen erschütterten fundamental das politische und soziale Ordnungsgefüge (Price 1992, 7).

Ziel einiger Revolutionäre war 1848 die Umgestaltung des politischen Systems gemeinsam mit den alten Eliten, während radikalere Kräfte Umstürze forderten (Bleyer 2023, 8). Am Beginn standen die sogenannten Märzforderungen nach Volksbewaffnung mit freier Wahl der Offiziere, Pressefreiheit, Schwurgerichten nach englischem Vorbild sowie nach einem deutschen Parlament (Engehausen 2007, 25).

Im preußischen Berlin kam es am 18.3.1848 auch in Folge einer erneuten Revolution in Paris vor dem Berliner Schloss zu einer Volksmenge, die aufgrund unkontrollierter Schüsse des Militärs erst zu tumultartiger Panik und dann zu heftigen Barrikadenkämpfen führte, deren Tote später als Märzgefallene „zu Märtyrern der Revolution stilisiert" wurden (Bauer/Freitag 2018, 260; ausführ-

---

8 De- und Re-Konstruktion verstanden als Operationen des historischen Denkens (Schreiber u. a. 2007).
9 Die hier nur kurz umrissenen Potenziale von Social Media fußen auf bereits an anderen Stellen ausführlich ausgeführten didaktischen Herleitungen und Erläuterungen, die mit zahlreichen Beispielen zu anderen Themen des Geschichtsunterrichts exemplifiziert wurden (u. a. Burkhardt 2019, Burkhardt 2022, Burkhardt 2024).

lich bei Hachtmann 2022). Die Ereignisse in Berlin waren insgesamt zentral für die Revolution 1848 in Preußen: Denn die Berliner Märzrevolution sorgte dafür, dass das ganze Land in den Revolutionsprozess hineingezogen wurde (Hachtmann 1998, 97). Auch wenn in Berlin einerseits die sozialen und politischen Gegensätze eine erhebliche Zuspitzung erfuhren und hier eine Pluralität an Politikformen und Organisationstypen sichtbar wurde, so ist andererseits der Revolutionsschauplatz Berlin nicht typisch für Ereignisse im Rest Deutschlands (Hachtmann 1998, 98).

Die Erinnerung an die revolutionären Ereignisse im Jahr 1848 war im 19. Jahrhundert durchaus im kollektiven Gedächtnis verankert, auch wenn sie nie in den „Kanon der offiziellen staatlichen Gedenkanlässe" Eingang gefunden haben, so waren es die „Arbeiterbewegung und Teile des liberalen Bürgertums", die „die Reminiszenz an 1848 in öffentlichen Feiern und Gedenkveranstaltungen" pflegten (Hettling 1998, 11). Es war vor allem der 18.3.1948, der im 19. Jahrhundert zu einem „sozialdemokratischem Revolutionssymbol" wurde, indem man bei den Märzfeiern aktiv aufzeigte, dass auch in der politischen Gegenwart des Kaiserreiches vergleichbare revolutionäre Prozesse nicht unmöglich waren und man die „Erinnerung an 1848 zu einem integralen Bestandteil der sozialdemokratischen Protestkultur" machte (Hettling 1998, 15–17). In der bürgerlichen Erinnerung war 1848 einerseits ein „Schreckbild des revolutionären ‚Aufstands'" und andererseits immer mehr eine Art Vorgeschichte der Reichsgründung 1871, womit sie ihren „revolutionären Schrecken" verlor (Hettling 1998, 18–19). Erkennbar werden also bereits im 19. Jahrhundert „zwei Traditionslinien: Die liberale Tradition, auf die Verfassungsfrage hin orientiert, rückte die Paulskirche in den Mittelpunkt, die sozialdemokratische Erinnerung hingegen konzentrierte sich auf die revolutionäre Gewalt, sie feierte den Barrikadenkampf des 18. März als Symbol für 1848" (Hettling 1998, 11).

In der Weimarer Republik verblasste die Erinnerung an 1848 (Vogt 1998, 28). Die Revolution prägte in der Verfassungsdebatte der Weimarer Nationalversammlung vor allem die Frage nach der Festsetzung der Reichsfarben (Vogt 1998, 25–28), an deren Ende deutlich wurde, dass „die schwarz-rot-goldene Tradition der 1848er Revolution [… und] deren demokratisch-parlamentarischer Geist in den Jahren der Weimarer Republik keine Aussicht besaß, sich gegen die vergoldete Erinnerung an das schwarz-weiß-rote Bismarckreich zu behaupten" (Vogt 1998, 34). Die Weimarer Geschichtsschreibung war insgesamt vor allem auf das Streben nach Nationaleinheit sowie die Machtlosigkeit des Paulskirchenparlaments fokussiert (Vogt 1998, 31). Während der Zeit des Nationalsozialismus galt die Revolution von 1948 „als Episode ohne Würde und

Sinn, da sie das Nationalgefühl nicht genügend gestärkt habe" (Vogt 1998, 31). Insgesamt hatte 1848 zwischen 1918 und 1945 „keinen bedeutenden Platz im kollektiven Gedächtnis" (Vogt 1998, 34).

Die Revolution von 1848 hatte in der Geschichtsforschung in der DDR ebenso wie in ihrer Gedenkkultur „von Anfang an einen zentralen Platz" (Schmidt 2010, 120). In der DDR galt die Revolution von 1848 als „Höhepunkt der bürgerlichen Umwälzung in Deutschland und zugleich die erste große Bewährungsprobe der kommunistischen Bewegung" (Wolfrum 1998, 43). Gründe für das Scheitern seien die Verbündung der „Bourgeoisie mit den reaktionären Kräften des Adels", aus dem nur die Arbeiterbewegung als „legitime Erbin der Revolution" hervorgegangen sei (Wolfrum 1998, 44). Im Zuge eines allmählichen vorsichtigen Ausbruchs der DDR-Geschichtsforschung „aus dem engen marxistisch-leninistischen Interpretationskorsett" und der „Hinwendung der DDR zur gesamten deutschen Geschichte" entstand in der Beschäftigung mit der Revolution von 1848 durchaus ein „historisch vermitteltes gesamtdeutsches Zusammengehörigkeitsgefühl" (Wolfrum 1998, 44–45).

Das Gedenkjahr 1973 offenbarte einen Streit (Wollstein 1975, Wollstein 1976) zwischen ost- und westdeutscher Geschichtsdeutung: Denn die DDR erinnerte überwiegend in der oben beschriebenen Revolutionstradition in der Perspektive der Arbeiterklasse – auch wenn das liberale Bürgertum seinen Platz in der Erinnerung hatte –, während die BRD in der Tradition eines liberalen Parlamentarismus an 1848 erinnerte – auch wenn radikaldemokratische und außerparlamentarische Kräfte in die Erinnerung integriert wurden (Bauer/Freitag 2018, 267).

Die dennoch verhaltenen offiziellen Feierlichkeiten in der BRD im Jahr 1973 wurden von den Begriffen Grundrechte, Verfassungsstaat und allgemeiner Staatsbürgerbegriff geprägt, während die Geschichtswissenschaft sich bis zum Beginn der 1980er Jahre der institutionalisierten Revolution (Parlamentarismus) sowie den Grundlagen des modernen Parteien- und Vereinswesens, der spontanen Revolution der Unterschichten sowie den Gründen für das Scheitern der Revolution und möglichen Modernisierungsimpulsen widmete (Wolfrum 1998, 47).

In den 1980er Jahren erfolgte eine Breite neuere Revolutionsgeschichtsschreibung, diese versteht 1848 als „mehrdeutige Revolution": „Sie läßt sich einerseits verstehen als rückwärtsgerichtete Abwehrkrise einer vorindustriellen Gesellschaft, die auf Überbevölkerung, Hungersnot und beginnenden Kapitalismus reagierte; andererseits eine politische Emanzipationskrise, in der moderne, zukunftsweisende Institutionen wie Parteien, Interessen, Parlamente und Verbände entstanden" (Wolfrum 1998, 48–49). Im öffentlichen Bewusstsein hingegen ist 1848 bis zur Wiedervereinigung in der alten Bundesrepublik insgesamt „nur marginal verankert" (Wolfrum 1998, 49).

Das Gedenken an 1848 im Jahr 1998 wurde „in der Öffentlichkeit durchaus zu einem zentralen geschichtskulturellen Anliegen", dass „in ihrer widersprüchlichen Ganzheit zunehmend als ein positives, progressives, der Erinnerung und Pflege wertes Ereignis der deutschen Geschichte von der Gesellschaft erstmals akzeptiert zu werden scheint" (Schmidt 2000, 16). Dieser 150. Jahrestag fand nun im wiedervereinigten Deutschland in einer „sichtbar entspanntere(n) Erinnerungskultur" statt, deren „Erbschaftsstreit endgültig überwunden" zu sein schien, wenngleich der Schwerpunkt der Erinnerung auf die Idee von Verfassungs- und Rechtsstaat der Nationalversammlung ausgerichtet war (Bauer/Freitag 2018, 268).

In Erinnerung an die Revolution 1848 (in Berlin) und die ersten freien Volkskammerwahlen in der DDR 1990 wurde im Jahr 2000 in Folge der Bürgerinitiative „Aktion 18. März" der Platz vor dem Brandenburger Tor in „Platz des 18. März" umbenannt (Kauperts 2023). Die „Aktion 18. März" setzt sich seit 1978 für einen (gesamt-)deutschen Nationalfeiertag am 18. März ein (Hamann 2010, Cramer 2010).

3.2 175 Jahre (Berliner) Märzrevolution in den Social Media

Auf den Social-Media-Plattformen Twitter, Instagram und TikTok haben um den 18.3.2023 eine Reihe unterschiedlicher Akteurinnen und Akteure einerseits als (politische) Privatpersonen und anderseits als (gesellschafts-)politische oder bildungsorientierte Institutionen verschiedene Deutungen zur Märzrevolution 1848 veröffentlicht, die sich für die Dekonstruktion im gegenwartsorientierten Geschichtsunterricht eignen. Die eben beschriebenen verschiedenen historischen und teils konkurrierenden diskursiven Deutungsstränge zur Märzrevolution können in Teilen auch in den Social Media identifiziert werden.

Die im Folgenden mit einem exemplarischen Ansatz beschriebenen Social-Media-Beiträge können mit Lernenden in Prozessen des historischen Lernens im Rahmen einer Medienanalyse (Buchsteiner u. a. 2018, 28–35) u. a. mit den folgenden Arbeitsaufträgen bearbeitet werden:[10]

---

[10] Teils ähnliche Arbeitsaufträge zur Analyse und Beurteilung von Instagram-Beiträgen (ebenfalls in Anlehnung an Buchsteiner u. a. 2018, 28-35) auch bei Burkhardt 2024.

Analyse	Erschließe aufgrund deines Wissens über den Social-Media-Kanal Hypothesen zum **Adressatenkreis** des Beitrages.
	Nenne und erkläre die medienspezifischen **Gestaltungsmittel**.
	Beschreibe und erkläre die **Stimmung/Wirkung** des Social-Media-Beitrages und wie diese durch die Gestaltungsmittel erzeugt werden.
	Erschließe im gesamten Social-Media-Beitrag **Kernaussagen und Deutungen zu gegenwärtigen Ereignissen** mit Bezügen zu historischen Kontexten der Märzrevolution.
	Erschließe aus der Stimmung/Wirkung und der Gestaltung eine **Hypothese zur Deutung** der Märzrevolution der Urheberinnen oder Urheber.
	Erschließe die **Intentionen** des Social-Media-Beitrags unter Berücksichtigung der **Perspektive** der Urheberinnen oder Urheber.
	Begründe **Auslassungen oder Widersprüche** der im Social-Media-Beitrag gelieferten **Erzählungen und Deutungen** zur Märzrevolution.
	Weise nach, dass es sich um ein (historisches) **Urteil** handelt.
Beurteilung	Beurteile die im gesamten Social-Media-Beitrag dargestellten Deutungen zur Märzrevolution sowie zu gegenwärtigen Ereignissen im Hinblick auf die **Triftigkeit**.

Tab. 1: Mögliche Aufgabenstellungen in Anlehnung an Buchsteiner u. a. 2018, 28–35

3.2.1 Twitter

Das Deutsche Historische Museum in Berlin deutet die Märzrevolution als eine Erschütterung der politischen und gesellschaftlichen Ordnung in Deutschland, während die Ereignisse in Berlin als „blutige[n] Barrikadenkämpfen" beschrieben werden (@DHMBerlin am 17.3.2023). Das Stasi-Unterlagen-Archiv zieht auf Twitter Bezüge mittels des historischen Ortes des ehemaligen Berliner Schlossplatzes zwischen der Märzrevolution und der Demokratiebewegung im Herbst 1989 (@StasiArchiv am 18.3.2023). Das Bundesarchiv veröffentlicht eine historische Abbildung der Barrikadenkämpfe und deutet im Text des Tweets die Ereignisse in Berlin am 18.3.1848 als Demonstration für die Demokratie, für die Menschen starben (@BundesarchivD am 18.3.2023). Andere Institutionen der (historischen) Bildung beschränken sich stärker auf die Veröffentlichung von Quellen, wie z. B. die Digitale Landesbibliothek Berlin, die Karikaturen postet (@zlb_digital am 18.3.2023).

Verschiedene Erzählungen und Deutungsangebote zum 18.3.1848 bieten auf Twitter auch Presseinstitutionen: Die TAZ meint, dass „die Nation [heute] vor linkem Aufstand keine Angst mehr hat" (@tazgezwitscher am 18.3.2023). Das ZDF deutet den 18. März vor allem als Forderung „nach Presse- und Versammlungsfreiheit, freie[n] Wahlen und eine[r] Verfassung" (@ZDFheute am 18.3.2023), während der Vorwärts Verlag an die „Geburtsstunde der Arbeiter*innenbewegung" (@vorwaerts am 18.3.2023) erinnert.

Das FDP-geführte Bundesjustizministerium deutet die Ereignisse in Berlin am 18.3.1848 als Gipfel der „Freiheits- & Verfassungsbewegung" und sieht die damit verbundenen Forderungen als „Meilensteine der deutschen Demokratie- & Freiheitsgeschichte, auch wenn die #Märzrevolution scheiterte" (@bmj_bund am 18.3.2023). Die AfD Hannover gedenkt der Märzrevolution als „bürgerlich-liberale[n] Bewegung" (@AfdHannover am 18.3.2023), während die Rosa-Luxemburg-Stiftung (@rosaluxstiftung am 18.3.2023) auf einen eigenen Artikel hinweist, der die Märzrevolution als „Versagen des deutschen Bürgertums" (Scharenberg 2023) bewertet. Die SPD-geführte Senatskanzlei in Berlin berichtet u. a. von ihrer Veranstaltung auf dem Friedhof der Märzgefallenen und gedenkt „der tapferen Frauen und Männer, die für Demokratie, für Freiheit und Gleichberechtigung auf die Barrikaden gingen und dabei ihr Leben verloren" (@RegBerlin am 18.3.2023).

Historikerinnen und Historiker kritisieren auf Twitter die Erinnerung an die Ereignisse vom 18.3.1848: Hedwig Richter findet es „verblüffend & faszinierend, wie schwer wir uns mit demokratischen Traditionen tun" (@RichterHedwig am 18.3.2023) und auch Christian Bunnenberg kritisiert, dass „Demokratiegeschichte kaum eine Lobby hat" (@ChBunnenberg am 18.3.2023).

Diesen Erzählungen von öffentlichen Institutionen und Personen steht eine Vielzahl an Tweets mit Deutungen zur Märzrevolution von Privatpersonen gegenüber, die hier den „Grundstein unserer Demokratie" (@DuezenTekkal am 18.3.2023) sehen, die daran erinnern, dass „Demokratie nicht selbstverständlich ist" (@MichaelEfler am 18.3.2023), die Bezüge zu den aktuellen Ereignissen im Iran (@SeeroiberJenny am 18.3.2023) oder zur Revolution in Syrien herstellen (@Tareq_Alaows am 18.3.2023) oder die die Erinnerung im Jubiläumsjahr zu wenig in der Öffentlichkeit repräsentiert sehen und dies als ein „Armutszeugnis für die Erinnerungskultur in #Deutschland" (@real_caminante am 18.3.2023) bewerten.

3.2.2 Instagram

Zwar veröffentlichen auch auf Instagram Museen (@museumabteiliesborn am 19.3.2023) und Parteien (@fdp_tk am 18.3.2023) Erzählungen und Deutungen zu den Ereignissen am 18.3.1848, doch liegen die Schwerpunkte auf Instagram anders: Denn das soziale Netzwerk war ursprünglich eine Plattform zur Bearbeitung und Veröffentlichung von (eigenen) Fotografien, sodass bildliche Darstellungen und Abbildungen jeder Art hier dominanter sind als auf anderen Social Media wie Twitter (Burkhardt 2024).

Ein beliebtes Bildmotiv mit Bezug zur Märzrevolution ist eine zeitgenössische, kolorierte Kreidelithografie, die den Barrikadenkampf in Berlin zeigt und die häufig mit Erzählungen und Deutungen der historischen Ereignisse in Berlin versehen wird, wie hier die Erzählung, dass die Straßen in Berlin von preußischen Truppen in Blut ertränkt worden seien, um die Dynastie der Hohenzollern zu retten (@gerdwusthoff am 18.3.2023). Auch andere historische Abbildungen werden veröffentlicht, wie eine kolorierte Zeichnung aus dem Neuruppiner Bilderbogen (Hürlimann 1981, 101, Abb. 115). Der entsprechende Instagram-Beitrag fordert, den 18. März zu einem „#Feiertag für #Demokratie und #Freiheit" (@jamestuengerthal am 18.3.2023) zu machen. Weitere Instagram-Beiträge mit ähnlichen historischen Abbildungen der Ereignisse in Berlin Mitte März 1848 enthalten sehr drastische Schilderungen der historischen Ereignisse (@mariabbudde am 19.3.2023).

Es sind aber stärker Beiträge mit aktuellen Fotografien, die um den 18.3.2023 Erzählungen und Deutungen zu den historischen Ereignissen in Berlin auf Instagram liefern. Denn die Stadt Berlin hatte am historischen Ort (Friedrichstraße Ecke Jägerstraße) Barrikaden installieren lassen, die nun auf zahlreichen Instagram-Beiträgen der Nutzerinnen und Nutzer (u. a. @dirktaeger, @benkaden und @pierre_adenis am 19./20.3.2023) erscheinen.

Ein weiteres Projekt hatte zehn historische Berliner Personen der Märzrevolution im Pop-Art-Stil an einer „Route der Revolution" in Berlin-Mitte installiert (Kulturprojekte Berlin 2023). Diese Route hat ebenfalls zahlreiche Nutzerinnen und Nutzer zu Instagram-Beiträgen und historischen Deutungen angeregt, die z. B. die Märzrevolution in Berlin als „Streben nach Gerechtigkeit und Demokratie" bewerten (@auchmorgen am 19.3.2023).

3.2.3 TikTok

Im März 2023 sind auf TikTok[11] bezogen auf das historische Ereignis Märzrevolution kurze Clips veröffentlicht worden, die mit heroischer Musik historische Abbildungen zu den Ereignissen in Berlin zeigen (user7393928141247 am 18.3.23). Andere Beiträge bieten weitaus mehr historische Erzählung, wie der Clip von @seeroiberjenny, der im Stil einer Fernsehdokumentation die Ereignisse der Märzrevolution in Berlin tendenziell emotional präsentiert und dabei eine Erzählung eines schichtenübergreifenden Kampfes „für Demokratie und

---

11 Ausführlicher zu TikTok als Medium der Geschichtserzählung und zum Einsatz im Unterricht vgl. Burkhardt 2023.

gleiche Rechte" liefert sowie Gegenwartsbezüge zu den Protesten im Iran herstellt (@seeroiberjenny am 18.3.2023).

Gegenwartsbezüge sind auf TikTok zur Märzrevolution zudem häufig in Bezug zum bundesweiten Warnstreik am 27.3.2023 greifbar (u. a. @dingee86, @gabibeer am 13.3.2023). Dabei wird deutlich herausgestellt, dass es sich beim Streik 2023 um den „größten Streik der Geschichte" (@jsskkpxyjtx am 19.3.2023) handelt. Die mangelnde Differenzierung zwischen den Begriffen Streik und Revolution bieten hier plakative Ausgangspunkte zur Dekonstruktion dieser Gegenwartsbezüge auf TikTok. Darüber hinaus ist die Märzrevolution auch sehr beliebt bei Geschichts-Quiz auf TikTok (@quitzmaster am 24.3.2023).

4. Fazit

Social Media bieten insbesondere an historischen Gedenktagen und Jubiläen ein Füllhorn an kontroversen Erzählungen und Deutungen zu historischen Orten, Personen, Ereignissen, Prozessen etc. mit Bezug zu Themen des Geschichtsunterrichts, die mit Schülerinnen und Schülern analysiert und beurteilt werden können. Die Erzählungen der digitalen Geschichtskultur der sozialen Medien bieten sich für eine Rückbindung an historische Erzählmuster und Deutungen im Geschichtsunterricht an. Die Erinnerung an die Märzrevolution zum 175. Jubiläum in den sozialen Netzwerken ist hierfür ein Paradebeispiel, da die Erzählungen und Deutungen des historischen Ereignisses der sich im 19. Jahrhundert herausbildenden politischen Strömungen bis heute in gegenwärtigen medienspezifischen Transformationen nachweisbar sind, wenn die Ereignisse in Berlin im März 1848 z. B. von verschiedenen Akteurinnen und Akteuren unterschiedlich stark als Teil der Geschichte der Arbeiterbewegung oder der Geschichte liberaler Freiheitsrechte akzentuiert werden. Die zahlreichen Gegenwartsbezüge zur Märzrevolution, z. B. zu den aktuellen Protesten im Iran, der Revolution in Syrien oder zu den bundesweiten Warnstreiks im März 2023, bieten Gelegenheit zur Förderung von historischer Urteilsfähigkeit, wenn diese u. a. mit Blick auf die Triftigkeit der Bezüge beurteilt werden. Auch andere Positionierungen, wie der Vorwurf, die Erinnerung an die Märzrevolution sei öffentlich zu wenig sichtbar gewesen, bieten Potenziale für Positionierungen und eigene Urteile von Lernenden. Als gegenwartsorientierte kontroverse geschichtskulturelle Darstellungen bieten Social Media insbesondere an historischen Gedenktagen und Jubiläen eine breite Materialbasis, mittels derer kompetenzorientiertes historisches Lernen vielfach eingeübt werden kann.

5. Social-Media-Beiträge

Twitter

Twitter-Beitrag vom 17.3.2023 von @DHMBerlin. URL: https://twitter.com/DHMBerlin/status/1636396586484789256, aufgerufen am 25.3.2023.
Twitter-Beitrag vom 18.3.2023 von @StasiArchiv. URL: https://twitter.com/StasiArchiv/status/1637021619381063685, aufgerufen am 25.3.2023.
Twitter-Beitrag vom 18.3.2023 von @BundesarchivD. URL: https://twitter.com/BundesarchivD/status/1637016020492615680, aufgerufen am 25.3.2023.
Twitter-Beitrag vom 18.3.2023 von @tazgezwitscher. URL: https://twitter.com/tazgezwitscher/status/1637057259942322177, aufgerufen am 25.3.2023.
Twitter-Beitrag vom 18.3.2023 von @ZDFheute. URL: https://twitter.com/ZDFheute/status/1637161096292323329, aufgerufen am 25.3.2023.
Twitter-Beitrag vom 18.3.2023 von @vorwaerts. URL: https://twitter.com/vorwaerts/status/1637052075778473986, aufgerufen am 25.3.2023.
Twitter-Beitrag vom 18.3.2023 von @zlb_digital. URL: https://twitter.com/zlb_digital/status/1637001039021850624, aufgerufen am 25.3.2023.
Twitter-Beitrag vom 18.3.2023 von @bmj_bund. URL: https://twitter.com/bmj_bund/status/1637033503010291712, aufgerufen am 25.3.2023.
Twitter-Beitrag vom 18.3.2023 von @AfdHannover. URL: https://twitter.com/AfdHannover/status/1637059051870646274, aufgerufen am 25.3.2023.
Twitter-Beitrag vom 18.3.2023 von @rosaluxstiftung. URL: https://twitter.com/rosaluxstiftung/status/1637000893911408641, aufgerufen am 25.3.2023.
Twitter-Beitrag vom 18.3.2023 von @RegBerlin. URL: https://twitter.com/RegBerlin/status/1637118735491252227, aufgerufen am 25.3.2023.
Twitter-Beitrag vom 18.3.2023 von @RichterHedwig. URL: https://twitter.com/RichterHedwig/status/1637007178778439682, aufgerufen am 25.3.2023.
Twitter-Beitrag vom 18.3.2023 von @ChBunnenberg. URL: https://twitter.com/ChBunnenberg/status/1637019100344901636, aufgerufen am 25.3.2023.
Twitter-Beitrag vom 18.3.2023 von @DuezenTekkal. URL: https://twitter.com/DuezenTekkal/status/1637037773856157697, aufgerufen am 25.3.2023.
Twitter-Beitrag vom 18.3.2023 von @MichaelEfler. URL: https://twitter.com/MichaelEfler/status/1637048935989538816, aufgerufen am 25.3.2023.
Twitter-Beitrag vom 18.3.2023 von @SeeroiberJenny. URL: https://twitter.com/SeeroiberJenny/status/1637086679612760065, aufgerufen am 25.3.2023.
Twitter-Beitrag vom 18.3.2023 von @Tareq_Alaows. URL: https://twitter.com/Tareq_Alaows/status/1637051036731940865, aufgerufen am 25.3.2023.
Twitter-Beitrag vom 18.3.2023 von @real_caminante. URL: https://twitter.com/real_caminante/status/1636786474895933442, aufgerufen am 25.3.2023.

Instagram

Instagram-Beitrag vom 19.3.2023 von @museumabteiliesborn. URL: https://www.instagram.com/p/Cp9lDh3g3Ta/, aufgerufen am 25.3.2023.
Instagram-Beitrag vom 18.3.2023 von @fdp_tk. URL: https://www.instagram.com/p/Cp8PexBoeBE/, aufgerufen am 25.3.2023.
Instagram-Beitrag vom 18.3.2023 von @gerdwusthoff. URL: https://www.instagram.com/p/Cp8TGb9N04a/, aufgerufen am 25.3.2023.
Instagram-Beitrag vom 18.3.2023 von @jamestuengerthal. URL: https://www.instagram.com/p/Cp8mQcINJSd/, aufgerufen am 25.3.2023.
Instagram-Beitrag vom 19.3.2023 von @mariabbudde. URL. https://www.instagram.com/p/Cp9tl2ejFsx/, aufgerufen am 25.3.2023.
Instagram-Beitrag vom 19.3.2023 von @dirktaeger. URL. https://www.instagram.com/p/Cp-6ZdWjD7R/, aufgerufen am 25.3.2023.
Instagram-Beitrag vom 20.3.2023 von @benkaden. URL. https://www.instagram.com/p/CqAbHS2Mgw2/, aufgerufen am 25.3.2023.
Instagram-Beitrag vom 20.3.2023 von @pierre_adenis. URL. https://www.instagram.com/p/CqAef4RtMAW/, aufgerufen am 25.3.2023.
Instagram-Beitrag vom 19.3.2023 von @auchmorgen. URL: https://www.instagram.com/p/Cp-Vp8UNL7V/, aufgerufen am 25.3.2023.

TikTok

TikTok-Beitrag vom 18.3.2023 von user7393928141247. https://www.tiktok.com/@user7393928141247/video/7211914667713678597, aufgerufen am 25.3.2023.
TikTok-Beitrag vom 18.3.2023 von @seeroiberjenny. URL: https://www.tiktok.com/@seeroiberjenny/video/7211847026546429190 aufgerufen am 25.3.2023.
TikTok-Beitrag vom 24.3.2023 von @seeroiberjenny. URL: https://www.tiktok.com/@quitzmaster/video/7214131757703187717, aufgerufen am 25.3.2023.
TikTok-Beitrag vom 13.3.2023 von @dingee86. URL: https://www.tiktok.com/@dingee86/video/7210021376017878278, aufgerufen am 25.3.2023.
TikTok-Beitrag vom 13.3.2023 von @gabibeer. URL: https://www.tiktok.com/@gabibeer/video/7209958718128000262, aufgerufen am 25.3.2023.
TikTok-Beitrag vom 19.3.2023 von @jsskkpxyjtx. URL: https://www.tiktok.com/@jsskkpxyjtx/video/7212308433075260677, aufgerufen am 25.3.2023.

Literatur

ASSMANN, Aleida (2005): Jahrestage – Denkmäler in der Zeit. In: Münch, Paul (Hg.): Jubiläum, Jubiläum. Zur Geschichte öffentlicher und privater Erinnerung. Essen, S. 305–314.

BAUER, Benjamin/Freitag, Sabine (2018): Vormärz und Revolution. Geschichtskultureller Wandel und klassische Quellen im Schulbuch. In: Hlukhovych, Adrianna/Reiter, Benjamin/Beuter, Katharina/Lindner, Konstantin/Vogt, Sabine (Hg.): Kultur und kulturelle Bildung. Interdisziplinäre Verortungen, Lehrerinnen- und Lehrerbildung, Perspektiven für die Schule. Bamberg, S. 253–284.

BERGMANN, Klaus (1993): „So viel Geschichte wie heute war nie" – Historische Bildung angesichts der Allgegenwart von Geschichte. In: Schwarz, Angela (Hg.): Politische Sozialisation und Geschichte. Festschrift für Rolf Schörken zum 65. Geburtstag. Hagen, S. 209–228.

BERGMANN, Klaus (2009): Gedenktage, Gedenkjahre und historische Vernunft. In: Horn, Sabine/Sauer, Michael (Hg.): Geschichte und Öffentlichkeit. Orte – Medien – Institutionen. Stuttgart, S. 24–31 (von Michael Sauer gekürzt und geringfügig bearbeitet, Originalbeitrag: Geschichte lernen, 49/1996, S. 11–19).

BERGMANN, Klaus (2016): Multiperspektivität. Geschichte selber denken. Schwalbach/Ts.

BLEYER, Alexandra (2023): 1848. Erfolgsgeschichte einer gescheiterten Revolution. Ditzingen.

BÖSCH, Frank (2020): Im Bann der Jahrestage – Essay. In: APuZ, 33–34/2020, S. 29–33.

BUCHSTEINER, Martin/Lorenz, Tobias/Scheller, Jan (2018): Medien analysieren im Geschichtsunterricht. Kompetenzorientierte und binnendifferenzierte Aufgaben für Karten, Bilder, Plakate, Karikaturen, Schemata, gegenständliche Quellen, Statistiken, Texte und Lieder. Frankfurt/M.

BURKHARDT, Hannes (2019): Social Media im Geschichtsunterricht. Gegenwarts- und lebensweltnahe kontroverse Geschichtsdeutungen auf Twitter, Instagram und Facebook. In: Barsch, Sebastian/Lutter, Andreas/Meyer-Heidemann, Christian (Hg.): Fake und Filter. Historisches und politisches Lernen in Zeiten der Digitalität. Frankfurt/M., S. 191–217.

BURKHARDT, Hannes (2021): Geschichte in den Social Media. Nationalsozialismus und Holocaust in Erinnerungskulturen auf Facebook, Twitter, Pinterest und Instagram. Göttingen.

BURKHARDT, Hannes (2022): Geschichte und Erinnerungskulturen in den Social Media. Potenziale und Grenzen für Erinnern und historisches Lernen. In: Reiter, Benjamin/Beuter, Katharina/Hlukhovych, Adrianna/Lindner/Vogt, Sabine (Hg.): Erinnerung und kulturelle Bildung. Interdisziplinäre Perspektiven auf Geschichtskultur und zukunftsfähiges schulisches Lernen. Bamberg, S. 97–115.

BURKHARDT, Hannes (2024): Geschichtsdeutungen über die Zeit des Nationalsozialismus in den Social Media. In: Homberg, Michael/Homberg, Manuela (Hg.): Deutungskämpfe. Die „zweite Geschichte" des Nationalsozialismus. Frankfurt/M., S. 263–287.

BURKHARDT, Hannes (2024): Instagram im Geschichtsunterricht. Gegenwartsbezüge vom Krieg gegen die Ukraine zum Kalten Krieg für historisches Lernen nutzen. In: Barricelli, Michele/Yildirim, Lale (Hg.): Geschichtsbewusstsein, Geschichtskultur, Public History – ein spannendes Verhältnis. Göttingen (in der Drucklegung).

BURKHARDT, Hannes (2023): Geschichte auf TikTok als Chance für historisches Lernen im Geschichtsunterricht. In: Büchert, Gesa/Bennewitz, Nadja/Kilau, Mona (Hg.): Geschichtsdidaktik und Kulturgeschichte. Festschrift für Charlotte Bühl-Gramer. Göttingen, S. 229–239.

BURKHARDT, Hannes/Schwabe, Astrid/(2023): Geschichtsdidaktik. In: Clio Guide. Ein Handbuch zu digitalen Ressourcen für die Geschichtswissenschaften. Berlin (in der Drucklegung).

CONRAD, Franziska (2007): Diagnostizieren im Geschichtsunterricht. In: Geschichte lernen, 116/2007, S. 2–11.

CORNELISSEN, Christoph (2019): Zeitgeschichte und Erinnerungskultur in Europa. In: Gundermann, Christine/Hasberg, Wolfgang/Thünemann, Holger (Hg.): Geschichte in der Öffentlichkeit. Konzepte – Analysen – Dialoge. Berlin, S. 13–34.

CRAMER, Michael (2010): Ein Nationaler Gedenktag am 18. März. In: Hamann, Christoph (Hg.): Demokratische Tradition und revolutionärer Geist. Erinnern an 1848 in Berlin (Reihe Geschichtswissenschaft; Bd. 56). Freiburg, S. 175–177.

DEMANTOWSKY, Marko (2014): Vom Jubiläum zur Jubiläumitis, in: Public History Weekly 2 (2014) 11: http://dx.doi.org/10.1515/phw-2014-1682.

DRÜDING, Markus (2020a): Historische Jubiläen und historisches Lernen. Berlin.

DRÜDING, Markus (2020b): Gedenktage und Jubiläen. Eine Gelegenheit zum historischen Lernen? In: APuZ, 33–34/2020, S. 23–28.

DRÜDING, Markus (2022): Lernen aus der Geschichte? Historisches Lernen und historische Jubiläen zum Ende des Zweiten Weltkrieges. In: Gundermann, Christine (Hg.): Historische Jubiläen. Zwischen Historischer Identitätsstiftung und Geschichtskultureller Reflexion. Frankfurt/M., S. 215–232.

ENGEHAUSEN, Frank (2014): Die Revolution von 1848/49. Stuttgart.

GUNDERMANN, Christine/Brauer, Juliane/Carlà-Uhink, Filippo/Keilbach, Judith/Koch, Georg/Logge, Thorsten/Morat, Daniel/Peselmann, Arnika/Samida, Stefanie/Schwabe, Astrid/Sénécheau, Miriam (2021): Schlüsselbegriffe der Public History. Göttingen.

GUNDERMANN, Christine/Knoch, Habbo/Thünemann, Holger (2022): Einleitung: Öffentliche Jahrestage als geschichtskulturelles Phänomen. In: Gundermann, Christine (Hg.): Historische Jubiläen. Zwischen Historischer Identitätsstiftung und Geschichtskultureller Reflexion. Frankfurt/M., S. 7–18.

HACHTMANN, Rüdiger (1998): Schauplatz Berlin. In: Dipper, Christof/Speck, Ulrich (Hg.): 1848. Revolution in Deutschland, Frankfurt/M., S. 82–98.

HACHTMANN, Rüdiger (2022): 1848. Revolution in Berlin. Berlin-Brandenburg.

HAHN, Alois (2017): Jubiläum und Gedenken im Spannungsfeld zwischen Erinnern und Vergessen. In: Faßmann, Heinz/Eybl, Franz M./Müller, Stephan/Pelz, Annegret (Hg.): Jubiläum. Literatur- und kulturwissenschaftliche Annäherungen. Göttingen, S. 11–26.

HAMANN, Christoph (2010): Trotz alledem — die Aktion 18. März. In: ders. (Hg.): Demokratische Tradition und revolutionärer Geist. Erinnern an 1848 in Berlin. Freiburg, S. 40–60.

HEIN, Dieter (2019): Die Revolution von 1848/49 (C.H. Beck Wissen; Bd. 2019). München.

HETTLING, Manfred (1998): Das Nachleben der Revolution von 1848/49. In: Dipper, Christof (Hg.): 1848. Revolution in Deutschland. Frankfurt/M., S. 11–24.

HÜRLIMANN, Martin (1981): Berlin. Königsresidenz, Reichshauptstadt, Neubeginn. Zürich.

KAUPERTS Straßenführer durch Berlin (2023): Platz des 18. März. URL: https://berlin.kaupertde/Strassen/Platz-des-18-Maerz-10117-Berlin#Geschichte, aufgerufen am 20.3.2023.

KLAUSMEIER, Kathrin (2023): Bismarck als „Zuckerpeitscher"? Zum Einsatz von Instagram-Posts als Lernprodukte und Lerngegenstand im Geschichtsunterricht. In: Britsche, Frank/Greven, Lukas (Hg.): Visual History und Geschichtsdidaktik. (interdiziplinäre) Impulse und Anregungen für Praxis und Wissenschaft. Frankfurt/M., S. 209–223.

KOLLMANN, Catrin B. (2014): Historische Jubiläen als kollektive Identitätskonstruktion. Ein Planungs- und Analyseraster. Stuttgart.

KULTURPROJEKTE BERLIN (2023): Zehn Berliner*innen der Märzrevolution | künstlerische Stadtmarkierungen. Revolutionär*innen im Pop-Art-Stil erleben und digital zum Leben erwecken. URL: https://kulturprojekte.berlin/festival/175-jahre-maerzrevolution-kalender/?event_slug=zehn-berlinerinnen-der-maerzrevolution-kuenstlerische-stadtmarkierungen&event_uuid=17573b20-7ca5-418a-8a66-4e5b073acec1, aufgerufen am 20.3.2023.

LANDWEHR, Achim (2020): Magie der Null. Zum Jubiläumsfetisch. In: APuZ, 33–34/2020, S. 4–9.

MEDIENPÄDAGOGISCHE FORSCHUNGSVERBUND SÜDWEST (2022): JIM-Studie 2022. Jugend, Information, Medien. Basisuntersuchung zum Medienumgang 12-bis 19-Jähriger. Stuttgart.

MEYER-HAMME, Johannes/Krebs, Alexandra (2021): Historisches Lernen digital. Die neue Version der App in die Geschichte. In: Zeitschrift für Geschichtsdidaktik, 1/2021, S. 180–196.

MÜLLER, Frank Lorenz (2012): Die Revolution von 1848/49. Darmstadt.

MÜLLER, Winfried (2004): Das historische Jubiläum. Zur Geschichtlichkeit einer Zeitkonstruktion. In: Ders. (Hg.): Das historische Jubiläum. Genese, Ordnungsleistung und Inszenierungsgeschichte eines institutionellen Mechanismus. Münster, S. 1–75.

MÜLLER, Winfried (2020): Das historische Jubiläum. Zur Karriere einer Zeitkonstruktion. In: APuZ, 33–34/2020, S. 10–16.

MÜNCH, Daniel (2021): Geschichtskultur als Unterrichtsgegenstand. Frankfurt/M.

NIESSER, Jacqueline/Tomann, Juliane (2020): Geschichte in der Öffentlichkeit analysieren. Jubiläen als Gegenstand von Public History und Angewandter Geschichte. In: APuZ, 33–34/2020, S. 17–22.

PRICE, Roger (1992): 1848. Kleine Geschichte der europäischen Revolutionen. Berlin.

PIRKER, Eva Ulrike/Rüdiger, Mark (2010): Authentizitätsfiktionen in populären Geschichtskulturen: Annäherungen. In: Pirker, Eva Ulrike (Hg.): Echte Geschichte. Authentizitätsfiktionen in populären Geschichtskulturen. Bielefeld, S. 11–30.

REUTER, Alexandra (2023): Das erinnerungskulturelle Phänomen Anne Frank auf Instagram. In: Groschek, Iris/Knoch, Habbo (Hg.): Digital Memory. Neue Perspektiven für die Erinnerungsarbeit. Göttingen, S. 204–218.

RÜSEN, Jörn (1989): Lebendige Geschichte. Formen und Funktionen des historischen Wissens. Göttingen.

SCHARENBERG, Albert (2023): Das Versagen des deutschen Bürgertums. URL: https://www.rosalux.de/news/id/50133, aufgerufen am 25.3.2023.

SCHMIDT, Walter (2000): Die Revolution 1848/49 in einer sich wandelnden Geschichtskultur. Vortrag für einen „Akademischen Abend" der Rosa-Luxemburg-Stiftung am 18.5.2000 (Manuskripte Rosa-Luxemburg-Stiftung; 2/2000). Berlin.

SCHMIDT, Walter (2010): 1848 in der Geschichtswissenschaft und Gedenkkultur der DDR. In: Hamann, Christoph (Hg.): Demokratische Tradition und revolutionärer Geist. Erinnern an 1848 in Berlin (Reihe Geschichtswissenschaft; Bd. 56). Freiburg, S. 120–132.

SCHREIBER, Waltraud/Körber, Andreas/Borries, Bodo von/Kramer, Reinhard, Leutner-Ramme/Mebus, Sylvia/Schöner, Alexander/Ziegler, Béatrice (2007): Historisches Denken. Ein Kompetenz-Strukturmodell. In: Körber, Andreas/Schreiber, Waltraud/Schöner, Alexander (Hg.): Kompetenzen historischen Denkens. Ein Strukturmodell als Beitrag zur Kompetenzorientierung in der Geschichtsdidaktik. Neuried, S. 17–53.

SOCIALMEDIAHISTORY – Geschichte auf Instagram und TikTok (2023). Forschungsprojekt der Ruhr-Universität Bochum und der Universität Hamburg. URL: https://smh.blogunihamburg.de/, aufgerufen am 1.3.2023.

VOGT, Martin (1998): Das Nachleben der Revolution von 1848/49. Weimar und die NS-Zeit. In: Dipper, Christof (Hg.): 1848. Revolution in Deutschland. Frankfurt/M., S. 25–34.

WOLFRUM, Edgar (1998): Das Nachleben der Revolution von 1848/49. Bundesrepublik Deutschland und DDR. In: Dipper, Christof (Hg.): 1848. Revolution in Deutschland. Frankfurt/M., S. 35–49.

WOLLSTEIN, Günter (1975): 1848 – Streit um das Erbe (I). In: Neue Politische Literatur, 4/1975, S. 491–507.

WOLLSTEIN, Günter (1976): 1848 – Streit um das Erbe (II). In: Neue Politische Literatur, 1/1976, S. 89–106.

ZÜNDORF, Irmgard (2016): Zeitgeschichte und Public History. In: Docupedia-Zeitgeschichte, URL: https://docupedia.de/zg/Zuendorf_public_history_v2_de_2016, aufgerufen am 1.3.2023.

ELENA LEWERS

„So n bisschen als wenn man vor Ort wäre"[1]

Empirische Annäherung an Virtual Reality als Erfahrungsraum für Geschichte

1. Vom historischen Ort zum digitalen Raum

Vor einigen Jahren setzten sich die Gründer der *Blickwinkeltour GbR* – Mediengestalter Art Petto und Softwaregestalter René Kasparek – ein Ziel: Sie wollten über Virtual Reality historisch bedeutsame Orte „erlebbar" machen.[2] Mit dem Unternehmenssitz in Nürnberg fiel die Wahl auf das Reichsparteitagsgelände, das in den 1930er-Jahren von den Nationalsozialisten für das Abhalten der Parteitage der NSDAP erbaut wurde. Heute befindet sich dort ein Dokumentationszentrum und es werden Führungen angeboten, das Gelände dient aber auch als Veranstaltungsort z. B. für das Musikfestival *Rock im Park*. Auf dem insgesamt vier Quadratkilometer umfassenden Gelände sollten laut Plänen der Nationalsozialisten verschiedene Gebäude errichtet werden: das Deutsche Stadion, das Zeppelinfeld inkl. Tribünen sowie die Kongresshalle. Fertiggestellt worden ist allein die Zeppelintribüne; von der Kongresshalle stehen Überreste eines Rohbaus und vom Deutschen Stadion ist nur der Grundstein erhalten – der zudem nicht mehr an seiner ursprünglichen Stelle steht. Zudem ist das gesamte Gelände in den letzten Jahrzehnten stark überformt und verändert worden, wie auch die oben aufgeführten aktuellen Nutzungen zeigen. Über die baulichen Überreste ist es möglich, einen Einblick in die geplanten Dimensionen der NS-Architektur zu erhalten, doch erschließt sich der Charakter der Kongresshalle, deren Aufbau an das Kolosseum in Rom erinnern sollte, durch den aktuellen Zustand nicht. Vor Ort ist ein Bau aus Backsteinen ohne Innenausbau und Kuppel zu sehen, auch die geplante Verkleidung aus weißem Marmor fehlt (Abb. 1).

---

1   Das Zitat stammt aus einer Interviewstudie mit Studierenden vom Februar 2022 zur digitalen Tour über das Reichsparteitagsgelände.
2   https://blickwinkeltour.de/ [abgerufen am: 20.7.2023].

Abb. 1: Kongresshalle innen – gegenwärtiger Zustand (© Blickwinkel Tour)

Hier sahen Petto und Kasparek das Potenzial von Virtual Reality (VR). Auf Basis von Quellenmaterial (z. B. Zeichnungen des Architekten Albert Speer) und in Zusammenarbeit mit Historiker*innen erstellten sie digitale Rekonstruktionen der Gebäude, die den damals geplanten Zustand zeigen. So zeigt Abb. 2 mit weißem Marmor verkleidete Wände, eine hohe Kuppel und unzählige Sitzbänke aus Holz, die erahnen lassen, für wie viele Personen der Innenraum Platz bieten sollte. Damit zeigen die 360°-Umgebungen weder Vergangenheit noch die Gegenwart – sie sind vielmehr gegenwärtige Rekonstruktionen von vergangenen Zukunftsvorstellungen. Insgesamt ist der Stil – bewusst – sehr schlicht gehalten, es gibt keine musikalische Untermalung und es sind keine Personen zu sehen. In diesen Rekonstruktionen finden sich außerdem keine NS-Symbole. Einzig in der Rekonstruktion des Zeppelinfeldes werden Hakenkreuzflaggen sowie das goldene Hakenkreuz über der Zeppelintribüne abgebildet.

Abb. 2: Kongresshalle innen – digitale Rekonstruktion (© Blickwinkel Tour)

Die digitalen Rekonstruktionen sollten bei Bus-Touren über das Gelände eingesetzt werden, um die Betrachtungen des gegenwärtigen Zustands der Gebäude um weitere Perspektiven (Blickwinkel) ergänzen zu können. Der historische Ort sollte damit eine Erweiterung um einen digitalen Raum erhalten. Doch bevor die Planungen umgesetzt werden konnten, kam die COVID-19-Pandemie dazwischen, sodass die geplanten Touren nicht stattfinden konnten.

Als Reaktion darauf entwickelten Petto und Kasparek mit Mozilla Hubs eine rein digitale Tour über das Reichsparteitagsgelände, bei dem sowohl 360°-Aufnahmen des gegenwärtigen Zustandes des Geländes wie auch die digitalen Rekonstruktionen der Gebäude eingearbeitet wurden. Der gegenwärtige historische Ort wurde damit in den digitalen Raum übertragen und um die Rekonstruktionen ergänzt, die einen Blick auf die in der Vergangenheit geplante Zukunft des Ortes ermöglichen.

An das Angebot der *Blickwinkeltour*, das in diesem Beitrag als Geschichte verstanden wird, können aus geschichtsdidaktischer Perspektive viele Fragen angeschlossen werden.[3] Übergreifend stellt sich die Frage, welche Auswirkungen der Transfer (oder die Transformation?) des historischen Ortes in den digitalen Raum hat – sowohl auf Geschichts-/Erinnerungskultur im Allgemeinen als auch auf die Produktion und Rezeption dieser digitalen Angebote.

In der geschichtsdidaktischen Forschung wird davon ausgegangen, dass die Geschichtsvorstellungen der Rezipient*innen durch interaktive und audiovisuelle Medien wie z. B. VR besonders beeinflusst werden (Oswalt 2012; Bunnenberg 2021). Aufgrund dieser Annahme ist es für die Geschichtsdidaktik zentral, sich mit den medialen Eigenlogiken und Wirkungsweisen von VR und dem Einfluss auf die Rezipient*innen auseinanderzusetzen. Der vorliegende Beitrag widmet sich daher vor allem den Deutungen der Teilnehmerinnen und Teilnehmer, die im Zuge der Tour entstanden sind. Im Rahmen des vom BMBF geförderten Forschungsprojektes *ViRaGe – Virtuelle Realitäten als Geschichtser-*

---

3 In diesem Beitrag werden unter „Geschichte" in Anlehnung an Lars Deile Formen der „Repräsentation der Vergangenheit" verstanden (Deile 2022, 36). Damit ist es möglich, nicht nur Erzählungen, sondern auch Gegenstände und Praktiken als Geschichte fassen zu können. Zu diskutieren ist an anderer Stelle, inwiefern Virtual Reality einem narrativen Geschichtsbegriff entspricht. Versteht man Geschichte als Erzählung, die einen narrativen Zusammenhang zwischen zeitdifferenten Ereignissen herstellt, trifft dies zwar auf die Führung über das Gelände zu, die 360°-Rekonstruktionen würden dem allerdings nicht entsprechen.

fahrung[4] (2020–2023) wurden Studien zum Angebot der *Blickwinkeltour GbR* durchgeführt, von denen im Folgenden ein Ausschnitt vorgestellt wird. Basis dieses Beitrags ist eine Interviewstudie von Februar 2022, bei der Studierende der Ruhr-Universität Bochum zu ihrer Erfahrung der digitalen Tour befragt wurden. Der Beitrag ist damit auf der Mikro-Ebene anzusiedeln, die sich der „Rezeption geschichtskultureller Objektivationen und die mit der Vergangenheit gemachten oder auch nicht gemachten Erfahrungen" widmet (siehe dazu im Einführungsbeitrag z. d. Bd.).

Im Folgenden werden zunächst die theoretischen Grundlagen und Begriffsklärungen zur Erfahrung von Geschichte in Virtual Reality vorgestellt (2.). Im Anschluss werden der methodische Zugang zu Erfahrung über fokussierte Interviews und der Aufbau der Studie (3.) sowie die Ergebnisse anhand von zwei ausgewählten Fällen, die eine erste Annäherung möglich machen sollen, präsentiert (4.). Im Fazit (5.) werden die Erkenntnisse im Hinblick auf das Thema des Sammelbandes und die Frage nach dem digitalen Wandel von Geschichtskultur zusammengeführt.

2. Erfahrung von Geschichte in Virtual Reality am Beispiel der Blickwinkeltour

2.1 Begriffsklärung I – Virtual Reality

Seit einigen Jahren werden VR-Angebote vermehrt in geschichtsvermittelnden Kontexten eingesetzt – sowohl im touristischen Sektor, aber auch in Museen und an Gedenkstätten (Bunnenberg 2020, 46–48; Kuchler 2021, 214–220.). Jedoch steigt nicht nur die Anzahl der Angebote vor Ort, auch im Netz finden sich immer mehr (frei verfügbare) VR-Anwendungen. Dabei sind die Anbieter unterschiedlich gelagert; hierbei sind private Unternehmen sowie öffentliche Träger (ZDF, arte) und Institutionen auszumachen. Auch die Themen weisen eine große Spannweite auf, wobei sich viele Anwendungen auf das 20. Jahrhundert und schwerpunktmäßig die NS-Zeit beziehen. Daneben gibt es Anwendungen, die das antike Rom (Gladiatoren im Kolosseum – ZDF 2017), das spätmittelalterliche Löwenstein (VR-Reise ins Mittelalter –

---

4 Im Projekt wurde in Zusammenarbeit verschiedener Disziplinen (Geschichtsdidaktik, Pädagogische Psychologie, Sozial-/Medienpsychologie, Erziehungswissenschaft) geschichtsbezogene VR-Anwendungen sowohl theoretisch als auch empirisch untersucht. Leitende Frage war, wie der kritisch-reflektierte Umgang mit VR durch die Rezipientinnen und Rezipienten gefördert werden kann. https://www.virage.ruhr-uni-bochum.de/ [abgerufen am: 20.7.2023].

Landesmuseum Württemberg) oder das Düsseldorf des 19. Jahrhunderts thematisieren (Schumann VR).

In diesem Beitrag wird ein weit gefasster Begriff von VR vertreten, um unter diesen die unterschiedlichen Angebote zu versammeln, jedoch nicht ohne die verschiedenen technischen Realisierungsmöglichkeiten zu berücksichtigen.

Zunächst wird VR als Zusammenschluss verschiedener visueller, auditiver, text- und videobasierter Technologien in einer dreidimensionalen computergenerierten Umgebung verstanden (Coelho u. a. 2006, 27). Ziel von VR ist, eine Simulation von Wirklichkeit herzustellen und die Nutzer*innen in eine virtuelle Umgebung „eintauchen" zu lassen. Diese sollen sich in der Umgebung präsent fühlen und ihre physische Umwelt dabei weitestgehend ausblenden. Um dieses Gefühl der Anwesenheit in einer medienvermittelten Umgebung herzustellen, greifen die Produzentinnen und Produzenten von VR auf unterschiedliche technische, ästhetische und narrative Mittel zurück. Knoch bezeichnet die Umgebungen als „digitale historische Raumbilder" (Knoch 2021, 105). Dabei werden „physisch existente oder durch historische Quellen überlieferte Räume mehrdimensional, multisensorisch und realitätsnah erfahrbar" gemacht (ebd., 100).

Die Beurteilung einer Anwendung als „immersiv" kann anhand technischer Merkmale vorgenommen werden (Slater/Wilbur 1997).[5] Aufgrund der unterschiedlichen Formate scheint es jedoch nicht sinnvoll, diese als entweder immersiv oder nicht-immersiv zu bezeichnen, sondern anhand ihres jeweiligen Immersionsgrades zu beschreiben, der sich nach dem technischen Möglichkeiten der VR richtet (Buchner/Aretz 2020, 200 f.). Slater und Wilbur fassen darunter z. B. das Ausmaß des sensorischen Inputs, die Umgebungsqualität, der Reichtum an Bildmerkmalen und die Echtzeitreaktion der Anwendung auf die Eingaben der Nutzer*innen (Slater/Wilbur 1997, 606 ff.). Ein 360°-Video, das auf einem Smartphone oder Tablet – also einem 2D-Bildschirm – angeschaut wird, wird in Anlehnung daran als weniger immersiv gefasst als eine Anwendung, die mit einem Head-Mounted-Display (HMD) rezipiert wird.

Weiterhin können verschiedene Typen von VR-Anwendungen unterschieden werden: *Trainingswelten* helfen bei der Entwicklung von prozeduralen und motorischen Fähigkeiten, während *Konstruktionswelten* das Erstellen und Gestalten von VR-Inhalten ermöglichen. *Explorationswelten* hingegen zeichnen

---

5 Immersion als technische Eigenschaft zu fassen ist eine Möglichkeit, in anderen hier nicht gewählten Ansätzen wird Immersion als „Phänomen des Erlebens" gefasst und damit die mentale Dimension adressiert (Kerres u. a. 2022, 314).

sich durch die (eigenständige) Erkundung von Umgebungen aus (Buchner/ Aretz 2020, 203).

VR-Anwendungen mit Bezug zur Geschichte gehören hauptsächlich zu der Kategorie der *Explorationswelten*, da sie das Erkunden und Erleben von Geschichte bzw. (historischen) Orten durch VR ermöglichen sollen (Lewers 2022, 7 f.). Allerdings ist die selbstständige Erkundung in diesen Anwendungen oft eingeschränkt, da die Interaktivität begrenzt ist und die Nutzerinnen und Nutzer häufig lediglich den Bildausschnitt auswählen können. Viele Anwendungen bestehen auch aus vorab aufgezeichneten Videos, die keine freie Bewegung und Erkundung erlauben. Trotzdem unterscheiden sie sich von herkömmlichen Videos durch die Ego-Perspektive und den erhöhten Grad der technischen Immersion.

Auch das Angebot der *Blickwinkeltour* lässt sich als *Explorationswelt* fassen. Der digitale Raum in *Mozilla Hubs* besteht sowohl aus Aufnahmen des gegenwärtigen Zustands des Geländes sowie den digitalen Rekonstruktionen. Der Name *Blickwinkeltour* stammt daher, dass es den Teilnehmerinnen und Teilnehmern möglich ist, innerhalb eines Gebäudes verschiedene Perspektiven, d. h. *Blickwinkel*, einzunehmen. Ergänzt werden die 360°-Umgebungen durch weiteres Bild-, Audio- und Videomaterial. Ein Guide des Vereins *Geschichte für alle e. V.* führt dabei „über das Gelände", d. h. durch die unterschiedlichen 360°-Umgebungen. Inhaltlicher Fokus der Tour sind die Anfänge des Nationalsozialismus und der NSDAP sowie Geschichte, Gegenwart und Zukunft des Reichsparteitagsgeländes. Stationen der Tour sind die Kongresshalle, die Zeppelintribüne sowie das Große Stadion. Dazu wurde eine Heißluftballonfahrt eingebaut, die einen Überblick über das Gelände möglich macht.

Die Teilnahme an der Tour ist über digitale Endgeräte wie Laptops oder Tablets sowie über HMDs in Kombination mit Controllern möglich, wobei bei letzterem der Grad der technischen Immersion höher ist. Der Guide sowie die Teilnehmer*innen sind in der VR durch Avatare präsent (Abb. 3), die von den Personen selbst ausgewählt und gestaltet werden können. Dabei können sie über einen Chat oder das Mikrofon miteinander kommunizieren. In den digitalen Umgebungen können sie sich in einem abgegrenzten Bereich frei bewegen, diesen jedoch nicht verändern.

Abb. 3: Avatare in der VR (© Blickwinkel Tour)[6]

2.2 Begriffsklärung II – Erfahrung

Dass in diesem Beitrag die Erfahrungen der rezipierenden Personen fokussiert werden, bedeutet, den mentalen Prozess der Wahrnehmung, Verarbeitung und Deutung von Geschichte in den Blick zu nehmen.[7]

Historisches Denken beginnt durch die Begegnung mit und Verarbeitung von Geschichte. Dieser Moment der Begegnung, der sich vom Alltag abhebt und das Individuum irritieren kann, wird in diesem Beitrag als „Erlebnis" gefasst (Gundermann u. a. 2021, 120). Erlebnisse können verdrängt oder vergessen werden, wodurch sie keinen weiteren Einfluss auf das Individuum haben (van Norden 2022, 68). Werden sie jedoch (un)bewusst verarbeitet, werden sie zu Erfahrungen und wirken sich auf das Individuum aus:

Erfahrungen sind also erinnerte und bereits gedeutete Erlebnisse, und zwar immer im Zusammenspiel mit Wissen, Gefühlen, Gedanken, Haltungen und Stimmungen. Diese Erfahrung ist aber nicht statisch, sondern sie ändert sich zum Beispiel durch das Wiedererzählen, sei es das eigene oder das anderer, ja vermutlich sogar durch das Erinnern selbst, sei es bewusst und absichtlich oder unabsichtlich situativ. (Schmitz-Zerres/Sobich 2022, 23)

---

6   Die Avatare, die über Hände verfügen, werden von Personen gesteuert, die mit einem HMD und Controllern an er Tour teilnehmen.

7   Um den Begriff der „Historischen Erfahrung" besteht seit Jahrzehnten ein geschichtstheoretischer/-didaktischer Diskurs, der in diesem Beitrag aufgrund der Breite nicht thematisiert werden kann. Verwiesen sei darauf, dass die Diskussion um die Klärung der Begrifflichkeit durch den Sammelband *Historische Erfahrung* von Jörg van Norden und Lale Yildirim (2022) eine Aktualisierung erfahren hat, an die hier angeknüpft wird.

Erfahrung meint damit nicht nur das Erlebnis selbst, sondern den anschließenden Prozess der Bedeutungskonstruktion, durch den Vorstellungen von Vergangenheit entstehen oder sich ggf. verändern können (Gundermann u. a. 2021, 118). Durch diesen Reflexionsprozess bringt das Individuum die durch das Erlebnis gewonnenen Eindrücke mit bisherigen Erfahrungen in Verbindung. Da sich durch den Prozess das Individuum selbst verändert, ist eine Wiederholung der Erfahrung nicht möglich. Gemachte Erfahrungen sind vielmehr Ausgangspunkt für neue Erfahrungen, da diese durch die Vorerfahrung des Individuums beeinflusst werden (Deile 2022, 43).

Da sich die Erfahrung aber nicht im luftleeren Raum abspielt, sondern durch etwas ausgelöst wird, müssen die Rahmenbedingungen in den Blick genommen werden: „Alle Erfahrungen, die wir Menschen machen, machen wir in einem konkreten Raum, der immer auch ein Raum mit Geschichte ist." (Völkel 2022, 56) Der Raum, der in Anlehnung an raumsoziologische Zugänge als soziale Konstruktion der beteiligten Akteur*innen und nicht als geographische Platzierung gefasst wird, besteht hier aus dem Tourgeschehen (in der VR), das durch den Guide, die Teilnehmer*innen die 360°-Ansichten sowie den Interaktionen der genannten Akteur*innen entsteht. Es ist das Zusammenspiel des Raums und des Individuums, wodurch eine Erfahrung gebildet wird und „mit ihrem je eigenen Wechselspiel von äußeren Einwirkungen und innerer Verarbeitung unser Denken, Fühlen und Handeln" beeinflusst (Schulz-Hageleit 2022, 13).

Bezogen auf den Gegenstand lautet die zunächst sehr offen gestellte Frage der anschließenden empirischen Untersuchung: Was zeichnet die Erfahrung von Geschichte im digitalen Raum anhand des Angebots der *Blickwinkeltour* aus? Welche Deutungen entstehen durch die Tour bei den Teilnehmer*innen?

3. Empirische Annäherung

3.1 Methodischer Zugang

Insgesamt ist die hier vorgestellte Studie als eine explorative Annäherung an den Gegenstand zu verstehen, da die Erforschung der Rezeption geschichtsbezogener VR noch in den Anfängen ist.[8] Um sich dem Gegenstand offen zu nähern, wurden bei der hier vorgestellten Studie Methoden der qualitativen Sozialforschung genutzt (Keuneke 2017, 302). Da das Interesse an der individuellen Wahrnehmung

---

8 Neben den hier vorgestellten Auszügen aus den qualitativen Erhebungen, die im Forschungsprojekt *ViRaGe* durchgeführt wurden, kann auf weitere Forschungen verwiesen werden, z. B. auf Nachtigall u. a. (2022); Lewers/Frentzel-Beyme (2023).

und Bedeutungskonstruktion bestand, wurden Einzelinterviews als methodischer Zugang ausgewählt (Przyborski/Wohlrab-Sahr 2014, 134). Eine Orientierung erfolgte an der Form des fokussierten Interviews, das aus der Medienwirkungsforschung stammt und sich gut für Einzelinterviews nutzen lässt (Keuneke 2017, 307; Przyborski/Wohlrab-Sahr 2014, 132). Für diese Interviewform ist zentral,

*dass alle befragten Personen eine konkrete soziale Situation erlebt haben, auf deren Ausleuchtung – insbesondere was das Erleben und Empfinden und die persönliche Wahrnehmung und Einschätzung dieser Situation angeht – sich das Interview bezieht. Dies bildet den **Fokus** des Interviews. (Przyborski/Wohlrab-Sahr 2014, 134, Hervorhebung wie im Original)*

In diesem Fall war der Fokus die Teilnahme an der *Blickwinkeltour*.

Den Interviews lag ein Leitfaden zugrunde, der v. a. offene und erzählgenerierende Fragen enthielt, wodurch eine Nähe zur Form des narrativen Interviews besteht. Dabei wurde ein sehr allgemeiner Einstieg gewählt, der auf das Erleben der Tour abzielte (*Kriterium der Offenheit* nach Przyborski/Wohlrab-Sahr 2014, 128). Anschließende Fragen zielten auf die Wahrnehmung des Geländes, die Wahrnehmung der eigenen Person als Avatar sowie die Wahrnehmung der physischen Umgebung. Dazu wurden gezielte Nachfragen von den Interviewenden gestellt (*Kriterium der Spezifität* nach Przyborski/Wohlrab-Sahr 2014, 128). Ziel war es, „das spezifische Erleben und die persönliche Wahrnehmung" der Interviewten herauszuarbeiten (Przyborski/Wohlrab-Sahr 2014, 134).

Dem methodischen Zugang liegt die Annahme zugrunde, „dass sich der Zugang zu Geschichte und Vergangenheit eben über Narrationen äußert", d. h., dass über sprachliche Äußerungen die subjektiven Deutungen der Befragten erfasst werden können (Barsch 2016, 217). Zu beachten ist dabei, dass die Versprachlichung der Erfahrung ebenfalls Teil der Bedeutungskonstruktion ist und sich durch die Erzählung die Erfahrung erst konstruiert oder ggf. verändert (Schmitz-Zerres/Sobich 2022, 23). Zudem weist Deile zurecht darauf hin, dass die Versprachlichung von Vorstellungen ein komplexer und anspruchsvoller Vorgang ist, den nicht jede und jeder gleich gut leisten kann (Deile 2020, 228). Diese Limitationen gilt es bei der vorgestellten Studie zu berücksichtigen.

3.3 Studie

Im Februar 2022 fand die Erhebung mit insgesamt elf Studierenden der Erziehungs- und Sozialwissenschaften an der Ruhr-Universität Bochum statt. Alle Studierenden gaben Auskunft zu Alter, Studienfächern, Vorerfahrung mit VR, Interesse an VR (Skala von 1 = sehr gering bis 5 = sehr ausgeprägt) und Interesse an historischen Orten/Gedenkstätten (Skala von 1=sehr gering bis 5=sehr ausgeprägt). Acht Studierende nahmen von zuhause aus über digitale Endgeräte (Laptop, Rechner) an der digitalen Tour teil, drei Studierende in den Räumlichkeiten der Universität über ein Head-Mounted-Display (HMD). Insgesamt dauerte die Tour ca. 120 Minuten.[9] Im Anschluss wurden Einzelinterviews mit den drei Studierenden geführt, die mit HMD an der Tour teilgenommen haben. Zwei dieser Interviews sind Grundlage der hier vorgestellten Analyse.[10]

Die aufgezeichneten Interviews wurden pseudonymisiert und nach dem *Talk in Qualitative Social Research (TiQ)*-Format transkribiert. Dabei wird nicht nur das Gesprochene abgebildet, sondern werden auch „nonverbale Phänomene" dokumentiert, wie z. B. Betonung, Sprechgeschwindigkeit und Pausen (Przyborski/Wohlrab-Sahr 2014, 165). Unterstützt wurde die Transkription durch das Tool *f4transkript*.

Die Auswertung erfolgt in Anlehnung an die *Qualitative Inhaltsanalyse*:

Unter qualitativer Inhaltsanalyse wird die systematische und methodisch kontrollierter wissenschaftliche Analyse von Texten, Bildern, Filmen und anderen Inhalten von Kommunikation verstanden. [...] Im Zentrum der Analyse stehen Kategorien, mit denen das gesamte für die Forschungsfrage(n) bedeutsame Material codiert wird. Die Kategorienbildung kann deduktiv, induktiv oder deduktiv-induktiv erfolgen. (Kuckartz/Rädiker 2022, 39)

Im vorliegenden Beitrag wurde ein induktives Vorgehen angewandt, d. h. die Kategorien wurden aus dem Material heraus gebildet (Kuckartz/Rädiker 2022, 82 ff.). Zudem wurde eine fallorientierte Perspektive eingenommen, d. h. dass

---

9 Während der Tour wurden zudem Teilnehmende Beobachtungen von Forscherinnen der RUB durchgeführt, die in diesem Beitrag nicht einbezogen werden. Beobachtet wurde sowohl das Tourgeschehen im digitalen Raum wie auch die Studierenden, die mit HMD an der Tour teilnahmen.
10 Eine Person musste aufgrund technischer Probleme während der Tour vom HMD auf einen Laptop wechseln, weswegen dieses Interview bei der Auswertung keine Berücksichtigung findet.

die Grundlage der Auswertung aus zwei Einzelfällen[11] besteht (Greta und Hanna, Namen geändert) (Kuckartz/Rädiker 2022, 109).

4. Vorstellung zweier Fälle

Bei der Beschreibung der Fälle werden nur ausgewählte Aspekte in den Vordergrund gerückt, die für den Fall am bemerkenswertesten erscheinen. Bei beiden Fällen wird besonders die Wahrnehmung der virtuellen Tour im Vergleich zu einer Tour vor Ort angesprochen, die im Folgenden schwerpunktmäßig herausgearbeitet wird.

4.1 Greta: Die realistische Tour-Erfahrung

Greta ist zum Zeitpunkt des Interviews 22 Jahre alt und studiert die Fächer Erziehungswissenschaften und Germanistik im Bachelor. Laut Selbstauskunft hat sie keine Vorerfahrungen mit VR, gibt als Interesse an VR eine 5 und als Interesse an historischen Orten/Gedenkstätten eine 4 an.

Zentrales Thema von Gretas Ausführungen ist das Verhältnis von „virtuellem Raum" und „Realität". Diese Bezeichnungen wurden von Greta selbst gewählt, weswegen sie in der Fallbeschreibung genutzt werden.

Ebene der Präsenz

Die virtuelle Umgebung beschreibt Greta als „schon realistisch", weil „man sich alles anschauen konnte" und sie über die Controller die Kontrolle über das Bild und die Perspektive hatte. Auf die Frage, wie sehr sie das Gefühl hatte, sich auf dem Reichsparteitagsgelände zu befinden und das auf einer Skala von eins bis zehn beziffern sollte, nennt Greta eine sieben und begründet es wie folgt:

Ja also ich muss sagen das war schon sehr realistisch, also ähm wegen dem Bild und weil man dann ja da- also ich hab mir halt die ganze Zeit vorgestellt wir sind wirklich bei einer Tour? und da spricht ein Tourguide, und dann hab ich halt äh die Umgebung und ich kann mich ja auch umgucken, und schauen was da ist.

---

11 Fälle können aus „Personen, Gruppen, Interaktionen oder Ereignissen, die an bestimmten Orten und zu bestimmten Zeiten untersucht werden sollen und die für eine bestimmte Population, Grundgesamtheit oder einen bestimmten (kollektiven oder allgemeineren) Sachverhalt" bestehen (Przyborski/Wohlrab-Sahr 2014, 177). In diesem Beitrag werden aufgrund des Forschungsinteresses an den individuellen Bedeutungskonstruktionen die Personen als jeweils eigener Fall begriffen.

Punktabzug gab es dafür, dass das Bild an manchen Stellen „verschwommen war" und sie nicht das Gefühl hatte, sich auf dem Boden zu befinden, sondern etwas höher. Greta bindet das Gefühl der Anwesenheit in der VR demnach stark an den Realismus der visuellen Darstellung und ihren Eindruck, sich „wirklich bei einer Tour" zu befinden.

Während des gesamten Interviews thematisiert Greta häufiger, dass sie sich bewusst machen musste, dass sie sich in „dieser virtuellen Welt" befindet und nicht in der Realität. Sie spricht von einem „Abgrenzen" der beiden Umgebungen. Denn auch wenn sie sich in der virtuellen Welt präsent fühlte, war sie sich dennoch bewusst darüber, in welchem Raum sie sich eigentlich befindet:

ich bin ja in dem Raum hier ich sitz auf dem Stuhl? und das was ich sehe, ist ja eigentlich nicht das was eigentlich um mich herum ist, sondern halt die virtuelle Welt die mir gerade zu gestreamt wird. es ist ja noch mal anders, wie wenn ich nur=n Bildschirm vor mir hab, weil da seh ich ja noch mal die Umgebung, aber in diesem äh VR Feeling war es ja so als wär ich an diesem Ort wirklich da.

Auf die Nachfrage, ob sie die „Realität" noch wahrgenommen hätte, antwortet sie: „eigentlich gar nicht mehr". Sie berichtet, dass sie während der Tour das Klingeln eines Smartphones gehört hat, sie dadurch aber nicht abgelenkt wurde und „direkt wieder im Fokus in der Tour" war. In dem Zusammenhang spricht sie davon, durch die Erzählung des Guides wieder „hinzugezogen" worden zu sein, ohne, dass sie sich bewusst darauf konzentrieren musste. Das „hinzugezogen" werden in die VR und die erneute Fokussierung auf die VR hängen in diesem von Greta geschilderten Moment vom auditiven Reiz der Erzählung und der Stimme des Guides ab.

Gretas Erfahrung kennzeichnet damit ein bewusstes Präsenzerleben in der virtuellen Umgebung und die bewusste Abgrenzung der virtuellen Welt von der physischen Umgebung. Trotz des Bewusstseins für die Medienvermitteltheit der Erfahrung fühlt Greta sich in der Tour präsent.

Interaktive Ebene
Auch bei der Beschreibung ihres Verhaltens im Umgang mit der Umgebung oder den anderen Personen dient die „Realität" als Referenzpunkt. Sie spricht davon, dass sie sich beim Zuhören dem Avatar des Guides zugewandt hat und begründet es damit, dass sie das auch „in echt" macht und es deswegen auch im virtuellen Raum so gehandhabt hat. Insgesamt zieht sich Unsicherheit durch die Beschreibungen Gretas ihres Verhaltens im virtuellen Raum („habe ich mir

halt nur gedacht darf ich jetzt reden?"). Sie thematisiert ihre Verunsicherung in Bezug auf die sprachliche Interaktion mit den anderen Avataren. Hierbei erfolgt eine Abgrenzung von der Tour „in echt", da sie angibt, dass sie dabei etwas sagen würde, sich im virtuellen Raum aber zurückgehalten hat. Greta berichtet außerdem, dass sie am Ende darum nachdachte, zu klatschen, sie sich aber nicht sicher war, wie das mit den Controllern umsetzbar ist und es dann nicht gemacht hat („aber der Gedanke war da, die zu nutzen um zu klatschen"). Auch hier überträgt Greta (zumindest gedanklich) eine Verhaltensweise, die sie von analogen Touren kennt, auf das Geschehen im virtuellen Raum.

Insgesamt ist Greta geneigt, für sie übliche Verhaltensweisen auch im virtuellen Raum auszuführen, ist aber u.a. wegen der technischen Bedingungen zu verunsichert.

Technische Ebene

An mehreren Stellen des Interviews kommt Greta auf das Gewicht der VR-Brille zu sprechen, die sie als „ungewohnt" bezeichnet. Sie konnte sich nach ihren Angaben daran gewöhnen, doch empfand sie das Gewicht mit der Zeit immer störender und spricht davon, dass es ein „Druckgefühl" und Kopfschmerzen auslöste. Das führte laut Gretas Aussage dazu, dass sie zeitweise abgelenkt war und sich nicht gut konzentrieren konnte.

Das Absetzen der VR-Brille erforderte laut Greta eine kurze Phase, um den „Switch von virtueller Welt" in die „Realität" zu verarbeiten. Sie führt das zum einen auf das dann fehlende Gewicht der Brille sowie auf die Notwendigkeit, sich an die Lichtverhältnisse der physischen Umgebung anzupassen, zurück. Die VR-Brille nimmt damit eine zentrale Rolle während der digitalen Tour ein, da sie einerseits die Teilnahme an der Tour ermöglichte, jedoch die Konzentration darauf erschwerte.

Inhaltliche Ebene

Insgesamt beschreibt Greta die Inhalte der Tour oberflächlich. Auf die Frage, welche Situation ihr besonders in Erinnerung geblieben ist, nennt sie die die Szene „mit dem Hakenkreuz, mit den Flaggen"[12] und begründet es damit, dass es sich um ein „sensibles Thema" handelt und die Darstellung bei ihr einen „Schauer" ausgelöst hätte:

---

12 Damit ist die Darstellung der Zeppelintribüne gemeint, den Begriff nutzt sie allerdings nicht.

also das Symbol alleine, gibt ja schon einem so das Gefühl oke es ist unangenehm, es ist die Geschichte, und das was man alles damit verbindet diese also die ganzen grausamen Taten, und die Zeit vor allem; also das weckt ja alles dann auch nochmal auf [...].

Das Symbol beschreibt sie damit als Auslöser für eine emotionale Reaktion, die dadurch entsteht, dass sie mit dem Thema etwas Negatives verbindet. Ins Detail geht sie dabei nicht, sie nutzt bis auf „Hakenkreuz" auch keine mit dem NS konnotierten Begriffe.

Insgesamt gibt Greta an, das Gefühl gehabt zu haben, vor Ort bei einer Tour gewesen zu sein – obwohl sie gleichzeitig ein Bewusstsein für die Medienvermitteltheit der Erfahrung hat und ein „VR Feeling" empfindet.

4.2 Hanna: Die statische Tour-Erfahrung

Hanna ist zum Zeitpunkt des Interviews 25 Jahre alt und studiert das Fach Sozialwissenschaften im Master. Laut Selbstauskunft hat sie keine Vorerfahrungen mit VR, gibt als Interesse an VR eine 3 und als Interesse an historischen Orten/Gedenkstätten eine 5 an.

Zentral für Hannas Erzählungen ist ihre Wahrnehmung der Darstellung als statisch. So empfand sie die Umgebung als zu wenig lebendig und auch der Umstand, dass sie sich nicht frei darin bewegen konnte, hielt sie laut ihrem Bericht davon ab, sich „da" präsent zu fühlen.

Ebene der Präsenz

Insgesamt stellt sich bei Hanna laut ihrer Aussagen nicht das Gefühl der Anwesenheit ein:

Es war nicht als wäre ich wirklich da, sondern eher in nem Bild, [...] ich habe mir halt was anderes erwartet also ich dachte okay gut vielleicht bisschen lebendiger im Sinne von vielleicht sind da noch andere Menschen die da wirklich langlaufen.

Die fehlende Lebendigkeit und Dynamik des Bildes hielt sie damit davon ab, sich präsent zu fühlen. Sie gibt an, dass es für sie „dann eher so ne Tour wie es hätte sein können" war.

Auch die Bewegung in der VR nimmt Hanna als eingeschränkt wahr. Sie berichtet, dass sie noch nie in Nürnberg gewesen ist und deswegen gern die Möglichkeit der freien Erkundung des Geländes gehabt hätte, „weil als Touri läuft man ja auch generell überall rum und guckt das auch so an auch wenn man nen Guide hat." Sie spricht öfter davon, dass sie andere Erwartungen hatte, was die Darstellung und die Bewegungsmöglichkeiten in der virtuellen Umgebung angeht. Die Möglichkeit der eigenen Bewegung in der VR und die Begegnung mit anderen Personen, die sich durch die VR bewegen, hätte sie laut ihren Angaben ansprechender gefunden. Eine Übertragung von Verhaltensweisen am physischen Ort in den digitalen Raum, wie Greta sie skizziert, findet bei Hanna demnach nicht statt.

Insgesamt gibt Hanna damit bei der Frage, wie sehr sie das Gefühl der Anwesenheit auf dem Gelände hat, eine vier bis fünf an und begründet dies mit der Statik des Bildes und dass es dadurch nicht „wie bei nem richtigen Besuch" gewesen ist.

Bzgl. der Heißluftballonfahrt berichtet sie jedoch von einem „Wow-Effekt": „man hat gemerkt okay das ist doch viel realer als einfach nur in nem Bild zu stehen." Durch die Heißluftballonfahrt hatte Hanna laut ihrer Aussage das Gefühl „viel näher dran" zu sein.

Interaktive Ebene

Die Avatare beschreibt Hanna als „unpersönlich". Sie hat sich durch ihren Avatar nicht als sie selbst, sondern als „ne Art Nummer" und „einer von vielen" wahrgenommen. Auch die anderen Teilnehmerinnen und Teilnehmer der Tour nahm sie durch die Avatare als „anonymisiert" wahr. Sie berichtet, dass sie sich bei einer „Live Tour" mit anderen Personen unterhalten würde, aber mit einer „virtuellen Person" kam es für sie nicht infrage, „weil das wäre irgendwie komisch." Sie verweist in dem Zusammenhang auf den Film *Avatar* und darauf, dass die Menschen dort zum „Teil dieses Systems" wurden: „man sah genauso aus, man hat sich genauso bewegt, sowas hätte das vielleicht dynamischer und authentischer gemacht." Auch hier verweist Hanna also auf die fehlenden Bewegungsmöglichkeiten als Grund für ihre Wahrnehmung der Umgebung als statisch.

Technische Ebene

Direkt zu Beginn des Interviews verweist Hanna von sich aus auf das Gewicht der VR-Brille, das sie bereits nach etwa 20 bis 30 Minuten als störend und anstrengend empfand. Sie gibt auch an, sich deswegen gewünscht zu haben, „dass die Tour schnell zu Ende geht", obwohl sie diese interessant fand.

Das Abnehmen der Brille führte entgegen Hannas eigener Erwartung nicht dazu, dass sie sich erst langsam an die Verhältnisse des Raumes gewöhnen musste. Sie spricht davon, „kein Verwirrungsgefühl" empfunden zu haben, da sie wusste, wo sie sich befand.

Inhaltliche Ebene
Die Tour an sich bewertet Hanna als gut und interessant, was sie an zwei Stellen im Interview direkt mit der Erzählung und der Stimme des Guides in Verbindung bringt: „also die Tour an sich fand ich super, ich fand auch seine Stimme extrem entspannt also der konnte sehr gut vortragen, ich glaube bei sowas ist es dann auch immer wichtig".

Besonders in Erinnerung geblieben ist Hanna folgende Szene:

Der Zeppelinplatz auf jeden Fall, weil ich das total faszinierend fand dieser Vergleich, also man konnte sich im Prinzip angucken Alt und Neu oder Vergangenheit und Jetzt-Zeit [...].

In dieser Möglichkeit des Vergleichs sieht sie außerdem die Chancen der virtuellen Tour im Vergleich zu einer Tour vor Ort. Hanna führt aus, dass durch Rekonstruktionen etwas sichtbar gemacht wird, was man „so sonst nicht hätte sehen können".

Insgesamt gibt Hanna öfter an, dass die „Live-Tour" vor Ort ihrer Meinung nach mehr Möglichkeiten bietet und sie lieber nach Nürnberg gefahren wäre, da es dort „lebendiger" gewesen wäre. Sie grenzt damit die virtuelle Tour stark von einem Besuch und einer Tour vor Ort ab. Gründe dafür werden in der wahrgenommenen Anonymität der eigenen Person und der anderen Tourteilnehmerinnen und -teilnehmer, der Statik des Bildes sowie dem Gewicht der VR-Brille gesehen.

4.3 Fallvergleich

Durch den Vergleich der Interviews fällt auf, dass beide Interviewpartnerinnen das Gewicht der VR-Brille als Störfaktor empfanden, der es ihnen erschwerte, sich durchgehend auf das Tourgeschehen zu konzentrieren.

Beide gehen außerdem darauf ein, dass sie bzgl. der Interaktion mit den anderen Teilnehmerinnen und Teilnehmern der Tour zurückhaltend gewesen seien. Greta war sich unsicher, ob sie die anderen, ebenfalls mediatisierten Personen ansprechen könne, und Hanna verweist auf den unpersönlichen Charakter der Darstellung. Hier zeigt sich, wie die Übertragung des Tourgeschehens vor Ort in den digitalen Raum an ihre Grenzen stößt.

Besonders in Erinnerung geblieben sind sowohl Hanna als auch Greta die Ansichten der Zeppelintribüne und des Zeppelinfeldes. Dies sind die einzigen Ansichten während der gesamten Tour, bei denen die NS-Symbolik stark eingearbeitet wurden. So sind Hakenkreuzflaggen wie das goldene Hakenkreuz über der Haupttribüne zu sehen. Letzteres wurde 1945 nach Kriegsende von der US-amerikanischen Armee gesprengt, in der digitalen Rekonstruktion aber an seiner ursprünglichen Stelle abgebildet. Möglicherweise hat der Einsatz der Symbole dazu geführt, dass diese Ansicht die Teilnehmerinnen besonders geprägt haben. Greta berichtete bzgl. der Darstellung sogar von einem „Schauer", Hanna empfand den Vergleich des gegenwärtigen und geplanten Zustandes als „faszinierend".

Beide haben außerdem den Guide als angenehm und seine Erzählung als interessant empfunden. Die Beschreibung der Inhalte der Tour sind bei Beiden jedoch oberflächlich und gehen nur selten ins Detail.

Am deutlichsten unterscheiden sich Gretas und Hannas Ausführungen durch die Wahrnehmung der visuellen Darstellung als „realistisch" (Greta) und „statisch" (Hanna). Hier zeigt sich, wie individuell die Wahrnehmung des digitalen Raums ist.

Die Frage danach, wie sehr sie das Gefühl hatten, sich während der Tour auf dem Reichsparteitagsgelände zu befinden, beantworteten Beide unterschiedlich: Während Greta eine sieben angab, nannte Hanna eine vier bis fünf. Das führen beide auf die visuelle Darstellung zurück, die sie beide jedoch unterschiedlich bewertet haben.

Insgesamt zeichnet sich die Erfahrung von Greta damit durch das Gefühl aus, bei einer Tour dabei gewesen zu sein, während sich genau dieses Gefühl bei Hanna nicht eingestellt hat.

5. Zusammenführung und Ausblick: Geschichte im digitalen Wandel?

Ausgehend von der Frage des Sammelbandes nach dem digitalen Wandel von Geschichtskultur wurde in diesem Beitrag die digitale *Blickwinkeltour* als Beispiel dieses Wandels untersucht und dabei der Fokus auf die Rezeption gelegt. Die Rekonstruktion von geplanter NS-Architektur macht es möglich, eine Vorstellung davon zu bekommen, wie die Gebäude gestaltet werden sollten und bieten Anlass für die Auseinandersetzung mit der Geschichte und Gegenwart des Nationalsozialismus. Genutzt wurde für diesen Zugang das Medium *Virtual Reality (VR)*, hier verstanden als Zusammenschluss verschiedener visueller, auditiver, text- und videobasierte Technologien in einer dreidimensionalen computergenerierten Umgebung. Über VR werden Erfahrungen von Geschichte im digitalen Raum ermöglicht, die sich durch das Zusammenspiel der menschlichen (Guide, Teilnehmerinnen und Teilnehmer) sowie technischen Akteurinnen und Akteuren (digitaler Raum, HMD, Controller) ergeben.

Durch die Annäherung über fokussierte Interviews war es möglich, die individuellen Wahrnehmungen und Deutungen zu erfassen. Es fiel auf, dass die Erfahrung der digitalen Tour häufig in Abgrenzung zu den Vorerfahrungen der Teilnehmerinnen und Teilnehmer mit gewöhnlichen Touren konstruiert wurde. Jedoch waren die wenigen Ausführungen zum Thema der Tour sehr reproduzierend, wodurch es schwierig möglich ist, die Geschichtsvorstellungen (Imaginationen) zu greifen. Dies kann z. B. im Leitfaden begründet sein, weswegen dieser eine Überprüfung und Anpassung erfahren wird. Dennoch haben die Interviews Rückschlüsse auf die Wahrnehmung der digitalen Tour zugelassen, die dazu beitragen, das Phänomen geschichtsbezogener VR besser greifen zu können.

Für die Durchführung von Touren in VR lassen sich außerdem praktische Implikationen ableiten. Als Störfaktor lassen sich anhand der beiden Interviews das Gewicht der VR-Brillen ausmachen, das über die Zeit hinweg die Konzentration erschwerte. Für eine Durchführung von lang dauernden Touren scheinen daher leichtere VR-Brillen notwendig, damit diese keine Ablenkung darstellen. Die nicht individualisierbaren Avatare führten dazu, dass eine starke Trennung von der eigenen Person erfolgte und keine Wahrnehmung als Avatar. Beide Interviewpartnerinnen sprachen außerdem den fehlenden Austausch während und nach der Tour an. Dieser wurde auf Unsicherheiten sowohl der technischen Umsetzbarkeit als auch bzgl. des Ansprechens anderer unbekannter Personen zurückgeführt. Insgesamt werden damit v. a. technische Rahmenbedingungen angesprochen, die sich auf das persönliche Empfinden des Tourgeschehens als ‚real' auswirken. Die digitale Tour bietet damit in den Augen der interviewten Teilnehmerinnen die Möglichkeit, das Reichsparteitagsgelände anders kennenzulernen, als es vor Ort möglich ist, was jedoch mit sozialen Einschränkungen verbunden ist.

Die Erfahrung von Geschichte im digitalen Raum muss damit aufgrund der medialen Eigenlogiken von VR anders gedacht werden als vor Ort. Das rein digitale Angebot der *Blickwinkeltour* machte es möglich, sich den Erfahrungen von Teilnehmer*innen exemplarisch anzunähern. Da mittlerweile die ursprünglich geplante Bus-VR-Tour über das Gelände stattfinden kann, würde ein Vergleich der beiden Tourformen über Interviews weitere Aufschlüsse darüber geben, wie Geschichte im digitalen Raum erfahren wird.

Literatur

BARSCH, Sebastian (2016): Die Qualitative Inhaltsanalyse als Methode der geschichtsdidaktischen Forschung. In: Thünemann, Holger/Zülsdorf-Kersting, Meik (Hg.): Methoden geschichtsdidaktischer Unterrichtsforschung (Geschichtsunterricht erforschen; Bd. 5). Schwalbach/Ts., S. 206–228.

BUCHNER, Josef/Aretz, Diane (2020): Lernen mit immersiver Virtual Reality: Didaktisches Design und Lessons Learned. In: MedienPädagogik, 2020/17, S. 195–216.

BUNNENBERG, Christian (2020): Mittendrin im historischen Geschehen? Immersive digitale Medien (Augmented Reality, Virtual Reality, 360°-Film) in der Geschichtskultur und Perspektiven für den Geschichtsunterricht. In: gfh geschichte für heute 2020/4, S. 45–58.

BUNNENBERG, Christian (2021): Das Ende der historischen Imagination? Geschichte in immersiven digitalen Medien (Virtual Reality und 360°-Film). In: Deile, Lars/van Norden, Jörg/Riedel, Peter (Hg.): Brennpunkte heutigen Geschichtsunterrichts. Joachim Rohlfes zum 90. Geburtstag (Wochenschau Wissenschaft). Frankfurt/M., S. 174–179.

COELHO, Carlos/Tichon, Jennifer/Hine, Trevor J. (2006): Media Presence and Inner Presence: The Sense of Presence in Virtual Reality Technologies. In: Riva, G./Anguera, M.T./Wiederhold, B.K./Mantovani, F. (Hg.): From Communication to Presence: Cognition, Emotions and Culture towards the Ultimate Communicative Experience (IOS Press). Amsterdam u. a., S. 25–45.

DEILE, Lars (2020): Historische Imagination. In: Barsch, Sebastian/Degner, Bettina/Kühberger, Christoph/Lücke, Martin (Hg.): Handbuch Diversität im Geschichtsunterricht. Inklusive Geschichtsdidaktik (Wochenschau Wissenschaft). Frankfurt/M., S. 223–235.

DEILE, Lars (2022): Dem Historischen auf der Spur. Erfahrung bei Frank Ankersmit. In: van Norden, Jörg/Yildirim, Lale (Hg.): Historische Erfahrung. Frankfurt/M., S. 31–49.

GUNDERMANN, Christine/Brauer, Juliane/Carlà-Uhink, Filippo/Keilbach, Judith/Logge, Thorsten/Morat, Daniel/Peselmann, Arnika/Samida, Stefanie/Schwabe, Astrid/Sénécheau, Miriam (2021): Schlüsselbegriffe der Public History (utb; Nr. 5728). Göttingen.

KERRES, Michael/Mulders, Miriam/Buchner, Josef (2022): Virtuelle Realität: Immersion als Erlebnisdimension beim Lernen mit visuellen Informationen. In: MedienPädagogik, 2022/47, S. 312–330.

KEUNEKE, Susanne (2017): Qualitatives Interview. In: Flick, Uwe/Kardorff, Ernst von/Steinke, Ines (Hg.): Qualitative Forschung. Ein Handbuch (Rororo Rowohlts Enzyklopädie; Bd. 55628). Reinbek bei Hamburg, S. 302–312.

KNOCH, Habbo (2021): Das KZ als virtuelle Wirklichkeit. Digitale Raumbilder des Holocaust und die Grenzen ihrer Wahrheit. In: Geschichte und Gesellschaft, 2021/47, S. 90–121.

KUCHLER, Christian (2021): Lernort Auschwitz. Geschichte und Rezeption schulischer Gedenkstättenfahrten 1980–2019. Göttingen.

KUCKARTZ, Udo/Rädiker, Stefan (2022): Qualitative Inhaltsanalyse. Methoden, Praxis, Computerunterstützung. Weinheim.

LEWERS, Elena (2022): Durch Raum und Zeit? Medienkritische Auseinandersetzung mit Virtual Reality im Geschichtsunterricht. In: Medienimpulse, 2: Ästhetisch-künstlerische Auseinandersetzungen mit digitalen Medien im Schulunterricht. DOI: https://doi.org/10.21243/mi-02-22-20.

LEWERS, Elena/Frentzel-Beyme, Lea (2023): Und was kommt nach der Zeitreise? Eine empirische Untersuchung des ‚Auftauchens' aus geschichtsbezogener Virtual Reality. In: MedienPädagogik, 2023/51, S. 402–429.

NACHTIGALL, Valentina/Yek, Selina/Lewers, Elena/Brunnenberg, Christian/Rummel, Nikol (2022): Fostering cognitive strategies for learning with 360° videos in history education contexts. In: Unterrichtswissenschaft, 2022/4, S. 615–638.

OSWALT, Vadim (2012): Imagination im Historischen Lernen. In: Barricelli, Michele/Lücke, Martin (Hg.): Handbuch Praxis des Geschichtsunterrichts (Wochenschau Geschichte). Schwalbach/Ts., 121–135.

PRZYBORSKI, Aglaja/Wohlrab-Sahr, Monika (2014): Qualitative Sozialforschung. Ein Arbeitsbuch (Lehr- und Handbücher der Soziologie). München.

SCHMITZ-ZERRES, Sabrina/Sobich, Frank (2022): Über das Verhältnis von Erlebnis, Erfahrung und Reflexion. In: van Norden, Jörg/Yildirim, Lale (Hg.): Historische Erfahrung (Wochenschau Geschichte). Frankfurt/M., S. 21–24.

SCHULZ-HAGELEIT, Peter (2022): Erfahrungen in Prozessen der Objektivation und der Kommunikation. In: van Norden, Jörg/Yildirim, Lale (Hg.): Historische Erfahrung (Wochenschau Geschichte). Frankfurt/M., S. 12–20.

SLATER, Mel/Wilbur, Sylvia (1997): A Framework for Immersive Virtual Environments (FIVE): Speculations on the Role of Presence in Virtual Environments. In: Presence: Teleoperators & Virtual Environments, 1997/6, S. 603–616.

VAN NORDEN, Jörg (2022): Erfahrung und Widererfahrnis. Versuche zu einer epistemologischen Historizität. In: van Norden, Jörg/Yildirim, Lale (Hg.): Historische Erfahrung (Wochenschau Geschichte). Frankfurt/M., S. 67–84.

VÖLKEL, Bärbel (2022): Historische Erfahrungen im Spannungsfeld von historischer Sinnbildung, Erfahrungswandel und präsenter Geschichte. In: van Norden, Jörg/Yildirim, Lale (Hg.): Historische Erfahrung (Wochenschau Geschichte). Frankfurt/M., S. 50–66.

Referenzierte VR-Anwendungen

ZDF (2017): Gladiatoren im Kolosseum. Eine 3D-Zeitreise ins Jahr 80 n. Chr. https://vr.zdf.de/gladiatoren/ [abgerufen am 20.7.2023].

LANDESMUSEUM WÜRTTEMBERG: VR-Reise ins Mittelalter. https://www.landesmuseum-stuttgart.de/ausstellungen/vr-reise-ins-mittelalter [abgerufen am 20.7.2023].

A4VR GMBH: Schumann VR https://www.schumannvr.com/ [abgerufen am 20.7.2023].

Historische Lern- und Lehrmittel im digitalen Wandel?

RAINER LUPSCHINA

Änderungen in der Praxis der Materialentwicklung

Die Nutzung der digitalen Plattform Bedrohte-Ordnungen-lernen.de zur Prüfung fachdidaktischer Konzepte

1. Kontext und Zugang

An Schulgeschichtsbücher werden mit gewisser Regelmäßigkeit Forderungen zu ihrer Modifikation gestellt (z. B. von Borries 2008, Gautschi 2010, Thünemann 2019), die jedoch mit der gleichen Regelmäßigkeit keine Berücksichtigung finden. Schulgeschichtsbücher halten Forschungsdiskussionen aus. Es ist dabei allerdings nicht zu beobachten, dass Diskurse nicht wahrgenommen würden oder keine Aufmerksamkeit bekämen (u. a. Sauer 2020). Zwar mag es kaum unverrückbare fachdidaktische Entscheidungen in der konzeptionellen Ausrichtung von Verlagsmaterialien geben, doch gewichtiger scheint zu sein, dass auf dem Feld der Schulbuchpublikationen Zwänge bestehen, die Änderungen nicht so ohne Weiteres zulassen (dazu Sauer 2016). Es besteht eine scheinbar kaum aufzulösende Unvereinbarkeit der letztgültigen Interessen von Akteuren aus Politik, Wirtschaft, Gesellschaft sowie Schule und Wissenschaft, also von politischen Normen, Produktionsbedingungen, gesellschaftlichen Erwartungen sowie Unterrichtakzeptanz und fachlichen Ansprüchen. Eine Folge ist, dass sich unter diesen Gegebenheiten (moderate) Impulse meist nur in den Dekadenabständen der Bildungsplanneuerungen niederschlagen. Angesichts dieser Ausgangslage mit dem engen Bezug auf Potenzial und Probleme der Nutzbarkeit von Schulgeschichtsbücher „bedarf es dringend innovativer Interventionsforschung" (Thünemann 2018, 31).

Ein Beitrag zur Abhilfe könnten Maßnahmen sein, die die Praxistauglichkeit von aus der Theorie entwickelten Ideen relativ unkompliziert und in einer gewissen Breite nachzuweisen vermag, und dann darüber hinaus allen Interessierten Zugang zu diesen Materialien umgehend gewährt. Schulbücher werden aufgrund von Potenzialanalysen, nicht aufgrund von Evidenzen publiziert. Angesichts der sich selbst beschleunigenden Veränderungen der Kommunikationsweise in einer digitalen Welt sollen die Entwicklungspotenziale für Lernmaterialien unter einer digitalen Umgebung thematisiert werden, mit der konkreter evidenzbezogen argumentiert werden kann. Es geht in diesem Beitrag um die Behandlung der zweiteiligen Frage: *Wie können neue Materialkonzepte praxisnah, also unter den Unterrichtsbedingungen in einer Schule, erprobt werden? Und wie können diese Materialkonzepte in kurzen Taktungen geprüft, modifiziert und wieder in die Praxis zurückgespielt werden?*

Der Modus der Realisierung unter Einhaltung empirischer Standards ist eine eigens konzipierte digitale Plattform, über deren effiziente Strukturen eine rasche Umsetzung ermöglicht werden soll. Die ersten Schritte dieses empirisch-pragmatischen Anliegens sind fachdidaktisch orientiert am historischen Basiskonzept der *Bedrohten Ordnungen* und am geschichtstheoretischen Prinzip der Kontingenz.

Im ersten Abschnitt wird vorgestellt, welche technischen Erfordernisse angenommen wurden, um Material in einem beschleunigten, praxisnahen Prüfzyklus' entwickeln zu können. Ein zweiter Abschnitt widmet sich dem Erkenntnismodell der *Bedrohten Ordnungen*. Dieses Modell wird als Basiskonzept aufgefasst, mit dem sich historisches Denken unterrichtsmethodisch strukturieren lässt (Kühberger 2016). Der darauffolgende Abschnitt vertieft einen zentralen Aspekt der *Bedrohten Ordnungen*, die Kontingenz. Die Erläuterungen sollen zeigen, wie dieses Prinzip für junge Lernende didaktisch nutzbar gemacht werden kann (vgl. Demandt 2011; Bernhardt 2020). Im abschließenden Teil wird die Materialanlage auf der Plattform nochmals im Unterschied zu den verbreiteten Konzepten konkretisiert. Im Zentrum steht dabei die instrumentelle und dramaturgische Funktion des Wissens.

Insgesamt sollen diese der Praxis verpflichteten Ausführungen ein Bild davon vermitteln, wie aktuelle geschichtsdidaktische und geschichtstheoretische Überlegungen durch eine digitale Arbeitsumgebung in ein empirisch begleitetes und als Ausgangspunkt für ein formatives Feedback im Unterricht verwendbares Lehr- und Lernsetting überführt werden könnten.

2. Die Genese der Plattform

Die digitale Plattform *Bedrohte-Ordnungen-lernen.de* ist ein Projekt des Sonderforschungsbereichs *Bedrohte Ordnungen* an der Universität Tübingen. Als Teil der Wissenschaftskommunikation sollte sie dazu beitragen, die Erkenntnisse und das Modell der *Bedrohten Ordnungen* auch jenseits der Wissenschaft bekannt zu machen und zu verbreiten.

Für den Aufbau einer Plattform stellte sich ganz zu Beginn die Frage, in welcher Weise die technischen Bedingungen die möglichen Lehr-Lern-Szena-

rien determinieren und inwiefern die anvisierte (fach-)didaktische Ausrichtung umsetzbar wird. Drei Grundsatzentscheidungen musste der Programmierer dabei berücksichtigen:
1. Die Plattform sollte die Gestaltung von Lernmodulen zu unterschiedlichen Lernkonzepten ermöglichen.
2. Die Lernmodule sollten einfach und ressourcenschonend redaktionell bearbeitbar sein.
3. Die Lernergebnisse sollten online verfügbar sein und so eine andere Unterrichtskommunikation ermöglichen.

Zur ersten Grundentscheidung – Lernkonzepte: Ein Ziel der Plattformgestaltung war es, ganz verschiedenartige Lernmodule mit unterschiedlichen didaktischen Settings in die Plattform einpflegen zu können. Voraussetzung dafür war ein Konzept, das eine bausteinartige Zusammenstellung unterschiedlicher technischer Elemente erlaubte. Die Aufgaben sollten nicht vom engen Korsett eines eng definierten Layouts abhängig sein, da dies didaktische Ideen unverhältnismäßig präfiguriert hätte. Von Bedeutung war es, ein ‚Rahmendesign' zu besitzen, in dem (interaktive) Elemente (Texte, Bilder, Filme, Graphic Organizer, Slider, …) nach Bedarf zusammengestellt werden konnten. Neben diesen bekannten Basisformaten sind es vor allem interaktive Elemente, die einen Unterschied zu traditionellen Medien bei der Lernprozessgestaltung ausmachen. Gerade in einer digitalen Lernumgebung, die ein hohes Maß an Selbständigkeit erfordert, können (interaktive) Aufgaben mit ausreichend großen Entscheidungsspielräumen oder mit einem mehrfach gestuften Feedback einen Lernprozess voranbringen. Interaktive Elemente in offenen, halboffenen und geschlossenen Formaten können lernförderliche Funktionen dann erfüllen, wenn lernpsychologische und epistemische Standards eingehalten werden. Die Leistungsdiagnostik entwickelte dahingehend bereits konkrete Anforderungen. Auch für den Einsatz bei nicht testorientierten Lernaufgaben liegt die „… große Kunst […] nun darin, auch geschlossene Testitems so zu konstruieren, dass möglichst gut komplexe und vernetzte Wissensstrukturen geprüft werden können." (vgl. Maier 2015, 48; auch Trautwein 2017).

Zur zweiten Grundsatzentscheidung – Redaktion: Aus Sicht von Autorinnen und Autoren ist ein technisches System sinnvoll, das unabhängig von informationstechnischen Fachkenntnissen erlaubt, Module zu implementieren und bei Bedarf zu modifizieren. Damit wurden die Voraussetzungen dafür geschaffen, Erkenntnisse aus der Erprobungspraxis ohne Verzögerung aufzunehmen und so weiterentwickelte Modulversionen unmittelbar wieder bereitzustellen.

Technisch geschieht das durch die Programmierung eines Backend-Interfaces, das die Redakteure mit ein wenig Einarbeitung selbst bedienen können. Zur dritten Grundsatzentscheidung – Unterrichtskommunikation: Hier galt es das Problem zu lösen, dass der Lehrkraft Ergebnisse von Lernenden auf der Lernplattform zur Verfügung stehen und ein Austausch über Arbeitsergebnisse stattfinden kann. Hierfür wurde eine Login-Area für Lehrkräfte und für Lernende entwickelt, Lehrkräfte verwalten dort ihre Module, ihre Klassen und ihre Schülerinnen und Schüler. Für die Lernenden werden in ihren Accounts automatisiert all ihre Lernergebnisse (Texte, interaktive Aufgaben bis hin zu Textmarkierungen) gespeichert. In der Login-Area wird der Lehrkraftaccount technisch mit der Ebene jedes einzelnen Lernenden der angelegten Klassen verknüpft. So können die Lehrkräfte (und im Untersuchungsumfeld auch die Forschenden) Lernleistungen in Echtzeit einsehen und sich mit den Lernenden austauschen. Diese Verbindung auf kommunikativer Ebene ist Voraussetzung für die unmittelbare Verfügbarkeit von Arbeitsergebnissen, womit die Grundbedingung für eine ökonomische Auswertung der Lernergebnisse und für eine empirienahe Weiterentwicklung von Aufgabenformaten erfüllt werden. Auch ist mit diesem Verwaltungsbereich die Absicht verbunden, umständliche Medienbrüche zu vermeiden, und so die Plattform auch über einen längeren Unterrichtseinsatz hinweg zu einem vergleichsweise einfach zu organisierenden digitalen Lernort für ganze Klassen zu machen.

Zusammengefasst betrachtet, bietet eine derart technisch organisierte Plattform die Möglichkeit, sich mit geringeren Ressourcen von zeitlich aufwändigen Produktionszyklen unabhängig zu machen, dem etwa Schulbücher unterliegen, und damit eine permanente und kostengünstigere Materialentwicklung voranzutreiben. Der einfache technische Zugriff auf die Zusammenstellung der Materialkomponenten und die unmittelbare Verfügbarkeit der Lernergebnisse verschaffen den Autorinnen und Autoren und den Lehrkräften eine empirische Grundlage, um den Praxiswert von Aufgaben und Lernkonzepten zu bestimmen oder mit einer empirisch gestützten Diagnostik auf die Performanzen von Lernenden zu reagieren.

3. Das Konzept der *Bedrohten Ordnungen*

Ein zentrales Anliegen der digitalen Plattform *Bedrohte-Ordnungen-Lernen.de* ist die Vermittlung von Forschungserkenntnissen für eine schulische Öffentlichkeit. Der SfB *Bedrohte Ordnungen* entwickelte in drei Forschungsphasen ein Erkenntnismodell, dessen Kernanliegen die Historisierung aktueller Krisendiagnosen ist.

Die Lernmodule der Plattform folgen in ihrer didaktischen Struktur diesem Modell.

Ein Ausgangspunkt der Forschungsbemühungen war die Beobachtung, dass der Begriff der ‚Krise' für die vergleichende Analyse historischer Situationen kaum nutzbar ist. Angesichts aktueller politischer Lagen werden konfliktbehaftete Ereignisse medial sehr schnell als ‚Krisen' bezeichnet. Diese meist auf öffentliche Wirkung zielende Verwendung greift nicht auf einen aus der Geschichte abgeleiteten Deutungsmodus zurück, mit dem Dimensionen einer Krise zu erfassen wären. Der Begriff der Krise unterliegt also einer weitgehend willkürlichen Verwendung für komplexe Vorgänge (Graf 2017, 1) und ist damit für eine vergleichende Methodik wenig hilfreich.

Um dennoch vergleichbare Voraussetzungen für eine geeignete Gegenüberstellung von ‚Krisen' zu erreichen, wurde im Forschungsprojekt zunächst ein gemeinsamer Bezugsrahmen entworfen. Als Grundlage dient eine Weiterentwicklung des Konzeptes der Ordnung. Ordnung wird als ein „Gefüge von Elementen' definiert, ‚die in einem bestimmten Verhältnis zueinander stehen und soziale Gruppen oder ganze Gesellschaften strukturieren'. Die Ordnung wird im Handeln hervorgebracht, bestätigt und/oder modifiziert. Sie besteht über eine gewisse Zeitdauer hinweg, kanalisiert daher Handlungsoptionen, stabilisiert Verhaltenserwartungen und etabliert Routinen" (Frie/Meier 2014, 2). Für analytische Zwecke wird diese Ordnung vom forschenden Betrachter gesetzt. Damit wird vermieden, dass Akteursperspektiven vom rückblickenden Beobachter übernommen werden; denn epistemisch betrachtet sind „[a]ußerhalb eines durch einen Beobachter präzisierten Zeitrahmens, Ausschnittes und thematischen Fokus […] Fragen nach Wandel und Kontinuität gar nicht zu beantworten." (Frie/Nieswand 2017, 8).

MOBILISIERUNG

DIAGNOSE ⟷ **PRAXIS**

REFLEXION

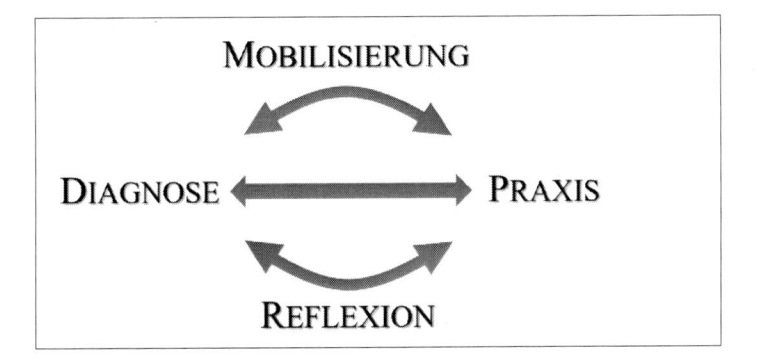

Abb. 1: Prozessmodell *Bedrohte Ordnungen* (eigene Darstellung)

Das spezifische Forschungsinteresse an einer Ordnung wird dann geweckt, wenn sich eine konstitutive Gruppe aus ihr angehalten sieht, eine Bedrohung explizit in den Mittelpunkt ihres Diskurses zu rücken (Diagnose: Was bedroht uns?). Krisen sind also dann der vergleichenden Untersuchung wert, wenn die Bedrohungen „Selbstalarmierungen aus den Ordnungen heraus" sind (Frie/Nieswand 2017, 7). Der Beginn der Bedrohung ist damit recht genau zu identifizieren. Eine Bedrohungskommunikation wird dann dominant, wenn sich die bisherigen Erfahrungen im Umgang mit Veränderungen zunehmend als untauglich erweisen. Es scheint nicht mehr auszureichen, die eigene Ordnung und damit ggf. das eigene Überleben wegen des hohen Veränderungsdrucks mit den bislang genutzten Möglichkeiten zu sichern. Damit wird ein Prozess angestoßen, in dem darum gerungen wird, welche Maßnahmen zur Überwindung ergriffen werden sollen (Bewältigungspraxis: Was tun wir?) und welche Mittel verfügbar sind bzw. man einzusetzen bereit ist, um dieser Lage zu entkommen (Ressourcen: Was brauchen wir?). Die Antworten auf diese Fragen verweisen auf Machtstrukturen, deren Bestand unsicher ist. Das Selbstverständnis der Akteure wird angesichts dessen neu ausgehandelt. Es wird darüber nachgedacht, wohin für sie der Weg führen soll bzw. wer sie künftig sein wollen (Reflexion: Wer sind wir?). Diese Momente eines Veränderungsprozesses, die nicht in einer linearen Abfolge zu betrachten sind, bedingen sich wechselseitig. Sie können immer wieder neu angestoßen werden und einen neuen Möglichkeitsraum eröffnen.

Die vier Leitfragen geben die Grundlinien des Erkenntnismodells wieder. Sie erlauben eine didaktische Konkretisierung der Bedrohungssituationen für die Module der digitalen Plattform. Die Ausführungen zu den *Bedrohten Ordnungen* machen die permanenten Bemühungen um eine Lösung deutlich, die stets geprägt sind von einerseits Hoffnung auf Erfolg und andererseits Furcht vor dem Misserfolg. Die Ungewissheit über die unmittelbare Zukunft (Kontingenz) wird besonders in den Momenten von Entscheidungen greifbar. Aus diesen geschichtstheoretischen Erwägungen heraus wurde Kontingenz im Konzept der Plattform in den Mittelpunkt der Lernformate gestellt.

4. Kontingenz als fachdidaktischer Ansatz

In der Geschichtsdidaktik darf es als Konsens gelten, dass junge Lernende sich im Geschichtsunterricht mit geschichtstheoretischen Konzepten auseinandersetzen sollten, um eine reflektierte Vorstellung davon zu erhalten, wie historische Erkenntnisse zustande kommen. In diesem Zusammenhang wird der geschichtsdidaktischen Kategorie der Kontingenz ein besonderer Stellenwert beigemessen (Bernhardt 2020, Thünemann 2019, 81–88.). Es wird in diesem Abschnitt der Versuch unternommen, Kontingenz in einer eng praxisbezogenen Weise als didaktisches Mittel zu modellieren.

Die Überlegungen zum fachdidaktischen Potential der Kontingenz nimmt die Ungewissheiten einer bevorstehenden Zukunft als Ausgangspunkt für historische Betrachtungen. Erst durch die Einsicht, dass vergangene Zukünfte keineswegs vorbestimmt waren, sondern dass sich deren jeweilige Richtung durch Fehleinschätzungen und Zufälle unversehens ändern konnten, werden andere Verläufe überhaupt erst denkbar und damit für einen Deutungshorizont nutzbar. Es sind diese epistemischen Vorannahmen, die es Lernenden ermöglicht, Ursache-Folgen-Beziehungen (völlig) anders zu betrachten und weitergehende Überlegungen zu Plausibilitäten anzustellen (Bernhardt 2020, 138 f.).

Obwohl mit guten Gründen dieser geschichtstheoretische Ansatz als ein zentraler Zugang zum historischen Lernen hervorgehoben wird, wurde sein methodisches Potenzial noch nicht durch Schulgeschichtsbücher aufgegriffen (Thünemann 2019, 85–88). Ein Grund dürfte darin bestehen, dass es für die Nutzung der Kontingenz ein gehöriges Maß an historischer Vorstellungskraft bedarf, was jungen Lernenden kaum abzuverlangen ist. Diese skeptische Position verknüpft die Kontingenz in der Fachwissenschaft eng mit der erheblich weitergehenden Idee der kontrafaktisch erzählten Geschichte (Evans 2014). An elaborierten Beispielen aus der Geschichtswissenschaft (Nonn u. a. 2017, Demandt 2010) lässt sich erkennen, dass tiefgehende Kenntnisse der historischen Gegebenheiten nötig sind, um mit methodischer Strenge plausible alternative Verläufe entwerfen zu können. Würden ähnliche Anforderungen in diesem didaktischen Rohzustand in eine Lernaufgabe überführt, wäre eine Überforderung von Lernenden sicherlich vorbestimmt. Zu überlegen ist demnach, wie das Prinzip der Kontingenz didaktisch so gestaltet werden kann, dass es bei den Lernenden auch einen leistbaren Erkenntnisprozess anregt. Im Folgenden wird in engem Bezug auf das Modell der *Bedrohten Ordnungen* eine didaktische Gestaltung vorgenommen, die eine spezifische Ausprägung der Kontingenz (Entscheidungssituationen) in Verbindung bringt mit der lernpsychologischen Dimension der Urteilsbildung.

Geschichte verläuft keineswegs stringent. Historischer Wandel, gerade in bedrohlicher Zeit, ändert Richtung und Geschwindigkeit oft abrupt und unvorhergesehen. An solchen Knickpunkten zeigt sich das Momentum der Kontingenz besonders deutlich (Demandt 2011, 25–28). Nur retrospektiv erscheint eine Entwicklung in der Art zwingend, dass am Scheidepunkt eines Weges kein Handlungsspielraum mehr zur Verfügung gestanden hätte. Im engen Kontext einer konkreten Situation lassen sich übersehene Möglichkeiten, verworfene Pläne und unerreichte Ziele ausmachen, die eine andere damalige Zukunft hätten bedeuten können. Historisch Handelnde in die Verantwortung zu nehmen, heißt, sie an ihren realisierbaren Alternativen zu messen. In diesen Augenblicken der Entscheidung wird Kontingenz konkret sichtbar und didaktisch erforderlich.

Die Kontingenz im Konzept der Plattform *Bedrohte Ordnungen* wird in den Vordergrund des Lernprozesses gestellt, indem die historische Situation derart didaktisch aufbereitet wird, dass die Perspektive der Lernenden nicht der Perspektive der historischen Akteure vorgreift. In der Regel wissen sie also noch nicht mehr als die zeitgenössischen Akteure. Damit verlieren sie die scheinbare Überlegenheit der Retrospektive, was bedeutet, es wird das historische Urteil nicht vom Wissen um das tatsächliche folgende Geschehen beeinflusst. Stattdessen werden Lernenden die Optionen, die in einer authentisch historischen Situation tatsächlich zur Diskussion standen, selbst unterbreitet. Sie benennen im Lernverlauf zunächst ihr eigenes Verständnis einer Handlungsoption ohne Kenntnis des tatsächlichen Ausgangs und dessen Auswirkungen. Bei diesem Verfahren liegt damit der Fokus auf der Deutung der Bedingungen, unter denen eine Entscheidung zustande kam, und nicht auf deren Folgen, die rückblickend als Maßstab für eine Beurteilung herangezogen werden (könnten). Angenommen wird, dass die Lernenden eher denkbare Konsequenzen berücksichtigen, bevor sie ihre eigenen Schlüsse ziehen. Diagnostik und Prognostik fallen für den Lernenden demnach analytisch genauso zusammen, wie sie für die historischen Akteure zusammenfielen. Die Konvergenz der beiden Perspektiven (Frie/Nieswand 2017, 6) trägt für die historischen Novizen dazu bei, zu erkennen, dass historische Verläufe nicht alleinig auf Entscheidungen von Personen beruhten und zwangsläufig jene Ergebnisse induzierten, zu denen sie führten. Diese Aufgabenanlage soll deutlich machen, dass historische Verläufe einer ganzen Reihe von Einflüssen unterliegen, die nicht ohne Weiteres kontrollierbar sind, oder Auswirkungen hatten, die nicht vorhersehbar waren.

Damit Lernende verbindlich Position beziehen und sich damit einen Zugang zu einer Deutung verschaffen, greifen wir im operativen Verlauf von Aufgaben auf die Grundlagen der psychologischen Urteilsbildung zurück, wie sie Christian Winklhöfer dargestellt hat. Bei der Betrachtung dessen, wie eine Entscheidung entsteht, hat er nochmals darauf hingewiesen, dass der methodische Dreischritt der Beschreibung, Analyse und der Beurteilung nur ein typisiertes Modell ist. Der Alltag folgt diesem Muster nicht zwangsläufig (Winklhöfer 2021, 6 f. u. 20 f.). Der Hinweis, das übliche Entscheidungsverfahren wäre das „erfahrungsbasierte Spontanurteil" (Winklhöfer 2021, 31), das zunächst mithilfe impliziter Annahmen geäußert wird, lässt sich für Aufgabenkonstruktionen nutzen. Dieser Ablauf einer Beurteilung funktioniert in einer Aufgabenfolge dann, so die Annahme, wenn die Lernende bei einer entsprechenden Quellenauswahl, die selbst eine Entscheidungssituation wiedergibt, sukzessive an diese Lage herangeführt werden. Sie funktioniert dann, wenn es ihnen ermöglicht wird, diese Entscheidung in dieser Konstellation auch selbst explizit zu treffen. Intendiert ist, dass Schülerinnen und Schüler mit ihren Erfahrungen, ihren Vorstellungen und ihren Einschätzungen sich auf die Sachlage einlassen (dürfen). Die konkrete Differenz zwischen vorab getroffener eigener Entscheidung und historischer Wirklichkeit soll dann den Deutungsraum eines begründeten Urteils eröffnen. Diese Form der Erkenntnisgewinnung und Reflexion eigenen simulativen Handelns ist für handlungsorientierte Lehrformen vielfach begründet und untersucht worden (siehe u. a. Völkel 2012).

Doch allein das Entscheidungsverfahren auf seinen Ausgangspunkt zurückzuführen, reicht noch nicht aus, um sich eines Ereignisses diskursiv anzunehmen. Offensichtlich entspinnt sich unter Lernenden dann eine pointierte Auseinandersetzung, so unsere ersten explorativen Beobachtungen in Pilotklassen, wenn Entscheidungsfragen trotz einer Abstraktheit des Themas im Verständnishorizont der Lernenden verbleiben. Für ihre Orientierung sind dichotomische Konstellationen hilfreich, wenn also der Entscheidungsspielraum in einer existenziellen Bedrohung zwischen zwei Polen verortet wird (vgl. Ammerer 2022a, 322).

Erst nach einer konkreten und eindeutigen Positionierung setzen die Lernenden sich mit den Argumenten der Zeitgenossen auseinander, weiterhin ohne Kenntnis der damaligen Konsequenzen. So werden eigene Überlegungen konkreter mit historischen Entwicklungen in Zusammenhang gebracht und damit für Geschichtsnovizen eher diskutierbar.

Konkret wird anhand von zwei Beispielen aus den Modulen der Lernplattform vorgestellt, wie Kontingenz in einem didaktischen Setting praktisch integriert werden kann. Zentral erscheinen zusammengefasst diese vier Aspekte:
- geeignete authentisch historische Entscheidungssituation;
- altersangemessene (dichotomische) Entscheidungsfragen: (hier: „Gefangenenaustausch" – Ja oder Nein, „Ungehinderter Abzug" – Ja oder Nein?);
- individuelle, verbindliche Stellungnahme vorab;
- perspektivische Auseinandersetzung und Reflexion des Erkenntnisprozesses unter Einbezug des tatsächlichen Verlaufes.

Erstes Modulbeispiel (Kl. 7/8): „Die Belagerung von Wien 1683." Im Verlauf des Moduls setzen sich die Lernenden mit einem Angebot des türkischen Belagerers und Heerführers Mustafa Kari auseinander. Er stellt freies Geleit bzw.

Unversehrtheit in Aussicht, wenn ihm die Stadt kampflos übergeben werde, andernfalls würde Wien gestürmt werden. Anstatt nur von der Antwortnote der Wiener Bevölkerung zu erfahren, fassen die Lernenden selbst einen Beschluss. Sie wägen das Für und Wider schriftlich gegeneinander ab, was einer Triftigkeitsprüfung der Quelle entspricht. Auch hier geht es darum, erkennen zu lassen, dass es nicht um richtig oder falsch geht, sondern darum, eine eigene plausible und historisch denkbare Position zu beziehen, um so einen Ausgangspunkt für eine eigene Deutung von Ursache und Wirkung zu erhalten.

Zweites Modulbeispiel (Kl. 9/10): „Deutschen Herbst 1977." Hier sah sich die Bundesregierung um Kanzler Schmidt mit der Forderung aus den Reihen der Angehörigen konfrontiert, Hanns-Martin Schleyer gegen die RAF-Gefangenen austauschen. Die Brisanz der Forderung, die mit einem immensen Druck über die öffentlichen Medien einherging, wird auf der Plattform nur kurz vorgestellt. Es ist eine authentische Situation, die rückblickend eine faktische Auflösung besitzt. Ohne Kenntnis um die Antwort der Bundesregierung treffen die Lernenden zuerst eine eigene Entscheidung, visuell unterstützt durch einen Slider. Damit benennen die Lernenden selbst einen Referenzpunkt, auf den sie später wieder Bezug nehmen können. So dürfte auch vermieden werden, dass der wirkliche historische Verlauf im Nachhinein als naheliegend angesehen wird und damit verzerrend wirkt.

In einem weiteren Arbeitsschritt erfahren die Lernenden, dass die Regierung Schmidt den Austausch verweigert hatte, woraufhin ihn die Angehörigen über das Bundesverfassungsgericht einklagten. Die perspektivische Auseinandersetzung mit den Argumenten erfolgt anhand des Antrags der Angehörigen und der Stellungnahme der Bundesregierung (siehe Abb. 2 u. 3).

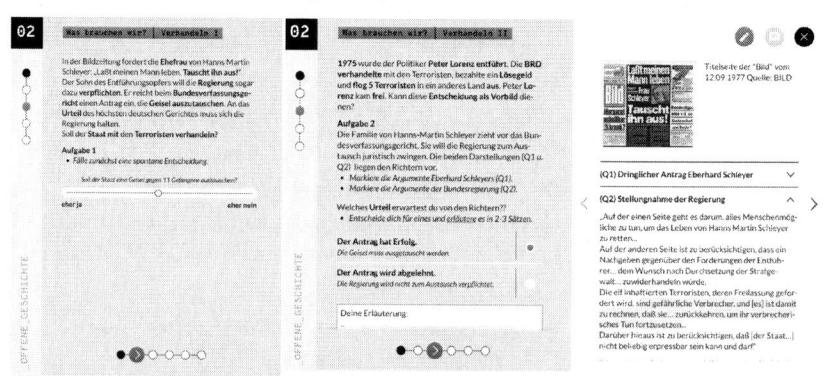

Abb 2. u. 3: Screenshots Lernmodul „Deutscher Herbst 1977" (https://bedrohte-ordnungen-lernen.de/deutscher-herbst-1 Baustein 2, Arbeitsschritt 2)

In der Rolle eines Richters des BVG fällen die Lernenden auf dieser Grundlage, aber ohne Kenntnis des Fortgangs, also der tatsächlich gefällten Gerichtsentscheidung, ein eigenes, schriftlich auszuformulierendes Urteil. Erst danach wird die Begründung des BVG als Reflexionstext herangezogen. Die Erfahrung, dass die Gerichtsentscheidung durchaus auch anders hätte ausfallen und damit die Geschichte auch anders hätte verlaufen können, soll helfen, die eigene Argumentation als bedeutend und plausibel wahrzunehmen.

5. Der Umgang mit historischem Wissen

Dass historische Kenntnisse und Kompetenzorientierung eng miteinander verknüpft sind und sich wechselseitig beeinflussen, ist geschichtsdidaktisches Grundwissen (vgl. Kühberger 2012). Die Ausbildung von historischen Kompetenzen ohne faktische Grundlage ist nicht denkbar, und historisches Faktenwissen allein begründet kein historisches Denken. Was aber immer aufs Neue einer Diskussion standhalten muss, ist der jeweilige Anteil und die Art der Verknüpfung beider Größen durch geeignete Wissensmodelle (Meyer-Hamme 2022). Es darf davon ausgegangen werden, dass die Gestaltung von Lernmaterial und dass nicht minderbedeutend die grundlegend veränderten Darstellungsmodi über die Digitalisierung (Kerres 2017, 87–92) den Prozess des historischen Lernens präfigurieren. Wie sind historisches Wissen und Aufgaben im Lernkonzept der Plattform aufeinander bezogen?

Die Wissensbasis, so die gängige Praxis, wird für den Unterricht im Klassenzimmer als ein eigener Text bereitgestellt, der auf die Bearbeitung der nachfolgenden Aufgaben vorbereitet. Wie aber lässt sich eine Textform so gestalten, dass sie historische Kontingenz und das Erkenntnismodells der *Bedrohten Ordnungen* ebenso fördern kann wie ein reflektiertes historisches Lernen?

Ungeeignet hierfür ist der Verfassertext, wie er überall als fester Bestand eines Schulgeschichtsbuchs zu finden ist (grundsätzlich dazu Schönemann/Thünemann 2010, 84–86; Sauer/Schumann 2020, 381–383; Kühberger/Nitsche 2018). Er dominiert nicht nur durch seinen Umfang innerhalb eines Kapitels, sondern er unterstreicht auch durch seine Machart ein bestimmtes Verständnis von historischem Lernen. Nach Sauer (2016) läge die wichtigste Funktion der Verfassertexte darin, den Lernenden zuerst eine historische Orientierung zur Verfügung zu stellen, die als Ausgangspunkt der anschließenden Materialbearbeitung diene. Angesichts der Produktionsbedingungen (Platz, Formatvorgaben, Veröffentlichungsdruck) des Mediums sei es schwierig, hier eine Balance zwischen „Sachadäquatheit und Adressatenorientierung" zu finden.

Doch obwohl nichts gegen diese Zielsetzungen spricht, sind die Verfassertexte teils beträchtlicher Kritik ausgesetzt (Kühberger 2012; Kühberger/Nitsche 2018; Jansen 2021). Kritisiert wird, dass sie nicht nur das epistemische Potenzial, das die Texte in einer konkreten Auseinandersetzung böten, didaktisch nicht ausschöpfen, sondern dass sie es darüber hinaus sogar verbergen. Die meisten Schulbuchtexte zeigten sich nämlich den Lernenden als auktoriale Erzählungen ohne Multiperspektivität und kontroverse Deutungen, womit sie die geschichtstheoretischen Grundlagen konterkarieren, die den Lernenden eigentlich vermittelt werden sollten. Weder würde sprachlich transparent, wie Geschichte funktioniere, noch würde die heuristische Vorgehensweise klar bzw. gäbe es Hinweise auf die Referenztexte, die den Ausführungen zugrunde liegen. Verfassertexte erweckten damit den Eindruck der Unantastbarkeit, obwohl das mit Bestimmtheit nicht intendiert sein dürfte.

Diese fachlichen, epistemischen und sprachlichen Anforderungen aus den aktuellen Diskussionen, die an Verfassertexte allesamt gleichzeitig gestellt werden, sind schwierig einzulösen. Allerdings ist darauf zu verweisen, dass der Verfassertext nur eines von mehreren Elementen im Gesamtkonzept eines Unterrichts sei und die fachlichen Anforderungen nur im Zusammenspiel aller Komponenten (Material, Aufgaben, Darstellung, Paratexte) betrachtet werden sollten. Dennoch, die Vorstellungen dessen, was ein Text für Lernende zu leisten hätte, könnten gegensätzlicher kaum sein. Der Unterschied ist elementarer Natur. Gefordert wird daher folgerichtig, die „[…] traditionellen Zugänge der Geschichtsschulbücher, aber auch festgefahrene Lehr-Lern-Modelle zu hinterfragen" (Kühberger/Nitsche 2018, 158). Mit dem Konzept der Lernplattform *Bedrohte Ordnungen* wird diese Kritik aufgenommen und eine Möglichkeit vorgestellt, fachliches und epistemisches Lernen integral zu betrachten.

Die Informationstexte auf der Plattform *Bedrohte Ordnungen* sind deshalb grundlegend anders gestaltet als Verfassertexte in Schulgeschichtsbüchern. Anhand der ‚Auftakttexte' zu Beginn eines jeden Bausteins und anhand der ‚Aufgaben(-texte)' in den einzelnen Arbeitsschritten soll das Konzept in den Grundzügen aufgezeigt werden.

Die einzelnen Module auf der Plattform sind entlang der erkenntnistheoretischen Fragen des Modells der *Bedrohten Ordnungen* in Bausteinen strukturiert. Die Bausteine wiederum sind in Arbeitsschritte, und die Arbeitsschritte dann in Aufgaben unterteilt. Die ‚Auftakttexte' übernehmen in dieser Baustein-Architektur neben der Bereitstellung situativen ‚Arbeitswissens' vorwiegend eine didaktische und eine dramaturgische Funktion. Sie nehmen in jedem Baustein den historisch-chronologischen Verlauf des Geschehens auf, verbinden die Erzählperspektive mit der Perspektive der Lernenden (Perspektivenkonvergenz) und führen sie an die Entscheidungssituation heran. Dabei wird mit den erzähltechnischen Mitteln des Hörspiels (Wechsel von Distanz und Nähe, bildhafte Sprache, räumliche und zeitliche Zoom-Ins sowie Tempowechsel) gearbeitet (dazu Preger 2019), um die Lernenden auch emotional an die Geschichte zu binden (grundlegend Ammerer 2022a). Ziel ist es, zu Beginn jeden Bausteins eine erzählerische Spannung zu schaffen, die eine Konzeptfrage aus dem Erkenntnismodell der *Bedrohten Ordnungen* trägt.

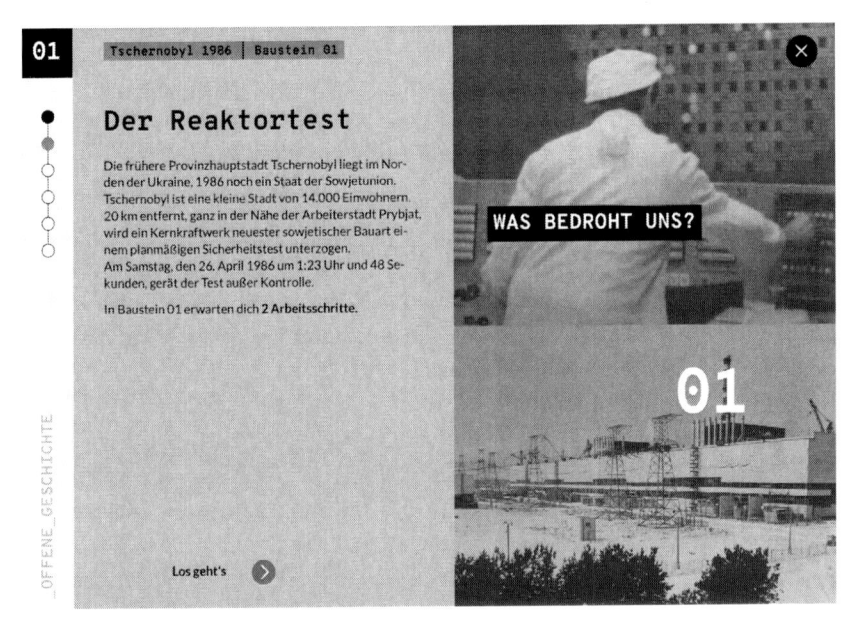

Abb. 4: Screenshot Lernmodul „Tschernobyl" (https://bedrohte-ordnungen-lernen.de/deutscher-herbst-1 Baustein 1, Auftakttext)

Das Risiko, die Gefährdung und das Wagnis haben nicht inhaltlich, aber heuristisch betrachtet, vorhersehbare Konsequenzen. Sie ziehen stets ähnliche Fragen nach sich: Was ist passiert? Warum geschah es? Welche Folgen hat dies? Diese Fragen liegen für Lernende auf der Hand. Es sind transferfähige, an Konzepten orientierte Arbeitsfragen, die ein ausreichend konkretes Ziel für die Analyse der anschließenden Quellenbearbeitung enthalten. Das ist deswegen relevant, weil Arbeitsfragen trotz Fragekompetenz im Zuge der Standardisierung durch Operatoren geradezu aus den Lernmaterialien verschwunden sind. Operatoren werden auch nach nunmehr jahrelanger Einforderung nicht nur regelmäßig unsachgemäß eingesetzt (Thünemann 2019, 89 f.; Bramann 2020, 178–186), sondern leiten auch bei einer isolierten Verwendung angesichts ihrer Unschärfe fachliche Operationen nur bedingt an (Köster 2018, 49–52).

Insgesamt betrachtet wird damit über den Erarbeitungsprozess (die einzelnen Bausteine) hinweg eine Verlaufsspannung erzeugt, die über 4–5 Höhepunkte verfügt und Schülerinnen und Schüler, so die Absicht, immer wieder neu dazu anregt, über Gefahrensituationen, mit denen sie ganz grundsätzlich aus ihrer Erlebniswelt vertraut sein dürften, neu nachzudenken. Gleichzeitig wird über alle Bausteine hinweg eine Geschichte entwickelt, die die Lernenden sich selbst erschließen und selbst konstruieren. Während ein Auftakttext die Geschichte immer wieder anstößt, bearbeiten die Lernenden die aufeinanderfolgenden Aufgaben und entwickeln dabei ihre Konstruktion der Geschichte gewissermaßen weiter. Durch dieses Verfahren werden sie zu Co-Autorinnen und Co-Autoren einer Geschichte, die vor ihren Augen und erst mit ihrem Zutun entsteht. Es bilden sich innerhalb des Klassenverbandes demnach eine ganze Reihe unterschiedlicher (Teil-)Geschichten, die in einem Vergleich deutlich machen, nach welchen Prinzipien Geschichte zustande kommt und die deutlich machen, dass mehrere unterschiedliche, methodisch geprüfte Geschichten gleichwertig nebeneinanderstehen können (Pluralität).

Neben der sukzessiven Kontextualisierung über die Auftakttexte der Bausteine unterscheidet sich die Bereitstellung von Inhalten gegenüber einem Schulbuch auch dadurch, dass konkretes Wissen zur Bearbeitung von Aufgaben erst zum Zeitpunkt ihrer Bearbeitung vermittelt wird. Aufgaben gelten als Dreh- und Angelpunkt bei der Initiierung und Strukturierung fachlicher Lern- und Denkprozesse. Sie erschöpfen sich nicht in einer Aufgabenformulierung (Arbeitsauftrag), sondern sind eine eigenständige, komplexe Textsorte, deren Potenzial sich erst in der geschickten Verknüpfung aller Bestandteile (Informations-, Lösungs-, Aufforderungs-, Unterstützungsteil) und ggf. der Bezugstexte zeigt (Darstellung, Quellen) (zuletzt umfassend Köster 2021, 38–42). Lernende erhalten für eine Bearbeitung eine konkrete Vorstellung darüber, welche Leistung in welcher Hinsicht zu erbringen ist. Die Hinweise, die dafür zu geben sind, beziehen sich nicht nur auf ein inhaltliches Grundverständnis, sondern es sind Hinweise über Ziel und Zweck einer Aufgabe. Darunter fallen Hilfestellungen, die die zu erwartende Antwort transparent machen, die das Warum des Vorgehens (epistemischer Hintergrund) und die sprachlichen Erwartungen verdeutlichen.

Angesichts dieser zusätzlichen kognitiven Anforderungen ist die Frage nach den Grad der Kontextualisierung zentral, die für die Aufgabenbearbeitung sinnvoll erscheint. Die Plattform *Bedrohte Ordnungen* verlangt kein umfassendes Kontextwissen, das zuerst aufwändig erarbeitet und eingehend beherrscht werden müsste. Stattdessen wird pro Arbeitsschritt das jeweils benötigte ‚Arbeitswissen' bereitgestellt. Mit dem Vorschlag des ‚Arbeitswissens' wurde dem Wissen im Zuge der Neuausrichtung des historischen Lernens eine konkretere Funktion zugedacht. Arbeitswissen dient demnach nicht einer umfänglichen Einbettung des historischen Geschehens (zu verknüpfendes Faktenwissen) rund um ein Thema, sondern es dient ausschließlich der Bewerkstelligung eines in einer Aufgabe unmittelbar vorliegenden historischen Problems. Insofern ist Arbeitswissen „anlassbezogen und hat instrumentellen Charakter" (Kühberger 2016, 95). Die Aneignung dieses Wissens nimmt im Gegensatz zu den meisten Geschichtsstunden folglich kaum Zeit ein und das bedeutet letztlich eine kognitive Entlastung zugunsten von Kapazitäten für komplexeres Denken. Um zu zeigen, wie Arbeitswissen und epistemisches Wissen um die Lösung der Aufgabe durch einen Aufgabentext auf der Plattform realisiert werden, werden zwei Beispiele vorgestellt.

Das erste Beispiel stammt aus dem Modul: „Deutscher Herbst 1977". Der Aufgabentext führt die Lernenden nahe an ein historisches Ereignis heran und benennt die strukturellen Bedingungen eines Handelns. An dieser Stelle wird eine Beurteilung der Fernsehansprache verlangt.

„Der Bundeskanzler 1977 heißt Helmut Schmidt (SPD). Er übernimmt persönlich das Krisenmanagement. Scheitert Schmidt, muss er vermutlich zurücktreten. Am Abend des Attentats richtet er sich in einer Fernsehansprache an die Bevölkerung. Es geht darum, ob die Öffentlichkeit ihm die Aufgabe zutraut. Was denkst du? Wie kam die Rede bei der Bevölkerung an?"

Das zweite Beispiel ist aus dem Modul „Die Pest" entnommen. Der Aufgabentext fokussiert die Besonderheiten der Bedrohung durch Seuchen und die Wahrnehmung bzw. die unmittelbaren Reaktionen der Bevölkerung.

„Keine Seuche ist wie die andere. Sie unterscheiden sich besonders darin, wie gefährlich sie sind. Die Quellen geben dir Auskunft darüber, worauf die Angst vor der Pest beruht und warum die Menschen die Pest leugnen. Je deutlicher es für dich wird, was die Menschen damals fürchteten, desto leichter verstehst du ihr Verhalten."

Beide Beispiele enthalten Angaben, die bei jungen Lernenden ein historisches Urteil konkret anbahnen (dürften). Es geht hier darum, die Sinnhaftigkeit einer konkreten Deutung zu erkennen, eine Alterität zu ermöglichen und an die eigenen Präkonzepte anzuknüpfen. Dazu wird explizit angegeben, welche Bedeutung die Akteure ihrem Handeln beimaßen, um den Lernenden eine Vorstellung von der Dimension ihres Handelns vor dem spezifischen zeitlichen Hintergrund zu geben. Zudem gibt es epistemische Hinweise, um das konzeptionelle Verständnis von politischer Kommunikation bzw. Krankheiten der Lernende anzusprechen und zu rahmen.

6. Fazit und Ausblick

Auf den vergangenen Seiten wurden die technische und die fachdidaktische Ausrichtung der digitalen Lernplattform *Bedrohte Ordnungen* in den Grundzügen vorgestellt. Die Ausgangsfrage des Artikels nahm in den Blick, inwiefern eine Digitalisierung von Lernmaterial historisches Lernen verändern und damit ggf. neue Lehr-Lernkonzepte etablieren kann. Angenommen wurde, dass für Lehrkräfte und für Lernende gleichermaßen das Schulgeschichtsbuch ungebrochen der Dreh- und Angelpunkt im Geschichtsunterricht ist. Damit und mit seinem verhältnismäßig einheitlichen Konzept prägt es die Art des historischen Lernens (unverhältnismäßig). Zwar mangelt es an einer Rezeptionsforschung, die die Vermutungen aus der Praxissicht bestätigen, allerdings gibt es eine Reihe von Analysen, die letztlich anregen, neue Lehr-Lernkonzepte auf den Weg zu bringen.

Ein Grund der statischen Verhältnisse liegt mehr oder minder offensichtlich an der Trägheit des Buchmediums mit seinen langen Produktionszyklen. Die Klage, dass aktuelle geschichtsdidaktische Überlegungen kaum Eingang in die Praxis finden, hat auch dort seinen Ausgangspunkt. Die hier dargestellten Zugänge und Entwicklungslinien setzen an dieser Theorie-Praxis-Lücke an. Mit den didaktisch ausgerichteten, technischen Funktionen der Plattform kann man sich dieser Aufgabe konkret annehmen. Die Arbeitsergebnisse sind unmittelbar verfügbar und die Materialien können relativ einfach überarbeitet und angepasst werden. Das wiederum beschleunigt den Überarbeitungszyklus (vgl. Gautschi 2010, 134) von empirischer Validierung, theoretischer Überprüfung und erneuter praktischer Modellierung erheblich (Auswertungsökonomie). Dabei lässt sich die Wirksamkeit von Aufgabenformaten überprüfen, die sich an anderen fachdidaktischen Schwerpunkten wie der Kontingenz ausrichten. Dies ist ein neues Arbeitsfeld, das sich mit der Digitalisierung – wie hier behandelt – abstecken lässt.

Ein zweites Arbeitsfeld ist konkret auf die Unterrichtspraxis bezogen. Die nun ermöglichte synchrone Kommunikation zwischen Lernenden und Lerncoach, der Zugang zu allen Arbeitsergebnissen bzw. der Austausch über sie, erlauben eine neue Form des Geschichtsunterrichts, der sich besonders mit Blick auf den bislang notwendigen organisatorischen Aufwand an einem nun praktikablen formativen Feedback ausrichten kann.

Insgesamt wurde eine digitale Umgebung geschaffen, mit der bedeutend leichter durch den direkten Datenaustausch Anwendungsforschung und Materialentwicklung betrieben werden kann. Es ist möglich und beabsichtigt, unterschiedliche didaktische Fragen in das Zentrum von anwendungsnahen Untersuchungen zu stellen. In Zusammenarbeit mit Fachdidaktiken anderer Hochschulen werden bereits Module entwickelt, die spezifisch zugeschnittene Forschungsinteressen bedienen, die ohne Digitalisierung nicht durchführbar wären. Darunter auch die Frage nach der Akzeptanz und Handhabbarkeit der Plattform bei allen Akteuren im umfassenderen Praxiseinsatz.

Literatur

AMMERER, Heinrich (2022a): Geschichtsunterricht vor der Frage nach dem Sinn: Geschichts(unter)bewusstsein und die Optionen eines sinnzentrierten Unterrichts. Frankfurt/M.

AMMERER, Heinrich (2022b): Konzepte historischen Denkens und ihre Entwicklungslogik: eine Studie zur Genese historischer Verständnishorizonte. Frankfurt/M.

BERNHARDT, Markus (2020): „Historia magistra vitae? Zum Gegenwarts- und Zukunftsbezug des Geschichtsunterrichts". In: Sandkühler, Thomas/Bernhardt, Markus (Hg.): Sprache(n) des Geschichtsunterrichts: sprachliche Vielfalt und historisches Lernen, Beihefte zur Zeitschrift für Geschichtsdidaktik, Band 21. Göttingen, S. 131–142.

BERNHARDT, Markus/Bunnenberg, Christian (2015): Alter Wein in neuen Schläuchen oder Aufbruch zu neuen Ufern? Kritische Überlegungen zu einem ‚digitalen Schulgeschichtsbuch' am Beginn des 21. Jahrhunderts. In: Buchberger, Wolfgang/Kühberger, Christoph/Stuhlberger, Christoph (Hg.): Nutzung digitaler Medien im Geschichtsunterricht. Innsbruck.

BORRIES, Bodo von (2008): Historisch denken lernen – Welterschließung statt Epochenüberblick: Geschichte als Unterrichtsfach und Bildungsaufgabe. Studien zur Bildungsgangforschung, Bd. 21. Budrich.

BRAMANN, Christoph (2020): (Fach)sprachbildende Schulbuchaufgaben im Kontext einer Aufgabenkultur historischen Lernens erforschen. In: Sandkühler, Thomas/Bernhardt, Markus (Hg.): Sprache(n) des Geschichtsunterrichts: sprachliche Vielfalt und historisches Lernen. Beihefte zur Zeitschrift für Geschichtsdidaktik, Band 21. Göttingen, S. 165–187.

DEMANDT, Alexander (2010): Es hätte auch anders kommen können: Wendepunkte deutscher Geschichte. 2. Auflage. Berlin.

DEMANDT, Alexander (2011): Ungeschehene Geschichte: ein Traktat über die Frage: Was wäre geschehen, wenn ...? Neuausg. Göttingen.

EVANS, Richard J. (2014): Veränderte Vergangenheiten: über kontrafaktisches Erzählen in der Geschichte. München.

FRIE, Ewald/Meier, Mischa (2014): Bedrohte Ordnungen. Gesellschaften unter Stress im Vergleich. In: Frie, Ewald/Meier, Mischa (Hg.): Aufruhr, Katastrophe, Konkurrenz, Zerfall: bedrohte Ordnungen als Thema der Kulturwissenschaften. Tübingen, S. 1–27.

FRIE, Ewald/Meier, Mischa (Hg.) (2014): Aufruhr, Katastrophe, Konkurrenz, Zerfall: bedrohte Ordnungen als Thema der Kulturwissenschaften. Tübingen.

FRIE, Ewald/Nieswand, Boris (2017): Zwölf Thesen zur Begründung eines Forschungsbereiches. „Bedrohte Ordnungen" als Thema der Kulturwissenschaften. In: Journal of Modern European History 15. S. 5–15.

GAUTSCHI, Peter (2010): Anforderungen an heutige und künftige Schulgeschichtsbücher. In: Beiträge zur Lehrerbildung 28, 1, S. 125–137.

GRAF, Rüdiger/Jarausch, Konrad H. (2017): 'Crisis' in Contemporary History and Historiography. Docupedia-Zeitgeschichte. 27.3.2017, https://doi.org/10.14765/ZZF.DOK.2.789.V1.

HANDRO, Saskia (2019): Historisches Erzählen (lehren) lernen. Potential ‚Sprachsensiblen Geschichtsunterrichts'. In: Schreiber, Waltraud/Ziegler, Béatrice/Kühberger, Christoph (Hg.): Geschichtsdidaktischer Zwischenhalt: Beiträge aus der Tagung „Kompetent machen für ein Leben in, mit und durch Geschichte" in Eichstätt vom November 20. Münster New/York, S. 128–135.

JANSEN, Johannes (2021): Wie Geschichtsschulbücher erzählen: Narratologische, transtextuelle und didaktische Perspektiven. Beiträge zur Geschichtskultur 44. Köln.

KERRES, Michael (2017): Digitalisierung als Herausforderung für die Medienpädagogik: ‚Bildung in einer digital geprägten Welt'. In: Fischer, Christian (Hg.): Pädagogischer Mehrwert? Digitale Medien in Schule und Unterricht. Münster/New York, S. 85–103.

KÖSTER, Juliane (^{2}2018): Aufgaben im Deutschunterricht: wirksame Lernangebote und Erfolgskontrollen. Seelze.

KÖSTER, Manuel (2021): Aufgabenkultur im Geschichtsunterricht. Methoden historischen Lernens. Frankfurt/M.

KÜHBERGER, Christoph (2012a): Konzeptionelles Wissen als besondere Grundlage für das historische Lernen. In: Kühberger, Christoph (Hg.): Historisches Wissen: geschichtsdidaktische Erkundung zu Art, Tiefe und Umfang für das historische Lernen. Schwalbach/Ts., S. 33–74.

KÜHBERGER, Christoph (Hg.) (2012b): Historisches Wissen: geschichtsdidaktische Erkundung zu Art, Tiefe und Umfang für das historische Lernen. Forum Historisches Lernen. Schwalbach/Ts.

KÜHBERGER, Christoph (2012c): Die Darstellung des Faschismus und Nationalsozialismus in deutschen, österreichischen und italienischen Schulbüchern. In: Gehler, Michael/Guiotto, Maddalena/Scharlemann, Imke (Hg.): Italien, Österreich und die Bundesrepublik Deutschland in Europa: ein Dreiecksverhältnis in seinen wechselseitigen Beziehungen und Wahrnehmungen von 1945/49 bis zur Gegenwart, Historische Forschungen 8. Wien, S. 339–51.

KÜHBERGER, Christoph (2016): Historisches Wissen – verschiedene Formen seiner Strukturiertheit und der Wert von Basiskonzepten. In: Hasberg, Wolfgang/Thünemann, Holger (Hg.): Geschichtsdidaktik in der Diskussion: Grundlagen und Perspektiven. Geschichtsdidaktik diskursiv – Public History und Historisches Denken 1. Frankfurt/M., S. 91–108.

KÜHBERGER, Christoph/Nitsche, Martin (2018): Historische Narrationen wagen – mit Schüler*innen Vergangenheit re-konstruieren. In: Auge, Oliver/Göllnitz, Martin (Hg.): Landesgeschichte an der Schule: Stand und Perspektiven. Landesgeschichte 2. Ostfildern, S. 153–83.

MAIER, Uwe (2015): Leistungsdiagnostik in Schule und Unterricht: Schülerleistungen messen, bewerten und fördern. Bad Heilbrunn.

MEYER-HAMME, Johannes (2022): Schülerwissen in der geschichtsdidaktischen Forschung. In: Weißeno, Georg/Ziegler, Béatrice (Hg.): Handbuch Geschichts- und Politikdidaktik. Wiesbaden, S. 235–249.

NONN, Christoph/Winnerling, Tobias (Hg.) (2017): Eine andere deutsche Geschichte 1517–2017: was wäre wenn. Paderborn.

PREGER, Sven (2019): Geschichten erzählen: Storytelling für Radio und Podcast. Journalistische Praxis. Wiesbaden.

SAUER, Michael (2016): Schulgeschichtsbücher. Herstellung, Konzepte, Unterrichtseinsatz. In: Geschichte in Wissenschaft und Unterricht 9/10, Konjunkturen des Mittelalters. S. 588–603.

SAUER, Michael/Schumann, Jana (2020): Schulbücher sprachsensibel gestalten. Perspektiven der Schulbuchkonzeption. In: Sandkühler, Thomas/Bernhardt, Markus (Hg.): Sprache(n) des Geschichtsunterrichts: sprachliche Vielfalt und historisches Lernen. Beihefte zur Zeitschrift für Geschichtsdidaktik 21. Göttingen, S. 375–395.

SCHÖNEMANN, Bernd/Thünemann, Holger (2010): Schulbucharbeit: das Geschichtslehrbuch in der Unterrichtspraxis. Methoden historischen Lernens. Schwalbach/Ts.

THÜNEMANN, Holger (2010): Geschichtsunterricht ohne Geschichte? Überlegungen und empirische Befunde zu historischen Fragen im Geschichtsunterricht und im Schulgeschichtsbuch. In: Handro, Saskia/Schönemann, Bernd (Hg.): Geschichte und Sprache. Zeitgeschichte – Zeitverständnis 21. Berlin/Münster, S. 49–60.

THÜNEMANN, Holger (2018): Historisch Denken lernen mit Schulbüchern? Forschungsstand und Forschungsperspektiven. In: Bramann, Christoph/Kühberger, Christoph/Bernhard, Roland (2018): Historisch Denken lernen mit Schulbüchern. Frankfurt/M., S. 17–36.

THÜNEMANN, Holger (2019): Zwischen analogen Traditionen und digitalem Wandel. Lernen und Lehren mit Geschichtsschulbüchern im 21. Jahrhundert. In: Kühberger, Christoph/Bernhard, Roland/Bramann, Christoph (Hg.): Das Geschichtsschulbuch: Lehren – Lernen – Forschen. Salzburger Beiträge zur Lehrer/innen/bildung 6. Münster/New York, S. 81–96.

TRAUTWEIN, Ulrich u.a. (Hg.) (2017): Kompetenzen historischen Denkens erfassen: Konzeption, Operationalisierung und Befunde des Projekts „Historical Thinking – Competencies in History" (HiTCH). Münster/New York.

VÖLKEL, Barbara (^{3}2012): Handlungsorientierung im Geschichtsunterricht. Schwalbach/Ts.

WINKLHÖFER, Christian (2021): Urteilsbildung im Geschichtsunterricht. Kleine Reihe – Geschichte Didaktik und Methodik. Frankfurt/M.

MARCUS VENTZKE

Unterrichtliche Kommunikation mithilfe digitaler Lehr- und Lernmittel

Auf dem Weg vom multimedialen Contentmangement zu adaptiven Lehr- und Lernsystemen

1. Einleitung

Die Gestaltung von Schule und Unterricht findet im Kontext des datengetriebenen digitalen Umbruchs der Gegenwart statt (Floridi 2015). Dabei wird deutlich, dass digitale Innovationen jeweils unter dem Aspekt ihrer Wirkungen auf andere Bereiche des Gesamtsystems Schule implementiert und kontrolliert werden müssen (Ventzke u. a. 2016, 121–128). Digitalisierung mit dem Ziel der Digitalität ist nicht die Fortsetzung oder punktuelle Erweiterung der analogen Schule mit informationstechnischen Mitteln, sondern ein umfassender Veränderungsprozess, der nicht nur die Oberflächenstrukturen von Zeit-, Raum-, Personal- und Materialplanungen berührt, sondern auch in die Tiefenstrukturen der fachlichen und überfachlichen Arbeitsgewohnheiten, unterrichtlichen Feinsteuerungen und didaktischen Beurteilungskriterien hineinreicht. Digitales Unterrichten inmitten eines digital-medialen Zeitalters ist prinzipiell anders als analoges Unterrichten unter den medialen Bedingungen der „Gutenberg-Galaxis" (McLuhan 1995; Gieseke 1998). Nicht nur Akteure und Medium finden in digitalen Rezeptionskontexten auf neue Weise zusammen, auch die Erwartungen an methodische Möglichkeiten und Analysevielfalt sowie nicht zuletzt die Vorstellungen über den geschichtskulturellen Nutzen der Beschäftigung mit Geschichte werden durch ‚Geschichte in Digitalität' so stark verändert, dass es sinnvoll erscheint, über „eine grundlegende Herausforderung ‚an sich'" zu sprechen (Günther-Arndt 2015, 27 f.). Diese Veränderung wird beispielsweise anhand historischer Narrationen im virtuellen Raum deutlich: Digitale Stadtrekonstruktionen der Antike oder des Mittelalters in der dritten Dimension wahrnehmen zu können, also über einer Szene zu schweben, war nicht nur den Zeitgenossen unmöglich, es ermöglicht eben auch Erkenntnisse über architektonische Beziehungen, Lichtverhältnisse, Bewegungsoptionen oder ästhetische Prägungen seinerzeitiger Menschen, die im besten Sinne vertiefend und erweiternd, auf der Grundlage überlieferter analoger Quellen und Darstellungen aber kaum oder gar nicht zu gewinnen sind. Ähnlich ist wohl die Entstehung neuer Textgenres, etwa von Konstruktions- und Verhaltensregeln in digitalen Spielen, zu bewerten. Diese beziehen sich sehr oft auf Aktivitäten innerhalb solcher digitalen Konstruktionen und stützen sich dabei durchaus auf Quellen. Zugleich transportieren sie jedoch die fiktionalen Regeln des Spielsettings, das so nur in der digitalen Welt existiert. Diese Materialien können somit ebenfalls historische Erkenntnisse fördern, lassen sich in bestehende Quellen- oder Darstellungsgenres jedoch kaum sinnvoll einordnen.[1]

Nachfolgend soll daher, ausgehend von den Änderungen in der digitalen Gegenwart, auf Medien, Lernende, Unterricht und Schule als Bestimmungsfaktoren einer zukünftigen Schule in Digitalität geschaut werden. Dabei wird am Beispiel des *mBooks* gezeigt, inwiefern neuere digitale Unterrichtsmedien für das Fach Geschichte die Paradigmen des normativen Wandels in der Bildung (Differenzierung, Individualisierung, Inklusion, Multimedialität, Interaktivität, Diversität etc.) mit digitalen Mitteln aufnehmen, orientierend für die Produktion von Unterrichtsmedien wirken und weitere Entwicklungen in den kommenden Jahren beeinflussen können (digitale Diagnostik, Adaptivität etc.).

2. Geschichtsunterricht in der digitalen Transformation

2.1 Medien und Leben im medialen Zeitalter

Der gegenwärtige Geschichtsunterricht bewegt sich inmitten einer Medienwelt, die scheinbar allgegenwärtig ist und über eine Vielfalt an Verbreitungskanälen alle nur denkbaren Themen behandelt. Das trifft auch und gerade auf historische Themen zu. Die Besonderheit der medialen Angebote in der Gegenwart liegt darin, dass sie multimodal und interaktiv sein können (Wildfeuer u. a. 2020; E-Learning Theorien). Mediale Darreichungen wie Texte, Bilder oder Filme sind zunehmend eingebettet in kommunikative Umgebungen und Bearbeitungskontexte, die es Menschen ermöglichen, sich über sie auszutauschen, sie zu rearrangieren, in ihrer Gestalt zu verändern und ohne großen Aufwand in anderen Kontexten weiterzunutzen. So finden beispielsweise Social-Media-Funktionalitäten zum Ausdruck eigener Empfindungen und Sichtweisen zunehmend auch Eingang in die traditionelle Publikationswelt (Rebane 2021). Die Vernetzung

---

1 Vgl. etwa die VR-Inszenierung des Historium Brügge (https://www.youtube.com/watch?v=tTKwSdW__f0: Exploration trailer of the HTC Vive – Historium VR edition, aufgerufen am 27.6.2023.

im digitalen Raum bedeutet, Akteure als Knotenpunkte des Netzes zu sehen, die sowohl als Adressaten wie Urheber medialer Beiträge agieren können und dies auch immer mehr tun. Dabei nehmen sie verschiedene Rollen ein. Auch junge Menschen werden immer mehr als Produzenten und Rezipienten im öffentlichen Raum sichtbar. Und natürlich sind sie Zielgruppe vieler professioneller Akteure und Institutionen aus Ökonomie, Politik und Wissenschaft.

Der Einfluss (sozialer) Medien auf junge Leute ist nicht zu unterschätzen. Sie sind gerade durch Social Media in einem nie gekannten Ausmaß zum Teil öffentlich einsehbarer, weitergetragener und (kreativ) nutzbarer Austauschprozesse geworden. Die multimediale und multimodale Vielfalt der Medienproduktion macht sie zu „Medienleben-Subjekten" (Deuze u. a. 2012; Macgilchrist 2012, 184; Macgilchrist/Bock 2020). Junge Leute entwickeln an und mit (sozialen) Medien einen großen Teil ihrer sozialen Kontakte und Ausdrucksformen sowie Vorstellungen zu wirksamem Agieren und persönlicher Produktivität. Ein erheblicher Teil ihrer Identifikation und Sozialisation ist unmittelbar mit der digitalen Welt verbunden. Das bedeutet nichts anderes als einen Paradigmenwechsel in der Lebensführung. Er besteht darin, dass jüngere Generationen digitale Medien nicht mehr als Option, sondern als Essenz eines selbstgestalteten Lebens ansehen. Die Ablösung des Analogen durch das Digitale bedeutet daher im Bereich der Bildungsmedien an vielen Stellen, dass junge Leute immer weniger das wahrnehmen und akzeptieren, was nicht in zeitgenössischen digitalen Medienformaten daherkommt.

2.2 Geschichte und Öffentlichkeit

Die Entwicklung historischen Denkens ist in den gegenwärtigen westlichen Gesellschaften in ein Umfeld eingebettet, in dem die Beschäftigung mit Vergangenheit und Geschichte nahezu ubiquitär geworden ist. Historische Argumentationen gehören nicht nur zunehmend zum guten Ton bürgerlicher Konversationsfähigkeit, ihre Rolle als persönlichkeitsdefinierende Handlungsbegründung hat neben sozioökonomischen und moralischen Erklärungen zudem deutlich an Anerkennung und dadurch auch an Präsenz gewonnen. Kaum ein öffentlicher Vorgang, der nicht auch eine historische Dimension zu haben oder ihrer zumindest bedürftig zu sein scheint (Bergmann 1993, 209–228; Barricelli/Hornig 2008; Hardtwig/Schug 2009). Dadurch ändert sich auch die Bedeutung von Unterrichtsmedien im Fach Geschichte. Sie sind heute – gewollt oder ungewollt – Teil eines reichhaltigen und oftmals ästhetisch deutlich attraktiveren medialen Gesamtangebots. Dieses besteht aus einer großen Zahl populärer Zeitschriften, historischer Romane, Geschichts-Blogs, Fernsehangebotenen, durchsuchbaren Medienplattformen, Videokanälen, Social-Media-Stories oder VR-Angeboten. Die funktionale Rolle des Schulbuchs als Leitmedium steht daher in Frage, denn Lernende können auch aus vielen anderen, oftmals anspruchsvoll inszenierten Medien etwas über die Vergangenheit erfahren. Seine Bedeutung als verlässliches, weil von Fachleuten erstelltes, (neue) didaktische Konzepte etwa zur Kompetenzorientierung, Differenzierung, Inklusion oder Medienkompetenz realisierendes Medium hat jedoch gerade deshalb erheblich zugenommen. Wenn es digital und multimedial konzipiert und realisiert wird, kann ein schulbezogenes Geschichtsmedium ein wichtiger Orientierungspunkt im Raum der digitalen Öffentlichkeit sein. Denn allein durch seine Existenz lässt sich unter Beweis stellen, dass der digitale Raum eben nicht automatisch in der Gefahr stehen muss, ein Ort politischer Extreme und unzivilisierten Meinungskampfs zu sein. Er kann im Gegenteil sogar ein Ort sein, der fachlich und medial überzeugende Bildungsangebote als sichtbare Anker einer demokratischen Informations- und Bildungskultur verfügbar macht. Die Anschlussfähigkeit schulischer Medien an den digitalen Diskursraum ist daher keine zusätzliche Option, sondern ein über ihren Wert mitentscheidendes Kriterium. Seriöse mediale Angebote und Akteure sollten sich schon deshalb dem Internet aktiv und mit Gestaltungsanspruch zuwenden. Überdies sind digitale Unterrichtsmedien in der Lage, schnell und direkt die Verknüpfung zu anderen Angeboten der öffentlichen Geschichtskultur zu ermöglichen.

2.3 Erwartungen an modernen Geschichtsunterricht und Notwendigkeit digitaler Medien

Als verlässliche Grundlage, auf der die Vielzahl der ‚auf dem Markt' befindlichen und Lernende beeinflussenden historischen Argumentationen prüfbar werden, erlangt ein kohärent strukturiertes, multiperspektivisch ausgerichtetes und methodische Arbeit ermöglichendes digitales Schulbuch eine große Bedeutung (Körber 2023; Körber u. a. 2007; Sochatzy u. a. 2016, 50–64). Ein solches Buch muss für eine differenzierte, fragengeleitete Gewinnung von Erkenntnissen eine Informationsbasis zur Verfügung stellen und die Untersuchung historischer Narrationen, gleich welcher medialen Art und Herkunft, ermöglichen – beide Kriterien rechtfertigen ein Schulbuch als digitales Schulbuch.

Es ist unbestritten, dass die Entwicklung historischer Fähigkeiten und Fertigkeiten, die dazu geeignet sind, die Entwicklung historischen Bewusstseins zu fördern, eines der fundamentalen Ziele modernen Geschichtsunterrichts ist. Nicht nur die fortschreitende Individualisierung von Lebens- und Sichtweisen, denen natürlich historische Perspektivenvielfalt korrespondiert, auch die zunehmenden gesellschaftlichen Spaltungstendenzen und die oftmals mit ihnen einhergehenden Manipulations- und Verhetzungsversuche erfordern ein verstärktes Augenmerk auf die Entwicklung einer eigenständigen historischen Urteilsfähigkeit bei den Lernenden. Dass das gedruckte Geschichtsschulbuch diese Anforderungen immer weniger erfüllen kann, die aufgeführten neuen Standards und Zielsetzungen aber zugleich für unterrichtende Kolleginnen und Kollegen volle Gültigkeit haben, hat die Entwicklung digitaler Unterrichtsmedien immer nachdrücklicher erfordert, weil einerseits der Aufwand zur Erreichung der gesetzten Unterrichtsziele mit analogen Mitteln bei den Lehrenden unvertretbar anstieg und andererseits der Einsatz digitaler Techniken genau dies realistisch erscheinen ließ. Mit der Einführung mobiler digitaler Endgeräte in den Schulen begann somit nach 2007 ein Weg zur Digitalisierung, der sich weniger auf Unternehmensinteressen, denn auf geänderte unterrichtliche Normensetzungen zurückführen lässt. So war und ist unbestreitbar, dass etwa die Anforderungen an differenziertes Lernen nicht für jede Unterrichtsstunde mit der Vorbereitung unterschiedlichster gedruckter Materialangebote und Arbeitsblätter realisiert werden kann, ohne die Lehrenden hoffnungslos zu überlasten, Materialkosten immer weiter ansteigen zu lassen und letztlich auch das Gesamtsystem Schule in einen dysfunktionalen Zustand zu treiben.

2.4 Digitale Techniken und der Paradigmenwechsel Schule

Der digitale Wandel ist disruptiv, rasant und permanent. Er verändert in erstaunlicher Geschwindigkeit das Leben (Baecker 2018). Wenn man daraus den Schluss zieht, dass dieser Wandel an Schule und Unterricht nicht vorbeigehen kann, so bedeutet das anzuerkennen, dass es nicht bei einmaligen Ausrüstungs- oder Veränderungsschritten (Hardware-Ausstattungen durch den Digitalpakt) bleiben kann und wird, wenn man nicht Gefahr laufen will, die Schule zu einem Museum inmitten einer sich ändernden Welt werden zu lassen. Digitale Kompetenz bedeutet, den ständigen Wandel und die sich daraus ergebenden Änderungen anzunehmen, beständig die Chancen und Risiken von Angeboten zu prüfen und sie in die Unterrichtsvollzüge zu integrieren.

Die zurzeit einsetzende Verwendung von sogenannten KI-Angeboten macht dies erneut deutlich, denn die sich daraus ergebenden Gestaltungsherausforderungen sind vielfältig: Wie müssen Aufgabenstellungen in Zukunft ausgerichtet werden, um Lernende tatsächlich zu fördern? Wie muss die Kommunikation mit KI-Angeboten gestaltet sein, um sie in die Unterrichtsvorbereitung und -durchführung einbeziehen zu können? Welche Chancen für Lernende ergeben sich aus KI-beeinflusster Aufgabenbearbeitung für die Förderung zielgerichteter Kommunikation und methodischen Vorgehens bei Lernenden? Wie verändern sich durch KI die Möglichkeiten zur Medienanalyse und eigenständigen Mediengestaltung? Dass neue technische Möglichkeiten fortlaufend auf ihre Potenzen für die Gestaltung didaktischer Prozesse geprüft werden müssen, ist allein schon deshalb sinnvoll und notwendig, weil die analogen unterrichtlichen Arbeitsprozesse an vielen Stellen verbesserungsbedürftig sind. Für begrenzte Analysemöglichkeiten, geringe Materialbreite oder fehlende Möglichkeiten zu einem gestalterischen Umgang mit Materialien können neue digitale Techniken passende Angebote bereitstellen.[2]

2.5 Medienkonvergenz und Unterricht

Unterrichtsplanung, Unterrichtsmedium, unterrichtliche Arbeit sowie die Organisation unterrichtlicher Rahmenbedingungen rücken in einem zunehmend mit digitalen Mitteln stattfindenden Unterricht näher zusammen. Das ist eine Folge der durch die Digitalisierung ausgelösten Medienkonvergenz im unterrichtsmedialen Bereich (Aufenanger u. a. 2013).[3] Diese Konvergenz wirkt auf die Handlungsmöglichkeiten Lehrender wie Lernender gleichermaßen und sie hat zwei Ebenen. Zum einen sind Inhaltsangebote, gleich welchen Mediengenres, über nur noch ein (digitales) Endgerät rezipierbar. Die Ausstattung des Unterrichtsraums und der Akteure mit Fernsehern, Lichtprojektoren, Computern, CD-Geräten, Schulbüchern, Übungsheften, Wandkarten, Bildersammlungen etc. gehört zunehmend der Vergangenheit an. Mit einem Gerät lassen sich alle inhaltlichen Angebote bereitstellen.[4] Zum anderen verfügen die zur Distribution von Materialarrangements genutzten digitalen Systeme (Lernplattformen) auch über ein sich ständig erweiterndes Funktionsangebot zur methodischen Arbeit an diesen Medien und ermöglichen außerdem

---

2   Siehe dazu auch Abschnitt 5 dieses Beitrags. Zu bildungsnahen Möglichkeiten für den Einsatz von virtueller Realität gibt es inzwischen vielerlei Beispiele. Das im Rahmen des BMBF-Wissenschaftsjahrs 2023 geförderte Projekt „Kosmos – die Kraft des Staunens" thematisiert die Entwicklung der menschlichen Gattung unter wechselnden narrativen Ansätzen/Interpretationsmöglichkeiten (Utopie und Dystopie) und widmet sich damit der in diesem Band gestalten Frage nach der Veränderung von Geschichtskultur unter digitalen Bedingungen sehr intensiv (vgl. https://www.spiegelarche.de/bildung.html, aufgerufen am 27.6.2023).
3   Medienkonvergenz wird hier verstanden als Zusammenhang von Hard- und Software.
4   Diese Konvergenz wird z. T. wieder unterlaufen durch die Vielzahl digitaler Materialsammlungen, Lernplattformen und Kursmanagementsysteme, die unterschiedliche Zugangsverfahren benötigen.

arbeitsbezogene Kommunikation (Lernmanagementsysteme). Zudem lassen sich Materialien in einem System nutzergruppenspezifisch ausgeben und miteinander verknüpfen. Es scheint nahezu unnötig zu sagen, dass sich beim Umgang mit solchen Systemen die Unterrichtsaktionen ändern. Das betrifft sowohl die Substanz der Inhalte als auch Interaktionsarten oder Handlungsdauern.[5] Die Untersuchung eines Mediums mit digitalen Mitteln etabliert einen gänzlich anderen (unterrichtlichen) Verfahrenszusammenhang. Zwischen digitalen Handlungsmöglichkeiten und digital aufbereiteten Lerninhalten entsteht eine Interdependenz, die den Kern von Digitalität charakterisiert (Pallaske 2015, 135–147; Alavi 2015, 3–16; Ventzke 2020). Digitale Lehr- und Lernmittel werden von diesem Verfahrenszusammenhang in ihrer Entwicklung wesentlich bestimmt. Eine der zentralen Fragen dabei lautet: Wie kann ein spezifisch digitaler Inhalt mit digitalen Tools bearbeitet werden? Der Konnex von Medium und Nutzung des Mediums lässt sich mit Blick auf Niklas Luhmann als Organisationsform des Mediums bezeichnen (Luhmann ³2004). Diese Organisationsform reicht weit über den Inhalt des Mediums hinaus, denn sie bezieht sich eben auch auf die Art seiner Erstellung, Verbreitung und Nutzung. Im Luhmannschen Sinne kann daher oftmals in der digitalen Welt ein Medium als System betrachtet werden.[6]

2.6 Mediale Vermittlungen und die Entwicklung historischer Vorstellungsfähigkeit

Wie jedes Fach, so geht auch das Fach Geschichte mit spezifischen Herausforderungen um. Eine davon ist das Verhältnis von Geschehnis und Medium, also die mediale ‚Abbildung' der Vergangenheit in Texten, Bildern oder Filmen. Die-

---

5 Hierbei handelt es sich etwa um Handlungsmöglichkeiten, die für analoge Medien nicht bestehen. Vgl. dazu etwa das bei H5P bestehende Angebot an Zuordnungen, Überblendungen, Sequenzierungen, Annotationen etc. Die Besonderheit dieser Angebote liegt indes oftmals nicht in ihrer Funktionalität an sich, sondern darin, dass sie in dichter Folge und ohne den in analoger Form notwendigen Vorbereitungsaufwand im Unterricht nutzbar sind.

6 Diese Betrachtung eröffnet analytisch den Weg zu einem deutlich umfassenderen Medienverständnis: Ein Medium ist eben nicht nur ein statisches Produkt, sondern das Ergebnis mehrerer Prozesse, aus denen es stammt und in die es auch eingebettet bleibt. Digitale Medien lassen sich mit diesem Ansatz gerade in ihrer Differenz zu analogen Medien gut erfassen. Das beginnt bei digitalen Medien mit dem elektronischen Codierungssystems (Binärcode), der es ermöglicht, jedes Mediengenre zu verarbeiten und reicht bis zur netzbasierten Distribution von Inhalten mit ihren spezifischen Zugangsregeln.

se Abbildung besteht immer aus einer Codierung, die semiotischen, stilistischen und technischen Systematiken folgt (Kollmeier 2012). Damit sind zugleich Begrenzungen verbunden, die bei Rezipienten Übersetzungsleistungen verlangen. Deren Erfolg zeigt sich hinsichtlich historischer Kompetenzentwicklung darin, dass Lernende eine (passende) Vorstellung des Geschehens erwerben. Als passend kann diese Vorstellung dann angesehen werden, wenn sie Prinzipien historischen Denkens widerspiegelt. Medien sind im Geschichtsdenken also stets mediale Brücken zur anschaulichen Repräsentation des vergangenen Geschehens. Und sie entstehen durch methodisch geleitete thematische Auseinandersetzungen.

Im analogen Zeitalter lag die mediale Herausforderung darin, die oftmals aus Texten und statischen Bildern bestehende Quellengrundlage zu entschlüsseln. Das traf und trifft bis heute auch oftmals auf Darstellungen zu, die beispielsweise Daten nach gewissen Auswahlkriterien in abstraktere Anordnungen (Tabellen) überführen oder ein dynamisches Geschehen auf statische Erdoberflächendarstellungen (Karten) beziehen. Im Geschichtsunterricht gelingt es nicht immer, einen angemessenen Umgang mit diesen Materialien zu organisieren, weil der Umgang mit ihnen Komplexitätsanforderungen stellt, die nicht leicht zu bewältigen sind. So müssen beispielsweise die Vorstellungskräfte eines Lernenden das in analogen Karten Beschriebene wieder in ein dynamisches Geschehen ‚übersetzen'. Dazu ist es nötig, die oftmals differenzierten Legendeninformationen sowie geographischen Parameter einzubeziehen, zeitliche Dauern und örtliche Ausbreitungen richtig einzuschätzen und weitere das Geschehen betreffende Quellen und Darstellungsinformationen auszuwerten. Die Herausforderungen fokussieren sich beispielsweise in folgenden Fragen: Wie schnell bewegten sich Armeen von einigen Zehntausend Soldaten in der Frühen Neuzeit, im 19. oder 20. Jahrhundert? Konnten solche Einheiten Informationen austauschen? Welchen Eindruck von Landschaften hatten Menschen zu dieser Zeit? Wie ist die Länge und Ausdehnung von Bewegungspfeilen zu interpretieren? Letztlich müssen in diesem Beispiel alle Informationen in eine angemessene, dynamische Vorstellung einer militärischen Kampagne münden. Aus statischen Darstellungen bewegliche Vorstellungen zu machen, ist in der analogen Unterrichtswelt daher eine grundlegende Aufgabe des Lernprozesses. Digitale Darstellungstechniken können manche dieser Herausforderungen in einem komplexitätsreduzierenden Sinne aufgreifen, etwa durch bewegliche, annotierbare und multimediale Kartendarstellungen, die es ermöglichen, Landschaftsbilder/-filme an den passenden Stellen eines örtlichen Geschehens zu integrieren, einzelne Faktoren des Geschehens als hinzuwählbare Kartenlayer zu differenzieren oder interaktive Methodenanleitungen in das zu untersuchende Material zu integrieren. Indem die digitalen Darstellungstechniken zudem alle Mediengenres in einem System zugleich darstellen und in einem didaktisch gesteuerten Kontext anbieten können, stellt sich die Frage nach den passenden Medien zur Vermittlung neu. Der Text ist als Leitmedium nicht mehr von vornherein gesetzt und damit sind unter didaktischen Aspekten das narrative Potential aller anderen Mediengenres sowie die Medienmischung in Lehr- und Lernmaterialien neu zu bewerten. Bilderserien, die ein Geschehen an einem Ort in einem gewissen zeitlichen Rhythmus zeigen, können eine Folgerichtigkeit und Informationstiefe haben, die textgebundenen Beschreibungen nicht nachstehen. Das gilt ebenso für audiovisuelle Medien. Der nur im Digitalen in der gegenwärtigen Form existierende Erklärfilm ist nicht zuletzt deshalb in den letzten Jahren neben den Lehrtext getreten und hat ihn oftmals sogar abgelöst.[7] Der durch Lernende selbst steuerbare und mit interaktiven Elementen angereicherte Film des digitalen Lehr- und Lernmittels ist somit eine spezifische Einheit (Contenttype), die Repräsentation von Inhalt und Bearbeitung von Inhalt zusammenbringt und so nur in der digitalen Welt vorstellbar ist.

Nicht außer Acht geraten darf auch, dass in der digitalen Welt immer wieder neue Inhaltselemente entstehen, die Informationen, Aufgabenstellungen, Methoden und Handlungsmöglichkeiten auf bislang unbekannte Weise zusammenführen. Von der vielfältigen Nutzung von H5P-Templates bis hin zur Integration von sogenannten KI-Angeboten entstehen laufend neue technische Möglichkeiten, die Erkenntnisgewinnung über Materialien und die darüber stattfindende Kommunikation beeinflussen.

In diesen medialen, technischen und didaktischen Rahmenbedingungen agieren digitale Lehr- und Lernmittelprojekte wie das *mBook* Geschichte. Gerade das *mBook* verstand sich von Anfang an nicht als eine bloße Verfügbarmachung bestehender Materialien im Internet, sondern als einer der ersten Beiträge zur Schaffung von Digitalität im Fach Geschichte. Es sollte zudem ein Lernraum entstehen, der seine Grenzen nicht am Schultor oder an der Klassenzimmertür hat, sondern dort, wo das Lernen im digitalen Raum und mit digitalen Hilfsmitteln beginnt oder endet. Das schloss eben von Beginn an den heimischen und Freizeitbereich ein. Die Projektverantwortlichen waren sich darüber bewusst, dass der Umgang mit Geschichte im Grunde erst da aufhört, wo

---

[7] Die durch digitale Techniken gestalteten Produktionen werden bestimmt etwa von Green-Sreen-Technik, einer enormen Variationsbreite von Output-Kontexten, deutlich erhöhten Produktionsgeschwindigkeiten und vielfältigen Übertragungswegen.

die Verfügbarkeit der Hardware, die Netzabdeckung und die Versorgung der Geräte mit Energie endet.

3. Das mBook – einer der ersten Schritte auf dem Weg zu Digitalität im Unterricht

3.1 Konzept und Entstehung

Das an der Professur für Theorie und Didaktik der KU Eichstätt-Ingolstadt entwickelte *mBook* war einer der ersten Schritte auf dem Weg zur Gestaltung eines digitalen Kommunikations- und Unterrichtszusammenhangs im Fach Geschichte und darüber hinaus. Es war also nicht der Versuch, bestehende Medien lediglich zu digitalisieren und sie digital zugänglich zu machen, folglich also nur den Darreichungsweg zu ändern, ohne funktionale Änderungen vorzunehmen. Ganz bewusst verfolgte das *mBook*-Projekt in seiner Entstehungszeit, die geprägt war von sogenannten „Tablet-Versuchen", den Ansatz, ein Angebot zu schaffen, das alltagstauglich, also tatsächlich das tägliche mediale Rückgrat des Unterrichts sein konnte (Proske u. a. 2023).

Das *mBook* ist inhaltlich wie technisch ein kompletter Neuansatz. Alle für seine Entwicklung notwendigen Arbeitsbereiche wurden in einen kommunikativen Gesamtzusammenhang gesetzt, aus dem sich die Kohärenz des Angebots ergibt (Sochatzy 2018; Sochatzy u. a. 2016; 50–64).[8] Im *mBook* bestimmen beispielsweise die didaktischen Ziele die Funktionalität der digitalen Contenttypes, während diese wiederum die Art der Zusammenführung der genutzten Mediengenres beeinflussen. Die Möglichkeit zur Aufhebung der Format- und Mengenbegrenzungen des Druckzeitalters bei gleichzeitiger Nutzung aller bekannten Mediengenres erforderte eine Redefinition von Umfangs- und Kontextualisierungsstandards. Das *mBook* und ähnliche Projekte seiner Art enthalten im Vergleich zu gedruckten Schulbüchern rein quantitativ das Mehrfache an Inhalten. Nicht selten umfassen die heutigen digitalen Buchprojekte der Digitale Lernwelten GmbH einige hundert Bilder/Bildergalerien, Audios, Videos oder interaktive Elemente. Auch die Textmenge ist deutlich erhöht. Diese Erhöhung geschieht planvoll, weil sie notwendig ist, um etwa die Multiperspektivität und Differenzierung tatsächlich umsetzen zu können.

---

[8] Dabei handelte es sich um die Arbeitsbereiche Projektmanagement, (fach-)didaktische Konzeptionsentwicklung, Textredaktion, Medienproduktion (Video, Audio, Bilder, Schaugrafiken, grafische Überleitungen), IT, User Experience und User Interface (UX/UI), Recherche, Assetmanagement, Testung und Nutzergruppenmanagement.

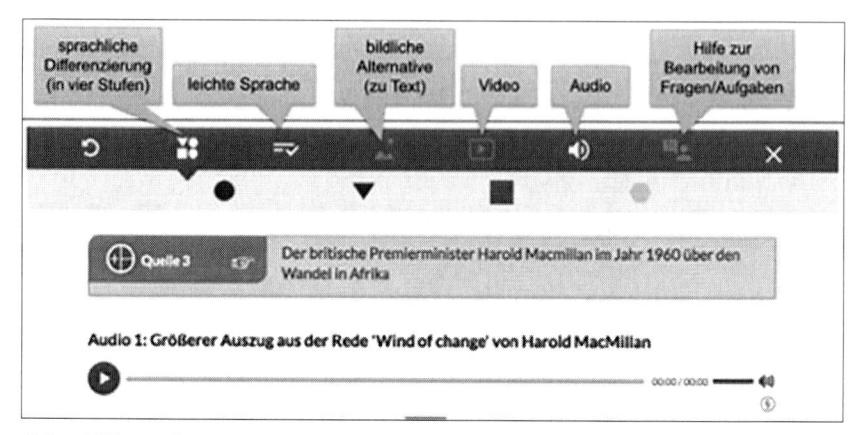

Abb. 1: Hilfsmittel ‚Magic Toolbar' (roter Balken über den Inhaltselementen) im *mBook*: Angebote zur Unterstützung eines stark differenzierten Unterrichts sind Inhalte auf der ersten Ebene zuwählbar (© Digitale Lernwelten)

Wenn es prinzipiell möglich sein soll, zu jedem Inhaltselement mediale Alternativen, also beispielsweise zu Autorentexten Varianten in vier Differenzierungsstufen anzubieten (siehe Abb. 1), dann muss die Contentmenge erhöht werden. Solche Erhöhungen sind ebenso unumgänglich, wenn man Multiperspektivität auf den Ebenen Perspektivität, Kontroversität und Pluralität nicht nur exemplarisch aufzeigen, sondern als Standardzugriff auf historische Themen im Geschichtsunterricht etablieren möchte. Sie zudem „pluralistisch" und „plural" auszuformen, wie Jörn Rüsen fordert, erhöht die Notwendigkeit eines nach klar erkennbaren Prinzipien differenzierten Angebots (Bergmann 2000; Rüsen 2017).

Die Inhalte in dieser Weise zu vermehren bedeutet nicht, eine reine Materialsammlung anzulegen und damit die Nöte der Unterrichtenden weiter zu erhöhen, die sich ohnehin einer unüberschaubaren und überfordernden Zahl von Tool-Sammlungen und Medienplattformen mit z. T. hunderttausenden Angeboten gegenübersehen. Gerade dieses in den letzten Jahren entstandene Überangebot steigert aufseiten der Lehrenden und Lernenden das Bedürfnis nach Orientierung und Verlässlichkeit. Das *mBook* ging daher von Anfang an zwei Wege: Es gestaltet sein Angebot nach wie vor als thematische Gesamtnarration mit dem Ziel einer möglichst hohen Kohärenz zwischen den einzelnen Contentelementen, gliedert diese Narration jedoch auf zwei Ebenen. Mit einem Klick kann man etwa sogenannte Inhaltskästen öffnen, um Zugriff auf eine zweite Ebene mit weiteren Angeboten zu erlangen. Das betrifft zum Beispiel Darstellungen, Quellen, Aufgabenstellungen oder methodische Hinweise.

Der zweite Weg bestand darin, *mBook*-übergreifende oder spezifische Such- und Auswahlmöglichkeiten anzubieten. Ein solches Zuwahlangebot ist etwa die ‚Magic Toolbar' im *mBook* für das gemeinsame Lernen (Abb. 1; Epperlein 2020). Art und Menge eines zusätzlichen Inhaltsangebots sollten jedoch nicht willkürlich, sondern begründet und überschaubar sein. So folgt die sprachliche Differenzierung im *mBook* etwa dem Ansatz der vierstufigen „Herausforderungsdichten" (Ventzke 2020). Und mediale Alternativangebote erlauben nur eine 1:1-Substitution. So lässt sich ein Text beispielsweise nur durch eine einzige Grafik, ein Video oder einen Erklärfilm ersetzen. Das *mBook* für das Gemeinsame Lernen ist zudem vollständig durchsuchbar. Dafür wurde eine kontextsensible Suche entwickelt, die Erwähnungen des gesuchten Begriffs zunächst nach der Struktur des *mBook*s (Bände, Kapitel, Art des Contenttypes) kategorisiert und die Treffer dann im inhaltlichen Kontext zeigt (Überschrift des zugehörigen Contentelements und zwei Zeilen des umgebenden textlichen Zusammenhangs).

Das jahrgangsübergreifend angelegte *mBook* bildet ein Netz von Informationen, Aufgaben und methodischen Hinweisen. Gerade für die methodische Arbeit können durch die Äquidistanz der Elemente untereinander schnelle Bezüge, etwa zwischen Quellen und außerhalb des Kapitels abgelegten methodischen Arbeitshilfen, hergestellt werden. Damit kommen Gedanken und Arbeitsgänge rasch (wieder) miteinander in Verbindung, auch wenn sie Gegenstände betreffen, die aufgrund der Unterrichtschronologie ‚weit' voneinander entfernt sind. Wenn etwa der Umgang mit Quellen zu Beginn des Schuljahres eingeführt wurde, konkrete Aufgaben zu einer inneren oder äußeren Quellenanalyse aber deutlich später gestellt werden, dann braucht es in einem vernetzten System nur wenige Klicks, um zu jenem Methodenteil zu gelangen, der für die Wiederholung der Kenntnisse über das Vorgehen bei einer Quellenanalyse benötigt wird, um sie dann direkt am Material zu nutzen.

Die integrierten Schreib-, Kommentier- und (farblichen) Markierungsfunktionen lassen aus dem *mBook* sehr schnell ein Lehr- und Lernmittel werden, in das – im Gegensatz zu allen analogen Schulbüchern – ‚hineingeschrieben' werden kann.[9] Die aktive Nutzung lässt somit ein Lernportfolio entstehen, zu dem es gehört, bestehende und selbst hinzugefügte Inhalte jederzeit schnell heranziehen zu können. Die über die Verbindung des Inhaltssystems mit einer Benutzergruppenverwaltung den AccountinhaberInnen gegebene Möglichkeit

---

9 Hierzu ist die Hinzufügung einer Benutzergruppenverwaltung nötig, die es erlaubt, einzelnen Nutzerinnen und Nutzern Accounts zuzuweisen und ihre Aktivitäten im System von denen anderer Nutzerinnen und Nutzer zu differenzieren und vorzuhalten.

zur Verwendung des *mBook*s als gestaltbares Portfolio eröffnet nicht nur einzelnen NutzerInnen und Nutzergruppen die Berücksichtigung ihrer spezifischen Interessen, sie ist auch die Grundlage für eine gezielte Lehrer-Schüler-Kommunikation.[10]

Die Zuweisung von Aufgaben, die Möglichkeit zur Korrektur und Rücksendung von Arbeitsergebnissen sowie die Kommunikation über Arbeitsprozesse sind wichtige Elemente eines eher performativen Zusammenhangs, der den Weg zu Digitalität stärkt. Dieser ergibt sich nicht aus Hardware oder singulären Angeboten (Apps), sondern versteht sich als praktischer Umgang mit Themen: „Digitalität bedeutet, dass Menschen kommunikative Handlungen in digitaler Form ausführen." Denn „Digitalität ist immer ausgehend von den kommunikativen Handlungen zu verstehen und nachrangig von den technischen Mitteln, welche zur Erfüllung gewählt werden." (Mecklenburg 2020; vgl. auch Stalder [4]2019; Noller 2022) Insofern sollte auch und gerade Unterricht an der Gestaltung einer digitalen Welt teilhaben, deren Ziel es ist, eine „neue kulturelle Konstellation" zu schaffen (Stalder [4]2019, 11). Performanzen des Digitalen entstehen aus der Nutzung der Möglichkeiten bei der praktischen Anwendung digitaler Angebote. Lehrende nutzen beispielsweise die inhaltlich befüllbaren Kastenelemente des *mBook*s zur Integration ihrer Unterrichtsvorbereitungen. Gewonnene Erkenntnisse über die Folgen der Implementierung des *mBook*s für die Unterrichtsplanung und -durchführung tragen zu einem besseren Verständnis performativer Einstellungen und Verläufe bei. So hat der Einsatz des *mBook*s im Unterricht beispielsweise gezeigt, dass man im Vergleich zur Arbeit mit ausschließlich analogen Medien spezifische Phasen des technischen Vor- und Nachlaufs für den digitalen Unterricht berücksichtigen sollte. Solche Erfahrungen berühren direkt die Planung der Unterrichtsphasen (Toller 2020).

Die Probleme und Herausforderungen der Unterrichtenden in den Blick zu nehmen, war ein wichtiger Aspekt des *mBook*-Projekts. Letztlich sind sie es, die über die verwendeten Medien im Unterricht entscheiden. Dem Ziel, ihnen eine umfangreiche Unterstützung bei der Gestaltung des Unterrichts zu geben, diente ganz zentral das in das Buch inkludierte (und nur für Lehrende verfügbare) Lehrerinnen- und Lehrerhandbuch (Abb. 2). Es stellt eine langfristige und geradewegs themen- und unterrichtsbezogene Unterstützung der Lehrenden dar und bezieht theoretische Grundlagen ohne Umwege auf Themen und Unterricht.

---

10 Eine solche Lehrer-Schüler-Schnittstelle mit kommunikativen Angeboten gibt es beim *mBook* noch nicht.

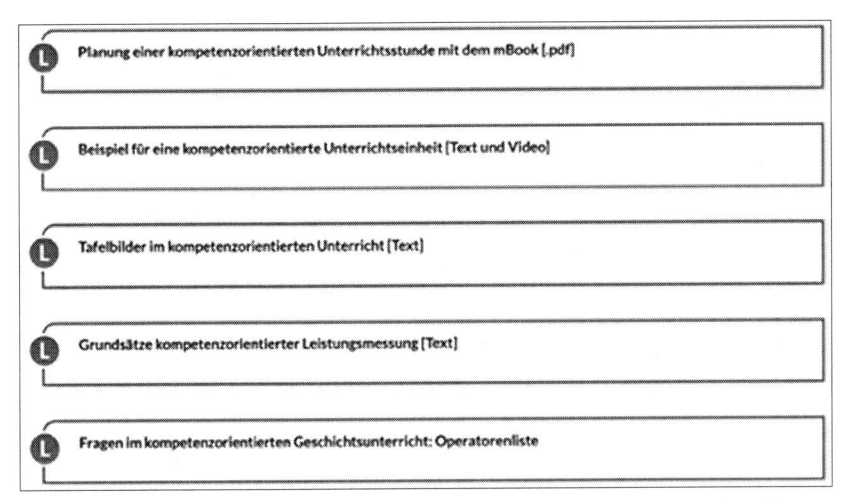

- Planung einer kompetenzorientierten Unterrichtsstunde mit dem mBook [.pdf]
- Beispiel für eine kompetenzorientierte Unterrichtseinheit [Text und Video]
- Tafelbilder im kompetenzorientierten Unterricht [Text]
- Grundsätze kompetenzorientierter Leistungsmessung [Text]
- Fragen im kompetenzorientierten Geschichtsunterricht: Operatorenliste

Abb. 2: *mBook* für das Gemeinsame Lernen: ‚Lehrerkästen', die nur bei Nutzung der Lehrer-Accounts einsehbar sind (© Digitale Lernwelten)

Und letztlich ist die Möglichkeit, eventuelle Fragen auch direkt an kompetente Ansprechpartner stellen zu können, eine weitere Funktion, die dabei hilft, Digitalität auszugestalten (Abb. 3).

Abb. 3: Book HelpDesk: Kommunikationstool im *mBook* für das Gemeinsame Lernen (© Digitale Lernwelten)

3.2 Forschung und Implementierung

Das *mBook* ist in seinen unterschiedlichen Varianten auch immer Teil von Bemühungen zur empirischen Forschung gewesen. Die QQM-Studie, die den Erfolg der Implementierung des *mBook*s in den Geschichtsunterrichts Ostbelgiens untersuchte, kommt zu dem Ergebnis, dass sich „durchweg statistisch signifikante und praktisch bedeutsame positive Veränderungen" für die Kompetenzentwicklung der Lernenden ergaben (Bertram u. a. 2019, 205–217, hier 212; vgl. Schreiber/Bertram 2018, 441–464; vgl. Schreiber u. a. 2019, 161–174). Zudem gibt es Untersuchungen zu einzelnen, medial-technisch gestützten Innovationen, etwa im methodischen Bereich. Hier ist etwa die Untersuchung von Florian Sochatzy zur Filmanalyse mithilfe des Einsatzes von Cues zu nennen (Sochatzy 2018). Aus diesen Studien lässt sich immer wieder auch die Notwendigkeit eines umfassenden und breitgefächerten Digitalisierungsansatzes auf der Seite von Schul- und Bildungsverwaltungen sowie Lehrenden ableiten, wenn der Übergang zu digitalem Unterrichten tatsächlich gelingen soll. Das simple Bereitstellen eines digitalen Unterrichtsmaterials reicht dazu nicht aus. Notwendig ist die Berücksichtigung des Zusammenhangs zwischen Lehrplanvorgaben, der auf (neue) Lehrpläne bezogenen Unterrichtsmaterialien und Lehrerfortbildungen.

Dafür sind langfristig angelegte Begleitangebote für Lehrende notwendig. Dies ist im Falle des *mBook*s zum Teil etwa durch eine digitale Implementierungskampagne realisiert worden, die Lehrerinnen und Lehrern über längere Zeit Angebote für die Nutzung des *mBook*s im Unterricht unterbreitete. Der „Praxis-Blog zum *mBook* Gemeinsames Lernen NRW" enthält konkrete Unterrichtsplanungen ebenso wie Hinführungen zum Thema Inklusion, Screencasts, spezielle thematische Erläuterungen in Form von Videos („GL-TV") einen Q&A-Bereich etc. (Abb. 5 und 6).[11] Weiterführende Einordnungen des jeweiligen Kapitels und Hinweise etwa zur didaktischen Umsetzung wurden über das Videoformat „Fortbildung on Demand" direkt ins Buch integriert – einsehbar nur für angemeldete Lehrkräfte (Abb. 4).

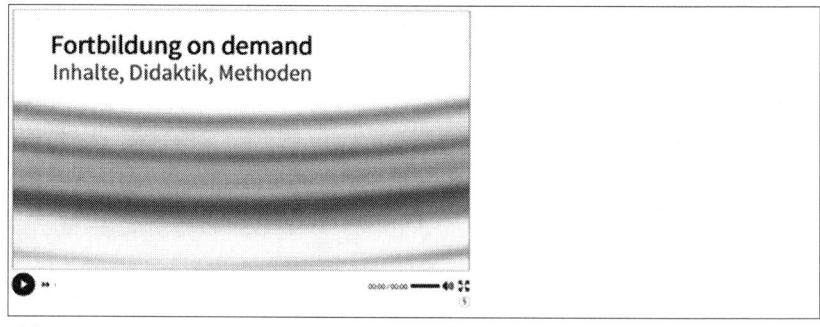

Abb. 4: Unterstützungsangebot für Unterrichtende im Book: Struktur und Ziele des Kapitels als Videoerklärung (© Digitale Lernwelten)

---

11 Siehe dazu den Praxis-Blog des *mBook*s Gemeinsames Lernen: https://blog.digitale-schule.nrw/, aufgerufen am 7.6.2023.

Abb. 5: Praxis-Blog zum *mBook* Gemeinsames Lernen NRW (© Digitale Lernwelten)

Abb. 6: Aus dem inhaltlichen Angebot des Praxis-Blogs zum *mBook* Gemeinsames Lernen: auf die Themen und Materialien des *mBook* bezogene Vorschläge für Unterrichtsplanungen (© Digitale Lernwelten)

4. Fachdidaktik als Angewandte Wissenschaft

Das *mBook* ist nicht zuletzt auch der Versuch, ein digitales Materialangebot zu entwickeln, das eine Brücke schlagen soll zwischen den theoretischen Überlegungen der Geschichtsdidaktik (etwa zur Kompetenzorientierung) und einer schulischen Praxis, die mit vielfältigen gleichzeitigen Anforderungen konfrontiert war und ist.[12] Das *mBook*-Projekt nahm die Vielfältigkeit der an Schule gestellten Aufgaben in den Blick und leitete daraus das Ziel ab, Unterrichtsmaterialien zur Implementierung etwa der Kompetenzorientierung zu entwickeln, die beispielsweise Hinweise auf Kompetenzbereiche oder die Konstruktion historischer Erzählungen an konkreten Inhaltselementen sichtbar werden lässt. Dazu gehört etwa, dass im Material die Fragestellungen erkennbar werden sollten, denen die Autorinnen und Autoren nachgegangen sind, sodass die der Narration zugrundeliegenden Auswahlentscheidungen erkennbar werden (Abb. 7) und dass es einen medialen Variantenreichtum sowie erzählerische Alternativen gibt, um den Lernenden das Beschreiten eigener Erkenntniswege überhaupt erst zu ermöglichen (Ventzke/Basel 2010, 145–157; Schreiber u. a. 2013, 212–232).

Das *mBook* erhielt daher Contentelemente, mit deren Hilfe sich die neuen Paradigmen des Unterrichtens integrieren und operationalisieren lassen. Dazu zählen etwa die Autoreninterviews und die jedem Kapitel vorangestellten Dialog- und Transparenztexte, in denen Autorinnen und Autoren ihr Vorgehen, ihre Schwerpunktsetzungen und ihre eigenen thematischen Interessen verdeutlichen (Abb. 7 und 8).

---

12 Zu nennen sind hier neben der Kompetenzorientierung auch Inklusion, die Forderungen nach grundlegender Individualisierung und Personalisierung des Lernens, das digitale Lernen und die Realisierung der dabei durch den Digitalpakt gestellten Aufgaben, die Förderung von Medienkompetenz, die Förderung kultureller Sensibilität etc.

Abb. 7: mBook-Kapiteleinstieg zum Thema Merkantilismus: Der Dialog- und Transparenztext ist farblich abgesetzt von anderen Texten (blau), führt zum Thema, stellt Fragen und verdeutlicht die Perspektive der AutorInnen (© Digitale Lernwelten)

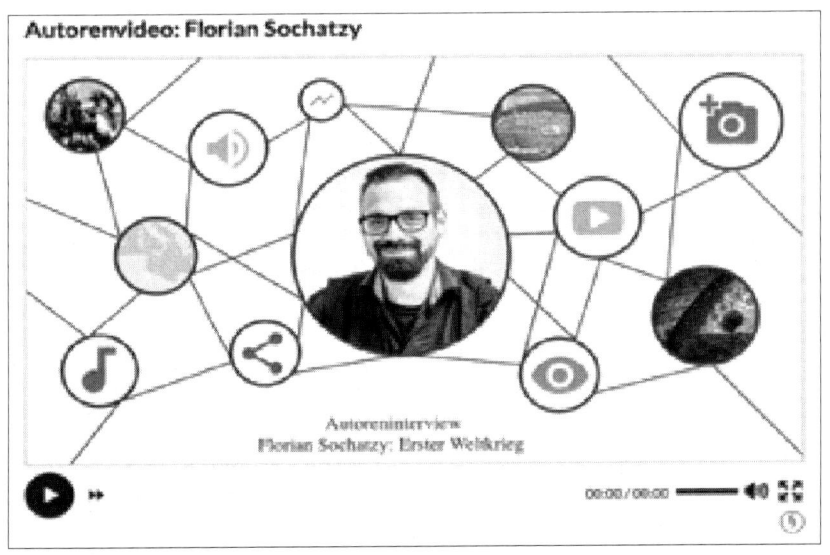

Abb. 8: Autorenvideo des *mBooks:* Wer hat das eigentlich alles geschrieben? Was war ihr oder ihm dabei wichtig? Wo wurden Schwerpunkte gesetzt? (© Digitale Lernwelten)

Das *mBook* hat sich stets auch als Anstoß zur Entwicklung von Prozessen der Unterrichtsentwicklung verstanden. Gerade Unterrichtsmedien können sich dafür eignen, weil sie Bezugspunkt fast jeder unterrichtlichen Handlung sind. Aus den Erfahrungen bei der Entwicklung und Implementierung des *mBook*s lässt sich ableiten, dass es sehr notwendig ist, die Didaktiken zu einem erheblichen Teil als angewandte Wissenschaften zu verstehen. Theorie- und Materialentwicklung sollten viel enger miteinander verzahnt und empirische Forschungen auf die fundierte Entwicklung konkreter Funktionen ausgerichtet sein. Das ist gerade zur Schaffung einer echten schulischen Digitalität unabdingbar und bis heute sehr oft eine Fehlstelle (Sochatzy/Ventzke 2017, 54–70; Schreiber u. a. 2014, 71–98). Eine Haltung, wonach die Aufgabe der didaktischen Forschung allein darin bestehen sollte, gewissermaßen nachlaufend, deskriptiv und kritisch Materialien zu untersuchen, ist u. a. in Anbetracht der erheblichen Veränderungen des Lehr- und Lernmittelmarkts, auf dem viele neue Akteure mit bislang eher unbekannten fachlichen Mischungen und Vorgehensweisen tätig sind, nicht haltbar. Diese Akteure können oftmals viel schneller und direkter in Unterricht und Schule einwirken und somit – auch ohne wissenschaftliche Begleitung – für lange Zeit strukturprägend wirken. Eine auf Programmierung und digitale Standards basierte Unterrichtsmedienentwicklung, die sich von der Kultur des gedruckten Textes notwendigerweise entfernt, beraubt sich ohne Hinwendung der didaktischen Wissenschaften zu Coding und digitalem Mediendesign jeglichen analytischen Zugriffs und gestalterischen Einflusses.[13]

---

13 Die Schreib- und Zeichenkultur der analogen Welt bildete eine universelle Kommunikationsgrundlage: Die Schriftsprache, die man lernte, war daher zugleich auch das Medium des schulischen Lernens. Gerade im Fach Geschichte war daher, abgesehen von jenen Fremdsprachen, die man erlernen musste, um mit den universellen Kommunikationsgrundlagen anderer Kulturen, Länder und Zeiten umgehen zu können, die Beherrschung weiterer Spezialsprachen und der von ihnen ausgehenden Kommunikationskulturen nicht nötig. Das ändert sich im digitalen Zeitalter: Programmier- und Designsprachen werden genutzt, um Informationen zu erschaffen, zu speichern, zu distribuieren und zu bearbeiten. Sie bilden eigene Gestaltungsräume, die infolge bisheriger technischer Begrenztheiten (Informationsgewinnung, Buchgrößen, Druckverfahren, Verbreitungswege etc.) zudem gar nicht oder nur sehr eingeschränkt existierten: Ein dauerhaft variables, multimediales Buch in einem potentiell unendlichen Raum war in der analogen Welt nicht realisierbar. Folglich bilden Kenntnisse über die Sprachen und Kulturen des Digitalen in Zukunft die Voraussetzung für eine wissenschaftliche Theorie und Praxis, deren Anspruch über den Umgang mit der letzten Stufe jenes weitreichenden digitalen Kreativprozesses, nämlich mit der ‚Ausspielung' einer Narration in Form einer sogenannten natürlichen Sprache, hinausreichen möchte.

Insofern können und müssen sich die (Fach-)Didaktiken beispielsweise an den Technikwissenschaften orientieren, verstärkt mit Hochschulen für Angewandte Wissenschaften zusammenzuarbeiten und ihr Selbstverständnis auf eine dringend notwendige pragmatische Wende ausrichten, die freilich für sie die Herausforderung mit sich bringt, in einer Weise interdisziplinär arbeiten zu müssen, wie es bislang nicht üblich war.

5. Weitere Entwicklung der Lehr- und Lernmittel

Die Weiterentwicklung der Lehr- und Lernmedien verläuft augenblicklich stürmisch. Das hat u. a. mit jenen technischen Entwicklungsschüben zu tun, die auf das Bedürfnis Lehrender und Lernender nach digital gestützter Kommunikation, Diagnostik und Lernweggestaltung eingehen könnten. Eines der zentralen Stichworte ist dabei Adaptivität (Zumbach 2021, 37–42). Adaptivität bedeutet zunächst, Reaktionen auf Nutzungen zu ermöglichen. Dafür jedoch braucht es Variationen der Lernwege zur Erreichung definierter Ziele. Unterrichts- und Schulpraktikabilität sind zu beachten.

Es stellen sich mehrere Fragen:
- Kann es gelingen, ein intelligentes tutorielles System (ITS) zu entwickeln, das die spezifischen Förderbedarfe Lernender erkennt, darauf basierende individuelle Zusammenstellungen von Lernangeboten entwickelt und sie Lernenden zur Verfügung stellt? (Faulhaber 1996)
- Können die Akteure, also sowohl Lehrende als auch Lernende, an der Gestaltung dieser Arrangements teilhaben?
- Sind solche Systeme in der Lage, nicht nur quantitative, sondern auch qualitative Aufgabenstellungen einzubeziehen?

Zur konkreten Realisierung von Adaptivität braucht es große Datenmengen, sowohl im Wissensmodell als auch Tutandenmodell. Das *mBook* hat die Informationsmenge auf der Ebene des Wissensmodells bereits deutlich erhöht. Dieser Prozess muss weiter fortgesetzt werden. Um zu ermitteln, „was der Tutand kann (= prozedurales Wissen), was er weiß (konzeptionelles Wissen), was für ein Typ er ist und was er bereits getan hat (= Historie)" (Faulhaber 1996), ist es jedoch auch nötig, einen umfangreichen, maschinenverarbeiteten Datenbestand über den Lernenden (Tutand) zu bekommen und diesen mit dem Wissensmodell zu verbinden. Dafür müssen Lernzielnetze geknüpft werden, die differenzierte Antwortmöglichkeiten kategorisieren und mit wählbaren Vorgehensweisen verknüpfen (Abb. 9).

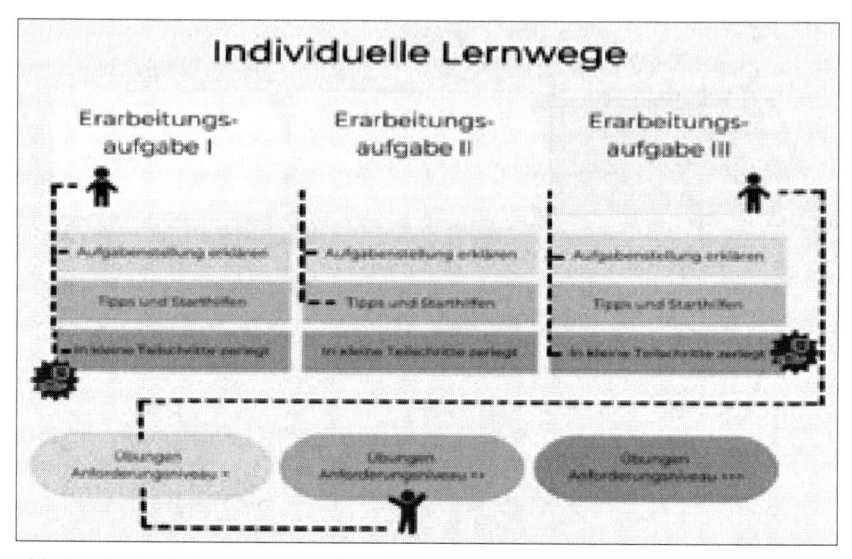

Abb. 9: Individuelle Lernwege gestalten: (1) Wahl und Umgang mit Erarbeitungsaufgaben (gelb) erlauben eine erste Klassifizierung von Lernenden. (2) Art und Dauer der Inanspruchnahme differenzierter Hilfestellungen (rosa) erfüllt die Funktion eines Diagnosetools zur Entscheidung der Frage: (3) Welche Übungsaufgaben sollten zugespielt werden? (+/++/+++ markieren Anforderungsniveaus) (© Digitale Lernwelten)

Letztlich eröffnet die Nutzung von sogenannter Künstlicher Intelligenz (KI) die Möglichkeit zur Integration einer dritten Kommunikationsebene in den Unterricht, die auf Augenhöhe, flexibel und ohne zeitliche Latenzen Partner eines Kommunikationsprozesses sein kann. Gegenwärtig lassen sich dabei mehrere Rollen für die KI erkennen (Chat GPT: 16 Wege 2023)[14]:
- Lernen durch Vormachen (Demonstrating)
- Unterstützung der Entwicklung von Kommunikationskompetenz durch Schärfung der Fragekompetenz (Prompting)
- Lernbegleitung (Mentoring)
- gezielte Auseinandersetzung mit klar umrissenen Übungsbereichen (Practicing)

---

14 Zur Nutzungsbreite von Chatbots mit sogenannter Künstlicher Intelligenz (KI) lassen sich die ersten Differenzierungen erkennen. Der folgende Vorschlag reiht sich in diese Debatte ein.

- Erstellung und Prüfung von Prognosen, z. B. für Antworten auf Fragen oder umgekehrt (Predicting)
- Mediale Umformungen, etwa von Texten in Bilder (Transforming)
- Rollentausch, etwa bei der Prüfung KI-erstellter Antworten mit vorgegebenen Erwartungshorizonten (Reversing)

Für Lehrende kommen weitere Nutzungsmöglichkeiten hinzu, so etwa:
- Planung von Unterrichtsstunden
- Erstellung von Antwortprognosen
- Erarbeitung von Binnendifferenzierungen

Die technische Revolution wird die (unterrichtliche) Beschäftigung mit Vergangenheit und Geschichte sowie die Art, wie sich Menschen mit beiden in ein Verhältnis bringen, weiter grundlegend verändern. Die Fachdidaktiken müssen sich diesem Veränderungsprozess stellen.

6. Zusammenfassung

Die Digitalisierung als Prozess, an dessen Ende Digitalität, also eine umfassende Möglichkeit zum Leben in und mit komplexen digitalen Welten und Techniken, steht, inkludiert notwendigerweise auch Schule und Unterricht. Digitalen Unterrichtsmedien können und werden dabei Funktionen zuwachsen, die weit über die statische Materialpräsentation des gedruckten Schulbuchs hinausgehen. Dabei sind gegenwärtig mindestens vier Bereiche zu sehen:

- *Materialanalyse/Methodik*
  Digitale Unterrichtsmaterialien erweitern die Möglichkeiten zur Materialanordnung und -auswertung (Müller 2019). Das wird u. a. durch die H5P-Contenttypes deutlich.[15] Solche analytischen Möglichkeiten können zum Beispiel auch in Verbindung mit Extended Reality zur Absenkung medialer Barrieren und Abmilderung von Komplexitätsüberforderungen im Unterricht führen.
- *Arbeitsplattform*
  Digitale Unterrichtsmaterialien können nutzergruppendifferenzierte Möglichkeiten für die Erarbeitung von Themen im gleichen System, die Verknüpfung mit anderen Lernplattformen oder eine Verbindung mit der Dateiverwaltung des eigenen Endgeräts herstellen: gesonderte Übungshefte, zusätzliche Materialsammlungen oder Lehrendenhandbücher sind damit technisch unnötig. Jede Nutzerin und jeder Nutzer eines solchen digitalen Materials kann damit ein persönliches und dauerhaft verfügbares Arbeitsportfolio erschaffen.

---

15 Siehe dazu etwa https://h5p.org/, aufgerufen am 22.7.2023.

- *Diagnostik und Adaptivität*
  Die Nutzung digitaler Unterrichtsmaterialien als Anknüpfungspunkt für die Erhebung und Analyse von Lernendendaten (gewählte Lernwege, Arbeitsergebnisse etc.) ist ein erfolgversprechender Weg, um schnell und zielgenau Informationen für die Gestaltung individueller Förderwege zu gewinnen. Das digitale Unterrichtsmaterial wird damit Teil dessen, was „digital ways of knowing society" genannt wird (Marres 2017, 101).
- *Übergreifende didaktische Paradigmen*
  Die Anforderungen an den (Geschichts-)Unterricht steigen: Lernzielgleiches und lernzieldifferentes Arbeiten, Übersetzungen für sprachsensiblen oder nachbarsprachlichen Unterricht und die Berücksichtigung spezifischer religiös-kultureller Hintergründe für die Integration bestimmter Lernendengruppen sind nur einige Beispiele dafür, dass Konzeption und Produktion digitaler Materialien eine zunehmende funktionale Ausstattung berücksichtigen müssen, wenn gestiegene Anforderungen an den Fachunterricht bei gleichzeitig dünner werdender Personalversorgung an den Schulen miteinander vermittelt werden sollen.

Zusammenfassend lässt sich sagen: Es wird kein Weg daran vorbeiführen, digitale Unterrichtsmaterialien in Zukunft noch viel stärker als multifunktionale Schnittstellen eines digitalen, schulisch-unterrichtlichen Gesamtsystems zu denken, das die Förderung der Fähigkeiten, Fertigkeiten und Bereitschaften zu einem selbstbewussten Agieren in der Lebenssphäre Digitalität als eines der entscheidenden Erfolgskriterien von Bildung versteht (Koller 2016).

Literatur

ALAVI, Bettina (2015): Lernen Schüler/innen Geschichte im Digitalen anders? In: Demantowsky, Marko/Pallaske, Christoph (Hg.): Geschichte lernen im digitalen Wandel. Berlin/München/Boston, S. 3–16.

AUFENANGER, Stefan/Dörr, Dieter/Füssel, Stefan/Quiring, Oliver/Renner, Karl N. (Hg.) (2013): Media Convergence/Medienkonvergenz (= Medialität und Menschenbild, 4). Berlin u. a.

BAECKER, Dirk (2018): 4.0 oder Die Lücke, die der Rechner lässt. Leipzig.

BARRICELLI, Michele/Hornig, Julia (2008): Aufklärung, Bildung, „Histotainment"? Zeitgeschichte in Unterricht und Gesellschaft heute. Frankfurt/M.

BERGMANN, Klaus (1993): „So viel Geschichte wie heute war nie" – Historische Bildung angesichts der Allgegenwart von Geschichte. In: Schwarz, Angela (Hg.): Politische Sozialisation und Geschichte. Festschrift für Rolf Schörken zum 65. Geburtstag. Hagen, S. 209–228.

BERGMANN, Klaus (2000): Multiperspektivität. Geschichte selber denken. Schwalbach/Ts.

BERTRAM, Christiane/Wagner, Wolfgang/Werner, Michael/Trautwein, Ulrich/Schreiber (2019): Vier Jahre Unterricht mit dem „*mBook* Belgien". Zu den Kompetenz- und Interessenverläufen der Lernenden von der neunten bis zur zwölften Klasse. In: Waldis, Monika/Ziegler, Béatrice (Hg.): Forschungswerkstatt Geschichtsdidaktik 17. Beiträge zur Tagung „geschichtsdidaktik empirisch 17" (= Geschichtsdidaktik heute, 7). Bern, S. 205–217.

CHATGPT: 16 Wege zur Nutzung im Unterricht. In: lehrer online 2023, https://www.lehrer-online.de/unterricht/sekundarstufen/faecheruebergreifend/artikel/fa/chatgpt16-wege-zur-nutzung-im-unterricht/, aufgerufen am 5.6.2023.

DEUZE, Mark/Blank, Peter/Speers, Laura (2012): A Life Lived in Media. In: dhq – digital humanities quarterly Nr. 6/1 http://digitalhumanitieorg/dhq/vol/6/1/000110/000110.html#disqus_thread, aufgerufen am 25.5.2023.

E-LEARNING – Theorien, Gestaltungsempfehlungen und Forschung, http://www.elearningpsychologie.de/interaktivitaet.html, aufgerufen am 22.5.2023.

EPPERLEIN, Lukas (2020): Wie die Narration des mBooks entsteht – Einblicke. In: Sochatzy, Florian/Ventzke, Marcus (Hg.): Bildung digital gestalten. Eichstätt, https://bildung-digital-gestalten.institut-fuer-digitales-lernen.de/inhalt/narration-des-mBooks, aufgerufen am 22.5.2023.

FAULHABER, Sven (1996): Einsatz und Entwicklung von computerunterstützten Lernprogrammen in der medizinischen Aus- und Weiterbildung. Studienarbeit der Informatik. Würzburg, http://ki.informatik.uni-wuerzburg.de/forschung/publikationen/studienarbeiten/faulhaber/index.html, aufgerufen am 20.5.2023.

FLORIDI, Luciano (2015): Die 4. Revolution. Wie die Infosphäre unser Leben verändert. Berlin.

GIESEKE, Michael (1998): Der Buchdruck in der Frühen Neuzeit. Eine historische Fallstudie über die Durchsetzung neuer Informations- und Kommunikationstechnologien. Frankfurt/M.

GÜNTHER-ARNDT, Hilke (2015): Ein neuer geschichtsdidaktischer Medienbegriff angesichts des digitalen Wandels? In: Pallaske, Christoph (Hg.): Medien machen Geschichte. Neue Anforderungen an den geschichtsdidaktischen Medienbegriff im digitalen Wandel (= Geschichtsdidaktische Studien, 2). Berlin, S. 17–36.

HARDTWIG, Wolfgang/Schug, Alexander (Hg.) (2009): History Sells! Angewandte Geschichte als Wissenschaft und Markt, Stuttgart.

KOLLER, Guido (2016): Geschichte digital. Historische Welten neu vermessen. Stuttgart.

KÖRBER, Andreas/Schreiber, Waltraud/Schöner, Alexander (Hg.) (2007): Kompetenzen historischen Denkens. Ein Strukturmodell als Beitrag zur Kompetenzorientierung in der Geschichtsdidaktik (= Kompetenzen: Grundlagen – Entwicklung – Förderung, Bd. 2). Neuried.

KÖRBER, Andreas (2023): Kompetenzen historischen Denkens revisited. Das FUER-Modell historischer Kompetenzen vor dem Hintergrund von 10 Jahren Kompetenzdebatte in der Geschichtsdidaktik (https://www.gdt-eichstaett.de/wp-content/uploads/2017/12/K%C3%B6rber_Keynote_2017.12.05..pdf, aufgerufen am 2.6.2023.

KOLLMEIER, Kathrin (2012): Begriffsgeschichte und Historische Semantik, Version: 2.0. In: Docupedia-Zeitgeschichte, http://docupedia.de/zg/Begriffsgeschichte_und_Historische_Semantik_Version_2.0_Kathrin_Kollmeier, Versionen: 2.0, 1.0, aufgerufen am 2.6.2023.

LUHMANN, Niklas (^{3}2004): Die Realität der Massenmedien. Wiesbaden.

MACGILCHRIST, Felicitas (2012): E-Schulbücher, iPads und Interpassivität: Reflexionen über neue schulische Bildungsmedien und deren Subjektivationspotential. In: Bildungsforschung Nr. 9/1, S. 180–204.

MACGILCHRIST, Felicitas/Bock, Annekatrin (2020): ‚Born digital'-Schulbücher in der empirischen Forschung – Fragen, Forschungsdesign, erste Erkenntnisse. In: Sochatzy, Florian/Ventzke, Marcus (Hg.): Bildung digital gestalten. Eichstätt, https://bildung-digital-gestalten.institut-fuer-digitales-lernen.de/inhalt/empirische-forschung, aufgerufen am 2.6.2023.

MARRES, Noortje (2017): Digital Sociology. The Reinvention of Social Research. Malden, MA.

MCLUHAN, Herbert Marshall (1995): Die Gutenberg-Galaxis. Das Ende des Buchzeitalters. Aus dem Amerikanischen übersetzt von Max Nänny, Bonn u. a.

MECKLENBURG, Lars (2020): Was ist Digitalität? Neubestimmung als kommunikative Handlungsform, https://larsmecklenburg.medium.com/was-ist-digitalit%C3%A4t-1e15921ef8c0, aufgerufen am 4.6.2023.

MÜLLER, Frank J. (2019): Chancen und Herausforderungen staatlich finanzierter, frei verfügbarer Bildungsmaterialien (OER) am Beispiel der Plattform ndla.no in Norwegen. Ein Weg zu mehr Inklusion? Hamburg.

NOLLER, Jörg (2022): Digitalität. Zur Philosophie der digitalen Lebenswelt. Basel.

PALLASKE, Christoph (2015): Die Vermessung der (digitalen) Welt. Geschichtslernen mit digitalen Medien. In: Demantowsky, Marko/Pallaske, Christoph (Hg.): Geschichte lernen im digitalen Wandel. Berlin/München/Boston, S. 135–147.

PROSKE, Matthias/Rabenstein, Kerstin/Moldenhauer, Anna/Thiersch, Sven/Bock, Annekatrin/Herrle, Matthias/Hoffmann, Markus/Langer, Anja/Macgilchrist, Felicitas/Wagener-Böck, Nadine/Wolf, Eike (2023): Schule und Unterricht im digitalen Wandel. Ansätze und Erträge rekonstruktiver Forschung. Bad Heilbrunn.

REBANE, Gala (2021): Emojis. Digitale Bildkulturen. Berlin.

RÜSEN, Jörn (2017): Die Grenzen der Multiperspektivität – Relativismus und Leitkultur. In: Public History Weekly 5/33 [DOI: dx.doi.org/10.1515/phw-2017-10076]. Siehe grundlegend auch: PH Karlsruhe, Grundlagen der Multiperspektivität. (http://geogeph-karlsruhe.de/mhwiki/, aufgerufen am 3.6.2023.

SCHREIBER, Waltraud/Sochatzy, Florian/Ventzke, Marcus (2013): Das multimediale Schulbuch – kompetenzorientiert, individualisierbar und konstruktionstransparent. In: Schreiber, Waltraud/Schöner, Alexander/Sochatzy, Florian (Hg.): Analyse von Schulbüchern als Grundlage empirischer Geschichtsdidaktik. Stuttgart, S. 212–232.

SCHREIBER, Waltraud/Sochatzy, Florian/Ventzke, Marcus (2014): Zwischen Behauptung, Intention und Evidenz. Zur Notwendigkeit, die Entwicklung von und die Arbeit mit elektronischen Schulbüchern empirisch zu begleiten. In: Schuhen, Michael/Froitzheim, Manuel (Hg.): Das Elektronische Schulbuch. Fachdidaktische Anforderungen und Ideen treffen auf Lösungsvorschläge der Informatik (= Didaktik, 15). 2014, S. 71–98.

SCHREIBER, Waltraud/Bertram, Christiane (2018): Ein multimediales Schulgeschichtsbuch in der Anwendung. Wie empirische Studien helfen können, Geschichtsunterricht besser zu verstehen. In: Sandkühler, Thomas/Bernhardt, Markus/Bühl-Gramer, Charlott/John, Anke/Schwabe, Astrid (Hg.): Geschichtsunterricht im 21. Jahrhundert. Eine geschichtsdidaktische Standortbestimmung. Göttingen, S. 441–464.

SCHREIBER, Waltraud/Trautwein, Ulrich/Wagner, Wolfgang/Brefeld, Ulf (2019): Reformstudie Belgien. Eine Effektstudie zur Einführung von Rahmenplan und mBook. In: Schreiber, Waltraud/Ziegler, Béatrice/Kühberger, Christoph (Hg.): Geschichtsdidaktischer Zwischenhalt. Beiträge aus der Tagung „Kompetent machen für ein Leben in, mit und durch Geschichte in Eichstätt vom November 2017. Münster, S. 161–174.

SOCHATZY, Florian/Ventzke, Marcus/Schreiber, Waltraud (2016): New technology and the potentials and limitations for constructivist instructional designers: A multimedia history Textbook. In: Wojdon, Joanna (Hg.): E-teaching History, Newcastle upon Tyne, S. 50–64.

SOCHATZY, Florian/Ventzke, Marcus (2017): Die digitale Bildungsrevolution und ihre Folgen. Veränderungen für Unterricht und Unterrichtsmaterialien. In: Frank Thissen (Hg.): Lernen in virtuellen Räumen. Perspektiven des mobilen Lernens. Berlin/Boston, S. 54–70.

SOCHATZY, Florian (2018): Das multimediale Schulbuch (mBook) – von der Theorie in die Praxis: Konzeption, Produktion und empirische Überprüfung eines multimedialen Geschichtsschulbuchs. Dortmund.

STALDER, Felix (^{4}2019): Kultur der Digitalität. Berlin.

TOLLER, Nina (2020): Digital unterrichten mit dem mBook – Vorteile, Schwierigkeiten, Reibungspunkte. In: Sochatzy, Florian/Ventzke, Marcus (Hg.): Bildung digital gestalten. Eichstätt, https://bildung-digital-gestalten.institut-fuer-digitales-lernen.de/inhalt/digital-unterrichten, aufgerufen am 4.6.2023.

VENTZKE, Marcus/Basel, Florian (2010): Zur Rolle des Lehrenden beim Erwerb historischer De- und Rekonstruktionskompetenzen – eine Skizze. In: Schreiber, Waltraud/Gruner, Carola/Labhardt, Robert (Hg.): Geschichte durchdenken. Schüler de-konstruieren internationale Schulbücher. Das Beispiel „1989/90 – Mauerfall". Neuried, S. 145–157.

VENTZKE, Marcus/Sochatzy, Florian/Thielen, Bernadette (2016): Die Einführung des multimedialen Schulbuchs (mBook) als Anstoß von Unterrichtsentwicklungsprozessen in Gymnasien des Landes Nordrhein-Westfalen – ein Einblick. In: Lehmann, Katja/Werner, Michael/Zabold, Stefanie (Hg.): Historisches Denken jetzt und in Zukunft. Wege zu einem theoretisch fundierten und evidenzbasierten Umgang mit Geschichte – Festschrift für Waltraud Schreiber zum 60. Geburtstag (= Geschichtsdidaktik in Vergangenheit und Gegenwart, Bd. 10). Berlin, S. 121–128.

VENTZKE, Marcus (2018): Wie macht man inklusiven Unterricht am Material? Was sind Herausforderungsdichten? In: Ventzke, Marcus/Grapentin, Johannes/Sochatzy, Florian (Hg.): mBook Gemeinsames Lernen, Hilfestellungen zur Unterrichtsvorbereitung, digitale-schule.nrw, aufgerufen am 2.6.2023.

VENTZKE, Marcus (2020): Digitaler Wandel und Konstruktionsdidaktik im Fach Geschichte. In: Sochatzy, Florian/Ventzke, Marcus (Hg.): Bildung digital gestalten. Eichstätt, https://bildung-digital-gestalten.institut-fuer-digitales-lernen.de/inhalt/digitaler-wandel-und-konstruktionsdidaktik, aufgerufen am 2.6.2023.

WILDFEUER, Janina/Bateman, John A./Hiipala, Tuomo (2020): Multimodalität. Grundlagen, Forschung und Analyse – Eine problemorientierte Einführung. Berlin/Boston.

ZUMBACH, Jörg (2021): Digitales Lehren und Lernen. Stuttgart, S. 37–42.

LENA LIEBERN

„Was hältst du von diesem Denkmal?"
„Steuergeldverschwendung!"

Lernen mit segu als Möglichkeit der Hinwendung zur digitalen Geschichtskultur

1. Einleitung

Die Bedeutung von Medien für historische Wissenschaft, Fachdidaktik und Geschichtsunterricht stand bereits vor dem sog. „Medienwandel" fest. Historisches Lernen erfolgt stets über ein Medium, da Geschichte uns nur in der Retrospektive über narrative Konstrukte in Gestalt von Medien begegnen kann (Bernhardt/Neeb 2020, 2). Sie sind demzufolge als Auslöser des Lernprozesses anzusehen, an die Fragen gerichtet werden, um historisches Wissen generieren zu können (Günther-Arndt 2015, 17). Medien als Objekte des historischen Lernens liegen dabei in unterschiedlichsten Formen als Quellen oder Darstellungen und in verschiedenen Aggregatzuständen vor (Bernsen/Spahn 2015, 197 f.). Im Rahmen dieses Beitrags rückt der Umgang von Schülerinnen und Schülern mit einer originär digitalen, geschichtskulturellen Darstellung in den Fokus des Interesses. Es wird der Fragestellung nachgegangen, wie Schülerinnen über Lernaufgaben kommunizieren, die eine unter anderem durch die Digitalitäts-Prinzipien Referenzialität, Gemeinschaftlichkeit und Algorithmizität (Stalder 2016, vgl. Hartung i. d. Bd.) vermittelte Anbindung an geschichtskulturelle Objektivationen ermöglichen.

Als Grundlage zur Bearbeitung der Fragestellung wird auf Daten aus dem Projekt „Geschichte lernen digital" zurückgegriffen.[1] Das Vorhaben nimmt das digitale historische Lernen anhand der Lernplattform *segu* in den Blick.[2] Dabei wird ein Beitrag zur empirischen Erforschung des historischen Lernens im digi-

---

1 Das Projekt wurde im Rahmen des Graduiertenkollegs zu querschnittlichen Fragen der Lehrerbildung sowie Schul- und Unterrichtsentwicklung an der Universität Duisburg-Essen (2019-2022) durchgeführt.
2 Pallaske, Christoph (2011-2017): segu-geschichte. Lernplattform für offenen Geschichtsunterricht. [https://segu-geschichte.de], zuletzt abgerufen am 24.2.2023.

talen Medium und mit digitalen Aufgabenformaten geleistet (Bernsen u. a. 2012, 17 ff.). Die Lernplattform *segu* bietet sich dabei als Untersuchungsgegenstand an, da sie ein praxisnahes Tool darstellt. Sie wurde zwischen 2011 und 2017 an der Universität zu Köln unter der Leitung Christoph Pallaskes entwickelt. Bis heute wird die Plattform von Pallaske gewartet, stetig verändert und angepasst, sodass *segu* ein dynamisches Konstrukt im *World Wide Web* (*WWW*) darstellt. Derzeit (Stand: Februar 2021) stehen 25 Modulserien mit 206 Lernmodulen und 741 Lernaufgaben zur Verfügung. *Segu* folgt vier Konzeptionsmerkmalen: Zunächst ist sie eine Lernplattform des offenen Geschichtsunterrichts. Weiterhin zeichnet sie sich durch die zur Verfügung stehenden Lernaufgaben, Inhalte und Netzressourcen und die Nutzung digitaler Medien aus. Außerdem stellt sie eine *Open Educational Resources* (*OER*) dar. Im Rahmen der Thematik dieses Beitrags ist vor allem das zweite Konzeptionsmerkmal näher zu betrachten. Pallaske hielt dazu 2016 auf seinem Blog fest:

„Der Vorteil einer Online-Lernplattform liegt aber vor allem darin, mit verschiedenen externen Netzressourcen zu arbeiten oder Schüler/innen selbst online recherchieren zu lassen. Dies ist im Fach Geschichte besonders naheliegend, denn über Geschichte wird sich immer auch in der Öffentlichkeit auseinandergesetzt. Lernen mit dem Internet macht somit viele Gegenwartsbezüge deutlich und bedeutet deshalb eine in der Geschichtsdidaktik vielfach geforderte Hinwendung zur Geschichtskultur und zur Public History." *(Pallaske 2016)*

Nachfolgend wird beispielhaft an einer Lernaufgabe aufgezeigt, wie diese Hinwendung zur Geschichtskultur auf der Plattform *segu* umgesetzt wird. Zunächst wird dazu auf die Konstruktion der empirischen Studie eingegangen. Daraufhin wird die exemplarisch ausgewählte Lernaufgabe vorgestellt, die eine geschichtskulturelle Thematik aufgreift. Anschließend wird fokussiert, welche (digitalen) Strategien die Schülerinnen und Schüler zur Bewältigung der Aufgabe heranziehen und wie sie über das Aufgabenformat kommunizieren. Im abschließenden Fazit werden die Ergebnisse mit geschichtskulturellen Dimensionen zusammengeführt und daraus Erkenntnisse für das historische Lernen in digital geprägten Lernumgebungen abgeleitet.

2. Studiendesign

Das Forschungsprojekt „Geschichte lernen digital" verfolgt das Ziel, Praktiken der (digitalen) Aufgabenbearbeitung zu rekonstruieren. Das Untersuchungsdesign ist im qualitativen Paradigma verortet und folgt einem explorativen Design (Mayring 2010, 231 f.). Ziel der Studie ist es, Hypothesen über die Performanz historischer (Denk-)Operationen von Schülerinnen- und Schüler-Tandems bei der Bearbeitung digitaler historischer Lernaufgaben zu generieren. Dazu wurden Schülerinnen- und Schüler Tandems (n = 9) bei der Bearbeitung digitaler Lernaufgaben der Plattform *segu* videografiert. Ausgewählte Sequenzen wurden anschließend durch die Dokumentarische Methode ausgewertet, die in den letzten Jahren methodisch im Sinne einer rekonstruktiven Unterrichtsforschung weiterentwickelt wurde (Asbrand/Martens 2018). Gegenstand der Forschung sind Verstehens- und Rezeptionsprozesse in Form von spezifischen Praxisformen des Geschichtsbewusstseins, die in der Sinnbildung über geschichtliche Verläufe bzw. in der Auseinandersetzung mit Geschichte entstehen. Das Geschichtsbewusstsein ist dabei als eine subjektgebundene Konstruktion zu verstehen, die aber auch immer an eine gesellschaftliche, kollektive Praxis gebunden ist, wofür der Begriff „Geschichtskultur" etabliert wurde (Martens 2012, 235 ff.).

2.1 Praxeologischer Forschungsansatz

Der praxeologische Forschungsansatz wird gewählt, um Praktiken der Bearbeitung digitaler historischer Lernaufgaben sichtbar zu machen. Eine Praktik ist als menschliches Tun zu bezeichnen, das nach impliziten Regeln vollzogen wird. Während das Verhalten als routinierter Vollzug habitualisierter Dispositionen erscheint, vollzieht sich das Handeln in einem absichtsvollen Tun, das von den Akteur*innen begründet werden kann. Das Wissen spielt für den Vollzug einer Handlung eine entscheidende Rolle: Das praktische, implizite Wissen veranlasst das Abrufen des nötigen habitualisierten Skripts, welches den Akteur*innen nicht reflexiv zugänglich ist (De Boer 2019, 22–26).

Im Geschichtsunterricht bildet sich implizites Rahmungswissen, welches das Handeln der Schülerinnen und Schüler konstituiert. Der Prozess des Lernens ist dabei situativ und kontingent sowie routiniert und habitualisiert. Das Vorgehen ermöglicht, spezifische Lern-, Fach-, Schul- und Geschichtskulturen zu rekonstruieren. Gegenstand der Analyse sind somit sowohl die geschichtskulturelle Rahmung, die sich in der Fach- und Lernkultur sowie der inhaltlichen Beschäftigung mit der Plattform *segu* manifestiert, als auch die individuellen Konstruktionsprozesse der Akteurinnen und Akteure (Martens u. a. 2016, 177–181). Die Studie verfolgt zusammengefasst das Ziel, fachliche Kompetenzen der Lernenden sowie fächerübergreifende bzw. fachunspezifische Praxisformen zu rekonstruieren. Durch die digital geprägte Lernumgebung als Untersuchungsgegenstand werden dabei auch Aspekte des medialen Handlungswissens fokussiert.

2.2 Setting der Aufgabenbearbeitung

Die digital geprägte Lernumgebung der Plattform *segu* beeinflusst das Setting der Aufgabenbearbeitung maßgeblich. Um einen Zugang zur Webseite (*Software*) zu erlangen, muss eine internetfähige *Hardware* zur Verfügung stehen. Im Untersuchungssetting wurde ein Laptop mit einem 24-Zoll-Bildschirm verbunden, wobei die Schülerinnen und Schüler ausschließlich auf den angeschlossenen Monitor zugreifen konnten. Als zusätzliche *Hardware* standen eine kabellose Tastatur sowie Maus zur Verfügung, um einen flexiblen Umgang mit den technischen Geräten zu ermöglichen. Zusätzlich lagen als analoge Instrumente Zettel und Stifte auf dem Tisch zur Verfügung. Die zu bearbeitende Lerneinheit wurde von der Studienleiterin vor Aufzeichnungsbeginn aufgerufen, sodass die Schülerinnen und Schüler ohne weitere thematische Einführung mit den Inhalten und Aufgaben konfrontiert wurden. Die Probandinnen und Probanden wurden vor Beginn der Untersuchung instruiert, die Aufgaben eines Lernmoduls zu zweit so zu lösen, wie es häufig auch im Geschichtsunterricht üblich ist. Sie wurden aufgefordert, das gesamte ausgewählte Modul zu bearbeiten, möglichst oft miteinander zu kommunizieren und deutlich zu sprechen. Dazu stand es den Probandinnen und Probanden frei, die Aufgaben digital am Computer oder analog mit Zettel und Stift zu lösen. Ebenfalls wurde die Möglichkeit benannt, die digital geprägte Umgebung vollumfänglich zu nutzen. Den Schülerinnen und Schülern wurde bspw. explizit vorgeschlagen, auf das Textverarbeitungsprogramm Word oder Recherchemöglichkeiten zurückzugreifen. Nach der Instruktion zog sich die Studienleiterin als stille Beobachterin zurück und partizipierte nicht mehr an den Bearbeitungspraktiken der Schülerinnen und Schüler.

Durch das Setting wird eine kollaborative Form des historischen Denkens ermöglicht, wobei der Computer mit der Möglichkeit des Internetzugangs im Sinne der *Akteur-Netzwerk-Theorie (ANT)* als dritter Kommunikator angesehen werden kann (Latour 2002). Die Gedanken und Ideen der Schülerinnen und Schüler werden durch die wechselseitige Kommunikation expliziert und anschlussfähig für Diskussionen (Bracke u. a. 2018, 225 f.). Erst der Umgang mit dem Computer (samt jeglicher *Hard-* und *Software*) ermöglicht im Setting die erfolgreiche Aufgabenbearbeitung. Die Inhalte und Aufgaben der ausgewählten Lerneinheit bestimmen die Konstruktion sowie Vermittlung und Aneignung des fachlichen Wissens mit. Die Arbeitsergebnisse müssen bspw. über Tastatur und Bildschirm oder Zettel und Stift festgehalten werden und die Suchmaschine muss zur Recherche herangezogen werden. Im Untersuchungssetting übernehmen die Inhalte und Aufgabenstellungen der Lernplattform *segu* die Funktion einer *Delegation*. Das bedeutet, dass in zeit-räumlicher Verschiebung menschliches Handeln stellvertretend auf die Lernplattform *segu* übertragen wurde. Somit werden fachliches Wissen, Unterrichtsinhalte und Aufgabenstellungen auf die Lerneinheiten der Plattform delegiert. Die Aufgabenstellungen und Lernmaterialien tragen dadurch einen propositionalen Gehalt, die vor Beginn der Interaktion durch den Autor der Plattforminhalte (Pallaske) auf die Webseite *segu* assoziiert wurden. Die Unterrichtssituation wird folglich durch das Handlungsprogramm der Aufgabenstellungen und Inhalte geprägt (Asbrand/Martens 2018, 126).

3. Beispielaufgabe 2d aus der Lerneinheit „Hexenverfolgung in der frühen Neuzeit"

Exemplarisch wird in diesem Beitrag die Lernaufgabe 2d aus der Lerneinheit „Hexenverfolgung in der frühen Neuzeit" fokussiert, die eine doppelte Hinwendung zur Geschichtskultur auszeichnet.[3] Zum einen greift die Lernaufgabe als Materialgrundlage auf eine originär digitale Darstellung aus dem Universum der Geschichtskultur zurück. Zum anderen versetzt die Aufgabenstellung die Lernenden in die Lage, sich in einem geschichtskulturellen Diskurs zu einer Denkmalerrichtung in der Stadt Bamberg zu positionieren. Das Medium Denkmal kann dabei als Ausdruck zur Erschaffung oder Erhaltung kollektiver Erinnerung angesehen werden (Reeken 2021, 37).

Zunächst wird die Aufgabenstellung und die Materialgrundlage vorgestellt, woraufhin im Anschluss die Lösungsstrategien der Lernenden-Tandems sowie die realisierten geschichtskulturellen Diskurse betrachtet werden.

3.1 Aufgabenstellung und Materialgrundlage

Die Aufgabenstellung fordert die Schülerinnen und Schüler auf, sich in einer geschichtskulturellen Debatte zu positionieren. Dazu versetzt sie die Lernenden in die Lage, sich in einem Diskurs über die Relevanz der historischen Erinnerung zu äußern und fordert ein Urteil mit wertendem Charakter. Im Lernsetting wird eine Kombination aus der Reflexion von Geschichtskultur sowie der historischen Identität angeregt, sodass die Relevanz des Ausschnitts aus der Geschichte subjektiv bewertet werden kann (Meyer-Hamme 2021, 18–24):

---

3 Pallaske, Christoph (2011-2017): segu-geschichte. Lernplattform für offenen Geschichtsunterricht. [https://segu-geschichte.de/hexenverfolgung/], zuletzt abgerufen am 24.2.2023.

„Der kurze Zeitungsartikel ‚Ein Denkmal dort, wo früher ‚Hexen' brannten' (auf den Seiten von welt.de) berichtet, dass in Bamberg ein Denkmal für die Opfer der Hexenverfolgung errichtet werden soll. Was hältst du von einem solchen Denkmal? [H. i. O.]"

Die Aufgabenstellung kann dabei dem Idealtypus des *historischen Relevanzurteils* zugeordnet werden, wobei die Beurteilung des historischen Phänomens der Hexenverfolgung für die Gegenwart und Zukunft im Zentrum steht. Die Aufgabe beinhaltet dabei eine alltagssprachlich formulierte Frage, wodurch die Werturteilsbildung durch die Grundfrage „Was hältst du davon?" als eher unreflektierte persönliche Meinungsäußerung initiiert wird (Thünemann 2020, 16 ff.). Somit fordert die Lernaufgabe die Tätigkeit einer nicht-narrativen, diskursiven Darstellungsleistung ein, die in der Beurteilung einer historischen Deutung besteht (Handro 2020, 101 f.).

Als Materialgrundlage ist eine originär digitale Darstellung in Form eines Zeitungsartikels als Hyperlink im Aufgabentext implementiert. Zusammengefasst enthält der Zeitungsartikel „Ein Denkmal dort, wo früher ‚Hexen' brannten", veröffentlicht am 8.11.2013 auf der Seite *welt.de*, die Deutung, dass Bambergs Bedeutung als zentraler Schauplatz der Hexenverfolgung im 17. Jahrhundert heute im Stadtbild nicht mehr sichtbar sei. Deshalb möchte der Bürgerverein mit Unterstützung der Stadt ein Denk- bzw. Mahnmal errichten. Das Denkmal solle informieren und erinnern, um einen Beitrag zur Aufarbeitung „des dunklen Kapitels der Stadt- und Kirchengeschichte" zu leisten. Ebenfalls gehe es darum zu signalisieren, dass man in der Gegenwart bei jeglicher Form von Fanatismus und Diskriminierung wachsam sein solle.[4] Im Jahr 2015 wurde das Denkmal als „Brandmal" in Form einer Bodenplatte mit Lichtinstallation errichtet.[5]

3.2 Aufgabenbearbeitungen der Teams

Die Aufgabe haben insgesamt fünf Lernenden-Tandems bearbeitet, wobei die durchschnittliche Bearbeitungszeit bei 3:43 Minuten liegt. Betrachtet man die Diskursorganisationen der Teams wird deutlich, dass die Schülerinnen- und

---

4 O. A. (2013): Ein Denkmal dort, wo früher Hexen brannten. In: Welt v. 8.11., [https://www.welt.de/regionales/muenchen/article121691012/Ein-Denkmal-dort-wo-frueher-Hexen-brannten.html], aufgerufen am 24.2.2023.
5 O. A. (2015): Erinnerung an „Hexenverfolgung". Ein notwendiges „Brandmal". In: Obermain Tagblatt v. 22.7., [https://www.obermain.de/lokal/obermain/erinnerung-an-hexenverfolgung-ein-notwendiges-brandmal;art2414,845632], aufgerufen am 24.2.2023.

Schüler-Paare die Aufgabenstellung verschieden bearbeiten und somit unterschiedliche Argumentationsstrukturen auftreten. Im Sample treten ausschließlich inkludierende Diskursmodi auf, wozu der parallele, univoke und antithetische Modus zählen.

Team	Jahrgangsstufe	Zusammensetzung	Lerneinheit	Bearbeitungszeit	Interaktionsmodus
Team 1	8	männlich Anton (*Am*) & Ben (*Bm*)	Hexenverfolgung	2:37 Min.	univok
Team 2	8	männlich Carlo (*Cm*) & Dario (*Dm*)	Hexenverfolgung	3:29 Min.	parallel
Team 3	8	männlich Emil (*Em*) & Fabian (*Fm*)	Hexenverfolgung	7:20 Min.	antithetisch
Team 4	8	männlich Hannes (*Hm*) & Georg (*Gm*)	Hexenverfolgung	2:38 Min.	parallel
Team 5	7	weiblich Alina (*Af*) & Bea (*Bf*)	Hexenverfolgung	2:07 Min.	antithetisch

Tab 1: Übersicht über das Sample der Aufgabenbearbeitung

Aus dem interpretierten Datenmaterial kann die Basisorientierung herausgearbeitet werden, dass alle Lernenden-Tandems die Aufgabe vollumfänglich und erfolgreich bearbeiten möchten. Die Herangehensweise der Aufgabenbearbeitung unterschiedet sich durch den Lernhabitus der Schülerinnen- und Schüler-Paare. Die Bedeutung des konjunktiven Wissens, welches in die Lernaufgabe eingeschrieben ist, bildet dazu den Kontext für die nachfolgenden Interpretationen. Dabei spielen sowohl überfachliche, fachliche als auch mediale (Vor-)Wissensfacetten der Schülerinnen und Schüler eine Rolle, die für eine erfolgreiche Aufgabenbearbeitung mit den Anforderungen der Aufgabenstellung emergieren müssen.

Als übergeordnete Struktur der Aufgabenbearbeitung kann ein Dreischritt rekonstruiert werden, der als *Tertium Comparationis* definiert wird: (1) Rezeption des Arbeitsauftrags und der Materialgrundlagen, (2) Relationierung zwischen den Anforderungen der Aufgabenstellung und Wissensstrukturen und (3) Aushandlung und Formulierung der Antwort. In den nachfolgenden Abschnitten wird die Aufgabenbearbeitung der fünf Lernenden-Tandems mit Fokus auf den Lösungsstrategien sowie der Aushandlung der geschichtskulturellen Debatte betrachtet.

3.2.1 „Lass uns doch erstmal googeln" – Lösungsstrategien der Tandems

Dieser Abschnitt zeigt auf, inwiefern die Schülerinnen und Schüler auf die Materialgrundlage zurückgreifen oder alternative Strategien zur Aufgabenlösung anwenden. Dabei lassen sich grundlegend zwei verschiedene Herangehensweisen identifizieren: Team 1, 3 und 4 wählen den Hyperlink an und greifen auf die implementierte Materialgrundlage zurück. Team 2 und 5 wählen den Hyperlink hingegen nicht an, wobei Team 2 auf eine andere Strategie, die freie Suche bei Google, zurückgreift.

Routinierter Umgang mit der Hypertextstuktur

Team 1, 3 und 4 wählen den Hyperlink auf Anhieb an, wodurch zum Ausdruck kommt, dass ihnen die implementierte digitale Struktur in der Aufgabenstellung bekannt ist. Somit kann ein routinierter Umgang mit Hypertextstrukturen, die ein Merkmal digital geprägter Umgebungen darstellen, festgestellt werden.

Team 3 und 4 lesen den Artikel vollständig, woraus sich ableiten lässt, dass sie die Materialgrundlage als Basis zur Beantwortung der Problemfrage ansehen. Zudem wird eine homologe Orientierung im Umgang mit den implementierten Materialgrundlagen sichtbar, da durch einen fallinternen Vergleich mit anderen Sequenzen ermittelt werden kann, dass beide Teams bei einer anderen Lernaufgabe ebenfalls die gesamte Materialgrundlage erschlossen haben. Bei Team 3 lässt sich in der Sequenz ein antithetischer Diskursmodus rekonstruieren, der auf das ungleiche Erschließungstempo Emils und Fabians zurückzuführen ist. Bei Hannes und Georg aus Team 4 lässt sich ein paralleler Interaktionsmodus rekonstruieren, da die Schüler den Zeitungsartikel einvernehmlich erschließen.

Team 1 suspendiert den Artikel nach einer gewissen Lesezeit, wodurch zum einen die Routine des scannenden Lesens identifiziert und zum anderen eine ökonomische Herangehensweise an die Aufgabenbearbeitung herausgearbeitet werden kann. Die Schüler brechen das Lesen des Artikels einvernehmlich nach dem ersten Abschnitt ab, da sie feststellen, dass der Inhalt als Wissensgrundlage zur Beantwortung der Aufgabe reiche. Es zeigt sich die digital geprägte Strategie des scannenden Lesens und eine effiziente Herangehensweise an die Aufgabenbearbeitung, die als schulische Routine der Aufwands-Ertrags-Kalkulation rekonstruiert werden kann (Martens/Asbrand 2021, 64 f.).

Nicht-Anwählen des Hyperlinks

Team 2 und 5 wählen den Hyperlink aus der Aufgabenstellung nicht an, greifen somit nicht auf die Materialgrundlage der Aufgabe zurück. Bei Team 5 lässt sich durch einen fallinternen Vergleich mit anderen Sequenzen rekonstruieren, dass der Hyperlink bewusst nicht angewählt wird und somit von ihnen für die erfolgreiche Aufgabenbearbeitung als nicht notwendiges Element suspendiert wird. Das Team löst die Aufgabenstellung folglich bewusst ohne das Wissen aus dem Zeitungsartikel.

Team 2 ist die Hyperlinkstruktur hingegen nicht bekannt, was durch einen fallinternen Vergleich mit anderen Sequenzen ermittelt werden kann. Das Nicht-Wissen um die digitale Hyperlinkstruktur determiniert somit die Aufgabenbearbeitung des zweiten Teams, sodass die Informationen aus dem Artikel, die zur intendierten Aufgabenlösung gehören, nicht miteinbezogen werden können. Stattdessen breiten sie einen anderen Orientierungsgehalt aus, indem sie das Aussehen des Denkmals mithilfe der Suchmaschine Google recherchieren, was die nachfolgende Passage verdeutlicht:

verbale Kommunikation	nonverbale Kommunikation
Dm: Lass uns doch erstmal googeln.	*Dm* guckt zu *Cm*.
Cm: Was denn?	*Cm* schüttelt leicht mit dem Kopf und grinst.
Dm: Ja, wie das Denkmal aussieht.	
Cm: Können wir machen.	
Dm: Ja, warte kopiere dann kurz da.	*Dm* zeigt mit dem rechten Zeigefinger auf den Bildschirm.
Cm: Nein, wir machen das so und dann Hexendenkmal und dann gucken wir, ob das kommt. (..) das ist nicht mal Google.	*Cm* greift mit der rechten Hand zur Maus und öffnet im Browser einen neuen Tab.
Dm: Ja.	*Cm* guckt zu *Dm*.
Cm: Und jetzt mach „Hexendenkmal".	*Dm* wendet sich mit beiden Händen der Tastatur zu, wobei der Blick nach unten gerichtet ist. Er gibt „Google" in die Suchmaschine Bing ein und öffnet Google als Suchmaschine. Als Suchbegriff gibt er „Hexendenkmal" in das Suchfeld bei Google ein.
Dm: Hexendenkmal.	
Cm: Das Denkmal.	*Cm* wählt im Reiter ‚Bilder' an und wählt das vierte Bild aus.
Dm: °Was soll das denn sein°	*Dm* lacht.

Passage: Googeln des Aussehens des Hexendenkmals, Team 2, 18:18–19:00

An der Herangehensweise des zweiten Teams zeigt sich die Orientierung, dass durch einen Rückgriff auf das freiverfügbare Wissen im digitalen Raum des Internets das Wissensdefizit gegenüber dem Denkmal überwunden werden kann. Ebenfalls drückt sich implizit ein ästhetischer Zugriff auf die Aufgabenstellung aus, da die Schüler wissen möchten, wie das Denkmal aussieht (Rüsen 2013, 236 f.). Dario zeigt auf die Aufgabenstellung und stellt somit eine Verbindung mit dem Bildschirm her. Er schlägt vor, einen Teil aus der Aufgabenstellung zu kopieren und in die Google-Suche einzufügen. Hieran zeigt sich, dass die Strategie des Copy & Paste bekannt ist und als sinnvolle Recherchetechnik empfunden wird. Carlo lehnt diese Vorgehensweise ab, positioniert sich somit gegen die vorgeschlagene Strategie von Dario und drückt aus, dass er den Vorschlag seines Partners an dieser Stelle für nicht zielführend hält. Er differenziert den Vorschlag in „wir machen das so" aus und schlägt somit vor, das Denkmal durch eine freie Recherche zu suchen.

Carlo fordert seinen Partner bestimmend auf („und jetzt mach Hexendenkmal"), das Denkmal nach seiner vorgeschlagenen, freien Suchstrategie zu recherchieren. Dario geht dazu eine Verbindung mit der Tastatur ein und gibt „Hexendenkmal" als Einzelbegriff in die Suchmaske ein (Hodel 2013, 201 f.). Auffällig ist, dass der Ort des Denkmals, also die Stadt Bamberg, von ihnen nicht mit in die Suchmaske eingegeben wird und die Recherche somit ortsunbestimmt durchgeführt wird. Implizit wird dadurch die Erwartungshaltung der Schüler deutlich, dass die Algorithmen der Suchmaschine das für sie zugeschnittene Ergebnis bereithalten. Carlo geht eine Verbindung mit der Maus ein, schwenkt auf die Bildersuche um und wählt das vierte Suchergebnis an, welches das Hexendenkmal in Bamberg abbildet.[6] Es zeigt sich erneut ein ästhetisches Bedürfnis der Schüler, wodurch das Aussehen des Denkmals zum Bewertungsmaßstab für die Fällung des wertenden Urteils wird. Die beiden Schüler reagieren irritiert auf das Aussehen des Denkmals, was durch die geflüsterte Nachfrage von Dario („Was soll das sein?") deutlich und durch ein anschließendes Lachen verstärkt wird. Mit der Realisierung des Denkmals als Bodenplatte mit Lichtinstallation, auch als „Brandmal" bezeichnet", haben die beiden Schüler wohl nicht gerechnet.

3.2.2 Die Aushandlung der geschichtskulturellen Diskurse in der Nussschale – Aufgabenlösungen der Teams

Die Problemfrage, die eine wertende Beurteilung über ein vergangenes Ereignis einfordert und somit die drei Zeitebenen der Vergangenheit, Gegenwart und

---

6 Bemerkenswert ist, dass sie als Treffer auf das Bamberger Denkmal stoßen – vollziehen Sie doch mal die unspezifische Suche „Hexendenkmal" in Ihrem Browser und explorieren, an welcher Stelle das Bamberger Denkmal auftaucht. Für die Untersuchung wurde zuvor ein separates Benutzerkonto auf dem Computer erstellt, sodass die Suchmaschine nicht durch Algorithmen vorgeprägt war. Da die Schüler zuvor lediglich auf die *segu*-seite zur „Hexenverfolgung in der frühen Neuzeit" zurückgegriffen haben, wo es inhaltlich um die Hexenverfolgung in Bamberg geht, haben die Algorithmen ihren Dienst geleistet und die Schüler zum Bamberger Denkmal geführt. Fraglich ist, ob sie unter anderen Bedingungen durch diese unspezifische Suchanfrage auch erfolgreich gewesen wären.

Zukunft verknüpft, löst bei allen Teams einen Austausch über die Erinnerungswürdigkeit der Geschichte aus. Die Aufgabenstellung regt die Schülerinnen und Schüler dazu an, über die Sinnhaftigkeit einer Denkmalerrichtung für die Opfer der Hexenverfolgung in der Stadt Bamberg zu diskutieren. Die Problemfrage stößt somit dazu an, reflektiert über die Bedeutung der Vergangenheit für die heutige Gegenwart nachzudenken (Winklhöfer 2021, 17 f.; Küster/Bernhardt 2022, 6 f.).

Es lassen sich zwei Positionierungen voneinander unterscheiden: Team 1, 3, 4 und 5 plädieren für eine Denkmalerrichtung, wodurch eine Orientierung an den Opfern der Geschichte zum Ausdruck kommt. Es wird deutlich, dass die Schülerinnen und Schüler implizit über Wissen verfügen, das als gesellschaftlich *richtig* konnotierter Umgang mit Geschichte bezeichnet werden kann.[7] Team 2 lehnt die Denkmalerrichtung in der Stadt Bamberg ab, wodurch ein Gegenhorizont zur Orientierung der anderen Teams entsteht: Sie stellen sich gegen den gesellschaftlich mehrheitlich als *richtig* konnotierten Umgang mit der Geschichte und messen diesem Ausschnitt der Vergangenheit keine Erinnerungswürdigkeit in ihrer gegenwärtigen Lebenswelt zu.[8] Die zwei Positionierungen werden im Folgenden dargestellt, wobei die Argumentationen auf Zeitebene der Gegenwart sowie Vergangenheit fokussiert werden.

„So ein Denkmal ist keine schlechte Idee" – Befürwortung der Erinnerungswürdigkeit der Geschichte

Team 1, 3, 4 und 5 positionieren sich für die Denkmalerrichtung. Ihre Positionierung richtet sich an den Opfern der Geschichte aus, also an den Menschen, die durch die Praxis der Hexenverfolgung zu Unrecht verurteilt und gestorben sind. Die Funktion des Denkmals arbeiten Team 1 und 3 durch Argumente auf Zeitebene der Gegenwart und Zukunft heraus, was die nachfolgende Passage verdeutlicht:

---

7 Der hier bezeichnete Umgang mit der Geschichte als gesellschaftlich richtig konnotiert kann ins Verhältnis zum Kollektivgedächtnis unserer Gesellschaft gesetzt werden. Die Schüler*innen werden durch die Aufgabenstellungen aufgefordert, die kollektive Dimension von Erinnerung argumentativ zu hinterfragen und zu reflektieren, wodurch das individuelle Geschichtsbewusstsein in Beziehung zur kollektiven Erinnerung gesetzt wird. – Assmann 2011, 15 f.

8 Wertende Urteile erfolgen häufig unter Rückgriff auf Alltagskonzepte, wobei individuelle Identitätskonzepte und -bedürfnisse die Werturteilsbildung beeinflussen. Zur Dimension der Wertung zählt die Beurteilung und Reflexion der individuellen und gesellschaftlichen Relevanz des Phänomens für Gegenwart und Zukunft, die von den Schüler*innenpaaren unterschiedlich bewertet wird. – Winklhöfer 2021, 15 ff.

verbale Kommunikation	nonverbale Kommunikation
Bm: Ja, generell so ein Denkmal- *Am*: ë Ist das keine schlechte Idee. *Bm*: ë Ist das keine schlechte Idee, weil es ist natürlich, dient ja dann natürlich auch so als Mahnmal, so nach dem Motto: ‚ja, sollte nicht nochmal passieren.' *Am*: Man sollte es auch nicht verdrängen. *Bm*: Genau, man sollte es halt nicht vergessen.	*Bm* klickt in das Textfeld zu Aufgabe 2d. *Am* und *Bm* wenden sich zueinander. *Bm* lehnt sich auf dem Stuhl zurück. Der linke Arm baumelt neben dem Körper, die rechte Hand ist auf dem Tisch abgelegt. Er lässt die flache Hand bei ‚so nach dem Motto' auf den Tisch fallen. *Bm* lehnt sich wieder nach vorne, er legt seine Ellbogen auf dem Tisch ab. Die Hände greifen ineinander und er zieht an den Handschuhen. *Am* wendet sich mit beiden Händen der Tastatur zu. Der Blick ist nach unten auf die Tastatur gerichtet und er tippt den Antwortsatz.

Passage: Argumentation auf Zeitebene der Gegenwart und Zukunft, Team 1, 23:13–24:41

Die Schüler-Tandems sehen in der Errichtung des Denkmals ein Mahnmal und schreiben der Geschichte einen erinnernden Aspekt zu. Implizit tritt bei den beiden Teams die Auffassung zutage, dass die Gegenwart in einem moralisierenden Modus Verantwortung gegenüber der vergangenen Geschichte übernehmen muss. Die Denkmalerrichtung sollte nach Meinung der Schüler also mit der Absicht vollzogen werden, dass durch ständiges Erinnern in der Gesellschaft die Wiederkehr der Geschichte verhindert werden kann. Dadurch kommt zum Ausdruck, dass sie die Geschichte der Hexenverfolgung für erinnerungswürdig halten und somit einen Raum im geschichtskulturellen Diskurs der Gegenwart zugestehen (Reeken 2021, 38).

Argumente auf Zeitebene der Vergangenheit finden sich bei Team 3, 4 und 5 wieder, die allerdings unterschiedliche Aspekte fokussieren. Fabian aus Team 3 versucht im Modus des Fremdverstehens den Glaubens- und Vorstellungshorizont der Menschen der Frühen Neuzeit nachzuvollziehen („Ja wir denken immer, das wird nie wieder passieren. Aber früher, damals haben die es ja einfach geglaubt. Da konnten die einfach nicht ander") (Conrad 2011, 9 f.). Er formuliert, dass die Menschen früher an Hexerei geglaubt haben und deshalb nicht anders handeln konnten, als die unschuldigen Menschen zu verurteilen. Damit übernimmt er eine zeitgenössische Perspektive. Team 4 und 5 konstatieren, dass viele Menschen früher unschuldig gestorben seien, was ihr einziges Argument für die Denkmalerrichtung bleibt.

„Ja jetzt gibt es halt dieses Thema nicht so" – Verneinung der Erinnerungswürdigkeit der Geschichte

Carlo und Dario aus Team 2 lehnen die Denkmalerrichtung ab und grenzen sich somit von den anderen bislang betrachteten Teams durch ihre Positionierung ab, was die nachfolgende Passage verdeutlicht:

verbale Kommunikation		nonverbale Kommunikation
Cm: wir von sowas	wat weiß=ich. ja was halten keine Ahnung.	Cm wechselt den Tab zurück zu *segu*. *Cm* lacht und schüttelt leicht mit dem Kopf. Er löst die rechte Hand von der Maus. Beide Arme baumeln neben dem Körper.
Dm:	Steuergeldverschwendung.	Beide gucken sich an und grinsen.
Cm: Sinne ist es ja	Nein, eigentlich in dem unnötig, weil die Men- die Hexen ja	*Dm* schiebt die Tastatur zu *Cm* und legt die Unterarme angewinkelt auf dem Tisch ab. Beide gucken sich an.
Dm:	Ja, die werden ja heute ja	
Cm:	Kacke gebaut haben.	
Dm:	Ja. gut.	
Cm:	Ja, die haben Scheiße gemacht und	*Dm* guckt in seine Handflächen und zuckt mit der rechten Schulter.
Dm:	Ja jetzt gibt es halt dieses Thema nicht so wo Hexen dann gefoltert und direkt verbrannt, ist halt	*Dm* legt die Unterarme angewinkelt auf dem Tisch ab. *Cm* greift mit der rechten Hand zur Maus, der linke Arm baumelt neben dem Körper.
Cm:	So.	

Passage: Ablehnung der Denkmalerrichtung, Team 2, 19:01–41

Carlo leitet das Gespräch mit den Worten „Wat weiß ich. Ja was halten wir von sowas, keine Ahnung." ein. An dieser Aussage zeigt sich explizit, dass er sich (noch) keine Meinung zu dem Denkmal gebildet hat. Anschließend führen die beiden Schüler die Argumentation in einem parallelen Interaktionsmodus. Dario antwortet, dass er das Denkmal für „Steuergeldverschwendung" hält. Hieran zeigt sich explizit, dass er die Denkmalerrichtung als kostenintensiv einstuft, implizit zeigt sich eine abwertende Haltung. Carlo verneint die Aussage von Dario, verdeutlicht allerdings, dass er die Denkmalerrichtung für unnötig halte, weil die Hexen in der Vergangenheit „Kacke gebaut" haben. Hieran zeigt sich deutlich, dass das Geschichtsverständnis von Carlo begrenzt ist. Er hält Hexen in der Frühen Neuzeit für wirklich existent, die seiner Ansicht nach schlechte Dinge getan haben und deshalb auch kein Denkmal verdient haben. Er reflektiert nicht, dass Stigmatisierung, Fremdzuschreibung und Funktionalisierung erfolgten, um unerklärliche Phänomene zu erklären oder politische Gegnerinnen und Gegner zu beseitigen. Implizit zeigt sich somit eine Orientierung am

Volksglauben der Frühen Neuzeit. Der Schüler tritt nicht in eine zeitlich-reflexive Distanz gegenüber dem vergangenen Glaubenshorizont und hält Hexen für Wesen, die früher wirklich gelebt haben. Dario fügt ergänzend hinzu, dass es das Thema Hexen „jetzt" nicht so gibt. Dabei zuckt er mit der rechten Schulter. Implizit zeigt sich hierdurch, dass dem Schüler ein eigener Lebenswelt- und Gegenwartsbezug fehlt, um die Denkmalerrichtung für unterstützenswert zu erachten, da die Thematik der Hexenverfolgung in seiner Gegenwart keine Rolle spielt (Lee/Ashby 2000, 212). Carlo greift daraufhin zur Maus, klickt in das Textfeld und schließt die Diskussion um die Denkmalerrichtung ab.

4. Fazit

Es lässt sich resümieren, dass die Lernplattform *segu* nicht nur Möglichkeiten zur Anbindung an die digitale Geschichtskultur bietet, sondern die wahrnehmbaren Praktiken auch durch den digitalen Möglichkeitsraum mitbestimmt werden. Die exemplarisch ausgewählte Lernaufgabe zeichnet sich durch eine doppelte Hinwendung zur Geschichtskultur aus: Zum einen ist als Materialgrundlage eine originär digitale Darstellung hinterlegt, die im Aufgabentext als externe Verlinkung implementiert ist. *Segu* fungiert somit als Teilnetz im *WWW*, welches durch die öffentliche Auseinandersetzung mit Geschichte geprägt ist. Zum anderen wird in der Lernaufgabe ein *historisches Relevanzurteil* initiiert, welches sich durch die Deutung eines vergangenen Phänomens in Bezug auf die Gegenwart und Zukunft auszeichnet (Thünemann 2020, 16 ff.). Somit werden die Lernenden dazu aufgefordert, sich in einem geschichtskulturellen Diskurs zu positionieren, der einen Lebenswelt- und Gegenwartsbezug aufweist. Zudem hat die Interpretation aufgezeigt, dass durch die digital geprägte Lernumgebung der Aufgabenkontext durch die Lernenden selbstgesteuert erweitert werden kann. Der intendierte Lösungsweg über den verlinkten Zeitungsartikel wurde von zwei Teams nicht gewählt, wobei Team 2 auf eine freie Recherche zurückgriff, um sich über das Aussehen des Denkmals zu informieren.

Die Problemfrage, die eine wertende Beurteilung über das vergangene Ereignis der Hexenverfolgung einfordert und somit die drei Zeitebenen der Vergangenheit, Gegenwart und Zukunft verknüpft, löst bei allen Teams eine Argumentation über die Erinnerungswürdigkeit der Geschichte aus (Winklhöfer 2021, 17 f.; Küster/Bernhardt 2022, 6 f.). Es lassen sich zwei Positionierungen voneinander unterscheiden: Team 1, 3, 4 und 5 plädieren für eine Denkmalerrichtung, wodurch eine Orientierung an den Opfern der Geschichte zum Ausdruck kommt. Team 2 lehnt die Denkmalerrichtung ab, wodurch ein Gegenhorizont zur Orientierung der anderen Teams entsteht. Dabei messen sie dem Ausschnitt der Vergangenheit keine Erinnerungswürdigkeit in ihrer gegenwärtigem Lebenswelt zu. Bereits die Zusammenfassung der unterschiedlichen Orientierungen verdeutlicht, dass der Umgang mit der Vergangenheit in die gesellschaftliche Praxis (Geschichtskultur) eingebettet ist. Die Lernenden-Tandems formulieren dabei ein unterschiedliches Verhältnis zur Erinnerungswürdigkeit der Geschichte. So treten verschiedene historische Identitätskonstruktionen zutage, die dem vergangenen Ereignis unterschiedliche Bedeutung in der heutigen Gegenwart beimessen (Meyer-Hamme 2016, 270 ff.). Dabei ist zu konstatieren, dass die Lernenden über die Plattform selbst kein Feedback zu ihren gegebenen Antworten erhalten. Offene Aufgabenformate von *segu* müssen demzufolge im Unterrichtsgeschehen hinsichtlich Richtigkeit und Plausibilität besprochen werden. „Selbstgesteuert" im Namen der Plattform bedeutet folglich nicht, dass auf die Begleitung der Lehrkraft im Unterrichtsgeschehen verzichtet werden kann.

Ebenso legen die Teams verschiedene Bewertungsmaßstäbe an die Denkmalerrichtung an. Team 2 bewertet die Denkmalerrichtung hinsichtlich der *ästhetischen* Dimension, indem sie das Aussehen des Denkmals recherchieren. Durch Darios Wendung „Was soll das denn sein?" und ein sich anschließendes Lachen der Schüler wird deutlich, dass sie die Repräsentation des Denkmals als unattraktiv empfinden, was sich in ihrer Positionierung gegen das Denkmal ausdrückt. Die anderen Teams beantworten die Problemfrage hinsichtlich der *moralischen* Dimension, wobei das *Sinnkriterium der Unterscheidung zwischen Gut und Böse* fungiert. Dabei werden von den Schülerinnen und Schülern Wertmaßstäbe der Gegenwart zur Beurteilung des vergangenen Geschehens angelegt und die historische Verantwortung betont. Die Lernenden positionieren sich zu den Opfern des vergangenen Geschehens und reproduzieren den gesellschaftlich anerkannten Viktimisierungsdiskurs (Rüsen 2013, 236–240). Diese Positionierung steht in Zusammenhang mit dem Deutungsangebot aus der Materialgrundlage: Der Zeitungsartikel betont die Relevanz der Aufarbeitung „dieses dunklen Kapitels der Stadt- und Kirchengeschichte". Obwohl „rund 1000 Menschen der Hexenverfolgung zum Opfer fielen", erinnere im Bamberger Stadtbild nichts an diesen Teil der Vergangenheit.[9] Kurzum – die Materialgrundlage prägt die Lernenden in ihrer Bewertung maßgeblich, was bei der Diskussion über die präsentierten Performanzen des historischen Denkens zu berücksichtigen ist.

---

9 O. A. (2013): Ein Denkmal dort, wo früher Hexen brannten. In: Welt v. 8.11.2013, [https://www.welt.de/regionales/muenchen/article121691012/Ein-Denkmal-dort-wo-frueher-Hexen-brannten.html], aufgerufen am 24.2.2023.

Literatur

ASBRAND, Barbara/Martens, Matthias (2018): Dokumentarische Unterrichtsforschung. Wiesbaden.

ASSMANN, Aleida (2011): Der lange Schatten der Vergangenheit. Erinnerungskultur und Geschichtspolitik. München.

BERNHARDT, Markus/Neeb, Sven Alexander (2020): Medienwandel. Digitale Lernumgebungen im Geschichtsunterricht. In: Geschichte Lernen 194/2020, S. 2–9.

BERNSEN, Daniel/König, Alexander/Spahn, Thomas (2012): Medien und historisches Lernen. Eine Verhältnisbestimmung und ein Plädoyer für eine digitale Geschichtsdidaktik. In: Zeitschrift für digitale Geschichtswissenschaften, S. 1–27.

BERNSEN, Daniel/Spahn, Thomas (2015): Medien und historisches Lernen. Herausforderungen und Hypes im digitalen Wandel. In: Zeitschrift für Geschichtsdidaktik, S. 191–203.

BRACKE, Sebastian u. a. (Hg.) (2018): Theorie des Geschichtsunterrichts (Geschichtsunterricht erforschen 9). Frankfurt/M.

CONRAD, Franziska (2011): Perspektivenübernahme, Sachurteil und Werturteil. Drei zentrale Kompetenzen im Umgang mit Geschichte. In: Geschichte lernen 139/2011, S. 2–11.

DE BOER, Jan-Hendryk (2019): Praktiken, Praxen, Praxisformen. Oder: Von Serienkillern, verrückten Wänden und der ungewissen Zukunft. In: Ders. (Hg.): Praxisformen. Zur kulturellen Logik von Zukunftshandeln. Frankfurt/M., S. 21–44.

GÜNTHER-ARNDT, Hilke (2015): Umrisse einer Geschichtsmethodik. In: Günther-Arndt, Hilke/Handro, Saskia (Hg.): Geschichtsmethodik. Handbuch für die Sekundarstufe I und II. Berlin, S. 9–23.

HANDRO, Saskia (2020): Sprache und Diversität im Geschichtsunterricht. In: Barsch, Sebastian u. a. (Hg.): Handbuch Diversität im Geschichtsunterricht. Inklusive Geschichtsdidaktik. Frankfurt/M., S. 93–116.

HODEL, Jan (2013): Verkürzen und verknüpfen. Geschichte als Netz narrativer Fragmente. Wie Jugendliche digitale Netzmedien für die Erstellung von Referaten im Geschichtsunterricht verwenden (Geschichtsdidaktik heute 5). Bern.

LATOUR, Bruno (2002): Die Hoffnung der Pandora. Untersuchungen zur Wirklichkeit der Wissenschaft. Frankfurt/M.

LEE, Peter/Ashby, Rosalyn (2000): Progression in Historical Understanding among Students Ages 7–14. In: Stearns, Peter N./Seixas, Peter/Wineburg, Sam (Hg.): Knowing, Teaching, and Learning History. National and International Perspectives. New York, S. 199–222.

MARTENS, Matthias (2012): Rekonstruktion historischer Sinnbildung. Zum Nutzen qualitativer Forschung für geschichtsdidaktische Lehr-/Lernforschung. In: Zeitschrift für Geschichtsdidaktik, S. 233–250.

MARTENS, Matthias/Spieß, Christian/Asbrand, Barbara (2016): Rekonstruktive Geschichtsunterrichtsforschung. Zur Analyse von Unterrichtsvideografien. In: Thünemann, Holger/Zülsdorf-Kersting, Meik (Hg.): Methoden geschichtsdidaktischer Unterrichtsforschung. Schwalbach/Ts., S. 177–205.

MARTENS, Matthias/Asbrand, Barbara (2021): „Schülerjob" revisited. Zur Passung von Lehr- und Lernhabitus im Unterricht. In: Zeitschrift für Bildungsforschung 1/2021, S. 55–73.

KÜSTER, Lutz/Bernhardt, Markus (2022): Urteilsbildung im Geschichtsunterricht. Modelle und didaktische Perspektiven. In: Geschichte lernen 207/2022, S. 2–9.

MAYRING, Philipp (2010): Design. In: Mey, Günter/Mruck, Katja (Hg.): Handbuch Qualitative Forschung in der Psycologie. Wiesbaden, S. 225–237.

MEYER-HAMME, Johannes (2016): Perspektiven geschichtsdidaktisch empirischer Forschung. Oder: Ein Plädoyer für die Reflexion empirischer Forschung im Spannungsverhältnis von Geschichtskulturen, historischen Identitäten und Konzepten historischen Denkens. In: Lehmann, Katja/Werner, Michael/Zabold, Stefanie (Hg.): Historisches Denken jetzt und in Zukunft. Wege zu einem theoretisch fundierten und evidenzbasierten Umgang mit Geschichte (Geschichtsdidaktik in Vergangenheit und Gegenwart 10). Berlin, S. 269–279.

MEYER-HAMME, Johannes (2021): „… und wie heißt der Mann auf Kaiser Wilhelm?" Oder: Zur Bedeutung der Subjektorientierung für das historische Lernen. In: Hellmuth, Thomas/Ottner-Diesenberger, Christine/Preisinger, Alexander: Was heißt subjektorientierte Geschichtsdidaktik? Beiträge zu Theorie, Empirie und Pragmatik. Frankfurt/M., S. 13–26.

O. A. (2013): Ein Denkmal dort, wo früher Hexen brannten. In: Welt v. 8.11., [https://www.welt.de/regionales/muenchen/article121691012/Ein-Denkmal-dort-wo-frueher-Hexen-brannten.html], zuletzt eingesehen am 24.2.2023.

O. A. (2020): Erinnerung an „Hexenverfolgung". Ein notwendiges „Brandmal". In: Obermain Tagblatt v. 22.7., [https://www.obermain.de/lokal/obermain/erinnerung-an-hexenverfolgung-ein-notwendiges-brandmal;art2414,845632], aufgerufen am 24.2.2023.

PALLASKE, Christoph (2016): segu Geschichte | Konzeptionsmerkmale und Statements | Projektvorstellung beim OER Festival #OERde16. In: Historisch Denken | Geschichte machen, Blogbeitrag vom 29.2., [https://historischdenken.hypotheseorg/3550], aufgerufen am 24.2.2023.

REEKEN, Dietmar von (2021): Gegenwärtige Denkmalskonflikte im Geschichtsunterricht. In: Oswalt, Vadim/Pandel, Hans-Jürgen (Hg.): Handbuch Geschichtskultur im Unterricht. Frankfurt/M., S. 36–63.

RÜSEN, Jörn (2013): Historik. Theorie der Geschichtswissenschaft. Köln.

THÜNEMANN, Holger (2020): Historische Werturteile. Positionen, Befunde, Perspektiven. In: GWU 1–2/2020, S. 5–18.

WINKLHÖFER, Christian (2021): Urteilsbildung im Geschichtsunterricht (Kleine Reihe Geschichte). Frankfurt/M.

WOLFGANG BUCHBERGER, CHRISTOPH KÜHBERGER

Eine digitale Brücke für Zeiten des Wandels

Die Salzburger MuseumsApp zwischen historischem Lernen im Sachunterricht und ausgewählten Regionalmuseen im Bundesland Salzburg

1. Annäherung

Historisches Lernen vollzieht sich auf unterschiedlichen Ebenen. Der vorliegende Beitrag beschäftigt sich mit einem neu entwickelten digitalen Lernangebot für Kinder von der 3. bis 6. Schulstufe, um Einblicke in die geschichtsdidaktische Konzeption zu geben, die hinter der technischen Umsetzung der *Salzburger MuseumsApp* liegt. Damit versteht sich der Beitrag als deskriptiv-analytische Beschreibung eines digitalen Produkts für die geschichtskulturelle Praxis. Die App, die im Folgenden hinsichtlich ihrer (a) Ziele, des darin eingebetteten (b) konzeptuellen historischen Lernens und der umgesetzten (c) Qualitätssicherung vorgestellt wird, wurde mit COVID-Sonderfördermittel des Landes Salzburg sowie durch die Unterstützung der Universität Salzburg und der Pädagogischen Hochschule Salzburg finanziert und während der Corona-Krise von Februar 2021 bis Februar 2022 entwickelt. Die Projektkoordination wurde vom Torf-Glas-Ziegel-Museum in Bürmoos getragen, die wissenschaftliche Leitung hatten die Autoren dieses Beitrages inne (Buchberger u. a. 2022).

Die erste Projektphase startete im Spätherbst 2020 mit Grundideen seitens der wissenschaftlichen Leitung, dem Abgleich von Erwartungen der unterschiedlichen Projektpartner aus Museum und Wissenschaft und schließlich mit der Erstellung eines Konzepts, das als Projekt eingereicht und bewilligt wurde. Ab Februar 2021 stand die theoretische und inhaltliche Ausgestaltung durch die wissenschaftliche Leitung in Absprache mit den beteiligten Museen im Vordergrund. In einem nächsten Schritt konnten konkrete Lerndesigns entwickelt und dafür notwendige Medien ausgewählt bzw. produziert werden (v. a. Fotos von Museumsobjekten, Bilder, Videos, Audios, Texte), die auf der Grundlage von Rückmeldungen aus den Museen, von Lehrpersonen sowie Schülerinnen und Schülern weiterentwickelt wurden. Im Rahmen der technischen Umsetzung der App gab es laufenden Austausch zwischen Programmierer und wissenschaftlicher Leitung, bis die App schließlich im Herbst 2021 u. a. an Schulen getestet werden konnte. Die Ergebnisse der Testungen wurden in der letzten Projektphase herangezogen, um die *Usability* der Applikation zu verbessern und z. B. festgestellte inhaltliche oder sprachliche Hürden bestmöglich zu entfernen, bevor die *Salzburger MuseumsApp* im Februar 2022 veröffentlicht wurde. Die Bemühungen um die Ausgestaltung einer adäquaten Lernumgebung für historisches Lernen wurde im Jahr 2022 mit einem *Comenius-EduMedia-Siegel* ausgezeichnet.

Es handelt sich bei der App um ein fachspezifisches Lernangebot, das als Brücke zwischen einem fachlich orientierten Sachunterricht der Primarstufe bzw. dem frühen Geschichtsunterricht der Sekundarstufe I und Geschichtsmuseen zu verstehen ist. Die am Projekt beteiligten Regionalmuseen (Torf-Glas-Ziegel-Museum in Bürmoos, Museum Bramberg, Salzburger FIS-Landesskimuseum in Werfenweng) liegen in unterschiedlichen Bezirken des Landes Salzburg. So konnte einerseits eine Verbreitung in regionalen Kontexten sichergestellt sowie Synergien hinsichtlich der didaktischen und technischen Entwicklung genutzt werden. Die *Salzburger MuseumsApp* arbeitet daher für die drei involvierten Museen mit den gleichen geschichtsdidaktischen Konzeptionen, aber mit anderen Inhalten, die sich auf die je spezifischen Sammlungen der regionalen Museen beziehen. So ermöglicht die App zu Beginn eine Auswahl des Museums, mit dem man sich beschäftigen möchte, und Userinnen und User werden im weiteren Verlauf der Nutzung mit spezifischen Objekten, Darstellungen und Geschichten konfrontiert, die Anschlussstellen für ‚analoge' Museumsbesuche bieten. Es handelt sich dabei nicht um eine digitale Replikation eines Museumsrundganges, sondern um eine Konzeption, die es vorsieht, dass einzelne Aspekte herausgegriffen werden, um grundlegende konzeptuelle Einsichten in Geschichtsmuseen und in historisches Denken zu erlangen. So beschäftigen sich die Angebote in der App, die sich beispielsweise auf das Salzburger FIS-Landesskimuseum beziehen, vor allem mit dem Skisport und mit der Sammlung des Museums vom ältesten erhaltenen Ski aus dem Bundesland Salzburg bis hin zu Trophäen des aktuellen Skisports.

2. ‚Marktanalyse'

Der Entwicklung der *Salzburger MuseumsApp* ging eine umfassende Analyse des App-Angebotes im deutschsprachigen Raum voraus, um zu klären, welche anderen Apps bereits vorhanden waren, welche Ziele diese verfolgten und wo die Stärken und Schwächen der einzelnen Applikationen lagen. Es konnte festgestellt werden, dass viele verschiedene Apps digital verfügbar sind, die sich allgemein mit Geschichte bzw. mit spezifischen Themen der Vergangenheit beschäftigen, mit einzelnen Museen oder mit Teilaspekten des Geschichtsunterrichts bzw. des historischen Lernens (vgl. Röder 2016). Betrachtet man die bisher verfügbaren Apps genauer, zeigt sich, dass die überwiegende Mehrheit vorrangig auf das Memorieren von geschichtlichen Inhalten fokussiert. Somit verbleiben eigene Tätigkeiten der Anwendenden hauptsächlich auf der Ebene der Reproduktion und kognitive, fachspezifische Prozesse aus dem Transfer- oder Reflexionsbereich bleiben zumeist aus, die jedoch für eine Förderung von Kompetenzen historischen Denkens notwendig wären (z. B. Kühberger 2011, 5 u. 8; Buchberger 2020, 127). Diese Einschätzung deckt sich auch mit anderen Befunden (z. B. Bernhardt/Neeb 2020, 73; vgl. auch Oswalt u. a. 2014, 61). Eine der wenigen Ausnahmen stellt z. B. die *App in die Geschichte*[1] dar, die auf den gesamten Prozess historischen Denkens fokussiert, entsprechend komplex aufgebaut ist und auf den konkreten Einsatz im Unterricht abzielt, jedoch nicht für die Grundschule konzipiert wurde (Krebs/Meyer-Hamme 2021, 188–196; Krebs i. d. Bd.).

Neben den unterschiedlichen Schwerpunkten, Zielsetzungen und Zielgruppen bieten digitale Angebote in Form von Apps auch in der Ausgestaltung von Lernprozessen eine große Vielfalt. Man findet u. a. Zuordnungsübungen, Single- und Multiple-Choice-Aufgaben, Lückentexte, Worträtsel und auch halboffene bzw. offene Formate.[2] Teilweise sind auch wenig bis gar keine Aktivitäten vonseiten der Anwenderinnen und Anwender gefragt. Optisch sind die meisten Apps ansprechend und zum Teil abwechslungsreich gestaltet. Wobei in der konkreten Ausgestaltung teils erhebliche Unterschiede festzustellen sind: bei der Verwendung von Texten, teilweise via Tonspur vorgelesenen Texten, über Bilder bis hin zu professionell gestalteten Videos. Letztere sind zum Beispiel, um im Museumskontext zu bleiben, in der App zum *Haus der Geschichte Niederösterreich*[3] sehr gut umgesetzt. Die Aktivitäten der Anwenderinnen und Anwender beschränken sich allerdings innerhalb der Touren dieser App auf das Vergrößern von Bildern, das Starten von Videos oder das Tippen des *Weiter*-Buttons, also darauf, sich in weitgehender Passivität präsentierte Inhalte anzueignen.

Vergleicht man Apps, die zu Geschichte am Markt sind, darf die technische Aufbereitung und auch die Abwechslung verschiedener Übungen eben nicht

---

1 https://www.app-in-die-geschichte.de/ (aufgerufen am 6.2.2023).
2 Die selten anzutreffenden offenen Arbeitsaufträge fanden sich etwa bei der App *Fliehen vor dem Holocaust. Meine Begegnung mit Geflüchteten*, online unter https://www.erinnern.at/app-fliehen (aufgerufen am 8.2.2023); vgl. dazu auch Gautschi/Lücke 2018.
3 https://www.museumnoe.at/de/das-museum/museumsapp (8.2.2023).

darüber hinwegtäuschen, dass sich die meisten Apps alleine auf die Vermittlung von Sachwissen konzentrieren und mit einem „Test", „Quiz" o. Ä. dieses abfragen. Eingeräumt werden kann hingegen, dass in der (Weiter-)Entwicklung von Apps für das schulische Lernen zumindest in Ansätzen Aspekte historischen Denkens zu finden sind, wie z. B. Teile von Apps, die sich zumindest – wenn auch oberflächlich – dem Konzept von historischen Quellen widmen. Dass jedoch mit einer App für die Primarstufe und den Anfangsunterricht in der Sekundarstufe mittels geschlossener Aufgabenformate die Entwicklung von Kompetenzen historischen Denkens angestoßen werden kann, dabei zentrale fachliche Konzepte grundgelegt und ausdifferenziert werden können, soll in den nächsten Abschnitten entlang der *Salzburger MuseumsApp* dargelegt werden.

3. Ziele der *Salzburger MuseumsApp*

Das Ziel in der Entwicklung der App bestand darin, eine Verbindung zwischen Schule und Geschichtsmuseum zu schaffen (Hartung 2020). Dadurch, dass Schülerinnen und Schüler in der App Objekte aus Museen als historische Quellen kennen lernen, sollen sie im besten Fall neugierig werden und auf einen Museumsbesuch vorbereitet werden. So ist es für junge Besucherinnen und Besuchern möglich, konkrete Ausstellungen auf eine andere Art wahrzunehmen, vielleicht eben auch differenzierter zu betrachten. Auf diese Weise fungiert die App als eine Anschlussstelle für den Museumsbesuch, aber auch für eine weitere Beschäftigung im Unterricht. Es war darüber hinaus erklärtes Ziel, eine innovative, motivierende, digitale Möglichkeit zur fachspezifischen Beschäftigung mit Geschichte zu entwickeln, die breit verfügbar ist und sowohl in der Schule als auch zu Hause genutzt werden kann.

Zusätzlich zu diesen allgemeinen Zielen standen von Anfang an geschichtsdidaktische Ziele im Fokus. Die App sollte die Userinnen und User in einer grundlegenden Begegnung mit Vergangenheit, als die unwiederbringliche Zeit, die hinter uns liegt, und Geschichte, als den Versuch, diese Vergangenheit durch historische Quellen zu verstehen, über Objekte der Museen spielerisch, aber auch denkend einbinden.

Dahinter steht die dem gemäßigten Konstruktivismus zuzuordnende narrativistische Geschichtstheorie (Rüsen 1985, 49; Pandel, 2010; Barricelli 2012). Grundlegend dabei ist einerseits, dass historische Erkenntnis in Form von Geschichte immer eine narrative Struktur aufweist, also erzählt wird (Baumgartner 1985, 147) und andererseits die erkenntnistheoretische Unterscheidung zwischen Vergangenheit und Geschichte (Schreiber u. a. 2007, 17–22). Vergangenheit steht hier also für die als solche nicht erfassbare Wirklichkeit früherer Zeiten und Geschichte für die notwendigerweise narrative Form, in der diese Vergangenheit partikular als Ergebnis historischer Denkprozesse auf vielfältige Weise, eben auch in musealen Ausstellungen, dargestellt werden kann.

Ausgehend von Anforderungen des Sachunterrichts (GDSU, 2013) und eines modernen Verständnisses von historischem Lernen (Fenn 2018; Buchberger und Kühberger, 2021) werden dabei nicht vorrangig inhaltliche Beispiele angeboten, sondern die Kinder zu einem konzeptuellen Verstehen von grundlegenden Einsichten – letztlich Kompetenzen historischen Denkens – geführt, die zum Umgang mit Vergangenheit und Geschichte benötigt werden (vgl. Abb. 1).

- Vergangenheit, Gegenwart und Zukunft als Zeitebenen
- Lineare Darstellung von historischer Zeit mittels Zeitstrahl
- Geschichtsmuseen als Orte der Geschichten über die Vergangenheit
- Geschichte als Antwort auf Fragen an die Vergangenheit
- Historische Quellen als kritisch zu nutzende Grundlage von Geschichte
- Die Unterscheidung von „erfundenen", fiktiven Geschichten und nachprüfbaren, „wirklichen" Geschichten
- Der Einfluss der epistemologischen Prinzipen der Selektivität und Partikularität auf die Darstellung der Vergangenheit

Abb. 1: Zieldimensionen konzeptuellen historischen Lernens in der *Salzburger MuseumsApp* (eigene Darstellung)

Die neuere entwicklungspsychologische Forschung verweist darauf, „dass die grundlegenden begrifflichen Voraussetzungen für ein konstruktivistisches Verständnis von Wissenschaft schon im Grundschulalter vorhanden sind" (Sodian 2018, 137). Dies ist insofern relevant, als die Ergebnisse „auf die Möglichkeiten zur Vermittlung epistemologischer Grundbegriffe im Grundschulalter hinweisen, die für das Verständnis des Zusammenhangs von Interpretation und Evidenz zentral sind" (ebd., 140). Bei Kindern bereits vorhandene subjektive Theorien können dadurch im Sinne des „conceptual change" bzw. „growth" aufgegriffen und weiterentwickelt werden (Krieger 2015, 47; Hempel 2004, 41; Buchberger u. a. 2019).

4. Konstruktionsprinzipien und Aufgabenarchitektur

Grundsätzlich baut die App auf eine spielerische Erforschung der Lernumgebung, indem Aufgaben zu bewältigen sind und dabei motivationale Anreize gesetzt werden. So sammeln die Userinnen und User durch den erfolgreichen Durchlauf von „Touren" Knochen für den Hund Koko (*Score*), der durch sein Bellen richtige Lösungen akustisch untermalt. Zusätzlich werden auch motivationale Anreize im Spielverlauf in Form von Sprechblasen geboten. Durch das Sammeln von ausreichenden Knochen können nach und nach weitere Touren als Spielebenen freigeschaltet werden. Im Mittelpunkt steht dennoch vorrangig die analytische und reflektierte Auseinandersetzung mit Vergangenheit, Geschichte und dem Museum, also die Entwicklung fachspezifischer Konzepte sowie die Anbahnung von Fähigkeiten und Fertigkeiten historischen Denkens. Darunter werden domänenspezifische Kompetenzen verstanden, wie sie in profilierten geschichtsdidaktischen Kompetenzmodellen (Barricelli u. a. 2012; GDSU 2013, 57–62) entsprechend der allgemeinen Kompetenzdefinition Weinerts (2001) expliziert werden. Diese sind letztlich nicht an konkrete Inhalte des Unterrichts gebunden, sondern auf unterschiedliche Transfersituationen anwendbar (Schreiber u. a. 2007, 17 f.). Es galt daher unbedingt zu vermeiden, unkritisch-reproduzierend angeeignetes Daten- und Faktenwissen auf simplifizierende Weise abzuprüfen (im Rahmen von z. B. Multiple-Choice-Auswahlaufgaben oder Lückentexten), sondern stattdessen anspruchsvollere Denkleistungen des Analysierens und Schlussfolgerns zu berücksichtigen (Körber 2015, 127) und fachspezifische Lernprozesse anzustoßen.

Lehrkräften wird in der App zusätzlich die Möglichkeit geboten, über einen Link Unterrichtsmaterialien und -konzepte für die Einbettung der App in formale Lernprozesse zu erhalten (vgl. Abb. 2).

- Fragen nach Veränderungen menschlichen Zusammenlebens in der Zeit stellen (Historische Fragekompetenz)
- Mit Quellen und Darstellungen umgehen und ihnen historischen Sinn entnehmen (Historische Methoden- und Medienkompetenz)
- Sinnhafte und intersubjektiv überprüfbare Erzählungen bilden (Historische Narrationskompetenz)

Abb. 2: In der *Salzburger MuseumsApp* berücksichtigte „Perspektivenbezogene Denk-, Arbeits- und Handlungsweisen" laut „Perspektivrahmen Sachunterricht" (GDSU 2013)

Neben den oben bereits skizzierten motivationalen Anreizen wurde ein abwechslungsreiches und motivierendes Aufgabenangebot in Form eines breiten Spektrums an unterschiedlichen geschlossenen Aufgabenformaten entwickelt, ohne in seiner Vielfalt zu überfordern. Es finden sich dichotome Wisch- und klassische Multiple- bzw. Single-Choice-Auswahlaufgaben sowie Drag-and-Drop-Ordnungsaufgaben zur Zu- und Umordnung (vgl. Abb. 3–5). Die einzelnen Aufgaben sind einerseits unabhängig voneinander lösbar, andererseits werden sie durch eine inhaltliche Klammer in jeder Tour der App zusammengehalten (so widmet sich z. B. Tour 2 mit mehreren Aufgaben unterschiedlichen Funktionen von Museen) bzw. werden in Variationen progressiv in den unterschiedlichen Touren wiederholt (vgl. Abb. 6, 7 und 8).

Bei der konkreten Ausgestaltung des Aufgabendesigns konnte aus den Erfahrungen mit standardisierten Verfahren in Form von Large-Scale-Assessments zur fachspezifischen Kompetenzmessung (HiTCH-Projekt) zurückgegriffen werden (Trautwein u. a. 2017; Kühberger u. a. 2018).[4] Gerade bei geschlossenen Aufgabenstellungen gilt es, Userinnen und User als Subjekte historischen Denkens in zentralen Momenten des Aufgabendesigns zu berücksichtigen und Konstruktion und Erprobung der Aufgaben nach subjektorientierten Gesichtspunkten auszugestalten. Die Entwicklung der Aufgaben wurde daher von Beginn an durch einen geschichtsdidaktischen Zugang gesteuert, der versuchte, die Lerndesigns möglichst (a) lebensweltlich, (b) kontextarm und (c) verständlich zu entwerfen sowie den Userinnen und Usern hinsichtlich der Bearbeitungsdauer (d) möglichst überschaubare und kurze sowie (e) motivierende Aufgaben ohne vorausgesetztes Wissen über bestimmte Inhalte anzubieten (vgl. Kühberger u. a. 2018, 422). Bereits bei der Erstellung von geschlossenen Aufgabenformaten, die auf fachliche Konzepte und Teilaspekte historischer Denkleistungen abzielen, konnten somit Subjekte historischen Denkens berücksichtigt werden, indem fachliche Konzepte bzw. Subdimensionen von Kompetenzbereichen für die Zielgruppe aufbereitet wurden. Hierfür war es wichtig, eine an Subjekten orientierte inhaltliche Auswahl zu treffen und sowohl epistemologische Fragestellungen als auch Quellen und geschichtskulturelle Produkte an der Lebenswelt der Lernenden der Zielgruppe auszurichten. Darüber hinaus galt es, mögliche sprachliche Hürden in der Gestaltung von geschlossenen Aufgaben bestmöglich zu vermeiden, damit Lernpotenziale optimal genutzt werden können (Kühberger 2015, 37).

---

4 Ohne hier genauer auf den Unterschied zwischen Lern- und Diagnoseaufgaben einzugehen, lässt sich festhalten, dass v. a. der Kontext die Nutzung von geschlossenen Formaten prägt. Zwischen den idealtypischen Aufgabenformen der Lern-, Prüfungs- und Diagnoseaufgaben können darüber hinaus Schnittmengen festgestellt werden (Köster u. a. 2016, 3). Die *Salzburger MuseumsApp* ist nicht primär als Selbstlernprogramm konzipiert, sondern soll Unterricht in der Schule und Besuche im Museum in einen Lernkontext setzen und damit Impulse für fachspezifische Lernprozesse geben. Dabei werden die Begegnungen aus der App, die aufgrund des unmittelbaren Feedbacks für die Userinnen und User geschlossen konzipiert wurden, in analogen Lernsituationen hinsichtlich einer Pluralität der Schülerinnen- und Schülerperspektiven geöffnet.

Durch ein selbstständiges Benützen der App in Form individuell wählbarer Lernwege und die dafür aufgewendete Zeit kommt die App auch unterschiedlichen Lerngeschwindigkeiten der Userinnen und User entgegen. Die App setzt über verschiedene sensorische Kanäle (Bilder, Tonspuren, Videos, Texte) ein multimodales Angebot, das auch Aspekte eines differenzierenden Unterrichts im Sinne eines teilindividualisierenden Lernsettings berücksichtigt (z. B. Text- und Audioversionen).

5. Lernen mit fachlichen Konzepten

Die *Salzburger MuseumsApp* nutzte für die Entwicklung des Angebotes das theoretische Konzept des fachspezifischen konzeptuellen Lernens. Dabei handelt es sich um einen Ansatz, der zuerst in der anglo-amerikanischen Forschungslandschaft auftauchte (Bruner 1975; Lee 2005) und später auch Eingang in Empirie und Pragmatik der deutschsprachigen Geschichtsdidaktik fand (Kühberger 2012; Hellmuth/Kühberger 2016; Buchberger u. a. 2019; Ammerer 2021). Die Diskussionen des letzten Jahrzehnts zeigen, dass ausgehend von einer fachspezifischen Ausdifferenzierung historischen Wissens verschiedenste zentrale fachliche Konzepte (auch Basiskonzepte oder *core concepts*) herausgearbeitet werden können, die den Prozess historischen Lernens unterstützen, um über sie einen systematischen Wissensaufbau voranzutreiben, aber vor allem auch um ein fachspezifisches Netzwerk zum Erschließen von unterschiedlichen Fallbeispielen im Umgang mit dem Historischen zu besitzen. Derartige fachliche Konzepte stehen so mit zwei grundlegenden Ideen der wissenschaftlichen Auseinandersetzung mit diesem Phänomen in Verbindung: Sie knüpfen einerseits an Modelle des „conceptual knowlegde" an (Anderson/Krathwohl 2001), wodurch deren Charakter als „intelligentes Wissen" (Weinert 1998, 115; vgl. Renkl 1996) für einen Einsatz in unterschiedlichen und nicht vorhersehbaren Situationen – etwa im Gegensatz zum Faktenwissen – betont wird, andererseits auch an kognitionspsychologische Modelle, wonach derartige abstraktere Wissensbausteine „als einzige Grundlage von Gedächtnisleistungen favorisiert" werden (Ballstaedt 1997, 3; vgl. Gerrig/Zimbardo 2018, 258–262).

Konzeptuelles historisches Lernen ist jedoch im Kern nicht als normative Setzung von fachlichen Definitionen zu verstehen, wonach es Definitionen von Konzepten stur auswendig zu lernen und zu reproduzieren gilt, sondern es geht darum, entlang einer Beschäftigung mit der Vielgestalt der Konzepte – so wie sie im Alltag und in Wissenschaft in unterschiedlichen thematischen Kontexten auftreten – zu versuchen, ein differenziertes Verstehen der Lernenden zu fördern. Dazu sollen auch ihre eigenen Vorstellungen aktiviert werden. In der Regel nutzen Schülerinnen und Schüler nämlich je individuelle Vorstellungen, um sich die (vergangene) Welt (und deren Re-Konstruktion in Form von Geschichte) zu erklären. Vielfach hatten sie – insbesondere in der Primarstufe – noch gar nicht die Gelegenheit, die dabei aktivierten individuellen Konzepte zu überprüfen, zu erweitern oder gar wissenschaftsorientiert auszubauen. Ein alltägliches Verständnis dominiert.

Die in der *Salzburger MuseumsApp* positionierten fachlichen Konzepte zielen auf eine derartige Aktivierung des Vorwissens der Kinder und vor allem auf eine Weiterentwicklung des Verständnisses von ausgewählten Konzepten.[5] Durch das gewählte geschlossene Format der Aufgaben müssen die Lernenden zwar selbstständig ihre eigenen Vorstellungen aktivieren, haben jedoch in einer spiralartigen Struktur, in welcher innerhalb der Touren und über alle Touren hinweg (Teil-)Konzepte wiederholt werden, die Möglichkeit, diese je individuellen Vorstellungen zu hinterfragen und auszudifferenzieren. Neben direkter Instruktion werden daher v. a. Anwendungs- und Transferaufgaben eingebunden. Da die App als spielerische LernApp entwickelt wurde, sollte sie nicht mit zu vielen Konzepten überfrachtet werden, sondern sie konzentriert sich auf einige wenige fachliche Konzepte, die in einer progressiven Struktur vertieft und erweitert werden (vgl. zur Progression unten).

6. Zentrale fachliche Konzepte in der *Salzburger MuseumsApp*

Die *Salzburger MuseumsApp* versteht sich als Angebot des historischen Lernens, weshalb fünf fachliche Konzepte positioniert wurden: *Zeit, Vergangenheit, Quelle, Geschichte* und *Museum*. Damit werden neben dem Konzept *Zeit*, welches für das historische Lernen als wohl zentralste konzeptuelle Einsicht bezeichnet werden kann, vor allem fachliche Konzepte gesetzt, die auf einen epistemischen Modus des historischen Denkens abzielen (Kühberger 2012, 51–55).

---

5 Hier gibt es Anknüpfungspunkte zur Historischen Sachkompetenz (vgl. Schöner 2007).

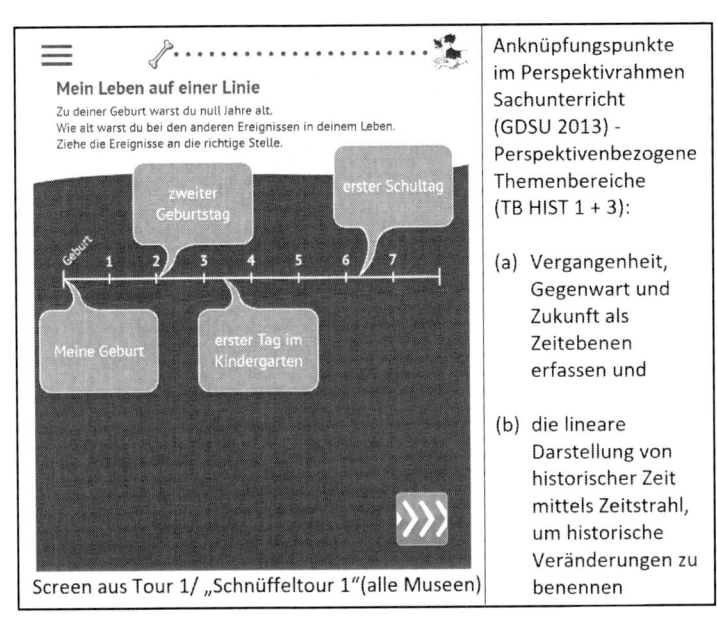

	Anknüpfungspunkte im Perspektivrahmen Sachunterricht (GDSU 2013) - Perspektivenbezogene Themenbereiche (TB HIST 1 + 3):
Mein Leben auf einer Linie – Screen aus Tour 1/ „Schnüffeltour 1"(alle Museen)	(a) Vergangenheit, Gegenwart und Zukunft als Zeitebenen erfassen und (b) die lineare Darstellung von historischer Zeit mittels Zeitstrahl, um historische Veränderungen zu benennen

Abb. 3: Lineare Zeit: Am Zeitstrahl ist „Meine Geburt" vorgegeben, alle anderen Zeitangaben müssen selbstständig an die richtige Stelle gezogen werden (Salzburger MuseumsApp)

Entlang des Konzeptes *Zeit* wird nicht nur an zyklische Zeitvorstellungen angeschlossen, wie sie in der Primarstufe zum Einsatz kommen (Jahreszeiten), sondern es wird darüber hinaus versucht, ein lineares zeitliches Denken zu etablieren,[6] welches sowohl die eigene Lebenswelt der Kinder (Geburt, Geburtstage, Eintritt in den Kindergarten und Schule; Abb. 3) als auch über die eigene Lebenszeit hinausgehend abstraktere Einsichten berücksichtigt (Vergangenheit, Gegenwart, Zukunft). Im spezifischen Fall des Konzeptes *Vergangenheit*, das strenggenommen als Teilkonzept von *Zeit* zu lesen ist, wird versucht ein alltagsweltliches Verständnis (*früher*, *alt*) in ein wissenschaftsorientiertes zu überführen, das sich anderer sprachlicher Kategorien bedient. Dies geschieht vor allem auch anhand des Konzeptes *Quelle*, wobei in der App etwa in einer ersten Begegnung von „Dingen von früher" die Rede ist, später aber etwa von „gegenständlichen Quellen". Immer wird dabei versucht, den Lernprozess durch Abbildungen von historischen Quellen aus den Sammlungen der Museen zu unterstützen. Das Verständnis des Konzeptes *Quelle* wird aber auch durch Operationalisierungen gefördert, die sich den Möglichkeiten zuwenden, die historische Quellen besitzen, um Aussagen über die

---

6 Zur Zeitleiste vgl. Becher/Schomaker 2016.

Vergangenheit zu treffen. Damit kann in Teilen prozedurales Wissen entwickelt werden, welches sich etwa in Schritten der Quellenanalyse zeigt, die ebenso von der App thematisiert werden.[7] Über verschiedenste Aufgaben werden so nicht nur Quellengattungen erschlossen und eine epochale Zuordnung geboten, sondern es wird auch exemplarisch anhand von z. B. historischen Artefakten oder bildlichen Quellen aus den Museen über die Möglichkeiten des Einsatzes von historischen Quellen für Belegführungen über die Vergangenheit in Darstellungen nachgedacht (Abb. 4). Die dazugehörige Struktur der berücksichtigten Lernprogression über die Touren hinweg wird weiter unten noch dargestellt.

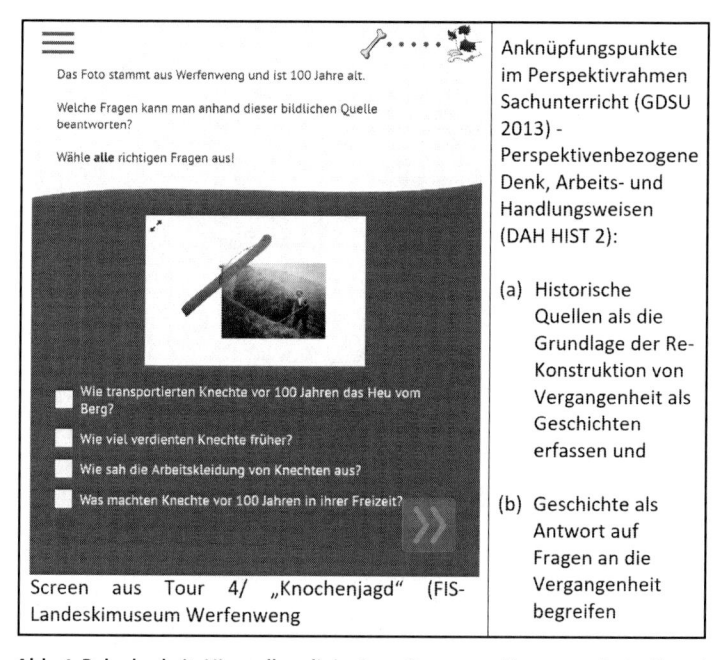

Screen aus Tour 4/ „Knochenjagd" (FIS-Landeskimuseum Werfenweng)	Anknüpfungspunkte im Perspektivrahmen Sachunterricht (GDSU 2013) - Perspektivenbezogene Denk, Arbeits- und Handlungsweisen (DAH HIST 2):
Das Foto stammt aus Werfenweng und ist 100 Jahre alt. Welche Fragen kann man anhand dieser bildlichen Quelle beantworten? Wähle **alle** richtigen Fragen aus! ☐ Wie transportierten Knechte vor 100 Jahren das Heu vom Berg? ☐ Wie viel verdienten Knechte früher? ☐ Wie sah die Arbeitskleidung von Knechten aus? ☐ Was machten Knechte vor 100 Jahren in ihrer Freizeit?	(a) Historische Quellen als die Grundlage der Re-Konstruktion von Vergangenheit als Geschichten erfassen und (b) Geschichte als Antwort auf Fragen an die Vergangenheit begreifen

Abb. 4: Belegbarkeit: Hier sollen diejenigen Fragen zur Vergangenheit, die anhand der bildlichen Quelle beantwortbar sind, ausgewählt werden (Salzburger MuseumsApp)

Ähnlich wird auch mit dem Konzept „Geschichte" verfahren. So werden „Erzählungen von früher" ebenso aufgegriffen wie das „Gewordensein der Gegenwart". Über die Integration von Kindern, die in der App eine Geschichte über die eigene Vergangenheit erzählen, wird ein erster Zugang gelegt, der stets Geschichte als eine an kritischer Quellenarbeit orientierte Annäherung an die Vergangenheit im Fokus

---

7 Hier gibt es eine Anschlussstelle zur historischen Methodenkompetenz (Re-Ko) (vgl. Schreiber 2007, 194-235; Becher und Gläser 2016; Buchberger u. a. 2020).

hat. Dazu bieten etwa die Regionalmuseen jeweils spannende Ausschnitte aus ihrem Programm an, indem einzelne historische Objekte vorgestellt werden und auch in einen geschichtlichen Kontext eingebettet werden. In Verbindung zum Konzept *Quelle* wird auch nach Geschichten gefragt, die man mit bestimmten Quellen erzählen kann oder nicht (Beleggebot).⁸ In diesem Zusammenhang wird auch mit der (un-)möglichen Belegführung von ausgewählten historischen Quellen gespielt. (Abb. 5).⁹ Über eine Aufgabe, welche die Kinder anregt zwischen „Märchen" und „Geschichte" zu unterscheiden, wird darüber hinaus der Versuch unternommen, die Ficta-Facta-Problematik einzubinden.

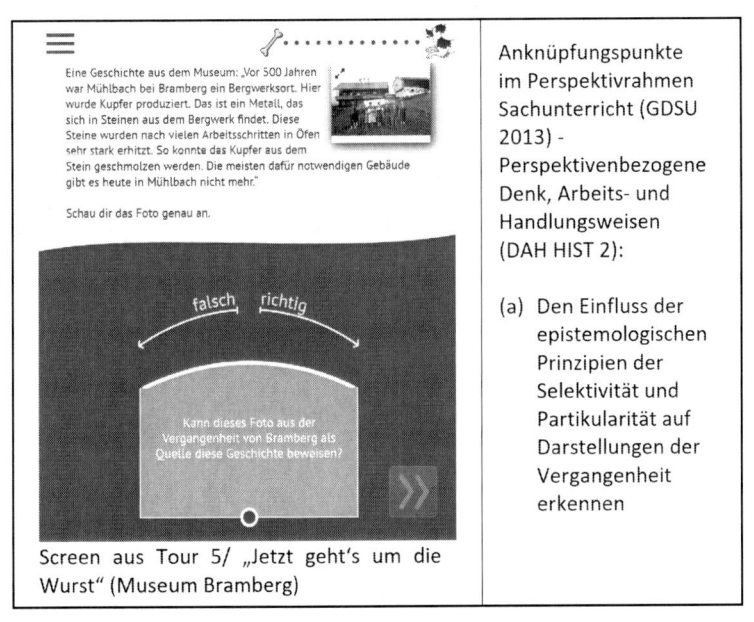

Eine Geschichte aus dem Museum: „Vor 500 Jahren war Mühlbach bei Bramberg ein Bergwerksort. Hier wurde Kupfer produziert. Das ist ein Metall, das sich in Steinen aus dem Bergwerk findet. Diese Steine wurden nach vielen Arbeitsschritten in Öfen sehr stark erhitzt. So konnte das Kupfer aus dem Stein geschmolzen werden. Die meisten dafür notwendigen Gebäude gibt es heute in Mühlbach nicht mehr." Schau dir das Foto genau an. *falsch richtig* Kann dieses Foto aus der Vergangenheit von Bramberg als Quelle diese Geschichte beweisen?	Anknüpfungspunkte im Perspektivrahmen Sachunterricht (GDSU 2013) - Perspektivenbezogene Denk, Arbeits- und Handlungsweisen (DAH HIST 2): (a) Den Einfluss der epistemologischen Prinzipien der Selektivität und Partikularität auf Darstellungen der Vergangenheit erkennen
Screen aus Tour 5/ „Jetzt geht's um die Wurst" (Museum Bramberg)	

Abb. 5: Partikularität: Durch Wischen auf eine Seite (Wippe) muss die Aufgabe gelöst werden; hier eben, ob es (un-)möglich ist, mit dieser Bildquelle (ca. 100 Jahre alt) Belege für die Geschichte aus dem Museum finden (Salzburger MuseumsApp)

Etwas anders ausgerichtet ist das Konzept *Museum*. Mit einem starken Fokus auf Geschichtsmuseen versucht die App, die Funktionen von Museen (sammeln,

---

8 Hier findet man eine Verbindung zur historischen Methodenkompetenz (De-Ko), indem die Prüfung der empirischen Triftigkeiten fokussiert wird (vgl. Schreiber 2007, 194-235; Zabold/Schreiber 2016).
9 Hier kommt es zu einer Anschlussstelle an den Erwerb historischer Fragekompetenz (vgl. Schreiber 2007, 155-193; Kühberger 2016a, 27-39).

forschen, bewahren, ausstellen/vermitteln) herauszuarbeiten und den Kindern zugänglich zu machen, um Museen als Orte, an denen eben u. a. Quellen aufbewahrt und Geschichte erzählt wird, zu präsentieren.[10] Die jeweiligen Museen stellen damit nicht nur eine Hintergrundfolie der App dar, sondern werden vor allem auch als gesellschaftliche Institutionen vorgestellt. Um sie als Institutionen dem Abstrakten zu entreißen, treten immer wieder Vertreterinnen und Vertreter der Museen auf und erklären in Videos und Audios besondere Aspekte. Gleich wie bei anderen Konzepten der App kann auch im Fall des Konzeptes *Museum* nochmals verdeutlicht werden, dass die Konzepte auch im Überschneidungsbereich genutzt werden, wenn etwa die Kinder entlang der Präsentation eines regionalen Museums herausarbeiten müssen, welche historischen Epochen darin abgedeckt werden, welchen Zeitabschnitten die gebotenen Quellen zuzuordnen sind, welche Fragen an die Vergangenheit gestellt werden und daraus folgend welche Geschichten als Antworten auf diese Fragen erzählt werden.

7. Progression

Die *Salzburger MuseumsApp* berücksichtigt aber auch eine Lernprogression über die Touren hinweg. Lernprogression ist dabei als lerngünstige Abfolge der Entwicklung von Kompetenzen und der Ausdifferenzierung von Konzepten zu verstehen (Körber 2014, 131). In der App wurde daher versucht, durch (a) eine spiralartig angelegte Struktur Aufgaben zu den zentralen fachlichen (Teil-)Konzepten *Zeit, Vergangenheit, Quelle, Geschichte* und *Museum* wiederholend und vertiefend zu thematisieren (Kühberger 2016b, 25 f.; Körber 2007, 445), dabei innerhalb der Touren und v. a. über die einzelnen Touren hinweg (b) vom Bekannten zum Unbekannten und (c) vom Einfachen zum Komplexen voranzuschreiten. Alle genannten Konzepte sind in allen Touren enthalten und werden entsprechend dieser drei Aspekte progressiv entwickelt.

Anhand des Konzepts *Quelle* lässt sich der progressive Aufbau in ausgewählten Beispielen verdeutlichen (vgl. Buchberger 2020, 161–173): In der App werden grundlegende Einsichten zu dem Zusammenhang zwischen Geschichte und Vergangenheit insofern ermöglicht, als dass Quellen aus der Vergangenheit, die in der Gegenwart verfügbar sind, als Grundlage von Re-Konstruktionen von Vergangenheit als Geschichte („Konstruktivität" und „Belegbarkeit") erkennbar und auch als Belege für Wandel eingesetzt werden. Userinnen und User können erfahren, dass „Dinge von früher" zu „Quellen" werden, sobald man Fragen zur Vergan-

---

10 Zur Situation des schulischen Umgangs mit Geschichtsmuseen vgl. Brait 2020.

genheit an sie stellt. Geschichte wird dadurch für die Lernenden als Antwort auf Fragen an die Vergangenheit deutlich, wobei durch die Aufgaben auch ersichtlich wird, dass mit ausgewählten Quellen nicht jede Frage beantwortet bzw. nicht jede Geschichte erzählt werden kann („Selektivität") und dass die ganze Vergangenheit nur eingeschränkt in Geschichte fassbar ist („Partikularität"). Damit diese konzeptuellen Vorstellungen bestmöglich von Lernenden entwickelt werden können, wird der Begriff der „historischen Quelle" zu Beginn mit „Dingen von früher" umschrieben und erst nach und nach eingeführt (vgl. Abb. 6).

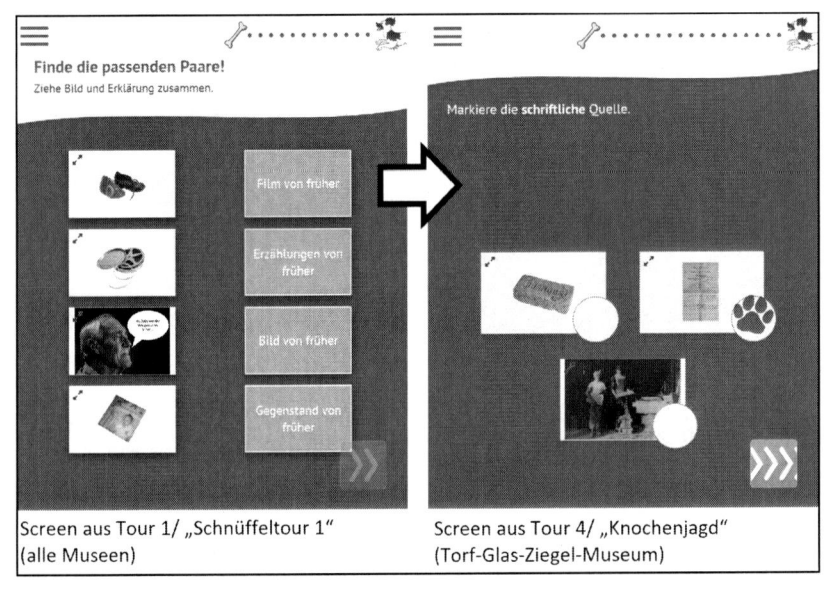

| Screen aus Tour 1/ „Schnüffeltour 1" (alle Museen) | Screen aus Tour 4/ „Knochenjagd" (Torf-Glas-Ziegel-Museum) |

Abb. 6: Vom Bekannten zum Unbekannten in der *Salzburger MuseumsApp* (Salzburger MuseumsApp)

Darüber hinaus wurde darauf geachtet, die Aufgaben in ihrer Komplexität behutsam zu steigern, indem z. B. mehr Antwortmöglichkeiten zur Verfügung stehen bzw. mehrere Antworten möglich sind oder zur Lösung mehr Materialien berücksichtigt werden müssen. In Abb. 7 wird dies anhand zweier Beispiele veranschaulicht: Im oberen Beispiel zu den Konzepten „Selektivität" und „Partikularität" sind auf der linken Seite drei Quellen mit vier sprachlich wenig komplexen Aussagen in Verbindung zu bringen, wohingegen auf der rechten Seite vier Quellen mit einem komplexeren Text verknüpft werden sollen. Im zweiten, unteren Beispiel zu Aspekten des ersten Schritts einer kritischen Beschäftigung mit Quellen (Beschreibung) wird eine Komplexitätssteigerung deutlich, indem links mit einer Auswahlaufgabe (eins aus drei) ein markierter Teilbereich einer Bildquelle beschrieben werden soll, während im rechten Beispiel die richtige Kombination von vier Quellen mit vier Beschreibungen gesucht wird (vgl. Abb. 7).

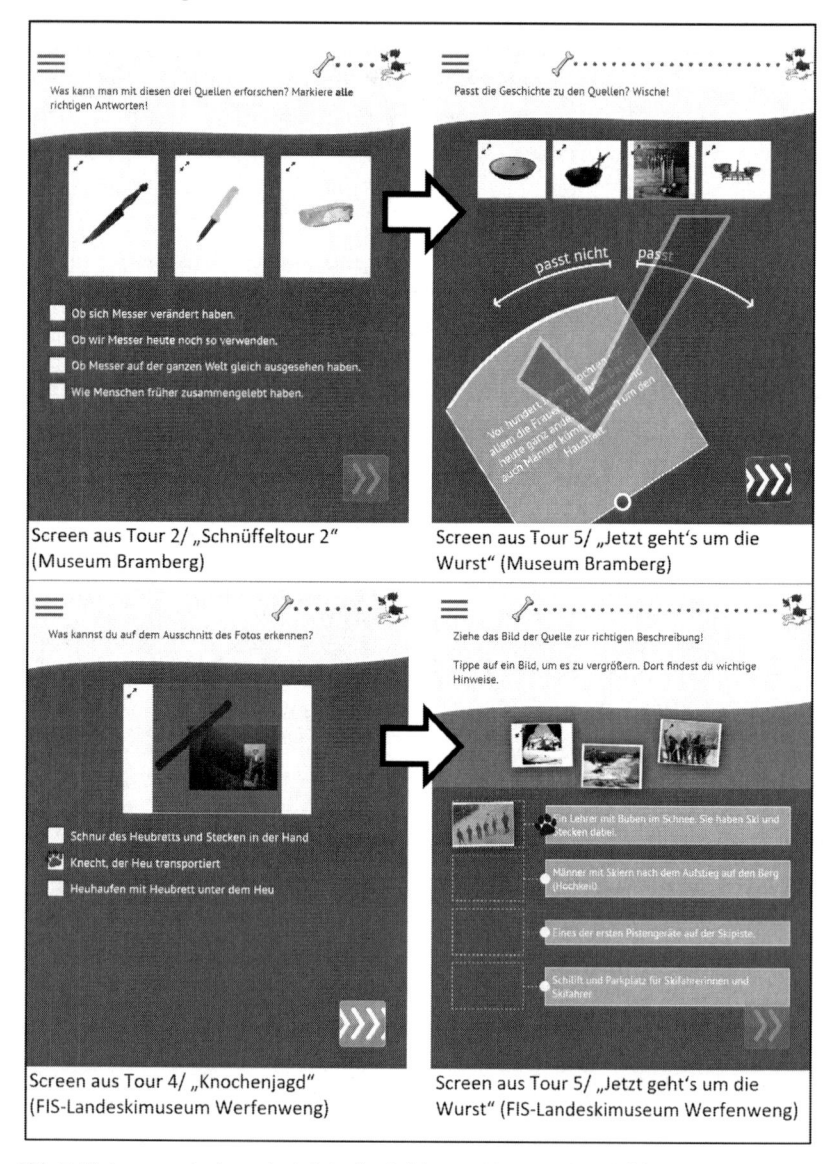

Screen aus Tour 2/ „Schnüffeltour 2"
(Museum Bramberg)

Screen aus Tour 5/ „Jetzt geht's um die Wurst" (Museum Bramberg)

Screen aus Tour 4/ „Knochenjagd"
(FIS-Landeskimuseum Werfenweng)

Screen aus Tour 5/ „Jetzt geht's um die Wurst" (FIS-Landeskimuseum Werfenweng)

Abb. 7: Steigerung der komplexität in der *Salzburger MuseumsApp* (Salzburger Museums-App)

Das wesentlichste Element für den progressiven Aufbau der App bilden jedoch die Möglichkeiten zur Ausdifferenzierung der konzeptuellen Vorstellungen durch wiederholte und vertiefende Befassung mit (Teil-)Konzepten (vgl. Abb. 8).

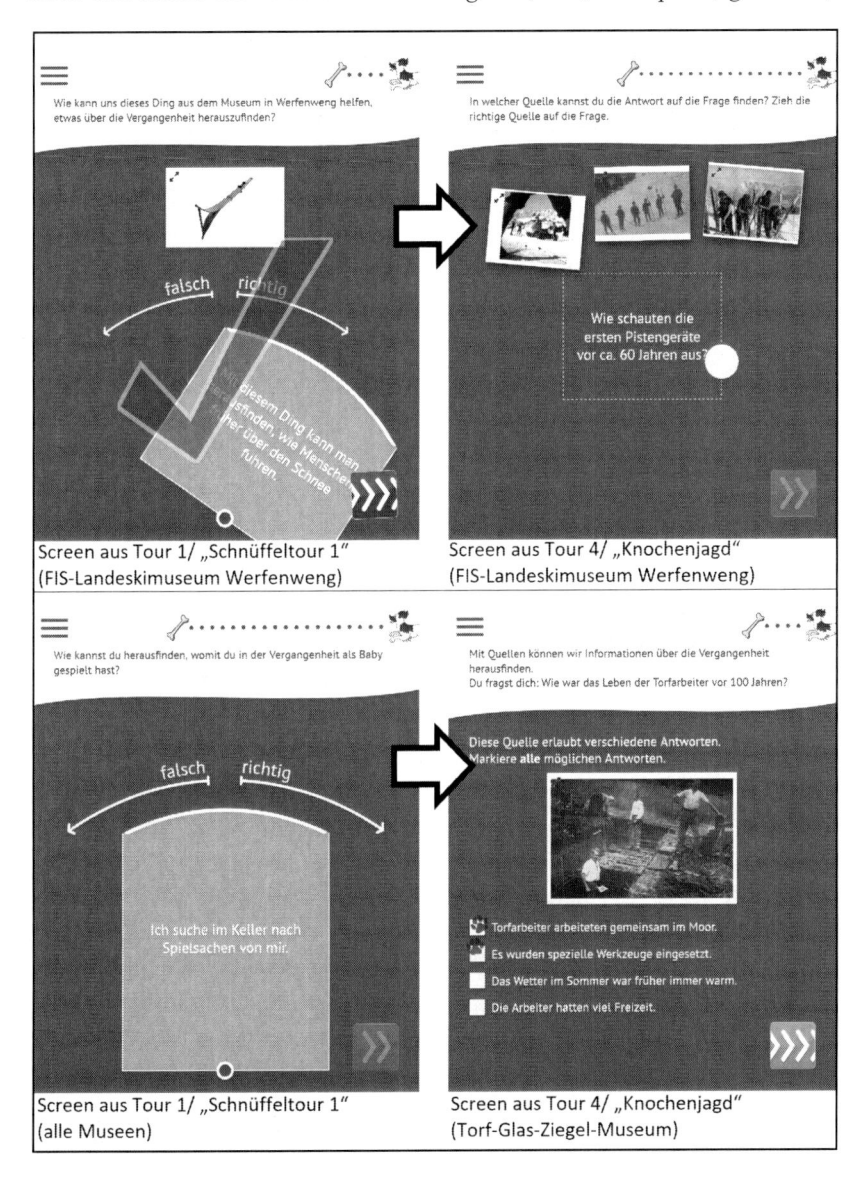

Abb. 8: Wiederholung und Vertiefung in der *Salzburger MuseumsApp* (Salzburger MuseumsApp)

Dies kann etwa am Beispiel der Bedeutung von Fragen oder der Funktion von Quellen im historischen Erkenntnisprozess veranschaulicht werden: Im oberen Beispiel der Abb. 8 wird links der Zusammenhang zwischen Quellen und belegbaren Aussagen über die Vergangenheit thematisiert, auf der anderen Seite wird darauf aufbauend die Frage als Ausgangspunkt von Re-Konstruktionsprozessen ins Spiel gebracht, indem über die Möglichkeit befunden werden soll, drei Quellen mit einer konkreten Frage zur Vergangenheit zu kombinieren.

Im unteren Beispiel steht besonders die Quelle im Fokus, wenn auf der linken Seite darüber nachgedacht wird, wo und wie man über die eigene, nicht mehr erinnerliche Vergangenheit Belege finden kann, wohingegen in der rechten Aufgabe als Vertiefung dem Erkenntniswert von Quellen im Zusammenhang mit einer spezifischen Fragestellung nachgespürt wird.

8. Qualitätssicherung und Cognitive Labs

Die App und ihre Aufgaben wurden von den Autoren dieses Beitrags gemeinsam entlang laufender Investigator-Triangulationen entwickelt (Flick 2005, 312; Flick 2011, 14). Weitere Maßnahmen zur Sicherung der Validität der Aufgaben wurden durch die inhalts- und konstruktvalide Ausgestaltung getroffen, indem auf etablierte Theorien und Modelle aufgebaut bzw. sich an Instrumenten anderer Untersuchungen mit ähnlichen Zielsetzungen und Fragestellungen orientiert wurde. Die Erfahrungen der Autoren aus langjährigen Projektbeteiligungen (z. B. Trautwein u. a. 2017) mit der Konstruktion von geschlossenen Items zu historischen Denkakten waren diesbezüglich hilfreich. Die Verlässlichkeit der richtigen Antworten wurde darüber hinaus durch das Feedback von Fachdidaktikerinnen und -didaktikern überprüft,[11] wie auch an mehreren Stellen des Entwicklungsprozesses systematische Rückmeldungen von Lehrpersonen, Schülerinnen und Schülern sowie Museumsmitarbeiterinnen und -mitarbeitern eingeholt wurden. Noch vor der Programmierung wurden beispielsweise Lesetests mit Kindern im 3.-5. Schuljahr in einem explorativen Setting durchgeführt, um vor allem die grundsätzliche Verständlichkeit der Texte zu überprüfen. So konnten bereits an diesem Punkt Reformulierungen vorgenommen oder wenig bis gar nicht verständliche Begriffe ausgetauscht und die Resonanz der zukünftigen Userinnen und Usern etwa zu motivationalen Aspekten eingeholt werden.

---

11 Hier handelt es sich um eine qualitative Reliabilitätsprüfung in Form einer Investigator-Triangulation zur Steigerung der Objektivität (Flick 2011, 14).

Nach der Programmierung der App wurden zusätzlich zu den bereits erwähnten Rückmeldungen Pre-Tests unter der Leitung von fachkundigen Testerinnen und Testern in Form von *Cognitive Labs* durchgeführt, um in einem standardisierten Verfahren die App zu testen, entlang der Einsichten zu verbessern und dabei die Subjekte des historischen Denkens stärker miteinzubeziehen (Kühberger 2015, 31 u. 37). Ursprünglich zur Untersuchung und Vermeidung von Fehlern bei der Beantwortung von Fragebogenitems wurde mit *Cognitive Labs* eine spezifische Methode des Interviewens entwickelt. Die Probandinnen und Probanden wurden dazu angehalten, die Aufgaben einerseits zu kommentieren und ihre Bearbeitungsschritte andererseits bei deren Beantwortung laut mitzuteilen. Dieses „think aloud" (Ericson/Simon 1980) wurde erweitert durch fallweises Nachfragen. Willis (2005, 47–58) spricht von „Verbal Probing Techniques". Das Nachfragen bezieht sich dabei z. B. auf „Aufgabenverstehens- und Lösungsstrategien, auf das vorgängige Begriffsverständnis und die Begründung der Wahl von Antwortalternativen" (Werner/Schreiber 2015, 155). Entlang der Aussagen von Testpersonen können Optimierungsvorschläge erarbeitet und sogar Optimierungsvorschläge der Testpersonen selbst aufgenommen werden.

Durch den Einsatz von Cognitive Labs konnten bei der Entwicklung der *Salzburger MuseumsApp* subjektive Strukturen von Userinnen und Usern der Zielgruppe aufgegriffen und damit unverständliche oder mehrdeutige Aufgabenstellungen sowie technische Schwierigkeiten in der Anwendung identifiziert werden. Folglich stehen bei dieser Form der Untersuchung nicht die Testpersonen und ihre Aussagen bzw. in diesem Fall ihre Ausprägungen von fachspezifischen Konzepten und Kompetenzen im Mittelpunkt, sondern die Frage nach der Tauglichkeit von einleitenden Informationstexten und Aufgabenstellungen sowie nach der durch die Programmierung grundgelegten Bedienbarkeit der App (*usability*). Den *Cognitive Labs* zur Untersuchung der *Salzburger MuseumsApp* lag eine kleine, nicht-repräsentative Stichprobe der Zielgruppe von 7–10-jährigen Schülerinnen und Schülern zugrunde. Es wurde mit insgesamt 27 Probandinnen und Probanden, davon jeweils neun aus der 2., 3. und 4. Schulstufe, getestet. Dafür wurden in ca. zwei Stunden jeweils drei Schülerinnen und Schüler bei der Bedienung der App beobachtet und nach jeder Aufgabe befragt. Mittels eines Beobachtungsbogens, der verschiedene Kategorien aufwies und Leitfragen für die Interviews enthielt (Anwenderfreundlichkeit, Sprache, Motivation, Wahrnehmung, Hilfestellungen, sonstige Beobachtungen), konnten von den Testleiterinnen und -leitern handschriftliche Notizen angefertigt werden.

Auf der Grundlage der Auswertung dieser Rückmeldungen wurden Formulierungen, Materialien und deren Layout, eingesetzte Begriffe, Lösungen und

Distraktoren einer Überprüfung unterzogen und Optimierungspotenziale für die Aufgaben ausgelotet. Ziel war es, die Aufgaben zu präzisieren und zu verbessern sowie die *Usability* der App zu prüfen. Die Ergebnisse der Testung waren insgesamt positiv. Es bestätigte sich die Annahme, dass die Lernapp mit ihren spielerischen Mechanismen als sehr motivierend wahrgenommen wird. Die Schülerinnen und Schüler erkannten dabei zwar den auf Bildung ausgerichteten Charakter der Lernapp, schätzten aber gleichzeitig die kniffligen Aufgaben. Wenige schwerverständliche Begriffe und missverständliche Formulierungen v. a. in den Aufgabentexten konnten identifiziert und geändert werden. Da in der Entwicklung die Entscheidung getroffen wurde, auf Tutorials und einleitende Erklärungen zur Bedienung der App zu verzichten (*intuitives Design*), mussten die Steuerungsmechanismen auf der Benutzeroberfläche möglichst ohne Erklärung nutzbar sein. Aufgrund der Auswertungen der Benutzererfahrungen wurde dahingehend das User-Interface-Design verbessert, indem z. B. Bedienelemente für die Vergrößerung von Bildern, stärker akzentuiert wurden. Besonders wichtig war der aus den Ergebnissen abgeleitete Befund, dass die App für das 2. Schuljahr nur mäßig geeignet ist, weshalb die ursprünglich geplante Altersempfehlung angepasst wurde.

Die Auswertungen der *Cognitive Labs* können allerdings keine Aufschlüsse über die Entwicklung von zentralen fachlichen Konzepten geben. Dies soll aber im Fokus zukünftiger Untersuchungen stehen. Gemäß den Grundsätzen fachdidaktischer Entwicklungsforschung (Hußmann u. a. 2013) sollen Design-Experimente durchgeführt werden und das entwickelte Bildungsprodukt bzw. die durch dieses initiierten Lernaktivitäten weiter beforscht werden.

9. Ausblick

Die Entwicklung von digitalen historischen Lernmaterialien, die als Teil eines digitalen Wandels im letzten Jahrzehnt beobachtbar waren, zeugt von den Möglichkeiten eines domänenspezifischen Zugangs im Zeitalter der Digitalität (vgl. auch Buchberger u. a. 2015). Es wird auch in Zukunft darauf ankommen, medialen Wandel und geschichtsdidaktische Konzeptionen vielfältig aufeinander zu beziehen, um deren Vor- und Nachteile anhand von konkreten Beispielen diskutierbar zu machen. Denn mit dem technisch-digitalen Wandel verändern sich auch Gewohnheiten der Userinnen und User sowie erwartete technische Zugänge. Ausnahmesituationen wie die COVID-19-Pandemie verdeutlichten auf vielen Ebenen nochmals den Aufholbedarf auf schulischer und außerschulischer Vermittlungsebene. Daher erscheint es als sinnvoll, dass sowohl theoriegeleitete pragmatische Entwicklungen, wie sie hier im Rahmen des Projektes zur *Salzburger MuseumsApp* vorgestellt wurden, diesen Fluss an steten Neuerungen auch außerhalb von Extremsituationen begleiten. Es muss dabei jedoch das erklärte Ziel bleiben, geschichtsdidaktische Theorie, Pragmatik und Empirie miteinzubeziehen, um keinen digitalen Aktionismus zu betreiben, der zwar die Technik lobt, aber die (fach-)didaktische Konzeption vergisst.

10. Anhang: Hinweise zu Nutzung der Salzburger MuseumsApp

Die App ist unter www.museumsapp.at sowie in App-Stores kostenlos downloadbar. Die Applikation kann mit gängigen Endgeräten (Smartphone, Tablet, Laptop und auch Desktop) und unterschiedlichen Betriebssystemen (Windows, Android, IOS) betrieben werden und ist auch cross-Browser-fähig (Google Chrome, MS Edge, Mozilla Firefox, Opera, Apple Safari).

Literatur

AMMERER, Heinrich (2021): Die Entwicklung historischer Metakonzepte als Aufgabe des Geschichtsunterrichts. In: Österreichische Zeitschrift für Geschichtswissenschaften 32, 2, S. 123–143.

ANDERSON, Lorin W./Krathwohl, David R. (2001): A Taxonomy for Learning, Teaching, and Assessing: A Revision of Bloom's Taxonomy of Educational Objektives. New York.

BALLSTAEDT, Steffen-Peter (1997): Wissensvermittlung. Die Gestaltung von Lernmaterial. Weinheim.

BARRICELLI, Michele (2012): Narrativität. In: Barricelli, Michele/Lücke, Martin (Hg.): Handbuch Praxis des Geschichtsunterrichts, Bd. 1. Schwalbach/Ts., S. 255–280.

BARRICELLI, Michele/Gautschi, Peter/Körber, Andreas (2012): Historische Kompetenzen und Kompetenzmodelle. In: Barricelli, Michele/Lücke, Martin (Hg.): Handbuch Praxis des Geschichtsunterrichts. Band 1. Schwalbach/Ts., S. 207–235.

BAUMGARTNER, Hans Michael (31985): Narrativität. In: Bergmann, Klaus/Kuhn, Annette/Rüsen, Jörn/Schneider, Gerhard (Hg.): Handbuch der Geschichtsdidaktik. Düsseldorf, S. 146–149.

BECHER, Andrea/Gläser, Eva (2016): Geschichte erforschen mit historischen Quellen. Förderung historischer Methodenkompetenz mit vorstrukturierten Materialien. In: Becher, Andrea/Gläser, Eva/Pleitner, Berit (Hg.): Die historische Perspektive konkret. Begleitband 2 zum Perspektivrahmen Sachunterricht. Bad Heilbrunn, S. 40–52.

BECHER, Andrea/Schomaker, Claudia (2016): Zeitleiste – Medium und Methode historischen Lernens. In: Becher, Andrea/Gläser, Eva/Pleitner, Berit (Hg.): Die historische Perspektive konkret. Begleitband 2 zum Perspektivrahmen Sachunterricht. Bad Heilbrunn, S. 100–111.

BERNHARDT, Markus/Neeb, Sven (2020): Apps und Co – Grundlagen, Potenziale und Herausforderungen historischen Lernens in digitalen Lernumgebungen. In: Zeitschrift für Didaktik der Gesellschaftswissenschaften 1/2020, S. 65–82.

BERNSEN, Daniel/Kerber, Ulf (Hg.) (2017): Praxishandbuch Historisches Lernen und Medienbildung im digitalen Zeitalter. Bonn.

BRAIT, Andrea (2020): Museumsbesuche im Geschichtsunterricht. Eine Studie zum historischen Lernen im Zuge von Besuchen der österreichischen Landesmuseen. Innsbruck (Habilitation, Universität Innsbruck).

BRUNER, Jerome Seymour (197513): The Process of Education. Cambridge.

BUCHBERGER, Wolfgang (2020): Historisches Lernen mit schriftlichen Quellen. Eine kategoriale Schulbuchanalyse österreichischer Lehrwerke der Primar- und Sekundarstufe. Innsbruck.

BUCHBERGER, Wolfgang/Kühberger, Christoph/Stuhlberger, Christoph (Hg.) (2015): Nutzung digitaler Medien im Geschichtsunterricht. Innsbruck.

BUCHBERGER, Wolfgang/Eigler, Nikolaus/Kühberger, Christoph (2019): Mit Concept Cartoons historisches Denken anregen. Ein methodischer Zugang zum subjektorientierten historischen Lernen. Frankfurt/M.

BUCHBERGER, Wolfgang/Mattle, Elmar/Mörwald, Simon (Hg.) (2020): Mit Quellen arbeiten. Aufgaben für historisches Lernen in der Primar- und Sekundarstufe. Salzburg.

BUCHBERGER, Wolfgang/Kühberger, Christoph (Hg.) (2021): Historisches Lernen in der Primarstufe. Standpunkte – Herausforderungen – Perspektiven. Innsbruck.

BUCHBERGER, Wolfgang/Kühberger, Christoph/Moser-Schmidl, Waltraud/Ramböck, Jutta (2022). Die „Salzburger MuseumsApp" als digitale Brücke der Public History: Verbindungen zwischen Schule und Regionalmuseen. Salzburger Volkskultur 46, S. 110–112.

ERICSON, K. Anders/Simon, Herbert A. (1980): Verbal reports as data. In: Psychological Review, 87, S. 215–251.

FENN, Monika (Hg.) (2018): Frühes historisches Lernen. Projekte und Perspektiven empirischer Forschung. Frankfurt/M.

FLICK, Uwe (42005): Triangulation in der qualitativen Forschung. In: Flick, Uwe/Kardorff, Ernst von/Steinke, Ines (Hg.): Qualitative Forschung. Ein Handbuch. Reinbek bei Hamburg, S. 309–318.

FLICK, Uwe (32011): Triangulation. Eine Einführung. Wiesbaden.

GAUTSCHI, Peter/Lücke, Martin (2018): Historisches Lernen im digitalen Klassenzimmer: Das Projekt „Shoa im schulischen Alltag". In: Sandkühler, Thomas/Bühl-Gramer, Charlotte/John, Anke/Schwabe, Astrid/Bernhardt, Markus (Hg.): Geschichtsunterricht im 21. Jahrhundert: eine geschichtsdidaktische Standortbestimmung. Göttingen, S. 465–485.

GERRIG, Richard J./Zimbardo, Philip G. (212018): Psychologie. München.

GESELLSCHAFT FÜR DIDAKTIK DES SACHUNTERRICHTS (GDSU) (Hg.) (2013): Perspektivrahmen Sachunterricht. Bad Heilbrunn.

HARTUNG, Olaf (2020): Museen und Geschichtsunterricht (= Geschichtswissen und historisches Lernen, 4), Stuttgart.

HELLMUTH, Thomas/Kühberger, Christoph (2016): Historisches und politisches Lernen mit Konzepten. In: Historische Sozialkunde 46/2016, S. 3–8.

HEMPEL, Marlies (2004): Zur Bedeutung des Vorwissens der Mädchen und Jungen im Anfangsunterricht des sozialwissenschaftlichen Sachunterrichts. In: Kaiser, Astrid/Pech, Detlef (Hg.): Lernvoraussetzungen und Lernen im Sachunterricht. Baltmannsweiler, S. 38–44.

HUSSMANN, Stephan/Thiele, Jörg/Hinz, Renate/Prediger, Susanne/Ralle, Bernd (2013): Gegenstandsorientierte Unterrichtsdesigns entwickeln und erforschen – Fachdidaktische Entwicklungsforschung im Dortmunder Modell. In: Komorek, Michael/Prediger, Susanne (Hg.): Der lange Weg zum Unterrichtsdesign. Zur Begründung und Umsetzung fachdidaktischer Forschungs- und Entwicklungsprogramme. Münster, S. 25–42.

KREBS, Alexandra/Meyer-Hamme, Johannes (2021): Historisches Lernen digital. Die neue Version der App in die Geschichte. In: Zeitschrift für Geschichtsdidaktik 20/2021, S. 180–196.

KÖRBER, Andreas (2007): Graduierung. Die Unterscheidung von Niveaus der Kompetenzen historischen Denkens. In: Körber, Andreas/Schreiber, Waltraud/Schöner, Alexander (Hg.): Kompetenzen historischen Denkens. Ein Strukturmodell als Beitrag zur Kompetenzorientierung in der Geschichtsdidaktik. Neuried, S. 415–472.

KÖRBER, Andreas (^{2}0143): Lernprogression. In: Mayer, Ulrich/Pandel, Hans-Jürgen/Schneider, Gerhard/Schönemann, Bernd (Hg.): Wörterbuch der Geschichtsdidaktik. Schwalbach/Ts., S. 131–132.

KÖRBER, Andreas (2015): Messung historischer Kompetenzen – Herausforderungen für die Erstellung eines LSA-geeigneten Kompetenztests. In: Waldis, Monika/Ziegler, Beatrice (Hg.): Forschungswerkstatt Geschichtsdidaktik 13. Beiträge zur Tagung „geschichtsdidaktik empirisch 13". Bern, S. 124–138.

KÖRBER, Andreas/Meyer-Hamme, Johannes (2017): Kompetenzen historischen Denkens messen? – Herausforderungen – Lösungsansätze – fachdidaktische Implikationen. In: Waldis, Monika/Ziegler, Beatrice (Hg.): Forschungswerkstatt Geschichtsdidaktik 15. Beiträge zur Tagung „geschichtsdidaktik empirisch 15". Bern, S. 248–264.

KÖSTER, Manuel/Bernhardt, Markus/Thünemann, Holger (2016). Aufgaben im Geschichtsunterricht. Typen, Gütekriterien und Konstruktionsprinzipien. In: Geschichte Lernen 174/2016, S. 2–11.

KRIEGER, Rainer (32015): Mehr Möglichkeiten als Grenzen. Anmerkungen eines Psychologen. In: Bergmann, Klaus/Rohrbach, Rita (Hg.): Kinder entdecken Geschichte. Theorie und Praxis historischen Lernens in der Grundschule und im frühen Geschichtsunterricht. Schwalbach/Ts., S. 32–50.

KÜHBERGER, Christoph (2011): Aufgabenarchitektur für den kompetenzorientierten Geschichtsunterricht. In: Historische Sozialkunde 1/2011, S. 3–13.

KÜHBERGER, Christoph (2012): Konzeptionelles Wissen als besondere Grundlage für das historische Lernen. In: Ders. (Hg.): Historisches Wissen. Geschichtsdidaktische Erkundungen über Art, Umfang und Tiefe für das historische Lernen. Schwalbach/Ts., S. 33–74.

KÜHBERGER, Christoph (2015): Subjektorientierte Geschichtsdidaktik. Eine Annäherung zwischen Theorie, Empirie und Pragmatik. In: Ammerer, Heinrich/Hellmuth, Thomas/Kühberger, Christoph (Hg.): Subjektorientierte Geschichtsdidaktik. Schwalbach/Ts. 2015, S. 13–47.

KÜHBERGER, Christoph (2016a): Historische Fragekompetenz in der Primarstufe. In: Becher, Andrea/Gläser, Eva/Pleitner, Berit (Hg.): Die historische Perspektive konkret. Begleitband 2 zum Perspektivrahmen Sachunterricht. Bad Heilbrunn, S. 27–39.

KÜHBERGER, Christoph (2016b): Lernen mit Konzepten. Basiskonzepte in politischen und historischen Lernprozessen. Informationen zur Politischen Bildung, 38/2016, S. 20–29.

KÜHBERGER, Christoph/Neureiter, Herbert/Wagner, Wolfgang (2018): Umgang mit Darstellungen der Vergangenheit. Historische De-Konstruktionskompetenz empirisch messen. In: Geschichte in Wissenschaft und Unterricht 7–8/2018, S. 418–434.

LEE, Peter J. (2005): Putting Principles into Practice. Understanding History. In: National Research Council (Hg.): How Students learn. History, Mathematics, and Science in the Classroom. Washington, D.C., S. 31–77.

OSWALT, Vadim/Aspelmeier, Jens/Boguth, Suzelle (2014): Ich dachte, jetzt brennt gleich die Luft. Transnationale historische Projektarbeit zwischen interkultureller Begegnung und Web 2.0. Schwalbach/Ts.

PANDEL, Hans-Jürgen (2010): Historisches Erzählen. Narrativität im Geschichtsunterricht. Schwalbach/Ts.

RENKL, Alexander (1996): Träges Wissen. Wenn Erlerntes nicht genutzt wird. In Psychologische Rundschau 47/1996, S. 78–92.

RÖDER, Dennis (2016): Smartphone Apps: Their Use of History and Use for History Teaching. In: Wojdon, Joanna (Hg.): E-teaching history. Cambridge, S. 141–152.

RÜSEN, Jörn (31985): Historisches Erzählen. In: Bergmann, Klaus/Kuhn, Annette/Rüsen, Jörn/Schneider, Gerhard (Hg.): Handbuch der Geschichtsdidaktik. Düsseldorf 1985, S. 44–49.

SCHÖNER, Alexander (2007): Kompetenzbereich der historischen Sachkompetenzen. In: Körber, Andreas/Schreiber, Waltraud/Schöner, Alexander (Hg.): Kompetenzen historischen Denkens. Ein Strukturmodell als Beitrag zur Kompetenzorientierung in der Geschichtsdidaktik. Neuried, S. 265–313.

SCHREIBER, Waltraud (2007): Kompetenzbereich historische Fragekompetenzen. In: Körber, Andreas/Schreiber, Waltraud/Schöner, Alexander (Hg.): Kompetenzen historischen Denkens. Ein Strukturmodell als Beitrag zur Kompetenzorientierung in der Geschichtsdidaktik. Neuried, S. 155–193.

SCHREIBER, Waltraud (2007): Kompetenzbereich historische Methodenkompetenzen. In: Körber, Andreas/Schreiber, Waltraud/Schöner, Alexander (Hg.): Kompetenzen historischen Denkens. Ein Strukturmodell als Beitrag zur Kompetenzorientierung in der Geschichtsdidaktik. Neuried, S. 194–235.

SCHREIBER, Waltraud/Körber, Andreas/Borries, Bodo von/Krammer, Reinhard/Leutner-Ramme, Sibylla/Schöner, Alexander/Ziegler, Béatrice (2007): Historisches Denken. Ein Kompetenz-Strukturmodell (Basisbeitrag). In: Körber, Andreas/Schreiber, Waltraud/Schöner, Alexander (Hg.): Kompetenzen historischen Denkens. Ein Strukturmodell als Beitrag zur Kompetenzorientierung in der Geschichtsdidaktik. Neuried, S. 17–53.

SODIAN, Beate (2018): Entwicklung und Förderung von Wissenschaftsverständnis bei Kindern im Grundschulalter. In: Fenn, Monika (Hg.): Frühes historisches Lernen. Projekte und Perspektiven empirischer Forschung. Frankfurt/M., S. 134–144.

TRAUTWEIN, Ulrich/Bertram, Christiane/Borries, Bodo von/Brauch, Nicola/Hirsch, Michael/Klausmeier, Kathrin/Körber, Andreas/Kühberger, Christoph/Meyer-Hamme, Johannes; Merkt, Martin/Neureiter, Herbert/Schwan, Stephan/Schreibter, Waltraud/Wagner, Wolfgang/Waldis, Monika/Werner, Michael/Ziegler, Beatrice/Zuckowski, Andreas (2017): Kompetenzen historisches Denkens erfassen. Konzeption, Operationalisierung und Befunde des Projektes „Historical Thinking in History" (HiTCH). Münster.

WERNER, Michael/Schreiber, Waltraud (2015): Testfragen befragen – Pretesting und Optimierung des Large-Scale-Kompetenztests „HiTCH" durch Cognitive Labs. In Waldis, Monika/Ziegler, Beatrice (Hg.): Forschungswerkstatt Geschichtsdidaktik 13. Beiträge zur Tagung „geschichtsdidaktik empirisch 13". Bern, S. 153–164.

WEINERT, Franz E. (1998): Neue Unterrichtskonzepte zwischen gesellschaftlichen Notwendigkeiten, pädagogischen Visionen und psychologischen Möglichkeiten. In: Bayrisches Staatsministerium für Unterricht, Kultus, Wissenschaft und Kunst: Wissen und Werte für die Welt von morgen. Dokumentation zum Bildungskongress. München, S. 101–125.

WEINERT, Franz E. (2001). Vergleichende Leistungsmessung in Schulen – eine umstrittene Selbstverständlichkeit. In: Ders. (Hg.): Leistungsmessungen in Schulen. Weinheim, S. 17–31.

WILLIS, Gordon B. (2005): Cognitive Interviewing. A Tool for Improving Questionnaire Design. Thousand Oaks.

ZABOLD, Stefanie/Schreiber, Waltraud (2016): So oder so erzählt – um das gleiche Früher geht es immer! Zur Auseinandersetzung von Grundschülerinnen und -schülern mit der Gemachtheit von Geschichte – Förderung der De-Konstruktionskompetenz. In: Becher, Andrea/Gläser, Eva/Pleitner, Berit (Hg.): Die historische Perspektive konkret. Begleitband 2 zum Perspektivrahmen Sachunterricht. Bad Heilbrunn, S. 65–84.

MONIKA FENN, JAKOB ARLT

Professionalisierung digital

Gesprächsführungskompetenzen von Geschichtslehramtsstudierenden unter Nutzung von virtueller Realität fördern

Virtuelle bzw. Augmentierte Realitäten und KI stehen stellvertretend für neue technische, gesellschaftlich virulente und daher viel diskutierte Möglichkeiten, an die sich diverse abstrakte Zukunftsversprechen mit weittragendem Wandlungsvermögen in allen Lebensbereichen, neuerdings auch im universitären Lehramtsstudium, knüpfen (Parong/Mayer 2021; Huang u. a. 2020, 2).

Der Topos der „digitalen Transformation" gilt mittlerweile als ein weltweites Phänomen mit explizit zugeschriebenem Veränderungspotenzial für alle Gesellschaftsbereiche (Hartung u. a. i. d. Bd.). Nicht zuletzt die Konferenz, in deren Rahmen dieser Beitrag entstand, hat gezeigt, wie ausgestaltungsbedürftig der Begriff „Digitalität" und auch die Antwort auf die vielerorts aufgeworfene Frage sind, für welches gesellschaftliche und individuelle konkrete Problem die unter dem Framing „Digitalisierung" gefassten Möglichkeiten eine Lösung darstellen (vgl. u. a. Nassehi 2019, 28). Das in diesem Beitrag vorzustellende Projekt versucht daher eine Antwort auf die Frage in Bezug auf die universitäre Lehrkräftebildung zu geben. Bezogen auf die im Einführungsbeitrag dieses Bandes vorgestellte Matrix strebt es auf der Mikroebene an, ein Angebot zur Optimierung von Kommunikation zu schaffen: Es geht um die Einübung der Führung eines offenen Unterrichtsgesprächs von angehenden Geschichtslehrkräften mit Schülerinnen und Schülern (Avataren) in einer virtuellen Realität (Hartung u. a. i. d. Bd., 9–14). Während diese digitale Neuerung in Lehre, Ausbildung und medizinisch-technischem Studium bereits länger genutzt wird (Zender u. a. 2019), ist der Einsatz im Rahmen der fachdidaktisch angeleiteten Lehrkräfteprofessionalisierung noch kaum erprobt.

Den strukturellen Ausgangspunkt des Projekts bildet der häufig monierte fehlende Praxisbezug in der universitären Lehramtsbildung, dem über eine Theorie und Praxis integrativ verbindende, qualitativ anspruchsvolle Lehrveranstaltungen begegnet werden soll (Gröschner/Hascher 2022, 707 f.). Im Sinne eines Angebots-Nutzungsmodells erhalten die Studierenden durch die neuen, digitalen Möglichkeiten eines virtuellen Klassenzimmers die Chance, in einer universitären Lehrveranstaltung Gespräche zum Konstruktcharakter von Urteilen im Geschichtsunterricht mit Avataren zu führen. Auf der Basis von theoretischem Input zur dialogischen Gesprächsführung reflektieren die Studierenden ihre Erfahrungen mit Coaches, Peers und erhalten die Gelegenheit zum wiederholten Üben. So kann sich professionelles Wissen bereits im Studium über die Anwendung von Fachwissen und eines „wissenschaftlich-reflexiven Habitus" (Helsper 2001, 11) in „praxisbezogenen Lerngelegenheiten" (Gröschner 2020, 245) individuell entwickeln (vgl. Fenn/Bräsel 2024).

In diesem Aufsatz gilt es zunächst, die besondere Herausforderung und das Potenzial von Unterrichtsgesprächen darzustellen und theoretische Hintergründe sowie Lösungsmöglichkeiten aufzuzeigen, die ein virtuelles Klassenzimmer bietet. Im Mittelpunkt steht die Darstellung der empirischen Begleitforschung im Pre-Posttestformat und Follow up-Test mit Experimental- und Kontrollgruppe, die sich auf Design, Auswertungsmethode und Ergebnisse fokussiert. Abschließend erfolgt eine Diskussion mit einem Ausblick auf das Entwicklungspotenzial des virtuellen Klassenzimmers über Künstliche Intelligenz.

1. Problematisierung: Unterrichtsgespräche

Unterrichtsgespräche nehmen einen hohen Anteil an Unterrichtszeit ein (Becker-Mrotzek/Voigt, 2009, 4; Leisen 2007, 123), was auch für den Geschichtsunterricht schon von Hug empirisch belegt wurde (1980, 103). In einer Schweizer Studie weisen Hodel und Waldis zudem nach, dass 71,5 % der Gesamtzeit des Geschichtsunterrichts in einer „klassenöffentlichen Sozialform" stattfindet (Hodel/Waldis 2007, 107–109), innerhalb derer Unterrichtsgespräche mit 40 % dominieren (ebd., 114–115).[1] Trotz ihres häufigen Einsatzes erreichen die Gespräche selten die Qualität, um Lernpotenziale wirklich auszuschöpfen (Zimmermann 2023, 10). Kognitiv aktivierende Unterrichtsgespräche mit symmetrischer Struktur zwischen Lehrenden und Lernenden sind im Geschichtsunterricht selten (Spieß 2015, 168).

Häufig ist eine eher wenig reflektierte, dominante, suggestive und einengende Fragehaltung der Lehrkraft zu beobachten (Fenn 2015, 519), die sprachlich in einem kleinschrittig angelegten Frage-Antwort-Kommentar-Sequenzmuster (initiation – response – evaluation, kurz IRE; vgl. Sinclair/Coulthard 1975; Mehan 1979) basierend auf einfachen Faktenfragen (Pauli/Reusser 2018, 366) und

---

[1] Unterrichts- bzw. Klassengespräche bezeichnen im Aufsatz die mündliche Sprachform, in der eine Lehrperson mit der gesamten Klasse kommuniziert.

asymmetrisch in lehrpersonenzentrierter Form erfolgt (Zimmermann 2023, 18 f.; Gillies 2014; Osborne u. a. 2013). In Summe haben die Lehrkräfte die höchsten Sprechanteile im Unterrichtsgespräch (Zimmermann 2023, 6; Fenn 2018, S. 166–171). Jene lassen sich und den Lernenden kaum Zeit zum Denken; es entsteht keine Gesprächskultur mit Raum zum Formulieren eigener Fragen, Ergänzungen oder Reflexionen (Zimmermann 2023, 106; Mehr 2013, 163; Thünemann 2009, 118 f.; Wuttke 2005, 142 f.).

Die mit der engführenden Gesprächsführung einhergehende Erwartungshaltung von Lehrpersonen zeitigt negative Effekte auf die Motivation der Lernenden (Deci/Ryan 1993, S. 235–236) und damit deren Lernergebnisse (u. a. Howe/Abedin 2013; Lipowsky u. a. 2009; Seidel/Prenzel 2006; Mortimer/Scott 2003).

Aufgrund der mangelnden kognitiven Aktivierung (Pauli/Reusser 2018, 366; Pehmer/Gröschner/Seidel 2015, 108 f.) bleiben eigenständige, verbalisierte Denkleistungen der Schülerinnen und Schüler aus. Gerade (angehende) Lehrkräfte versuchen dann, die erwarteten, aber nicht von Lernenden verbalisierten Denkleistungen selbst monologisiert vorzugeben (Fenn, 2015, 519; 2013, 331). Wenngleich sie in ihren subjektiven Theorien von der Notwendigkeit denkanregender Auswertungsgespräche überzeugt sind, fällt es insbesondere Studierenden in Praxisphasen schwer, diese zu führen (Fenn 2015; 2013, 325–330).

Indes besteht das Ziel von historischem Lehren und Lernen darin, historisches Denken zu fördern (Fenn/Zülsdorf-Kersting 2023), das „als ein sprachbezogener Akt zu verstehen" (Köster/Spieß 2018, 195) ist. Dass historische Darstellungen als „konstruierte Narration nur in Form von Sprache vorstellbar" (ebd., 193) sind, hat Konsequenzen für den Geschichtsunterricht: Der Prozess der Synthese und Analyse von Geschichte sowie der kommunikative Austausch darüber findet in wesentlichen Teilen über Sprache statt – im sozialen System Geschichtsunterricht meist über mündliche Sprachhandlungen (ebd.). Insofern muss historisches Denken über aktive Verbalisierungen der Lernenden gefördert werden. Bereits Fina hat die Relevanz dialogischer Gespräche für historisches Verstehen und individuelle Sinnbildungsleistungen im Geschichtsunterricht in einer auf empirischen Studien basierenden Monografie herausgestellt (1978). Ebenso haben Wineburg und Reisman darauf verwiesen, dass über den mündlichen Austausch im Klassengespräch Denkprozesse im Anschluss an Quellenarbeit verbalisiert werden können und sollten (Wineburg/Reisman 2019). Ein wesentlicher Gelingensfaktor für die Initiierung fachlicher Denkprozesse ist die kompetente Gesprächsführung der Lehrenden.

Reisman u. a. entwickelten auf der Basis von Unterrichtsbeobachtungen (Reisman 2015) ein Modell der Gesprächsleitung für den Geschichtsunterricht: das *framework for facilitating historical discussions* (2018, 279) mit vier Regeln:
(1) Lernende als eigenständig Sinnbildende aktivieren,
(2) Aussagen der Lernenden aufeinander beziehen, diese bündeln und deren Perspektivität aufzeigen,
(3) Lernende auf Texte orientieren, die sinnbildenden Gesprächsanlass liefern,
(4) Lernende auf die fachspezifischen Grundlagen, d. h. die Grammatik der Domäne mit Basiskonzepten und erkenntnistheoretische Methoden orientieren.
Speziell in Bezug auf Prozesse des *historical reasoning* formulieren Havekes u. a. (2017) drei Strategien eines Gesprächs:
(1) divergente Handlungen der Lehrperson aktivieren die Lernenden, unterschiedliche Aussagen in Beziehung zu setzen,
(2) die Lernenden sollen gezielt Deutungsmuster dabei verwenden und
(3) die Lernenden sollen plausible Erklärungen unter Verwendung von Fachsprache entwickeln.
Diese beiden Modelle hat jüngst Zimmermann aufgegriffen, mit den Ansätzen des *accountable talk* (Michaels u. a. 2008; Michaels u. a. 2010) und *dialogue teaching* (Alexander 2008) verknüpft und zu einer Systematik „dialogischer Klassengespräche" zusammengeführt. Das Ziel der Systematik liegt in der Förderung historischen Denkens und der argumentativen, verbalen Auseinandersetzung mit einem historischen Gegenstand (Zimmermann 2023, 156; Resnick u. a. 2010). Dies gelingt über:
(1) die aufeinander ausgerichtete Kommunikation von Lehrenden und Lernenden in einer Wissensbildungsgemeinschaft, in der die Lernenden als eigenständig Sinnbildende aktiviert und akzeptiert werden und ihnen der meiste Gesprächsraum gewährt wird;
(2) die kritische Analyse von Gesprächsgrundlagen (Dokumenten) in eigenen Denkwegen;
(3) die fachliche Kontextualisierung;
(4) die Prämisse, Lernende zur Auseinandersetzung mit unterschiedlichen Perspektiven zu führen (Zimmermann 2023, 164 f.).
Eine Voraussetzung für solche Reflexions- und Sinnbildungsgespräche sei die gezielte Wahl von aktivierenden Lernaufgaben mit Material und anregenden Leitfragen bzw. Impulsen der Lehrperson im Sinne kognitiver Lerngerüste bzw. *scaffolds* (ebd., 131; Eichner u. a. 2019). Da deren Formulierung offensichtlich besondere Anforderungen an Lehrende stellt, haben neuerdings etwa Resnick

u. a. (2015); Pauli und Reusser (2018, 371 f.), Weil u. a. in der DIALOGUE-Studie (2020) sowie Zimmermann (2023) die Strategie von *prompts* bzw. *talk moves* (Reisman 2012; 2015; Michaels u. a. 2010) zur Lernendenaktivierung aufgegriffen und teils fachspezifisch für den Geschichtsunterricht ausdifferenziert (Pauli/Reusser 2018, 371 f.). Nach der Studie von Zimmermann erleichtern diese die Gesprächsführung; indes seien gerade fachspezifische, reflexionsanregende Impulse herausfordernd und daher besonders zu üben (2023, 456–458). Da die Qualität von Lehrpersonenfragen die Lernwirksamkeit von Unterricht (Lotz/Lipowsky 2015, 108; Hattie 2013; Kyriakides u. a. 2013) und insbesondere Klassendiskussion und Scaffolding die Kompetenzentwicklung der Lernenden nachweislich steigern können (Beywl/Zierer 2018, 38 f.), lohnt es sich, die Gesprächsführungskompetenz bei (angehenden) Lehrkräften zu fördern. Empirisch wurde dieser Zusammenhang jüngst durch eine Interventionsstudie von Böheim, Schindler und Seidel (2022) empirisch belegt.

Die nachfolgend zu beschreibende Interventionsstudie zielt auf die kompetente Führung eines Reflexions- und Sinnbildungsgesprächs (vgl. Zimmermann 2023, 164 f.), das nach der Klassifikation von Gudjons zwischen zielorientiertem und problemhaft-heuristischem Gespräch alterniert (Gudjons 2021, 187). Inhalt des Unterrichtsgesprächs ist das häufig vernachlässigte (gemeinsame) Denken über die Konstruiertheit und Perspektivität von Urteilen im Geschichtsunterricht (Thünemann 2020, 11 f.): In einer aktivierenden Lernumgebung entwickeln die Lernenden zunächst auf der Grundlage von Quellen arbeitsteilig in Gruppen zwei konträre Deutungen eines historischen Phänomens in Form eines Plakates mit quellengestützten Urteilen. Es folgt ein Auswertungsgespräch, in dem die Lernenden beschreiben, vergleichen, reflektieren, erklären, argumentieren und beurteilen (Husemann 2020): Sie setzen sich mit dem Konstruktcharakter der unterschiedlichen Urteile sowie mit den diese bedingenden epistemischen, historischen und zeitlichen Basiskonzepten und forschungsmethodischen Fragen auseinander.

Neben Theorie zur „Grammatik" der Domäne Geschichte, d. h. zu Basiskonzepten, zu Forschungsmethoden und zur Denkoperation des historischen Sach- und Werturteils, erhalten die Studierenden im Projekt theoretische und praktische Unterstützung in Form eines Coachings. Dieses fokussiert das gemeinsame Konstruieren von *prompts*, die an das so genannte Impulsverfahren (Thiele 1981, 68; Keck 1998, 14) andocken. Einen Impuls definiert Keck als „eine geplante oder spontan geäußerte Einwirkung auf den Schüler, die dessen Eigenaktivität bei der Bewältigung von Problemen und Aufgabenstellungen sowie bei Störungen im Lernprozeß stimulieren, strukturieren und steuern soll" (Keck

1998, 13). Der Grad der „Offenheit" von Impulsen bewegt sich grundsätzlich zwischen einerseits konvergent, d. h. geschlossen und auf eine bestimmte Antwort zielend, und andererseits divergent, d. h. offenere Denkwege und Antwortmöglichkeiten anregend (Kobarg/Seidel 2003; Burbules 1993). Die Qualität der Impulse hängt vom kognitiven Anforderungsniveau und dem passenden Grad an Offenheit in Bezug auf das jeweilige Ziel der Interaktion ab (Zimmermann 2023, 132). Das gilt auch für direktive und nondirektive, d. h. auffordernde und das Problem fokussierende Impulse (Keck 1998, 15). Formal können Impulse verbal, nonverbal akustisch (z. B. aufmunternder Einwurf „Aha") bzw. optisch (über Mimik, Gestik und Medien) erfolgen. Im Coaching der Studie erweitern Kriterien guter Unterrichtsgespräche die impulsgeführte Aktivierung (Gudjons 2021, 190–192; Leisen 2007). Einen Eindruck über eine gelungene denkanregende Gesprächsführung vermittelt das folgende Beispiel einer Studierenden der Experimentalgruppe im Posttest:

L [Lehrkraft]: So ihr Lieben. Willkommen zu eurer letzten Geschichtsstunde in diesem Schuljahr. Ihr habt ja in den letzten Stunden was ganz ganz Tolles gemacht, und zwar habt ihr ja zwei Plakate ausgearbeitet und die wollen wir jetzt mal auswerten und vergleichen. Genau, ehm ich bin mir sicher, einer von euch kann auf jeden Fall schon mal eins der Plakate beschreiben. Ja, bitte.
vS [virtuelle/r Schüler/in]: Das erste Plakat zeigt die Wende als friedliche Revolution. Von den Bildern und Ereignissen her sieht es auch friedlich aus irgendwie, kann jetzt aber nicht genau sagen, woran das liegt.
L: Sehr gut, Dankeschön. Ergänzungen? Ja.
vS: Die eine Collage zeigt die Wende als friedliche Revolution und die Ergebnisse passen auch dazu. Ich meine, die Menschen gehen friedlich auf die Demos und die DDR-Regierung tritt ja auch zurück, ohne dass da was Schlimmes passiert.
L: Danke für den Beitrag. Bestimmt könnt ihr auch noch was zu dem anderen Plakat sagen. Steffi vielleicht mal.
vS: Bei der anderen Collage kommt das jetzt nicht so rüber. So ne friedliche Revolution scheint es doch nicht gewesen zu sein.
L: Gut. Dankeschön für diese Beiträge. Ihr habt ja schon ein paar Aspekte genannt. Das eine Plakat sehr friedlich, das andere vielleicht eher nicht. Sicherlich könnt ihr mal ein paar Gründe nennen, warum die Plakate so unterschiedlich die DDR abbilden. Ja, bitte.
vS: Naja, sie zeigt halt, dass immer mehr Menschen flüchten und es auch zu Gewalt kam. Zum Beispiel am 40. Jahrestag der DDR und dass auch im Jahr 1989 noch jemand an der Grenze erschossen wurde.
L: Dankeschön. (2021-07-28 11-20-03.mkv, 1: 98)

2. Theoretischer Hintergrund: Skripttheorie – Reflexion und Übungsgelegenheiten im VR-Klassenzimmer schaffen

Als einen Grund für die oben beschriebene engführende, suggestive und dominante Fragehaltung von Lehrenden gelten subjektive Theorien, die professionelle Kompetenz von Lehrkräften modellieren (Baumert/Kunter 2006). Durch die Beobachtung von Lehrkräften während der eigenen Schulzeit wurden die IRE-Lehrmuster oft unbewusst gespeichert. Diese subjektiven Theorien geringer Reichweite, auch Skripts genannt, wirken direkt auf das Unterrichtshandeln, besonders in Drucksituationen (Fenn 2015, 515 f.; Wahl, 2006). Die Skripts überdauern das Studium und halten sich bis in die Berufsphase, wenn dem nicht gezielt über praktische Interventionen mit theoretisch gestützten Reflexionsprozessen entgegengewirkt wird (Wahl, 2006; Gröschner/Hascher, 2019, 655–657; Pehmer/Gröschner/Seidel, 2015, 108 f.). Die DIALOGUE-Intervention sieht zwei unterschiedliche Fortbildungsangebote mit mehreren Workshops für Lehrkräfte vor, die mit Theorieinput, Videovignetten, eigenen Unterrichtsversuchen im realen Unterricht oder *peer teachings* und Reflexion arbeiten (Böheim u. a. 2020, 12 f.). Nachweislich bewirken unterrichtsbezogene Lerngelegenheiten, Reflexionsarbeit im Coaching (Peers und Coach), die Diskussion über alternative Handlungsmuster und v. a. das Ingangsetzen über wiederholte unterrichtspraktische Übung eine sukzessive Veränderung (Fenn 2018, 165–184; Fenn 2015, 536–538; Wahl 2006).

Da es im Rahmen universitärer Lehrveranstaltungen aufwändig ist, praktische Lerngelegenheiten wiederholt in realen Schulklassen zu organisieren, werden häufig *peer teachings* als erfolgreiche Möglichkeit eingesetzt (Klinzing 2002). Indes beklagen Studierende vielmals die Schwierigkeit, als Peers auf der Niveaustufe von Schülerinnen und Schülern zu agieren. Daher werden im vorzustellenden Projekt die erforderlichen Übungsgelegenheiten über ein virtuelles Klassenzimmer geschaffen, das einen hohen Grad an Immersion schaffen kann (Georgiou/Kyza 2019, 24 f.). Ausgestattet mit einem head-mounted-display[2] tauchen die Studierenden in ein virtuelles Unterrichtsszenario, in dem sie mit Avataren ein impulsgesteuertes, zum historischen Denken anregendes Auswertungsgespräch zu einer vorausgegangenen Gruppenarbeit führen sollen. Positiv daran ist, dass die virtuelle Situation klar als konstruierte „Trainingswelt" verstanden wird (Dörner/Steinicke 2019, 56 f.), sodass sich der entstehende Druck im Vergleich zu Echtsituationen reduziert. Ein „Anderswert" von Digitalisierung

---

2 Bei dem verwendeten Modell handelt es sich um „Oculus Quest 2".

(Rosa 2014), hier des VR-Klassenzimmers, liegt zudem in der Festlegung einer reduzierten Komplexität des Unterrichtsgeschehens und in der Reproduzierbarkeit von Anregungssituationen im Klassenzimmer, die es erlauben, sich v. a. auf die Gesprächsführung zu konzentrieren. Das Interagieren mit den 30 virtuellen Schülerinnen und Schülern kann wiederholt, störungsfrei und geschützt geübt werden, ohne langwierige schulorganisatorische Maßnahmen oder datenschutzrechtliche Überlegungen. Der virtuelle Raum bietet überdies die Möglichkeit, die Selbstreflexion der Studierenden anzuregen (z. B. Altrichter/Posch/Spann 2018) und über das Üben die Selbstwirksamkeitsüberzeugungen zu verbessern (Lazarides/Raufelder 2020, 2).

3. Fragestellung und Design der Interventionsstudie

Das vorgestellte Projekt untersucht, inwiefern die Intervention im virtuellen Übungsraum geeignet ist, über Immersion Praxisnähe zu schaffen, Selbstwirksamkeitsüberzeugung und Kompetenz(en) zu entwickeln, um ein impulsgesteuertes, denkanregendes Auswertungsgespräch zum Konstruktcharakter von Urteilen zu führen.

3.1 Konzeption des VR-Klassenzimmers (VRKLZ) und der Übungsszenarios

Das VR-Klassenzimmer setzt an eine bereits bestehende Entwicklung an, die Aspekte von Klassenmanagement adressierte und deren Wirksamkeit in Bezug auf Selbstwirksamkeitsüberzeugungen bereits erfolgreich untersuchte (Huang et. al. 2020, 2). Innovativ an dem von der Verfasserin und dem Verfasser entwickelten Projekt ist die Erforschung von Gesprächsführungskompetenzen. Dazu konzipierten jene das VR-Klassenzimmer völlig neu, indem sie es um die Möglichkeit (non)verbaler Interaktion mit den virtuellen Avataren erweiterten. Diese neue Art von Interaktion geht weit über einen konventionellen technischen Begriff von VR als „Mensch-Maschine-Interaktion" hinaus (Dörner 2004): Die Studierenden sprechen frei, die Avatare antworten und reagieren in sehr breiter Varianz, sodass kontingente Gespräche möglich sind. Dies gelingt auf der Basis eines Strukturbaums, der noch näher beschrieben wird (vgl. auch Fenn/Arlt 2023, 122). Im Projekt entstanden bislang drei Übungs- und Test-Szenarien für impulsgesteuerte Auswertungsgespräche im Geschichtsunterricht zu verschiedenen historischen Inhalten („Bismarck", „8. Mai 1945", „Mauerfall").

3.2 Stichprobe und Ablauf der Studie

Die Pilotierung der Studie im Pre-Posttestverfahren mit Intervention in einer Experimentalgruppe im Wintersemester 2020/21 (Fenn/Arlt 2023) führte zur Behebung einiger Schwachpunkte, wie z. B. zur Erhöhung der Testpersonenzahl in der Haupterhebung im Sommersemester 2021 und Wintersemester 2021/22. Die Stichproben der Pilotierung (EG_P/KG_P) und Haupterhebung (EG_H/KG_H) setzen sich wie folgt zusammen: eine Experimentalgruppe, bestehend aus Studierenden in zwei Gruppen im selben Lehrveranstaltungstyp (EG_P n = 6; EG_H n = 28; 11 w, 17 m); eine Kontrollgruppe, die ebenfalls aus zwei Seminargruppen zusammengesetzt ist (KG_P n = 17; KG_H n = 19; 8 w, 11 m)[3]. Bei beiden Stichproben handelte es sich um Studierende im Master Lehramt Geschichte, die sich zufällig für das VR-Seminar bzw. für das Praxissemester angemeldet hatten. Während die Teilnahme an den Testungen für die Studierenden der EG im VR-Seminar verpflichtend war, nahmen die Studierenden der KG im Praxissemester freiwillig teil.

Die Studie lief über einen Zeitraum von insgesamt zwölf Monaten: für die erste Testpersonengruppe von April bis Juli 2021 mit Pre- und Posttest; ein Follow up-Test schloss sich im September 2021 an; für die zweite Studierendengruppe von September bis Februar; der Follow up-Test erfolgte im April 2022 (vgl. dazu Abb. 1).

Die Szenarien 1 („Bismarck", Pretest) und 3 („Mauerfall", Posttest und Follow up-Test) bildeten dabei die Testinstrumente. Bei allen Gruppen erfolgte die Pre-, Post- und Follow up-Testung im VR-Klassenzimmer. Die Erhebungen wurden videografiert. Als Datengrundlage zur Erhebung von Kompetenzen dienten zu allen drei Testzeitpunkten mit einer Außenkamera erstellte, ca. siebenminütige AV-Mitschnitte des Unterrichtshandelns der Probandinnen und Probanden im VR-Klassenzimmer (Gesprächsszenarien). Zudem erhob ein Fragebogen mit geschlossenen und teils offenen Fragen, soziometrische Daten und (u. a.) Items zu Selbstwirksamkeitserwartungen. Insofern erwuchsen aus den Testungen für die EG 42[4] Videos (inklusive 14 für den Follow up-Test) und Fragebögen; für die KG 28[5] (inklusive 9 für den Follow up-Test).

Die Intervention für die EG im Rahmen einer Lehrveranstaltung erfolgte über drei Übungen im VR-Klassenzimmer an den o. g. drei Szenarien (drei Übungen sowie Pre- und Posttest, die zwar nicht zur Intervention gehörten,

---

3 Auch wenn EG und KG aus jeweils zwei Gruppen bestehen, wird aus Gründen der leichteren Lesbarkeit nur von EG und KG gesprochen.
4 Daten Haupttestung EGH: Wintersemester 2021/22 16 Videos; Sommersemester 2022 12 Videos.
5 Daten Haupttestung KGH: Wintersemester 2021/22 10 Videos; Sommersemester 2022 9 Videos.

aber zur Übung dienten). An diese schlossen sich jeweils mehrere Phasen an, in denen die Testpersonen mit zwei Coaches und Peers die in den Test- und Trainingsszenarios gewonnenen Erfahrungen per Videoaufzeichnung theoriegeleitet reflektierten, mögliche alternative Gesprächsstrategien kennenlernten, diskutierten und diese erneut im VR-Klassenzimmer erprobten. Die KG dagegen bestand aus Studierenden, die im realen Unterrichtsraum innerhalb des Praxissemesters[6] in meist mehr als 25 Unterrichtsstunden die Gesprächsführung üben konnten. Die Gruppe erhielt kein Coaching. Experimental- und Kontrollgruppe setzen sich in den Lehrveranstaltungen mit theoretischem Input zur offenen, dialogischen Gesprächsführung auseinander.

Im Rahmen der Studie wurde untersucht, ob sich die Handlungsroutinen der Studierenden der EG im VR-Klassenzimmer tatsächlich handlungsrelevant verändern lassen. Zudem sollte geprüft werden, ob und wie sich die Kompetenzen der Studierenden in EG und KG nach ihren jeweils speziellen Übungsmöglichkeiten möglicherweise unterschiedlich verändern.

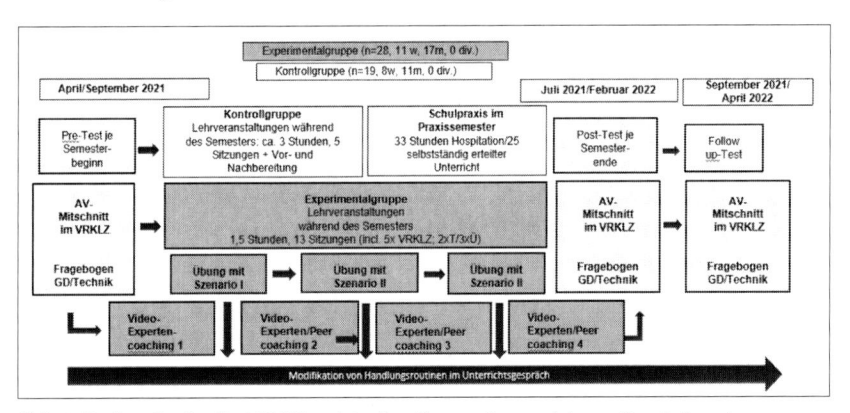

Abb. 1: Design der Studie: VRKLZ = virtuelles Klassenzimmer (eigene Darstellung)

Die Test- bzw. Übungssituation im virtuellen Klassenzimmer war folgendermaßen angelegt: Die Studierenden hatten die Aufgabe, ein Auswertungsgespräch zu einer vorangegangenen, fiktiven, ihnen jedoch bekannten arbeitsteiligen Gruppenarbeit mit einer aktivierenden Lernaufgabe zu führen (vgl. Abschnitt 1: Voraussetzungen für das Auswertungsgespräch). Das Ergebnis der Gruppen-

---

6 Das Praxissemester ist der schulpraktische Abschnitt von ca. drei Monaten zum Abschluss des Masterstudiums, in dem Studierende in ihren jeweiligen Fächern angeleitet und selbstständig unterrichten. Im Fach Geschichte ist dabei von 33 zu hospitierenden und 25 selbst durchzuführenden Unterrichtsstunden auszugehen.

arbeit bestand in zwei kontroversen Urteilen, die die Lernenden mit Quellen und Darstellungen stützen und in Form eines Plakates fixieren sollten. So standen als Anlass für das Auswertungsgespräch zwei kontroverse Urteile einander in Form von Posters gegenüber. An diesen Ergebnissen konnte im Gespräch der Konstruktcharakter von Geschichte verdeutlicht werden. Die Studierenden sollten im Vorfeld der VR-Szenarien die aus einer Aufgabe und Materialien bestehenden Gruppenarbeitsaufträge durchsehen. Zudem wussten sie, zu welchen Erkenntnissen sie ihre Schülerinnen und Schüler im Unterrichtsgespräch auf der Metaebene leiten sollten.

Ziel der Gesprächsführung der Testpersonen war es, den Lernenden impulsgesteuert Angebote zu unterbreiten (vgl. Abschnitt 1), um gemeinsam mit den virtuellen Schülerinnen und Schülern (Avatare) fünf konsekutiv aufeinander aufbauende Denkebenen zum Konstruktcharakter von Urteilen zu erreichen. Den Studierenden waren diese fünf Ebenen auch im VR-Szenario in Form eines Merkblatts auf dem Pult schriftlich einsehbar. Sie konnten die Kommunikation im virtuellen Klassenzimmer nun frei verbal und nonverbal führen. Die Avatare antworteten in Aussagen, die vom Testteam für die Entwicklung der Szenarios antizipiert und vorstrukturiert wurden und gleichzeitig eine sehr hohe Varianz aufweisen. Einerseits liegen die Antworten auf den drei Niveaustufen „sehr gut (1), mittel (2), schlecht (3)" und andererseits sind sie innerhalb dieser Niveaus über verschiedene Antwortmöglichkeiten ausdifferenziert (vgl. Abb. 2, Strukturbaum). Insofern lässt sich im Übungsraum kontingente Unterrichtskommunikation (Bracke u. a. 2018) im gewünschten Rahmen abbilden und Unterricht als Angebots-Nutzungsstruktur verstehen (Schindler u. a. 2020, 21). Im Test entschieden die zwei Coaches übereinstimmend, zu welcher Niveaustufe die verbale Äußerung der Studierenden in einer realen Unterrichtssituation führen würde. Wenn es der Testperson gelang, eine passende, denkanregende Gesprächsstrategie in Form von *prompts* anzuwenden, wird Niveaustufe 1 gewählt; wenn sie inhaltlich passende, aber einengende *talk moves* verwenden Stufe 2 und wenn sie (eher) ungeeignete wählen Stufe 3.

Zum besseren Verständnis wird nachfolgend die Konzeption des Strukturbaums erklärt: Die Pfade, d. h. die variablen Antwortmöglichkeiten auf drei Niveaustufen (vgl. Abb. 2), farblich in Mittelgrau (Niveaustufe 1), Hellgrau (Niveaustufe 2) und Schwarz (Niveaustufe 3) markiert, sind jeweils komplex miteinander vernetzt. So lassen sich monokausale Lösungen des Szenarios im Gespräch mit den virtuellen Agentinnen und Agenten verhindern. Vielmehr ist es grundsätzlich möglich, von allen Niveaustufen aus die jeweils nächste Denkebene zu erreichen, wenn geeignete Impulse der Testperson erfolgen.

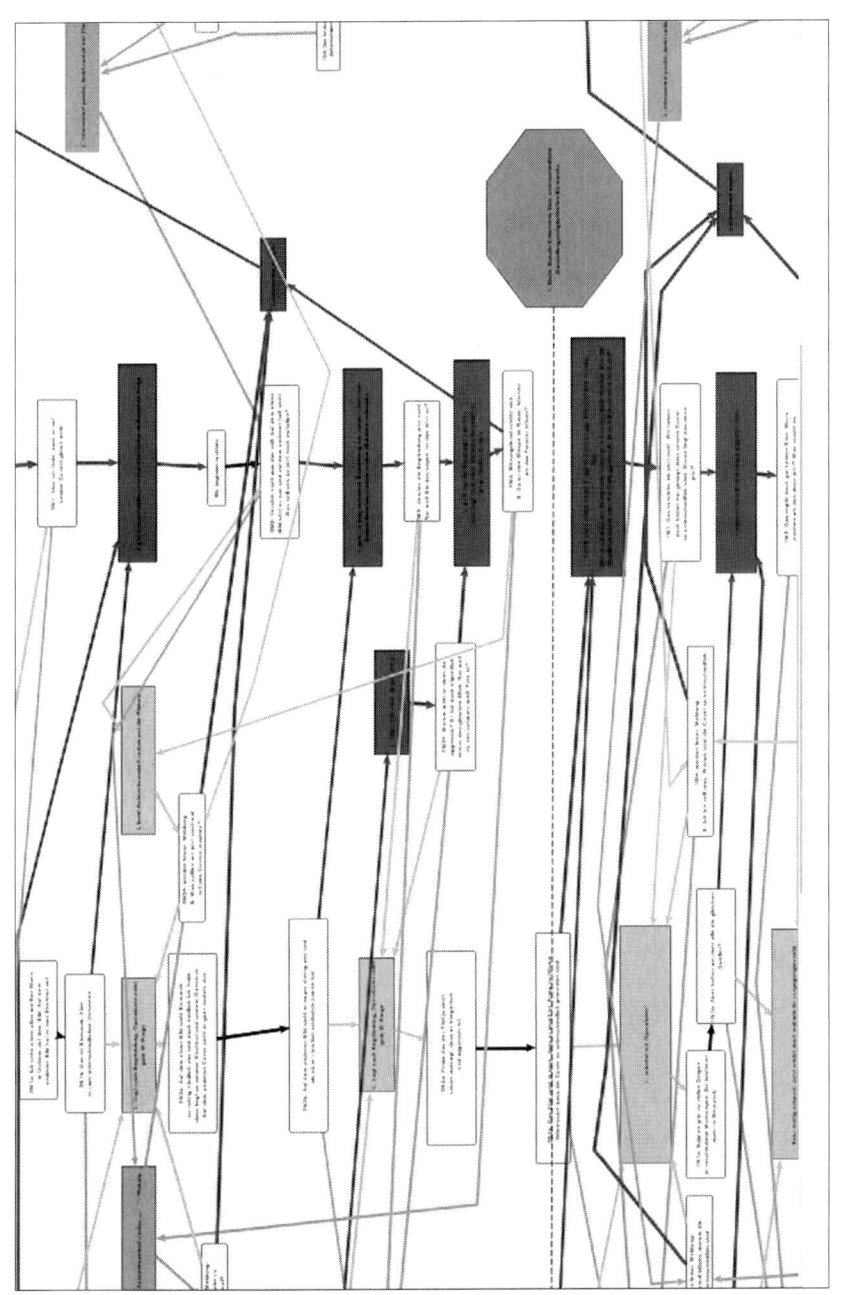

Abb. 2: Ausschnitt aus dem „Strukturbaum" (eigene Darstellung)

Die Komplexität der fünf Denkebenen, in Abbildung 2 links mit den rechteckigen mittelgrauen Kästen markiert, und deren Binnenstruktur, erkennbar rechts daneben, lassen jedoch ein Durchschreiten von Denkebene 1 bis 5 nur zu, wenn die geistige Durchdringung der sukzessiv steigenden Anforderungen an *prompts* von den Testpersonen geleistet wird *und* diese zu einer passenden, die Schülerinnen und Schüler aktivierenden Verbalisierung führen. Das Rating der beiden Projektleitenden zu den jeweiligen Inputs der Testpersonen bestimmt also über die gewählte Niveaustufe nur rudimentär den weiteren Verlauf der Interaktion mit den Avataren; die weitere Ausdifferenzierung ist über den Strukturbaum möglichst breit für sehr unterschiedliche Impulse der Lehrperson angelegt. Zugleich ist der Strukturbaum spezifisch genug für die Lenkung des strukturierten Gesprächs. Der Erfolg der Testpersonen zeigt sich im Fortschreiten des Unterrichtsgesprächs u. a. daran, wie viele der fünf konsekutiven Denkebenen gemeinsam mit den Avataren erreicht werden können.

4. Auswertung

Die Auswertung folgt der Methodentriangulation, d. h. der Kombination aus qualitativen und quantitativen Verfahren (Mayring/Fenzl 2014). Die computergestützt transkribierten Gesprächsprotokolle (nach Dresing/Pehl 2015) der Video-Mitschnitte wurden qualitativ inhaltsanalytisch (Mayring/Fenzl 2014) nach deduktiv und induktiv gewonnenen Kategorien (vgl. Lotz/Gabriel/Lipowsky 2013, 359 f.) für das Gelingen des Unterrichtsgesprächs ausgewertet. Dazu gehören u. a. die Qualität der Gesprächsführung in Bezug auf Offenheit, Aktivierung, Verständlichkeit und Strukturiertheit, Unterstützung/Passung zu den Antworten der Avatare, Verwendung von Fachsprache, fachlich-inhaltliche Qualität, Anzahl der Denkanregungen und erreichte Denkebenen.[7]

Im ersten Schritt der Auswertung hat das Projektteam zur groben Gesamteinschätzung der Lehrpersonen ein hoch-inferentes Rating angewandt, d. h. die „Qualität einzelner Unterrichtsabschnitte oder -ereignisse [wurde] auf einer abgestuften Skala" (Lotz/Gabriel/Lipowsky 2013, 360) bewertet, um komplexe, miteinander verwobene Merkmale einzuschätzen; hier mit den Stufen gut (+), mittel (0) und schlecht (-) (vgl. Tab. 1). Indikatoren wie die Verwendung einer korrekten (Fach-)Sprache, die fachlich-inhaltliche Qualität des Inputs, die Verständlichkeit, die Strukturiertheit, Offenheit bzw. kognitive Aktivierung fließen in die Bewertung der Gesprächsinputs ein. Hier spielten v. a. die Höhe

---

[7] Genutzt wurde u. a. die Software MAXQDA 2020.

der Qualität, dagegen – aufgrund der vergleichsweisen Kürze der Gesprächsinputs – nur teilweise die quantitative Ausprägung der Indikatoren eine Rolle (z. B. wenn eine passende Fachsprache mehr als die Hälfte des Gesamtinputs umfasst, wird positiv bewertet). Die Einschätzung aller genannten Einzelkriterien in einer Art Amalgam erfordert ein hohes Maß an Expertise im Fach und Unterrichten und ist nicht standardisierbar. Daher ist es wichtig, intersubjektiv übereinstimmende Urteile zu fällen, was nur nach einer ausführlichen Diskussion über bewertete Gesprächsinputs und ein Training der Kodierenden gelingt (vgl. ebd.). Gemessen wird die Häufigkeit der erreichten Stufen. Zunächst wurde das Rating für die Qualität des Gesprächs durchgeführt, dann für die einzelnen Kommunikationsphasen auf den jeweils erreichten Denkebenen bewertet. Die Ergebnisse wurden dann quantitativ mit MAXQDA und in SPSS ausgewertet. Im zweiten Schritt wurden die Sprechinputs der Testpersonen im niedrig-inferenten Verfahren kodict: Einzelne Unterrichtsereignisse wurden auf der Basis eines disjunkten, theoretisch abgeleiteten Kategoriensystems mit Ankerbeispielen[8] kodiert (vgl. ebd., 359). In Kombination mit dem Event-Sampling ergeben sich dann ebenfalls Häufigkeiten einer Kategorie. Forschungsergebnisse berichten von einer hohen Testgüte bei der Kombination von hoch- und niedrig-inferenten Verfahren (ebd., 350 f., 375 f.), wie es im vorliegenden Projekt praktiziert wurde.

Anhand eines Leitfadens kodierten zunächst zwei geschulte Personen unabhängig voneinander das Datenmaterial. Der Empfehlung Bortz und Dörings folgend, wurde die Inter-Kodierer-Reliabilität für 25 % des Datenmaterials pro Kategorie bestimmt (Bortz/Döring 2016, 558, 566), um auf dieser Basis die Kategorien des Systems einer Reliabilitätsanalyse zu unterziehen. Im Austausch erhöhten die beiden Kodierenden über die Zuordnung der Segmente und die Verständlichkeit der Kategorien die Trennschärfe des Manuals. Während des Kodierens ergänzten die beiden Personen das Kodiermanual mit weiteren Ankerbeispielen. Dann analysierten die Kodiererinnen und Kodierer Teile des Datenmaterials aus Pilotierung und Hauptstudie kreuzweise, was zur weiteren Schärfung des Manuals führte (ebd.). Im Anschluss erfolgte die Auswertung des gesamten Datenmaterials.

---

8 Z. B. Kategorie „Anregung-Aktivierung"; „Niveaustufe ++": Ihr könnt sicherlich auch die Auswahl eurer Zitate und der Bilder begründen [...]; bestimmt erkennt ihr den Grund für die Verschiedenheit der Arbeitsergebnisse" (1615831021-XY, Pos.11).

5. Ergebnisse

Nachfolgend sollen einige ausgewählte Ergebnisse vorgestellt werden, die auf den Videomitschnitten basieren. Die Fragebogenauswertung, die u. a. Aussagen zu Selbstwirksamkeitsüberzeugungen enthält, wird hier nicht einbezogen.

5.1 Gesamteindruck der Gesprächsinputs (vgl. Tab. 1 und Abb. 3)

Die Qualität des Gesamteindrucks des Sprechinputs der Studierenden wird im hoch-inferenten Ratingverfahren für den Pretest in der EG neunmal „schlecht"[9] und neunzehnmal „mittel" eingeschätzt (9 x – und 19 x 0). Die Qualität wird für die KG 12 mal „schlecht" und siebenmal „mittel" (12 x – und 7 x 0) bewertet.

Gruppe	Pre-Test			Post-Test		
	-	0	+	-	0	+
EG	9	19	0	1	19	8
KG	12	7	0	8	10	1

Tab. 1: Gesamteindruck des Gesprächsinputs

Damit liegen beide Gruppen im Pretest im Bereich von unzureichenden bis mittleren Gesamteinschätzungen, wenngleich die EG viel besser abschneidet als die KG, da jene prozentual auf alle Einschätzungen bezogen mehr mittlere (EG: 67,86 %; KG: 36,84 %) als schlechte Einschätzungen (EG: 32,14 %; KG: 63,16 %) für den Gesamteindruck des Gesprächsinputs aufweist und insgesamt etwa um 30 % besser beurteilt wird (vgl. Abb. 3). Im Pretest weist die EG einen Mittelwert von M = 1,69 (SD = 0,47; Min = 1, Max = 2) bei einer Fallzahl von n = 28 auf; die KG hingegen einen Mittelwert von M = 1,37 (SD = 0,48; Min = 1, Max = 2) bei einer Fallzahl n = 19.

Die Erreichung eines etwas höheren Mittelwertes der EG könnte daran liegen, dass diese Testpersonen das VR-Seminar wählen konnten und daher möglicherweise insgesamt motivierter waren als die der KG. Die Standardabweichung ist für beide Gruppen nahezu identisch und sehr gering.

---

9 Als „schlecht" gelten nach den Kriterien der Offenheit und kognitiven Aktivierung enge, suggestive Fragen, sehr hohe Gesprächsinputs oder Äußerungen, die erwartete Antworten vorwegnehmen.

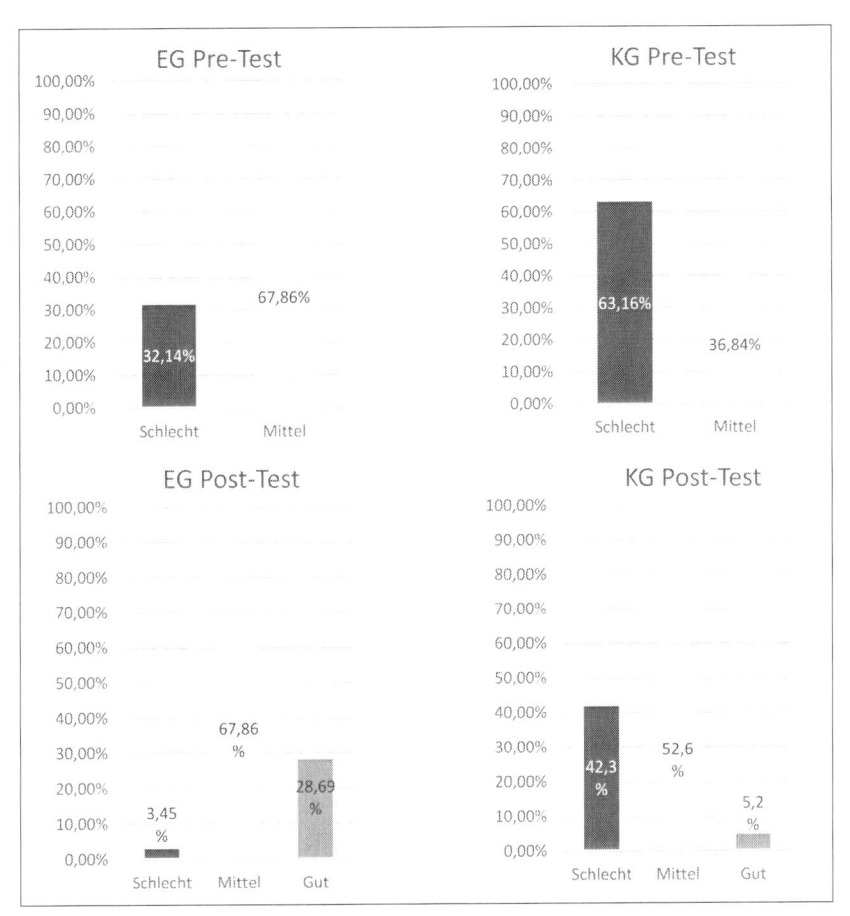

Abb. 3: Gesamteindruck des Gesprächsinputs von EG und KG im Pre- und Posttest im prozentualen Vergleich (eigene Darstellung)

Im Posttest zeigt sich in beiden Gruppen eine Verbesserung: Die EG weist einmal die Einschätzung „schlecht" (3,45 %), neunzehnmal die Einschätzung „mittel" (67,86 %) und achtmal „gut" (28,69 %) in der Bewertung auf (vgl. Tab. 1 und Abb. 3); die KG dagegen achtmal „schlecht" (42,3 %), zehnmal „mittel" (52,6 %) und nur einmal „gut" (5,2 %). Bezogen auf die mittlere und gute Einschätzung ist damit die EG der KG prozentual gesehen überlegen (mittel EG: 67,86 %, KG: 52,6 %, Differenz 16 %; gut EG: 28,69 %, KG: 5,2 %, Differenz: 23,5 %): Der Gesamtunterschied liegt bei immerhin 53,5 % (vgl. Abb. 3). Die EG schneidet damit im Pretest zwar schon um 30 % besser als die KG ab, was die Vergleichbarkeit der Gruppen beeinträchtigen könnte, liegt aber im Posttest insgesamt um fast 40 % über dem Wert der KG, sodass eine große Steigerung bei der EG anzunehmen ist.

Der Mittelwert der EG liegt bei M = 2,25 (SD = 0,51; Min = 1, Max = 3) bei einer Fallzahl von n = 28. Die KG hingegen erreicht einen Mittelwert von M = 1,63 (SD = 0,58; Min = 1, Max = 3) bei einer Fallzahl n = 19. Auch im Posttest ist die Standardabweichung fast gleich und sehr gering.

Im Pre-Posttestvergleich hat sich der Mittelwert der EG von M_{t1} = 1,69 auf M_{t2} = 2,25 erhöht, d. h. um 0,56; in der KG von M_{t1} = 1,37 auf M_{t2} = 1,63, d. h. um 0,26.

Die Prüfung auf Normalverteilung mit dem Shapiro-Wilk-Test ergibt, dass die Daten der EG nicht normalverteilt sind (p < .003), sondern rechtsverteilt, da die Leistungen der Testpersonen sehr gut waren. Daher wurde der Mann-Withney-U-Test zur Signifikanzprüfung herangezogen, der einen signifikanten Unterschied der EG zwischen Pre- und Posttest aufweist: U = 56.000, Z = -4,342, p < .001, unter Verwendung der exakten Stichprobenverteilung von U.[10] Für die KG hat sich unter Nutzung des t-Tests bei abhängigen Stichproben für die Differenz des Mittelwertes zwischen Pre- und Posttest statistische Signifikanz ergeben: t(18) = -2,54, p < 0,02.

In Bezug auf den Gesamteindruck lassen sich daher bereits im hoch-inferenten Rating Unterschiede zwischen EG und KG feststellen.

5.2 Gesamteindruck zu den Gesprächsphasen (vgl. Tab. 2)

Sehr deutliche Abweichungen zeigen sich im hoch-inferenten Ratingverfahren zwischen den beiden Gruppen, wenn die Phasen der fünf Denkebenen einzeln beurteilt werden. Grundsätzlich haben die Kodierenden alle Phasen analysiert. An dieser Stelle sollen lediglich die positiv bewerteten Phasen beider Gruppen aus Pre- und Posttest betrachtet werden. Im Pretest wurden in der EG bei allen Studierenden insgesamt drei Phasen positiv kodiert, in der KG 0. Während hier die Werte kaum voneinander abweichen, zeigt sich im Posttest hingegen ein weitaus differenzierteres Bild: Die Qualität der einzelnen Gesprächsphasen wurde in der EG viel öfter höher bewertet als in der KG: EG 40 mal „gut" (36 % der kodierten Phasen); KG einmal „gut" (2 % der kodierten Phasen). Dieses berichtete Ergebnis lässt indes nur Rückschlüsse auf die Gesamtheit der positiv bewerteten Phasen aller Testpersonen zu, nicht auf die Entwicklung einzelner Studierender. Bei der Analyse der Kodierungen der EG (n = 28) lässt sich fest-

---

10 Der Z-Wert zeigt die Richtung des Unterschieds an. Das Minus bedeutet, dass die EG im Posttest signifikant höhere Werte aufweist als im Pretest.

stellen, dass sich 14 Studierende stark verbessert haben: Bei acht Studierenden davon sind zwei Phasen positiv geratet, bei fünf Studierende drei Phasen und bei einem Studierenden vier Phasen. Die verbleibenden fünf positiv gerateten Phasen entfallen auf fünf einzelne Studierende. Bei der Hälfte der Studierenden der EG sind keine positiven Ratings vorhanden, sondern liegen im Bereich „mittel", der hier aber nicht betrachtet wird. In der KG dagegen hat sich nur eine Testperson in einer Phase in Richtung positives Rating verbessert. Das lässt darauf schließen, dass sich die Fortentwicklung individuell vollzieht und vermutlich von Dispositionen der Studierenden abhängt. Die Werte für die mittel und schlecht gerateten Phasen sowie Korrelationen mit soziometrischen Daten (z. B. über Noten, vorhandene Unterrichtspraxis) werden weiter Aufschluss über die Entwicklung einzelner Testpersonen geben. Insgesamt markieren die positiven Ratings der EG im Posttest, dass sich die Studierenden stark, in der KG kaum entwickelt haben.

	Pre-Test			Post-Test		
Gruppe	-	0	+	-	0	+
EG			3			40
KG			0			1

Tab. 2: Gesamteindruck zu den Gesprächsphasen

5.3 Erreichte Denkebenen im Gespräch (vgl. Abb. 4)

Die fortschreitende Kompetenz, ein impulsgesteuertes, zum Denken anregendes Gespräch zu führen, zeigt sich u. a. daran, wie viele der fünf konsekutiven Denkebenen gemeinsam mit den Avataren erreicht werden konnten. Die Transkripte wurden hierfür im oben beschriebenen niedrig-inferenten Verfahren kodiert. Für jede Testperson ergibt sich so ein Wert ohne Nachkommastellen für die erreichte Denkebene. Vor der Intervention erreicht der Mittelwert in beiden Gruppen kaum mehr als Stufe 2: Die EG weist einen Mittelwert von M = 2,43 auf (SD = 0,74, Min = 1, Max = 4). Die KG erzielt einen Mittelwert von M = 2,32 (SD = 1,00, Min = 1, Max = 4) Die Spannbreite der Fähigkeit einer Testperson ist in beiden Gruppen etwa gleich.

Im Posttest lässt sich in der EG eine deutliche Steigerung des Mittelwertes in Bezug auf die im Gespräch erreichten Ebenen von M_{t1} = 2,43 auf M_{t2} = 4,29 (SD = 0,85) feststellen, d. h. eine Erhöhung um 1,8. In der KG hebt sich der Mittelwert hingegen nur sehr geringfügig um etwa 0,5 von M_{t1} = 2,32 auf

M_{t2} = 2,84 (SD = 0,83). Die Spannbreite der Ratings bleibt in beiden Gruppen unverändert; die Standardabweichung ist um 1 verteilt, d. h. sehr klein.

Da gemäß der Prüfung mit dem Shapiro-Wilk-Test keine Normalverteilung der Daten der EG vorliegt (p < .001), wurde zur Signifikanzprüfung der Mann-Whitney-U-Test herangezogen. Dieser ergibt einen signifikanten Unterschied der EG zwischen Pre- und Posttest: U = 56.000, Z = -5,672, p < .001, unter Verwendung der exakten Stichprobenverteilung von U. Für die KG hat sich unter Nutzung eines t-Tests bei abhängigen Stichproben für die Differenz des Mittelwertes zwischen Pre- und Posttest statistische Signifikanz ergeben: t(18)= -2,73, p < 0,01.

Die Effektstärkenberechnung für die EG ergibt als Cohen's d einen sehr starken Effekt der Intervention (d = 1,72; d > .80).[11] In der KG liegt der Cohen's d mit d = 0,63 im mittleren Bereich, damit deutlich unter dem Wert der EG. Insofern hat sich die EG signifikant und sehr stark verbessert.

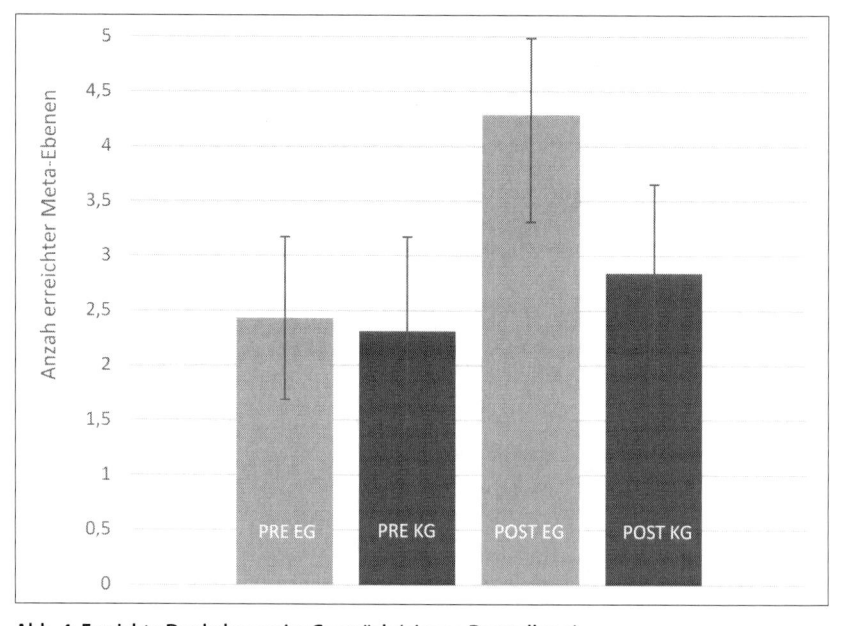

Abb. 4: Erreichte Denkebenen im Gespräch (eigene Darstellung)

---

11 Effektstärken gemäß empfohlener Größenklassen nach Cohen's d: klein ab .20; mittel ab .50 und stark ab .80 (vgl. Cohen 1988, 25 f.).

5.4 Wortanzahl des Gesprächsinputs der Testpersonen

Die Qualität des Gesprächsinputs lässt sich mittels des niedrig-inferenten Ratingverfahrens auch daran einschätzen, ob sich die Sprechmenge der Testpersonen reduziert. Gemessen wird der Gesprächsinput der Probandinnen und Probanden anhand der Anzahl gesprochener Wörter. Eine geringere Wortanzahl der Testpersonen führt generell dazu, den Lernenden Raum zum Denken und Sprechen zu lassen.

Zunächst wurde für jede Testperson die Wortanzahl erhoben; dann für alle Testpersonen der beiden Gruppen die Mittelwerte berechnet. Um diese für beide Messzeitpunkte zu vergleichen, wurde anschließend ein t-Test für verbundene Stichproben berechnet.

Im Pretest ist der Mittelwert der Wortanzahl in EG und KG ähnlich verteilt: Für die EG liegt er bei M = 437 Wörtern (SD = 161,45), für die KG bei M = 441 (SD = 290,63). Jedoch ist die Spannbreite zwischen Minimal- und Maximalwert mit 981 Wörtern in der KG (88 zu 1.069) im Vergleich zu dem der EG mit lediglich 688 Wörtern (153 zu 841) ungleich größer. Daher ist auch die Standardabweichung in der KG wesentlich größer (vgl. Abb. 5, Whisker-Antennen). Das bedeutet, dass die Leistungsunterschiede in der KG im Pretest viel höher waren als in der EG: Ein Großteil der KG redet viel mehr. Wie bereits erwähnt, könnte dies motivationale Ursachen haben.

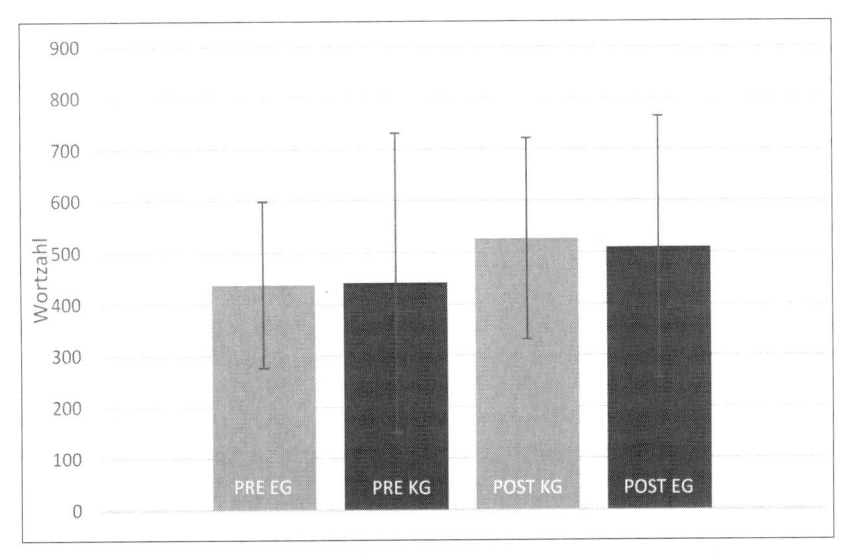

Abb. 5: Wortanzahl des Gesprächsinputs der Testpersonen mit Standardabweichung (Whisker-Antennen) (eigene Darstellung)

Für die EG ist vom Pre- zum Posttest eine Steigerung des Mittelwertes der Wortanzahl um durchschnittlich 90 Wörter (ca. 17 %) von M_{t1} = 437 auf M_{t2} = 527 Wörter (SD = 195,38) zu beobachten. In der KG steigt dagegen die Wortanzahl von M_{t1} = 441 um 69 Wörter (13,6 %) auf einen Mittelwert von M_{t2} = 510 (; SD = 253,80).

Für die EG hat sich hinsichtlich der Differenz des Mittelwertes zwischen Pre- und Posttest unter Anwendung eines t-Tests bei abhängigen Stichproben statistische Signifikanz ergeben: t(27)= -2,01, p < 0,05. Die Werte für die KG erreichen t(18) = -0,74, p < 0,47, d. h. keine Signifikanz. Die Prüfung auf Normalverteilung mit dem Shapiro-Wilk-Test ergibt, dass die Daten der KG nicht normalverteilt sind (p < .002), was (auch) an der geringen Fallzahl liegen könnte. Eine ergänzende Signifikanzprüfung mit dem Mann-Withney-U-Test vermochte, einen signifikanten Unterschied der EG zwischen Pre- und Posttest zu zeigen: U = 38.000, Z = -2,562, p < .002; auch in diesem Fall unter Verwendung der exakten Stichprobenverteilung von U.

Die Spannbreite zwischen Minimal- und Maximalwert (218 zu 1.158) ist für die KG mit 940 Wörtern ähnlich hoch wie im Pretest (981 Wörter). Auch für die EG (Minimalwert 228 und Maximalwert 928) ist diesbezüglich kaum ein Unterschied festzustellen. Dies spiegelt sich ähnlich in den Werten der Standardabweichung. Während in der KG die Standardabweichung abnimmt (290,63 auf 253,80), steigt diese in der EG (von 161,45 auf 195,38). Das bedeutet, dass sich die Kompetenzspanne in der KG etwas reduziert hat, was möglicherweise auf einen Gewöhnungseffekt im Hinblick auf das Übungssetting zurückzuführen ist. Für die EG unterstreicht der Wert noch einmal die individuelle Kompetenzentwicklung bei den Testpersonen: Manche verfügen über eine sehr hohe Kompetenz, andere über eine weniger hohe.

Die Effektstärkenberechnung ergibt für die EG d = 0,38 (mittel; d < .50), d. h. die Wortzahl nimmt im Post- im Vergleich zum Pretest in einem mittleren Maß zu. In der KG ist der Cohen's d = 0,17 geringer und damit im schwach ausgeprägten Bereich (d < .20). Daher kann auch hier von einer starken und signifikanten Wirkung der Intervention ausgegangen werden.

Obschon die EG insgesamt nun einen leicht höheren Mittelwert aufweist als die KG, ist das Ergebnis deutlich besser einzustufen, da die EG gleichzeitig eine viel höhere Metaebenenanzahl als die KG erreicht: über 1,8 Ebenen mehr (EG: M_{t2} = 4,29; KG: M_{t2} = 2,84; vgl. Abb. 4). Die Korrelation nach Pearson ergibt 0,48 und damit einen positiven Zusammenhang der Anzahl der erreichten Metaebenen und der Wortzahl im Posttest der EG.

5.5 Anzahl der verwendeten offenen Impulse

In einem Trainingsszenario, welches die Übung denkoffener, impulsgesteuerter Unterrichtsgespräche als Zielsetzung hat, spricht auch die Anzahl der verwendeten Impulse für Qualität. Auch diese analysierten die Kodierenden über ein niedrig-inferentes Verfahren. Im Pretest lassen sich in beiden Gruppen keine offenen Impulse nachweisen.

Im Posttest hingegen steigt die Anzahl der offenen Impulse in der EG auf 84, in der KG nur geringfügig auf 8. Das zeigt einen ganz klaren Zuwachs an Performanz in der Experimentalgruppe hinsichtlich der Anwendung gesprächsöffnender *prompts*.[12] Die prozentualen Anteile an allen gezählten Impulsen im Posttest beträgt in der EG 91,3 %, in der KG 8,7 % (vgl. Abb. 6).

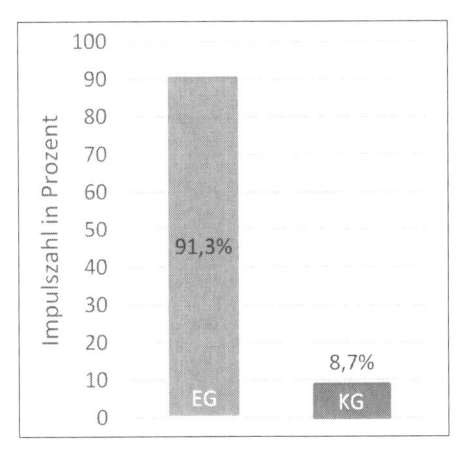

Abb. 6: Prozentualer Anteil der offenen Impulse von EG und KG an allen im Posttest gezählten Impulsen (eigene Darstellung)

5.6 Follow up-Test

Dem Posttest in EG und KG folgten im Sommersemester 2021 und Wintersemester 2021/22 im Abstand von ca. zwei Monaten (Studierendengruppe 1: September 2021; Studierendengruppe 2: April 2022) jeweils ein Follow up-Test (t3) (vgl. Abschnitt 3.2; Bortz/Döring 2016, 209). Da die Beteiligung am Follow up-Test auf die Freiwilligkeit der Studierenden im Zwischensemester abstellte, fiel die Beteiligung etwas geringer aus als in der Haupterhebung: EGH im Follow up-Test: n = 14; 8 w, 6 m und KGH n = 9; 6 w, 3 m. Es ist anzunehmen, dass an

---

12 Performanz kann „als beobachtbares Verhalten, in dem Kompetenz sichtbar wird" nach Chomsky von Kompetenz abgegrenzt werden (ebd. 1981, 404).

der freiwilligen Follow up-Testung vor allem motivierte Studierende teilnahmen. Getestet wurde einheitlich mit dem dritten der drei Szenarien („Mauerfall").

Gesamteindruck Gesprächsphasen
Bezogen auf den Gesamteindruck aller Gesprächsphasen im hoch-inferenten Ratingverfahren wurden im Follow up-Test in der EG folgende Werte erreicht: einmal „schlecht" (7,1 %), achtmal „mittel" (57,1 %) und fünfmal „gut" (35,8 %). Die Bewertungen erreichen damit im prozentualen Vergleich zum Posttest (vgl. Tab. 1 und Abb. 3) noch bessere Werte. Die KG weist dagegen im Follow up-Test fünfmal „schlecht" (55,6 %), dreimal „mittel" (33,3 %) und einmal „gut" (11,1 %) auf. Im prozentualen Vergleich zum Posttest verschlechtert sich die KG hinsichtlich des Verhältnisses von „schlechten" und „mittleren" Ratings weiter („schlechte" Ratings steigen von 42,3 % auf 55,6 %; dagegen sinken „mittlere" Ratings von 52,6 % auf 33,3 %).

Die EG schneidet also bezogen auf den Gesamteindruck auch im Follow up-Test deutlich besser ab als die KG, die sich verschlechtert.

Gesamteindruck zu den Gesprächsphasen
Wie in Abschnitt 5.2 dargestellt finden sich bezogen auf den Gesamteindruck zu den Gesprächsphasen starke Abweichungen zwischen den beiden Gruppen im Pre- und Posttest, wenn die Phasen der fünf Denkebenen einzeln beurteilt werden (EG 40 mal „gut", 36 % der bewerteten Phasen; KG einmal „gut", 2 % der bewerteten Phasen), die sich im Follow up-Test bestätigen: Die Gesprächsphasen der EG werden wesentlich öfter als „gut" eingeschätzt (EG 22 mal gut; 40 % der bewerteten Phasen); die KG hingegen nur zweimal „gut" (6,2 % der kodierten Phasen). Die Bewertungen steigen in beiden Gruppen im prozentualen Vergleich ganz leicht (EG um 4 %; KG um 4,2 %), was möglicherweise auf den Übungseffekt in beiden Gruppen zurückzuführen ist. Denn in die Bewertung fließen neben der Offenheit des Gesprächsinputs weitere Faktoren ein.

In der EG (n = 14) entfallen im Follow up-Test die positiv kodierten Phasen auf acht Studierende. Davon haben zwei Studierende in je vier Phasen ein Positivrating, zwei in je drei Phasen und vier in je zwei Phasen. Sechs Studierende der EG weisen also im Follow up-Test anders als noch im Posttest nicht nur einzelne als „gut" eingeschätzte Gesprächsphasen auf, sondern mehr positive Ratings innerhalb von Einzelphasen. In der KG (n = 9) vereint allein ein Studierender beide als positiv eingeschätzte Phasen auf sich, alle anderen weisen kein Positivrating mit Bezug auf Einzelphasen auf. Insofern lässt sich aus dem Follow up-Test hinsichtlich der positiven Ratings der EG sowie deren gruppeninterner Verteilung schließen, dass sich die Studierenden deutlich – jedoch innerhalb der Gruppe individuell unterschiedlich – entwickelt haben. Bei der KG ist für die überwiegende Mehrheit der Gruppe kaum eine Weiterentwicklung festzustellen.

Erreichte Denkebenen im Gespräch
Hinsichtlich der erreichten Denkebenen im Gespräch kann im Follow up-Test für die EG mit M_{t3} = 4,21 ein sehr leicht gefallener Wert (0,08) ermittelt werden: M_{t2} = 4,29. (vgl. Abschnitt 5.3). In der KG hingegen hebt sich der Mittelwert geringfügig um etwa 0,06 von M_{t2} = 2,84 im Posttest auf M_{t3} = 2,9 im Follow up-Test. Damit bleibt trotz der leichten Absenkung in der EG ein unverändert großer Unterschied der Mittelwerte zwischen EG und KG (Mittelwert der EG um ca. 1,4 höher) bei gleichbleibend geringer Spannbreite der Ratings in beiden Gruppen: Die Standardabweichung (SD = 0,8) ist unter 1 verteilt, d. h. wiederum sehr klein.

Wortanzahl des Gesprächsinputs der Testpersonen
Für die Wortanzahl der Gesprächsinputs der Testpersonen der EG ist im Follow up-Test ein leichter Anstieg von M_{t2} = 527 Wörter (SD = 195,38) auf M_{t3} = 542 Wörter (SD = 183,5) bei einer ungefähr gleichbleibenden Spannbreite (Minimalwert 273 und Maximalwert 940) zu verzeichnen. In der KG ist eine etwas stärkere Steigerung von M_{t2} = 510 (SD = 253,80) auf M_{t3} = 587 (SD = 278,91) bei leicht erhöhter Spannbreite (Minimalwert 150 und Maximalwert 1.215 Wörter) zu verzeichnen. Kritisch ist im Hinblick auf das Kriterium „Wortzahl" jedoch anzumerken, dass frühe Abbrüche des Gesprächs ebenfalls zu einer eher geringen Wortzahl führen können (vgl. hohe Spannbreite in KG), aber auch den Mittelwert der erreichten Denkebenen mindern. Die benötigte Wortzahl muss stets mit der Ebenenerreichung zusammengedacht werden. Während die EG also für einen Mittelwert bezüglich der Anzahl der erreichten Denkebenen von M_{t3} = 4,21 lediglich eine Wortzahl von M_{t3} = 542 benötigt und im Vergleich zum Posttest diese Wortzahl nur um 15 Wörter (3 %) steigt, zeigt die KG für eine im Vergleich niedrigere Ebenenerreichung von M_{t3} = 2,9 eine im Vergleich zum Posttest um 13 % gestiegene Wortzahl von M_{t3} = 587, absolut um 77 Wörter. Die EG benötigt damit für eine wesentlich höhere Ebenenzahl auch absolut weniger Wörter als die KG.

Anzahl der verwendeten Impulse
Wie oben angeführt spricht auch die Anzahl offener Impulse für die Qualität des Unterrichtsgesprächs, und deren Steigerung bildete ein Ziel der Übung im

VR-Klassenzimmer. Im Follow up-Test können 53 offene Impulse in der EG identifiziert werden, in der KG lediglich einer. Im Vergleich zum Posttest sinken die Impulszahlen für die EG um 31 Impulse (26 %), in der KG um einen (100 %). Ein Grund dafür könnte in der geringen Testpersonenzahl im Follow up-Test liegen. In jedem Fall zeigt sich, dass sich die Fähigkeit zum Impulsnutzen in der EG grundsätzlich gehalten hat.

Der Mittelwert der Impulse je Studierendem in der EG steigt von M_{t2} = 3 im Posttest um 0,8 auf M_{t3} = 3,8 im Follow up-Test. Diese offenen Impulse sind bei elf der vierzehn Probandinnen und Probanden der EG festzustellen, jedoch unter diesen sehr ungleich verteilt (Spannbreite 1 bis 8 Impulse). Dieser Befund stützt wie auch im Bereich Wortzahl und Ebenenerreichung die Annahme, dass die insgesamt positive Entwicklung der Studierenden der EG individuell unterschiedlich verläuft.

6. Diskussion und Ausblick

Die beschriebene Studie setzte sich zum Ziel, bei Studierenden Kompetenzen zu fördern, um ein impulsgesteuertes, denkanregendes Auswertungsgespräch zum Konstruktcharakter von Urteilen mit Schülerinnen und Schülern zu führen. Das Projektteam ging von der Annahme aus, dass der virtuelle Übungsraum des VR-Klassenzimmers dazu besonders geeignet ist. Wie die Ergebnisse belegen, haben sowohl die Experimental- als auch die Kontrollgruppe ihre Fähigkeiten (weiter-)entwickelt. Das zeigen insbesondere die Ergebnisse zu den Gesprächsinputs. Hier schneidet die Experimentalgruppe signifikant und deutlich besser ab als die Kontrollgruppe. Auch die weiteren Testergebnisse belegen signifikante und große Unterschiede. So gelingt es den Studierenden der Experimentalgruppe im Posttest nachweislich besser als den Studierenden der Kontrollgruppe, denkoffene Impulse zu setzen und in der Gesprächsführung eine höhere Denkebene zu erreichen. Gleichzeitig steigen die Gesprächsinputs der Experimentalgruppe nur leicht. Sie erreicht in Relation zur erreichten Denkebene viel weniger Wörter als die Kontrollgruppe. Das bedeutet, dass sich die angehenden Lehrkräfte der Experimentalgruppe zurücknehmen und lediglich knappe verbale Denkanstöße geben. In der VR-Umgebung und vermutlich auch in der Unterrichtwirklichkeit kommen so Schülerinnen und Schüler häufiger und länger zu Wort und geben durchdachte Antworten zum Konstruktcharakter. Die Experimentalgruppe erreicht deutlich mehr positiv bewertete Gesprächsphasen, was zeigt, dass sich die Kompetenzentwicklung nicht nur quantitativ, sondern auch qualitativ belegen lässt.

Interessant an den Ergebnissen ist, dass die Standardabweichung bei der Metaebenenerreichung (Abb. 4) und Wortanzahl (Abb. 5) in der Experimentalgruppe leicht ansteigt. Das lässt darauf schließen, dass sich einige Studierende stärker entwickelt haben als andere. Dies spiegelt sich im Grad des Engagements: Die meisten Studierenden waren äußerst motiviert und verbesserten sich stark („Überzeugte"); wenigen gelang ein eher leichter Fortschritt. Diese Entwicklung kann auf das geringere Engagement zurückgeführt werden. So gab es Studierende, die sich nur unzureichend auf die Übungen vorbereiteten. Bei diesen konnte mitunter auch ein Zweifel am System konstatiert werden („Zweifler"). Andere mühten sich zwar, aber der Transfer der Reflexion in Handlung gelang (noch) nicht so gut. Hier werden Korrelationsanalysen mit den Fragebogendaten weiteren Aufschluss geben (z. B.: Entwickeln sich Studierende, die neben dem Studium viel Unterricht erteilen, langsamer fort, weil sich Muster schon fester verankert haben? Wie haben sich die Selbstwirksamkeitsüberzeugungen der Studierenden verändert?). Zudem soll die Berechnung von weiteren Korrelationen und Regressionen Hinweise auf bestimmte Dispositionen der Studierenden geben, die zum Erfolg führen (z. B.: Sinkt die Wortanzahl mit der Höhe der erreichten Ebenenzahl und Impulszahl? Steigt gleichzeitig die Qualität des Gesprächs? Wie korrelieren Vorerfahrungen in der Impulssetzung mit den Testergebnissen?[13]).

Auch wenn die Testpersonenzahl im Follow up-Test gering war, bestätigt er die Ergebnisse des Posttests. Jener weist darauf hin, dass sich die Kompetenzen zur denkanregenden Gesprächsführung in der Experimentalgruppe halten und sogar nachhaltig weiterentwickeln. Die im Vergleich zum Posttest geringere, aber immer noch sehr hohe Impulsanzahl lässt vermuten, dass die neuen Gesprächsmuster eingeübt sind, aber eine Auffrischung möglicherweise zu einer festen Manifestierung beitragen kann. In der Kontrollgruppe dagegen haben sich geschlossene Gesprächsführungsformen in Form von Skripts sogar stärker verfestigt. Im Nachgang der Lehrveranstaltung berichten zahlreiche Studierende der Experimentalgruppe zudem davon, dass sie das im VR-Übungsraum erworbene Handlungswissen auch in der Schulpraxis erfolgreich anwenden können. Insofern scheint es über die Intervention hinaus gelungen, einen wissenschaftlich-reflexiven Habitus zu entwickeln, der bei der Entwicklung handlungsleitenden Wissens fundamental ist. Dies hat sich bei Hospitationen der Studierenden im

---

13 Im Verlauf des Projektes wurde in Gesprächen deutlich, dass einige Studierende, die neben Geschichte etwa Mathematik oder Physik studieren, mit der Impulstechnik aus diesen Fachdidaktiken heraus bereits vertraut sind und in Unterrichtsgesprächen einsetzen.

Unterricht bestätigt. Eine Follow up-Testung in der Unterrichtsrealität wäre interessant, ist aber aus organisatorischen Gründen schwer umsetzbar (z. B. befinden sich viele der Studierenden mittlerweile im Referendariat).

Insgesamt kann das virtuelle Klassenzimmer als sehr gut geeigneter Übungsraum zur Kompetenzentwicklung bei Auswertungsgesprächen in relativer kurzer Zeit betrachtet werden. Das virtuelle Element liefert das Potenzial, hierbei einen Mehrwert im Vergleich zur Realität hervorzurufen. Die Studierenden gaben mehrheitlich an, dass ihnen ein Eintauchen (Immersion) in die Situation gelang. Sie empfanden diese als realitätsnah und konzentrierten sich voll auf die Gespräche. Gleichsam war ihnen dabei stets bewusst, dass es sich „nur" um eine Übungssituation handelt. Dieser Dualismus war durchaus beabsichtigt, um Raum für das wiederholte Üben von Impulsen ohne Zeitdruck zu ermöglichen und die Komplexität des Unterrichtsgeschehens zu reduzieren. Das Coaching goutierten die Testpersonen als extrem hilfreich.

Die Ergebnisse schließen nicht aus, dass sich die Gesprächskompetenzen der Studierenden der Kontrollgruppe im Praxissemester mit einem entsprechenden Coaching anhand von Unterrichtsvideografien stärker entwickelt hätten. Allerdings bietet das VR-Klassenzimmer in organisatorischer und inhaltlicher Hinsicht entscheidende Vorteile: Studierende können zu einer selbst gewählten Zeit, beliebig oft, in einer sehr kurzen Zeitspanne ein Auswertungsgespräch üben. Die Wiederholbarkeit dieser Phase an einem Thema in einem entspannten Übungsraum ohne Störungen und Druck schafft äußerst gute Bedingungen für den Kompetenzerwerb.

Einige Testpersonen wünschten sich – trotz der Möglichkeit des Eintauchens in die Situation – eine „kontingentere" Unterrichtssituation. So wirkten manche Antworten der Avatare nach mehreren Durchläufen teils vorhersehbar. Gleichermaßen schien einigen Studierenden die Passung von Aussagen der Avatare zu den Impulsen der Studierenden mitunter nicht ganz kompatibel oder stellenweise stereotyp. Dies würde es erfordern, die Vernetzungen der Strukturbäume zu erhöhen und die Antwortmöglichkeiten der Avatare noch weiter auszudifferenzieren. Gleichzeitig wirft dies aber die Frage auf, ob die Strukturen dann so komplex würden, dass das Antwortsystem der Avatare nicht mehr von den Versuchsleitenden gesteuert werden kann. Daher ist angedacht, das Verfahren unter Nutzung von Künstlicher Intelligenz zu transformieren, was die Kontingenz der Unterrichtssituation (Zülsdorf-Kersting 2018, 56) möglicherweise noch erhöhen kann. Technisch funktioniert das nun so, dass die erhobenen Datensätze (ca. 15.300) in eine leistungsfähige Maschine eingespeist werden, mit denen diese trainiert wird. Das würde bestenfalls dazu führen, dass die Antwortmöglichkeiten passend und vielfältig sind und die Versuchsleitenden diese nicht mehr selbst steuern müssen. Eine solche Programmierung wäre auch ein Mehrwert der eingangs beschriebenen „digitalen Transformation", die in der Professionalisierung von Gesprächsführungskompetenzen für eine breite Auswahl an Anwendungsszenarien genutzt werden könnte. Es handelt sich hierbei immer noch um Menschen, die diese Transformation anstoßen und nutzen (vgl. Hartung u. a. i d. Bd.).

Literatur

ALEXANDER, Robin (2018): Developing dialogic teaching: Genesis, process, trial. In: Research Papers in Education (33), H. 5, S. 561–598.

ALTRICHTER, Herbert/Posch, Peter/Spann, Harald (^{5}2018): Lehrerinnen und Lehrer erforschen ihren Unterricht. Bad Heilbrunn.

BAUMERT, Jürgen/Kunter, Mareike (2006): Stichwort: Professionelle Kompetenz von Lehrkräften. In: Zeitschrift für Erziehungswissenschaft (9), H. 4, S. 469–520.

BECKER-MROTZEK, Michael/Vogt, Rüdiger (^{2}2009): Unterrichtskommunikation. Linguistische Analysemethoden und Forschungsergebnisse. Tübingen.

BEYWL, Wolfgang/Zierer, Klaus (2018): 10 Jahre „Visible Learning – 10 Jahre „Lernen sichtbar machen". In: Pädagogik (70), H. 9, S. 36–41.

BÖHEIM Ricardo/Gröschner, Alexander/Weil, Maralena/Schindler, Ann-Katrin/Seidel, Tina (2020): Konzeption der „Dialogue II-Studie" und Erhebungsablauf. In: Weil, Maralena/Gröschner, Alexander/Schindler, Ann-Kathrin/Böheim, Ricardo/Hauk, Dennis/Seidel, Tina (Hg.): Dialogische Gesprächsführung im Unterricht. Interventionsansatz, Erhebungsinstrumente und Videokodierungen. Münster, New York, S. 18–52.

BÖHEIM, Ricardo/Schindler, Ann-Kathrin/Seidel, Tina (2022): Engaging teachers in dialogic discourse practices: Challenges, effective PD approaches and teachers' individual development. In: Superfine, Alison Castro/Goldman, Susann R./Ko, Mon-Lin Monica (Hg.): Teacher learning in changing contexts: Perspectives from the learning sciences. Routledge, S. 15–34.

BORTZ, Jürgen/Döring, Nicola (^{5}2016): Forschungsmethoden und Evaluation in den Sozial- und Humanwissenschaften. Berlin.

BURBULES, Nicholas C. (1993): Dialogue in teaching: Theory and practice. New York.

BRACKE, Sebastian/Flaving, Colin/Jansen, Johannes/Köster, Manuel/Lahmer-Gebauer, Jennifer/ Lankes, Simone/Spieß, Christian/Thünemann, Holger/Wilfert, Christoph/Zülsdorf-Kersting, Meik (2018): Theorie des Geschichtsunterrichts. Frankfurt/M.

CHOMSKY, Noah (1981): Regeln und Repräsentationen. Frankfurt/M.

COHEN, Jacob W. (1988): Statistical power analysis for the behavioral sciences. Hillsdale NJ.

DECI, Edward L./Ryan, Richard M. (1993): Die Selbstbestimmungstheorie der Motivation und ihre Bedeutung für die Pädagogik. In: Zeitschrift für Pädagogik (39), H. 2, S. 235–236.

DÖRNER, Dietrich (2004): Der Mensch als Maschine. In: Jüttemann, Gerd (Hg.): Psychologie des Wissensmanagements. Göttingen, S. 117–132.

DÖRNER, Dietrich/Steinicke, Frank (²2019): Wahrnehmungsaspekt von VR. In: Dörner, Dietrich/Broll, Wolfgang/Grimm, Paul/Jung, Bernhard (Hg.): Virtual und Augmented Reality. Grundlagen und Methoden der Virtuellen und Augmentierten Realität. Berlin, S. 43–78.

DRESING, Thorsten/Pehl, Thorsten (⁶2015): Praxisbuch Interview, Transkription & Analyse. Anleitungen und Regelsysteme für qualitativ Forschende. Marburg.

EICHNER, Sinje/Kaestner, Max-Simon/Reeken, Dietmar von (2019): „Ja, das ist auch so ein Begriff." Zum Potenzial von Scaffolding als Unterstützungsstrategie zur Begriffsbildung im Geschichtsunterricht. In: Butler, Martin/Goschler, Juliana (Hg.): Sprachsensibler Fachunterricht: Chancen und Herausforderungen aus interdisziplinärer Perspektive. Wiesbaden, S. 239–266.

FENN, Monika (2013): Vom instruktionalen zum problemorientierten Unterrichtsstil. Modifikation der Handlungsroutinen von Studierenden. In: Popp, Susanne/Sauer, Michael/Alavi, Bettina/Demantowski, Marko/Kenkmann, Alfons: Zur Professionalisierung von Geschichtslehrerinnen und Geschichtslehrern. Nationale und internationale Perspektiven. Göttingen, S. 327–342.

FENN, Monika (2015): Beeinflusst geschichtsdidaktische Lehre die subjektiven Theorien von Studierenden zu Lehren und Lernen im Geschichtsunterricht? Ergebnisse einer empirischen Interventionsstudie. In: Geschichte in Wissenschaft und Unterricht 66 (9–10), S. 515–538.

FENN, Monika (2018): Conceptual change von Vorstellungen über epistemologische Basiskonzepte bei Grundschülerinnen und -schülern fördern? Ergebnisse einer explorativen Interventionsstudie. In: Fenn, Monika: Frühes historisches Lernen. Projekte und Perspektiven empirischer Forschung. Frankfurt/M., S. 146–199.

FENN, Monika/Arlt, Jakob (2023): Historisches Lernen immersiv. Studierende üben Unterrichtsgespräche in Virtual Reality, In: MedienPädagogik. Zeitschrift für Theorie und Praxis der Medienbildung H. 51, S. 114–130. URL: https://doi.org/10.21240/mpaed/51/2023.01.14.X, aufgerufen am 21.4.2023.

FENN, Monika/Bräsel, Tim (2024): Förderung von erweitertem, vertieften Fachwissen Geschichts-(lehramts)studium über Vorlesungen mit Lehr-Lernvideos. In: GWU (75) , H. 1/2, S. 5–14.

FINA, K. (1978): Das Gespräch im historisch-politischen Unterricht. Ein Kurs für Studenten und Lehrer. München.

GEORGIOU, Yiannis/Kyza, Eleni A. (2019): Scaffolding augmented reality inquiry learning: the design and investigation of the TraceReaders location-based, augmented reality platform. In: Interactive Learning Environments (27), H. 2, S. 211–225.

GILLIES, Robyn M. (2014): Developments in classroom-based talk. In: International Journal of Educational Research (63), S. 63–68.

GRÖSCHNER, Alexander/Hascher, Tina (2019): Praxisphasen in der Lehrerinnen- und Lehrerbildung. In: Harring, Marius/Rohlfs, Carsten/Gläser-Zikuda, Michaela (Hg.): Handbuch Schulpädagogik. Münster, S. 652–664.

GRÖSCHNER, Alexander/Hascher, Tina (2022): Praxisphasen in der Lehrerinnen- und Lehrerbildung. In: Harring, Marius/Rohlfs, Carsten/Zikuda, Michaela (Hg.): Handbuch Schulpädagogik. Münster, New York, S. 706–720.

GRÖSCHNER, Alexander/Schmitt, Cordula/Seidel, Tina (2013): Veränderung subjektiver Kompetenzeinschätzungen von Lehramtsstudierenden im Praxissemester. In: Zeitschrift für Pädagogische Psychologie (27), H. 1–2, S. 77–86.

GRÖSCHNER, Alexander (2020): Praxisbezogene Lerngelegenheiten am Beispiel lernwirksamer Unterrichtskommunikation. „Bewegungen" in der Aus-, Fort- und Weiterbildung von Lehrpersonen. In: von Ackeren, Isabell/Bremer, Helmut/Kessl, Fabian/Koller, Hans Christoph/Pfaff, Nicolle/Rotter, Caroline/Klein, Dominique/Salaschek, Ulrich (Hg.): Bewegungen. Beiträge zum 26. Kongress der Deutschen Gesellschaft für Erziehungswissenschaft. Opladen, Berlin, Toronto, S. 239–253.

GUDJONS, Herbert (⁴2021): Frontalunterricht – neu entdeckt. Integration in offene Unterrichtsformen. Bad Heilbrunn.

HATTIE, John (2013): Lernen sichtbar machen (Beywl, Wolfgang/Zierer, Klaus: Trans. überarbeitete deutschsprachige Ausgabe von „Visible Learning"). Baltmannsweiler.

HAVEKES, Harry/van Boxtel, Carla/Coppen, Peter-Arno/Luttenberg, Johan (2017): Stimulating historical thinking in a classroom discussion: The role of the teacher. In: Historical Encounters Journal (4), H. 2, S. 71–93.

HELSPER, Werner (2001): Praxis und Reflexion – die Notwendigkeit einer „doppelten Professionalisierung" des Lehrers. In: Journal für LehrerInnenbildung (1), H. 3, S. 7–15.

HENKE-BOCKSCHATZ, Gerhard/Mehr, Christian (²2016): Von den Möglichkeiten historischen Verstehens im Unterricht als soziale Praxis. In: Meyer-Hamme, Johannes/Thünemann, Holger/Zülsdorf-Kersting, Meik (Hg.): Was heißt guter Geschichtsunterricht? Perspektiven im Vergleich. Schwalbach/Ts., S. 107–122.

HODEL, Jan/Waldis, Monika (2007): Sichtstrukturen im Geschichtsunterricht – die Ergebnisse der Videoanalyse. In: Gautschi, Peter/Moser, Daniel V./Reusser, Kurt/Wiher, Pit (Hg.): Geschichtsunterricht heute. Eine empirische Analyse ausgewählter Aspekte. Bern, S. 91–142.

HOWE, Christine/Abedin, Manzoorul (2013): Classroom dialogue: A systematic review across four decades of research. In: Cambridge Journal of Education (43), H. 3, S. 325–356.

HUANG, Yizhen/Richter, Eric/Kleickmann, Tilo/Wiepke, Axel/Richter, Dirk (2021): Classroom complexity affects student teachers' behavior in a VR classroom. In: Computers & Education (163) URL: https://doi.org/10.1016/j.compedu.2020.104100, aufgerufen am 21.4.2023.

HUG, Wolfgang (²1980): Geschichtsunterricht in der Praxis der Sekundarstufe I: Befragungen, Analysen und Perspektiven. Frankfurt/M.

HUSEMANN, Charlotte (2020): Fachspezifische Sprachhandlungen konkretisieren. Schüler*innentexte zum Beschreiben, Erklären und Begründen im Rahmen des Historischen Sachurteils. In: Sandkühler, Thomas/Bernhardt, Markus (Hg.): Sprache(n) des Geschichtsunterrichts – Sprachliche Vielfalt und Historisches Lernen. Göttingen, S. 189–208.

KECK, Rudolf W. (1998): Der Impulsunterricht. Eine vermittelnde Unterrichtsform zwischen gängelnden und selbststeuernden Verfahren. In: Pädagogik (50), H. 5, S. 13–16.

KLINZING, Hans Gerhard (2002): Wie effektiv ist Microteaching? Ein Überblick über 35 Jahre Forschung. In: Zeitschrift für Pädagogik (48), H. 2, S. 194–214.

KOBARG, Mareike/Seidel, Tina (2003): Prozessorientierte Lernbegleitung im Physikunterricht. In: Seidel, Tina/Prenzel, Manfred/Duit, Reinders/Lehrke, Manfred (Hg.): Technischer Bericht zur Videostudie „Lehr-Lern-Prozesse im Physikunterricht". Kiel, S. 151–200.

KÖSTER, Manuel/Spieß, Christian (2018): Sprache. In: Bracke, Sebastian/Flaving, Colin/Jansen, Johannes/Köster, Manuel/Lahmer-Gebauer, Jennifer/Lankes, Simone/Spieß, Christian/Thünemann, Holger/Wilfert, Christoph/Zülsdorf-Kersting, Meik: Theorie des Geschichtsunterrichts. Frankfurt/M., S. 193–231.

KYRIAKIDES, Leonidas/Christoforou, Christiana/Charalambous, Charalambos Y. (2013): What matters for student learning outcomes: A meta-analysis of studies exploring factors of effective teaching. In: Teaching and Teacher Education (36), S. 143–152.

LAZARIDES, Rebekka/Raufelder, Diana (2020): Control-Value Theory in the Context of Teaching: Does Teaching Quality Moderate Relations Between Academic Self-Concept and Achievement Emotions? In: British Journal of Educational Psychology (91), H. 1., S. 127–147. URL: doi: 10.1111/bjep.12352.

LEISEN, Josef (2007): Unterrichtsgespräch: vom fragend-entwickelnden Unterricht, sokratischen Gespräch und Schülergespräch. In: Mikelskis-Seifert, Silke/Rabe, Thorid (Hg.): Physik-Methodik für die Sekundarstufe I und II. Berlin, S. 115–132.

LIPOWSKY, Frank/Rakoczy, Katrin/Pauli, Christine/Drollinger-Vetter, Barbara/Klieme, Eckhard/Reusser, Kurt (2009): Quality of geometry instruction and its short-term impact on students' understanding of the Pythagorean Theorem. In: Learning and Instruction (19), H. 6, S. 527–537.

LOTZ, Miriam/Gabriel, Kathrin/Lipowsky, Frank (2013): Niedrig und hoch inferente Verfahren der Unterrichtsbeobachtung. Analysen zu deren gegenseitiger Validierung. In: Zeitschrift für Pädagogik (59), H. 3, S. 357–580.

MAYRING, Philipp/Fenzl, Thomas (2014): Qualitative Inhaltsanalyse. In: Baur, Nina/Jörg, Blasius (Hg.): Handbuch Methoden der empirischen Sozialforschung. Wiesbaden, S. 543–556.

MEHAN, Hugh (1979): Learning lessons: Social organization in the classroom. Cambridge.

MEHR, Christian (2013): Fragen an die Geschichte – Fragen im Geschichtsunterricht. In: Hodel, Jan/Waldis, Monika/Ziegler, Béatrice (Hg.): Forschungswerkstatt Geschichtsdidaktik 12. Beiträge zur Tagung „geschichtsdidaktik empirisch" 12. Bern, S. 155–165.

MICHAELS, Sarah/O'Connor, Catherine/Resnick, Lauren B (2008): Deliberate discourse idealized and realized: Accountable talk in the classroom and civic life. In: Studies in Philosophy and Education (27), H. 4, S. 283–297.

MICHAELS, Sarah/O'Connor, Mary C./Hall, Megan W./Resnick, Lauren B. (2010): Accountable Talk sourcebook: For classroom conversation that works. Pittsburgh.

MORTIMER, Eduardo F./Scott, Philip H. (2003): Meaning making in secondary science classrooms. Maidenhead.

NASSEHI, Armin (2019): Muster. Theorie der digitalen Gesellschaft. München.

OSBORNE, Jonathan/Simon, Shirley/Christodoulou, Andri/Howell-Richardson, Christina/Richardson, Katherine (2013): Learning to argue: A study of four schools and their attempt to develop the use of argumentation as a common instructional practice and its impact on students. In: Journal of Research in Science Teaching (50), H. 3, S. 315–347.

PARONG, Jocelyn/Mayer, Richard E. (2021): Learning about history in immersive virtual reality: does immersion facilitate learning? Education Tech Research Dev (69), S. 1433–1451. URL: https://doi.org/10.1007/s11423-021-09999-y, aufgerufen am 17.4.2023.

PAULI, Christine/Reusser, Kurt (2018): Unterrichtsgespräche führen – das Tranversale und das Fachliche einer didaktischen Kernkompetenz. In: Beiträge zur Lehrerinnen- und Lehrerbildung (36), H. 3, S. 365–377.

PEHMER, Ann-Kathrin/Gröschner, Alexander/Seidel, Tina (2015): How teacher professional development regarding classroom dialogue affects students' higher-order learning. In: Teaching and Teacher Education (47), S. 108–119.

REISMAN, Abby (2012): Reading like a historian: A document-based history curriculum intervention in urban high schools. In: Cognition an Instruction (30), H. 1, S. 86–112.

REISMAN, Abby (2015): Entering the historical problem space: Whole-class, text-based discussion in history class. In: Teachers College Record (117), H. 2, S. 1–44.

REISMAN, Abby/Schneider Kavanagh, Sarah/Monte-Sano, Chauncey/Fogo, Brad/McGrew, Sarah C./Cipparone, Peter/Simmons, Elizabeth (2018): Facilitating whole-class discussions in history: A framework for preparing teacher candidates. In: Journal of Teacher Education (69), H. 3, S. 278–293.

RESNICK, Lauren B./Asterhan, Christa S. C./Clarke, Sherice N. (2015): Socializing intelligence through academic talk and dialogue. Washington.

ROSA, Lisa (2014): Medienbegriff, Lernbegriff und Geschichtslernen im digitalen Zeitalter. Vortrag auf der Tagung Geschichtsdidaktische Medienverständnisse #gld14 am 25./26.4.2014. URL: https://www.researchgate.net/publication/275349641_Medienbegriff_Lernbegriff_und_Geschichtslernen_im_digitalen_Zeitalter, aufgerufen am 21.4.2023.

SCHINDLER, Ann-Kathrin/Böheim, Ricardo/Weil, Maralena/Gröschner, Alexander/Seidel, Tina (2020): Videoinstrument „Dialogische Unterrichtsgesprächsführung" – Auswertung der Unterrichtsvideos. In: Weil, Maralena/Gröschner, Alexander/Schindler, Ann-Kathrin/Böheim, Ricardo/Hauk, Dennis/Seidel, Tina (Hg.): Dialogische Gesprächsführung im Unterricht. Interventionsansatz, Instrumente und Videokodierungen. Münster, S. 18–23.

SCHINDLER, Ann-Kathrin/Seidel, Tina/Böheim, Ricardo/Knogler, Maximilian/Weil, Maralena/Alles, Martina/Gröschner, Alexander (2021): Acknowledging teachers' individual starting conditions and zones of development in the course of professional development. In: Teaching and Teacher Education (100). URL: https://doi.org/10.1016/j.tate.2021.103281, aufgerufen am 21.4.2023.

SEIDEL, Tina/Prenzel, Manfred (2006): Stability of teaching patterns in physics instruction: Findings from a video study. In: Learning and Instruction (16), H. 3, S. 228–240.

SINCLAIR, John McHardy/Coulthard, Malcolm (1975): Towards an analysis of discourse: The english used by teachers and pupils. London.

SPIESS, Christian (2015): Das Unterrichtsgespräch als zeitgemäße Form der Geschichtserzählung. Asymmetrische Kommunikation im Geschichtsunterricht. In: Zeitschrift für Geschichtsdidaktik 14, S. 154–168.

THIELE, Hartmut (1981): Lehren und Lernen im Gespräch. Gesprächsführung im Unterricht. Bad Heilbrunn.

THÜNEMANN, Holger (2009): Fragen im Geschichtsunterricht. Forschungsstand und Forschungsperspektiven. In: Zeitschrift für Geschichtsdidaktik 8, S. 115–124.

THÜNEMANN, Holger/Zülsdorf-Kersting, Meik (2018): Geschichtsunterricht als soziales System. In: Bracke, Sebastian/Flaving, Colin/Jansen, Johannes/Köster, Manuel/Lahmer-Gebauer, Jennifer/Lankes, Simon/Spieß, Christian/Thünemann, Holger/Wilfert, Christoph/Zülsdorf-Kersting, Meik (Hg.): Theorie des Geschichtsunterrichts. Frankfurt/M., S. 13–69.

VON BORRIES, Bodo (1998): Jugendliche Geschichtsvorstellungen und Politikeinstellungen im europäischen Ost West Vergleich. Das Beispiel Demokratie. Befunde einer komparativen empirischen Studie in 9. Klassen 1994/95. URL: https://www.sowi-online.de/book/export/html/800, aufgerufen am 7.4.2023.

VON BORRIES, Bodo (2013): Zurück zu den Quellen? Plädoyer für die Narrationsprüfung – Essay. URL: http://bpb.de/apuz/170162/zurueck-zu-den-quellen_plaedoyer-fuer-die-narrationspruefung? = all, aufgerufen am 7.4.2023.

WAHL, Diethelm (^{2}2006): Lernumgebungen erfolgreich gestalten. Vom trägen Wissen zum kompetenten Handeln. Bad Heilbrunn.

WEIL, Maralena/Gröschner, Alexander/Schindler, Ann-Kathrin/Böheim, Ricardo/Hauk, Dennis/Seidel, Tina (Hg.) (2020): Dialogische Gesprächsführung im Unterricht. Interventionsansatz, Erhebungsinstrumente und Videokodierungen. Münster, New York.

WIEPKE, Axel/Richter, Eric/Zender, Raphael/Richter, Dirk (2019): Einsatz von Virtual Reality zum Aufbau von Klassenmanagement-Kompetenzen im Lehramtsstudium. In: Pinkwart, Niels/Konert, Johannes (Hg.): Die 17. Fachtagung Bildungstechnologien, Lecture Notes in Informatics (LNI), Gesellschaft für Informatik, Bonn, S. 133–144. URL: DOI: 10.18420/delfi2019_319, aufgerufen am 21.4.2023.

WINEBURG, Samuel/Reisman, Abby (2019): Research on historical understanding. A brief glimpse from American shores. In: Köster, Manuel/Thünemann, Holger/Zülsdorf-Kersting, Meik (Hg.): Researching history education. International perspectives und disciplinary traditions. Schwalbach/Ts., S. 342–361.

WUTTKE, Eveline (2005): Unterrichtskommunikation und Wissenserwerb. Zum Einfluss von Kommunikation auf den Prozess der Wissensgenerierung. Frankfurt/M.

ZENDER, Raphael/Sander, Pia/Weise, Matthias/Mulders, Miriam/Lucke, Ulrike/Kerres, Michael (2019): HandLeVR: Action-oriented Learning in a VR Painting Simulator. In: Propescu, Elvira/Hao, Tianyong/Hsu, Ting-Chia/Xic, Haoran/Temperini, Marco/Chen, Wei (Hg.): Emerging Technologies for Education. SETE 2019. Held in Conjunction with ICWL 2019. Magdeburg, Germany, September 23–25, 2019. Revised Selceted Papers. Cham, S. 46–51. URL: https://doi.org/10.1007/978-3-030-38778-5_6, aufgerufen am 25.4.2023.

ZIMMERMANN, Matthias/Moser, Miriam/Wischgoll, Anke/Reusser, Kurt/Pauli, Christine (2020): Dialogische Gespräche führen – eine fachliche und transversale Kompetenz von Geschichtslehrpersonen. Abstract zur Tagung „geschichtsdidaktik empirisch". URL: https://www.geschichtsdidaktik-empirisch.ch/abstracts/abstract-zimmermannetal/, aufgerufen am 30.5.2022; Seite nicht mehr verfügbar).

ZIMMERMANN, Matthias C. (2023): Dialogische Klassengesprächsführung im Geschichtsunterricht. Entwicklung einer fachlichen und transversalen Kompetenz von Lehrpersonen im Rahmen der Interventionsstudie Socrates 2.0. Frankfurt/M.

ZÜLSDORF-KERSTING, Meik (2018): Geschichtsunterricht als soziales System. In: Bracke, Sebastian/Flaving, Colin/Jansen, Johannes/Köster, Manuel/Lahmer-Gebauer, Jennifer/Lankes, Simon/Spieß, Christian/Thünemann, Holger/Wilfert, Christoph/Zülsdorf-Kersting, Meik (Hg.): Theorie des Geschichtsunterrichts. Frankfurt/M., S. 13–69.

Autorinnen und Autoren

Jakob Arlt, M. Ed., ist seit 2019 wissenschaftlicher Mitarbeiter am Lehrstuhl für Geschichtsdidaktik und seit 2020 E-Learning-Koordinator der Philosophischen Fakultät der Universität Potsdam. Er forscht zu historischem Lernen in der Immersion und historischem Denken von SoldatInnen in Museen.

Dr. Dirk Baecker ist Seniorprofessor für Organisations- und Gesellschaftstheorie an der Zeppelin Universität in Friedrichshafen am Bodensee. Seine Arbeitsgebiete sind soziologische Theorie, Kulturtheorie, Wirtschaftssoziologie, Organisationsforschung und Managementlehre. Zuletzt erschienen seine Publikationen „Katjekte" (Merve, 2021) und „Wozu Universität?" (Metropolis, 2023).

Mia Berg ist wissenschaftliche Mitarbeiterin im Bereich Didaktik der Geschichteund Public History an der Ruhr-Universität Bochum. Im Projekt SocialMediaHistory untersuchte sie gemeinsam mit Bürger*innen, wie Geschichte auf Instagram und TikTok stattfindet, analysiert und produziert werden kann.

Dr. Andrea Brait, MMag. ist Privatdozentin und Senior Lecturer an der Universität für Weiterbildung Krems, Zentrum für Kulturen und Technologien des Sammelns, sowie Assoziierte Professorin an der Universität Innsbruck, Institut für Zeitgeschichte und Institut für Fachdidaktik. Zu ihren Arbeits- und Forschungsschwerpunkten gehören außerschulische Lernorte (v. a. Museen) und die digitale Geschichtskultur (v. a. Lernvideos, PC-Spiele).

Dr. Wolfgang Buchberger ist Hochschulprofessor für Geschichts- und Politikdidaktik an der Pädagogischen Hochschule Salzburg Stefan Zweig. Seine Forschungsschwerpunkte liegen in den Bereichen der Theorie und Didaktik historischen und politischen Lernens, insbesondere der empirischen Geschichtsdidaktik und der Didaktik der Politischen Bildung in der Primar- und Sekundarstufe sowie der geschichtsdidaktischen Schulbuchforschung.

Dr. Hannes Burkhardt ist Studienrat und Educational Engineer des Instituts für Qualitätsentwicklung an Schulen Schleswig-Holstein (IQSH) im Rahmen des Landesprogramms „Zukunft Schule im digitalen Zeitalter" am Seminar für Geschichte und Geschichtsdidaktik der Europa-Universität Flensburg (EUF). Zuvor war er u. a. Wissenschaftlicher Mitarbeiter der Geschichtsdidaktik der Universität Erlangen-Nürnberg.

Dr. Monika Fenn ist Professorin für Geschichtsdidaktik an der Universität Potsdam. Sie forscht im Bereich der Professionalisierung von Geschichtslehrkräften, der Digitalisierung, dem frühen historischen Lernen und der Museen. Sie ist Mitherausgeberin der Reihen „Geschichtsunterricht erforschen" und „Starter Geschichte".

Dr. Olaf Hartung ist Privatdozent und Akademischer Rat für Theorie und Didaktik der Geschichte an der Universität Paderborn. Seine Forschungsschwerpunkte umfassen Fragen zur (digitalen) Geschichtskultur und zu Theorien und Methoden historischen Lernens ebenso wie Fragen zur Hochschuldidaktik und zur wissenschaftlichen Weiterbildung.

Dr. habil. Christoph Kühberger ist Universitätsprofessor für Geschichts- und Politikdidaktik am Fachbereich Geschichte der Universität Salzburg, den er auch derzeit leitet. Seine Forschungsschwerpunkte liegen derzeit in den Bereichen der Digital Humanities (insbesondere auch Game Studies), der Erforschung der (privaten) Geschichtskultur sowie der Dekolonialisierung von historischem Wissen anhand von Beispielen aus dem Pazifik.

Dr. Alexandra Krebs ist Postdoc am Zentrum Bildung und Digitaler Wandel der Pädagogischen Hochschule Zürich. Von 2022 bis 2023 war sie Gerda Henkel Fellow in Digital History am German Historical Institute in Washington DC und am Roy Rosenzweig Center for History and New Media der George Mason University. Zuvor arbeitete sie u. a. als abgeordnete Lehrkraft am Arbeitsbereich Theorie und Didaktik der Geschichte am historischen Institut der Universität Paderborn. Ihre Forschungsschwerpunkte liegen im Bereich digitaler Lernangebote für den Geschichtsunterricht sowie außerschulischer Lernorte.

Dr. Heike Krösche ist Universitätsassistentin (Post-Doc) für Geschichtsdidaktik und Didaktik der Politischen Bildung an der Universität Innsbruck. Zu ihren Arbeits- und Forschungsschwerpunkten gehören: Konzepte für einen fächerübergreifenden Unterricht der historischen und politischen Bildung sowie historisches und politisches Lernen unter den Bedingungen der digitalen Transformation.

Elena Lewers ist wissenschaftliche Mitarbeiterin an der Professur für Didaktik der Geschichte und Public History (Prof. Dr. Christian Bunnenberg) an der Ruhr-Universität Bochum. Ihre Forschungsschwerpunkte liegen im Bereich der theoretischen und empirischen Erforschung historischen Lernens mit digitalen Medien mit dem Fokus Virtual Reality und der Public History.

Lena Liebern, M. Ed., war von 2019 bis 2023 als wissenschaftliche Mitarbeiterin in der Abteilung Didaktik der Geschichte an der Universität Duisburg-Essen angestellt und verfasste ihr Dissertationsprojekt „Geschichte lernen digital". Seit Mai 2023 absolviert sie das Referendariat an einer Gesamtschule in Duisburg.

Andrea Lorenz, M. A., ist wissenschaftliche Mitarbeiterin am Arbeitsbereich Public History der Universität Hamburg. Im Rahmen des Verbundprojekts „SocialMediaHistory – Geschichte auf Instagram und TikTok" promoviert Lorenz zu vergangenheitsbezogener Hate Speech. Zuvor hat sie als Redakteurin und Producerin den YouTube-Kanal „MrWissen2GoGeschichte" federführend betreut.

Rainer Lupschina ist Wissenschaftlicher Mitarbeiter am Institut für Geschichtsdidaktik und Public History und am Sonderforschungsbereich 923 „Bedrohte Ordnungen" der Universität Tübingen sowie Gymnasiallehrkraft und Lehrbeauftragter am Seminar für Ausbildung und Fortbildung der Lehrkräfte Tübingen. Sein Forschungsschwerpunkt ist die fachliche Schreibdidaktik.

Dr. Johannes Meyer-Hamme ist Professor für Theorie und Didaktik der Geschichte an der Universität Paderborn. Seine Forschungsschwerpunkte umfassen Fragen zur Geschichtstheorie und zu Theorien historischen Lernens, insbesondere unter Berücksichtigung gesellschaftlicher Heterogenität ebenso wie Fragen empirischer Forschung zum Geschichtsbewusstsein in der Gesellschaft und Kompetenzen historischen Denkens mit qualitativen und quantitativen Methoden.

Dr. Marcel Mierwald ist Juniorprofessor für die „Didaktik der Bildungsmedien mit dem Schwerpunkt Geschichte" am Leibniz-Institut für Bildungsmedien | Georg-Eckert-Institut und der Technischen Universität Braunschweig. Er arbeitet in der Abteilung Mediale Transformationen am GEI und lehrt universitär in der Geschichtsdidaktik. Er forscht im Bereich des historischen Lehrens und Lernens im digitalen Wandel und der empirischen Geschichtsunterrichtsforschung.

Dr. Sabrina Schmitz-Zerres arbeitet als Wissenschaftliche Mitarbeiterin am Institut für Didaktik der Geschichte an der Universität Münster. Ihre Forschungsschwerpunkte liegen im Bereich der Schulbuchforschung, Geschichtstheorie sowie historischer Praxeologie, der Geschichte des 19. und 20. Jahrhunderts sowie dem Verhältnis von Digitalität und historischen Lehr- und Lernprozessen.

Dr. Marcus Ventzke ist Privatdozent für Theorie und Didaktik der Geschichte an der Katholischen Universität Eichstätt-Ingolstadt. Als Geschäftsführer des Instituts für digitales Lernen (IdL) und der Digitalen Lernwelten GmbH (DLW) ist er an der Konzeption, Entwicklung und Implementierung digitaler, multimedialer und interaktiver Lehr- und Lernmittel beteiligt. Seine Forschungsschwerpunkte beziehen sich unter der Prämisse einer dringend nötigen pragmatischen Wende der Geschichtsdidaktik u.a. auf digitaldidaktische Themen sowie den öffentlichen Umgang mit Geschichte (Public History).

WOCHEN SCHAU VERLAG
... ein Begriff für politische Bildung

STARTER GESCHICHTE

Manuela Homberg
Michael Homberg (Hg.)

Deutungskämpfe –
die „zweite Geschichte"
des Nationalsozialismus

Deutungskämpfe – die „zweite Geschichte" des Nationalsozialismus

Dieser Band versammelt neue Zugänge, Thesen und Perspektiven zur „zweiten Geschichte" des Nationalsozialismus. Er erschließt fachwissenschaftliche Debatten, diskutiert ihre didaktischen Anwendungspotentiale und bietet Material für die Unterrichtspraxis, vom Auschwitz-Prozess als Medienereignis bis zu aktuellen Geschichtsdeutungen in den Social Media.

hrsg. von Manuela Homberg und Michael Homberg
Reihe „Starter Geschichte"
ISBN 978-3-8252-6213-6, 296 S., € 24,90
PDF: ISBN 978-3-8385-6213-1, € 23,99

Monika Fenn
Peter Riedel (Hg.)
Perspektiven auf das Mittelalter
ISBN 978-3-8252-6214-3

Der Band „Perspektiven auf das Mittelalter" richtet sich insbesondere an Studierende sowie junge Lehrkräfte im Referendariat und den ersten Jahren nach dem Berufseinstieg. Er bietet wesentliche fachliche und fachdidaktische Grundlagen und Impulse zu relevanten Gegenständen der Epoche des Mittelalters.

Alle Titel der Reihe im Webshop –
auch als PDF.

www.wochenschau-verlag.de

WOCHEN SCHAU VERLAG
...ein Begriff für politische Bildung

STANDARDWERK

Handbuch Geschichtskultur im Unterricht

Dieses Handbuch bietet aus geschichtsdidaktischer Perspektive einen Überblick über den Bereich der Geschichtskultur. Es liefert eine Bestandsaufnahme der verschiedenen geschichtskulturellen Genres, erfasst sie in der Theorie, erschließt sie didaktisch für den Geschichtsunterricht und gibt erste methodische Impulse für die Unterrichtspraxis. Das Handbuch gliedert sich in die Bereiche Geschichte im öffentlichen Raum | Geschichtspolitik | Literarische Verarbeitung | Fiktionale Dramatisierung | Eventisierung.

hrsg. von Vadim Oswalt und Hans-Jürgen Pandel
Reihe „Forum Historisches Lernen"
ISBN 978-3-7344-1085-7, 632 S., € 49,90
PDF: ISBN 978-3-7344-1086-4, € 39,99

www.wochenschau-verlag.de

WOCHENSCHAU VERLAG
... ein Begriff für politische Bildung

FORUM HISTORISCHES LERNEN

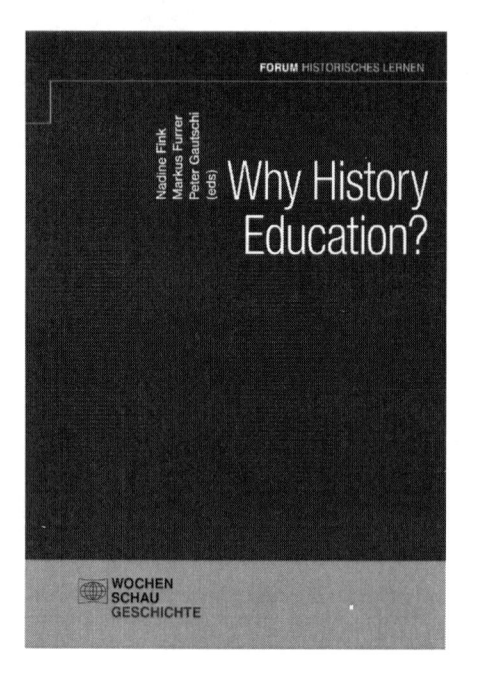

Why History Education?

Nadine Fink, Markus Furrer, Peter Gautschi (eds)

Sinn und Zweck der Geschichte werden immer wieder neu hinterfragt, weil sich Gesellschaften ständig neu verorten. Davon ist der Geschichtsunterricht direkt betroffen: „Warum Geschichtsunterricht?" Autor*innen aus 18 Ländern und vier Kontinenten fragen in diesem englischsprachigen Band daher nach der Bedeutung des Geschichtsunterrichts aus unterschiedlichen Perspektiven: mit theoretischen Überlegungen und Modellen, mit Bezügen aus der Unterrichtspraxis und Erkenntnissen aus der Forschung. Die Publikation präsentiert eine ganze Reihe von Gründen, warum Geschichte heute unbedingt unterrichtet werden muss. Sie liest sich als Plädoyer für einen kompetenten Umgang mit Geschichte in heutigen Gesellschaften.

hrsg. von Nadine Fink, Markus Furrer und Peter Gautschi
Reihe „Forum Historisches Lernen"
ISBN 978-3-7344-1598-2, 440 S., € 49,90
PDF: ISBN 978-3-7566-1598-8, Open Access

GESCHICHTSDENKEN
ISBN 978-3-7344-1087-1

Wörterbuch Geschichtsdidaktik
ISBN 978-3-7344-1103-8

Der historische Nahraum
ISBN 978-3-7344-1267-7

Alle Titel der Reihe im Webshop - auch als PDF.

www.wochenschau-verlag.de